Eishockey-Jahrbuch 1987

KLAUS-PETER KNOSPE

Eishockey-Jahrbuch 1987

Offizielles Jahrbuch des
Deutschen Eishockey-Bundes
in Zusammenarbeit mit der
Redaktion des SPORT-Kurier

COPRESS VERLAG MÜNCHEN

Copyright © 1987 by Copress Verlag
Druckhaus München GmbH
Schellingstraße 39–43, 8000 München 40

REDAKTIONELLE GESAMTLEITUNG
Klaus-Peter Knospe

UMSCHLAGENTWURF UND LAYOUT
Franz Hornauer

PRODUKTION
Druck+Werbung Hornauer GmbH

GESAMTHERSTELLUNG
Druckhaus München GmbH
Printed in Germany

ISBN 3-7679-0273-7

MITARBEITER
Hans-Rüdiger Bein
Erhard Füsser
Bernhard Heck
Walter Hermann
Günter Klein
Gerhard Kuntschik
Theo Mai
Ernst Martini
Hermann Pedergnana
Burkhart Pohl
Tom Ratschunas
Edgar Scholtz
Hans-Gert Scholz
Gerhard Simon
Franz Sinn

STATISTIK
Walter Bucher
Willibald Fischl
Ernst Martini
Willi Penz (DEB)
Tom Ratschunas
Peter Telek
Claus-Dieter Wotruba

FOTOS
Actualités Suisses Lausanne
Lorenz Baader
Baumann
Bongarts
Direvi
Reinhold Eheim
Jürgen Engler
Dieter Frinke
Roderich Gebel
GES
Ferdi Hartung
Horstmüller
Siegfried Kerpf
Michael Kömmerling
Walter Kraus
Hanno Kroos
Hajo Lange
Herbert Liedel
Lubejprints
Carl Masselli
Jutta Mehrens
John Müller
Peter Mularczyk
Karel Novak
Günter Passage
Charlotte Pedergnana
Heinz Pfeil
Hans Rauchensteiner
H. A. Roth
Norbert Rzepka
Norbert Schmidt
Fred Schöllhorn
Hans-Gert Scholz
Sven Simon
Sündhofer
Stefan Trux
Gerhard Uhl
Bernd Wende
Werek
Felix Widler

INHALT

EISHOCKEY NATIONAL
- 7 Vorwort
- 8 Der Kölner EC auf den Spuren des EV Füssen
- 16 Mannheim: Ein Jahr zwischen Jubel und Trauer
- 20 Düsseldorf: Volle Kassen und Streit in Massen
- 24 Rosenheim: Ein Mann zuviel an Bord
- 28 Kaufbeuren: O lala, la Ola
- 32 Eintracht-Fans in Frankfurt mit zwei Herzen
- 36 Endlich die Stunde des Glücks in Berlin
- 40 Riessersee: Wieder das Ende eines Altmeisters
- 44 Erich Weishaupt: Karriere mit Ecken und Kanten
- 57 I. Bundesliga: Keine Saison wie jede andere
- 64 II. Bundesliga: Bert Brecht hat's gewußt!
- 70 Oberligen: Ab durch die Mitte...
- 72 Damen: Otto legte sich mit den Amazonen an

INTERNATIONALE MEISTERSCHAFTEN
- 74 NHL: Es war eine (fast) normale Saison
- 80 NHL: Tabellen und Statistiken
- 86 UdSSR: Jetzt wird die WM simuliert
- 87 CSSR: Der Favorit trotzte dem kuriosen Modus
- 88 Schweden: Björklöven hatte einen »Virus«
- 89 Finnland: Tappara und Korpi bestimmen
- 90 DDR: Play-Offs bringen frischen Wind
- 91 Italien: Aller guten Dinge sind drei
- 92 Schweiz: Lugano ist noch ungeschlagen...
- 93 Österreich: Der Erfolg war nicht zu kaufen

INTERNATIONALE TURNIERE
- 94 WM in Wien: Sikora, Sabetzki, Schweden
- 100 Statistik der Weltmeisterschaft
- 102 Der »Fall Sikora«: Der Richter spielte mit
- 113 Ein historisches Jahr für das DEB-Team
- 120 Enttäuschung, Krach und Spannung bei der B-WM
- 122 Nachwuchs: Einmal rauf und einmal runter

STATISTIKEN
- 124 Alle Spieltage der I. Bundesliga 1986/87
- 139 I. Bundesliga: Tabellen und Skorerliste
- 142 I. Bundesliga: Alles über alle Spieler
- 146 Die Besten der Saison: Rangliste der I. Bundesliga
- 148 Die Stars der Vereine
- 150 Die Spieler des Monats
- 152 Spieler des Jahres 1987
- 154 Abschlußtabellen der Saison 1986/87
- 161 Internationale Turniere und nationale Meisterschaften Europas
- 166 Bundesliga-Terminliste 1987/88
- 168 Anschriften

Auf dem Weg zu einer Eishockey-Bibliothek

JOSEF PFLÜGL
Bundesliga-Spielleiter und Sprecher der Bundesliga-Vereine

Eishockey bleibt im Aufwind, Eishockey bleibt im Gespräch. Ich freue mich, daß unsere wunderschöne Sportart diese Entwicklung genommen hat und Jahr für Jahr mehr Freunde findet. Sie hat es verdient! Auch wir Eishockey-Funktionäre mußten in den letzten Jahren viel lernen, um mit der Entwicklung Schritt zu halten. Eishockey hat an Ansehen gewonnen, die Vermarktung ist fortgeschritten. Das Eishockey-Jahrbuch gehört zu jenen Publikationen, mit denen sich unsere Sportart gut darstellen kann. Was Klaus-Peter Knospe und sein Autorenteam, der SPORT-Kurier und der Co-press-Verlag produziert haben, ist außergewöhnlich. Bei jeder Zeile spürt man, der Schreiber war hautnah dabei, kennt sich in der Szene aus, besitzt viel Sachverstand.

Die Bundesliga ist sicherlich das zentrale Thema eines Jahrbuches, aber erst der Blick über die Grenzen macht eine »runde Sache« daraus. Immer interessant der Einblick in die National Hockey League (NHL), die Meisterschaften der führenden Nationen Europas. Wer erinnert sich nicht gern an den Höhepunkt der Saison, die Weltmeisterschaft? Im Jahrbuch fehlt nichts. Die Statistik-Fans kommen Jahr für Jahr noch mehr auf ihre Kosten, die Freunde schöner Bilder müssen nicht zurückstehen.

Leser, die sich diese Bücher jährlich zulegen, werden in einigen Jahren die Eishockey-Bibliothek schlechthin besitzen, quasi ein Eishockey-Volkslexikon.

Ihnen, liebe Eishockey-Freunde, wünsche ich beim Lesen viel Spaß, und ich hoffe, daß der bisherige Erfolg des Jahrbuches ebenso anhält wie die Begeisterung für das Eishockey.

Die Meister-Story

Kölner EC auf den Spuren des EV Füssen

Die Meister-Story

Äußerst schmeichelhafte Komplimente prasselten im März dieses Jahres förmlich über dem Kölner EC zusammen: »Der EV Füssen der 80er Jahre«, hieß es da in großen Überschriften, oder in Anlehnung an den mächtigen Bruder Fußball: »Der FC Bayern des Eishockeys!« Lob, Lorbeeren, Anerkennung allenthalben – die »Haie« durften ihren fünften Titelgewinn wirklich schwelgerisch genießen. Für die KEC-Cracks stand schon in der Nacht des Triumphs fest: »Diese Meisterschaft war die schönste!« Aber noch schöner wäre natürlich ein echter Hattrick 1988 – womit wir wieder beim Altmeister EV Füssen angelangt wären.

Seit 1969 schwebte der »Fluch der Meister« unnachsichtig über den jeweiligen Titelträgern. Was den urigen Champions aus dem Allgäu, den Ambros, Waitl, Trautwein, Köpf & Co. in früheren Eishockeyzeiten noch so locker und leicht gelang – den hochgerüsteten Puckensembles, meist aus der Großstadt, wollte es in der Neuzeit einfach nicht mehr vom Schläger gehen. Auch den Kölnern schien es in der vergangenen Spielzeit nicht anders zu gehen. Vor dem Saisonstart im Sommer 1986 einige gravierende Abgänge (u. a. Peter Schiller, nicht nur auf dem Eis eine schillernde Figur und ein Leistungsträger), dann das Amerikatheater um Uwe Krupp, das für den KEC mit dem Verlust des nicht nur in Zentimetern größten deutschen Verteidigertalents endete.

Die »Neuen« allesamt jung und unerfahren: Andreas Pokorny, Udo Schmid, Thomas Gröger. Der einzige Topstar auf der Zugangsliste: Dieter »Didi« Hegen aus Kaufbeuren – doch der erwies sich zunächst als »kranker Mann aus Allgäuland«. Eine gleichermaßen komplizierte und mysteriöse Fußverletzung ließ nicht nur die Ärzteschar immer wieder den Kopf schütteln. Entsprechend auch die Kölner Auftritte in den ersten Wochen der Spielzeit – in der Abwehr längst nicht mehr die meisterliche Geschlossenheit (Torwart Helmut de Raaf ebenfalls im Krankenstand), im Angriff zwar viel technischer Wirbel, ohne viel Ertrag, sprich Tore, allerdings.

Trainer Hardy Nilsson konstatierte die offensichtlichen Defizite wie immer ruhig und gelassen: »Bei uns stimmt die Mischung noch nicht, wir haben die Kämpfertypen abgegeben und dafür Rastellis eingetauscht.« Die logische Folge waren einige Pleiten in Auswärtsspielen, manchmal wurden die »Haie« regelrecht zu Thunfischen verarbeitet, eingebüchst und dann ab ins Verkaufsregal zu den Billigprodukten. Die Asse im Team sahen die Gründe der Misere darin, daß »uns in den ersten Monaten einfach die richtige Motivation fehlte«, so jedenfalls Gerd Truntschka. Der Regisseur der Kölner und der Nationalmannschaft bildete übrigens keine Ausnahme bei den leichten Krisenerscheinungen des Titelverteidigers: »Nach der Meisterschaft ist man erst einmal satt, und abgesehen davon kennen wir ja mittlerweile den Play-Off-Modus aus dem Effeff: Hauptsache, man ist in den wichtigsten Wochen des Jahres in Topform.«

Deshalb wiegelte auch der in der Bundesrepublik so erfolgverwöhnte Hardy Nilsson nach schwächeren Spielen immer wieder ab: »Abwarten, wir brauchen unsere Kräfte im Februar und März.« Vielleicht lag es auch daran, daß der coole Schwede mit den eisgrauen Haaren im Spätherbst 1986 plötzlich mit neuen Aufgaben konfrontiert wurde. Der Grund: Schatzmeister Clemens Vedder, seit 1979 »der Macher« im Verein, stieg aus. Keineswegs dramatisch und Hals über Kopf, denn schließlich hatte der mit riesigen Millionengeschäften befaßte Finanzkaufmann schon zwei Jahre zuvor seinen Rücktritt avisiert.

Aber da er diesen Schritt immer wieder hinausgeschoben hatte, wollte ihn im November niemand mehr so richtig wahrhaben. Auf einmal zeigte sich, was die Person Vedder für den KEC bedeutet hatte. Der nie unumstrittene »J.R. vom Rhein« hatte alle Fäden des Eishockeyunternehmens Kölner EC fest in der Hand – Vedder pflegte die Entscheidungen zu treffen: ob über einen Spielertransfer mit einer sechsstelligen Summe oder die Zuteilung von Schnürsenkeln für die Schlittschuhe der Kufenathleten. Eiskalt, knallhart, ein Jünger des Mammons, bei Clemens Vedder sind viele Attribute untergebracht worden.

»Seine Verdienste um den KEC kann man nicht wegdiskutieren«, sagt Präsident Heinz Landen, »schließlich hat Vedder eine echte Meistermannschaft zusammengeholt, Fehleinkäufe sind ihm praktisch nie unterlaufen.« Und wenn – dann freute es den trickreichen Finanzjongleur, diese in früheren Zeiten dem geliebt-gehaßten Rivalen DEG unterjubeln zu können. Warum Vedder die Eishockeyszene – zumindest als aktiv handelnder – verlassen

Stolz präsentiert Kölns Torhüter Helmut de Raaf bei der Ehrung durch die Stadt den Fans die Meisterschale. Der Keeper hatte auch wesentlichen Anteil am Titelgewinn 1987. Neben ihm in vorderster Reihe Präsident Heinz Landen und Flügelflitzer Udo Schmid.

Die Meister-Story

Zwei, die sich freuen dürfen: Die Torhüter Thomas Bornträger und Helmut de Raaf waren immer ein sicherer Rückhalt des KEC. Das gilt natürlich auch für Kapitän Udo Kießling, der erstmals aus den Händen von DEB-Präsident Otto Wanner höchstpersönlich die Meisterschaftsinsignien entgegennehmen durfte. Der Jubel auf dem Eis nach dem gewonnenen Finale gegen Mannheim war natürlich groß.

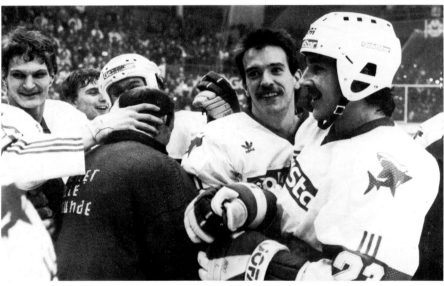

hat, darüber ist viel gerätselt worden. »Sieben Jahre sind genug«, ließ er verlauten, indes dürften auch einschneidende Veränderungen im geschäftlichen und privaten Bereich einiges zu der neuen Situation beigetragen haben. Für den KEC bedeutete das Ende der »Ära Vedder« jedoch von einem Tag auf den anderen, jetzt wieder Dinge selbst in die Hand zu nehmen, die vorher ein kompetenter anderer erledigt hatte. Heinz Landen und Hans Lenzen mußten nun ackern, das Feld neu zu bestellen. »Das war wirklich hart«, stöhnt Klubpatron Landen noch heute, der vor allem die in der Meistertruppe aufgekommene Unruhe im Keim ersticken mußte. Hardy Nilsson half, führte selbst die Gespräche mit den Spielern, hielt die bereits ins Auge gefaßten Neuverpflichtungen bei der Stange. Mit Peter Bürfent (stellv. Vorsitzender) und Peter Brenner (Finanzen) wurden neue Leute für die vakanten Positionen im Vorstand gefunden. »Wir müssen den KEC jetzt wieder auf möglichst viele Beine stellen, Persönlichkeiten zum Klub zurückbringen, die

Die Meister-Story

Die Meister-Story

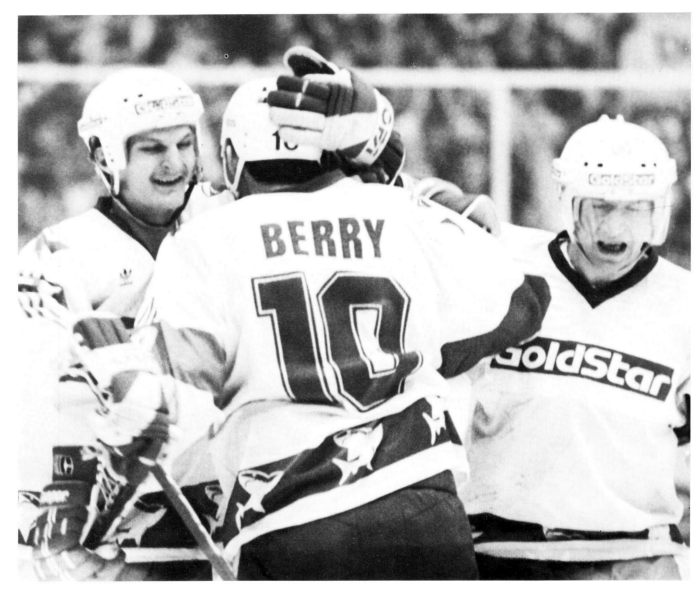

Die drei mauserten sich im Finale zum besten Sturm der Bundesliga: Miro Sikora, Doug Berry und Boguslaw Maj überraschten dabei Gegner und Fachleute.

Sektdusche für den Trainer. Auf diese Art und Weise bedankte sich Dieter Hegen für den Titel und das Vertrauen, das Hardy Nilsson in ihn gesetzt hatte.

möglicherweise in der Vergangenheit verprellt worden sind«, hat Landen als Devise herausgegeben.
Ein Unterfangen, das auf dem wirtschaftlichen Sektor sicher noch längst nicht abgeschlossen ist – sportlich hingegen stellten sich bereits bald Erfolge ein. Auf dem Eis verwandelten sich die »Haie« wieder in jene geschlossene Einheit des Vorjahrs, kompakt, selbstbewußt und wieder mit dem Schuß Harmonie, der schließlich eine nicht zu stoppende Triumphfahrt auslöste. Ärgerlich noch Anfang Februar das Ausscheiden aus dem Eishockey-Europacup, doch gegen den HC Lugano aus der Schweiz spielte man (angesichts von Verletzungsproblemen und der beginnenden Play-Offs) auch nicht mit voller Kraft. »Für das Prestige des deutschen Eishockeys war das nicht gut«, kritisierte Bundestrainer Xaver Unsinn nach dem zu knappen 5:4 im Rückspiel (im Tessin gab's ein 2:4), aber für die Kölner Akteure zählte zu diesem Zeitpunkt nur noch die Jagd auf den Titel.
Als Zweitplazierter startete der KEC in

Die Meister-Story

Die Meister-Story

die Play-Offs, nahm langsam Fahrt auf (beim 4:3 in Schwenningen mußte man in die Verlängerung), um am Ende wie ein schwerbesetzter Rennbob mit unaufhaltsamem Schwung über die Ziellinie zu rasen. Neun Play-Off-Spiele – neun Siege; im Viertelfinale gegen den SERC 21:6 Tore; die absolute Sensation (und Demontage) dann mit 24:5 Treffern gegen eine DEG, die an der Düsseldorfer Brehmstraße mit 1:9 ein Waterloo erlebte – und gleichzeitig eine Sternstunde der »Haie«, die wohl selten beseelter und entfesselter gespielt haben. Der Rest war Formsache, weil der mit vorzüglichen Leistungen (gegen Rosenheim) ins Finale gelangte Mannheimer ERC schon allen Mut verloren zu haben schien.

»Der KEC war einfach super«, gab ein ehrlicher MERC-Kapitän Harold Kreis zu, »wir haben auch selbst nicht mehr daran geglaubt, diese starke Truppe bezwingen zu können.« So war dann am Abend des 13. März (ausgerechnet ein Freitag) im Kölner Eisstadion an der Lentstraße schon alles parat gemacht für die große Jubelfeier. Was sollte nach dem 5:0 und 6:2 auch noch schiefgehen? Nichts mehr! Am Firmament der Hallendecke schwebte ein Riesenhai aus Pappmaché – und die gut 8000 Fans in der restlos überfüllten Arena schon bald im siebten Eishokkeyhimmel: Mit einem herrlichen 9:2-Torfestival machte der Kölner EC den erwarteten Triumph perfekt, avancierte mit dem fünften Titel seit 1977 endgültig zum mit Abstand erfolgreichsten Klub der modernen Eishockeyzeiten.

Bei den ersten spontanen Feierlichkeiten dabei: der gerade in Ungnade gefallene Fußballheros Toni Schumacher, dem besonders ein Loblied leicht über die Lippen kam: »Der Hardy Nilsson ist ein Spitzenmann.« Eine Meinung, die sicher überall geteilt wird, auch in der Kölner Vorstandsetage, die sich beeilt hatte, den Vertrag des Skandinaviers schon frühzeitig bis 1990 zu verlängern. Ob DEB-Präsident Otto Wanner (überreichte an Udo Kießling erstmals höchstpersönlich die Meisterschaftsinsignien), ob Xaver Unsinn oder Ger-

hard Kießling – über die Berechtigung des Kölner Titelgewinns waren sich alle einig. Recht hatte der Bundestrainer auch mit seiner Meinung, daß »der KEC so überlegen war, daß leider etwas die sonst übliche Spannung fehlte«. Warum es so kam? Der ausgebuffte Fuchs Nilsson hatte seine Leute physisch und psychisch im richtigen Moment topfit, und dann erwiesen sich auch die Leistungsträger erneut als Akkerpferde, denen kein Weg zu weit war. Nilssons Geheimnis? »Zunächst alles für die Mannschaft, dann kann auch der Einzelne glänzen.« Da stehen allerdings auch einige Hochkaräter: Helmut de Raaf zur Nummer 1 der Liga geworden, dahinter ein sehr solider Thomas Bornträger als zweiter Torwart (und manchmal mehr). Über Kapitän Udo Kießling braucht man keine Worte mehr zu verlieren, der Kanadier Tom Thornbury (als Ersatz für den verletzten Brian Young) ein echter Glücksgriff, die weiteren Verteidiger Andreas Pokorny, Werner Kühn, Justin Denisiuk und René Ledock als tüchtige und disziplinierte Ergänzungen.

Die Glanzstücke in der entscheidenden Phase: die drei ungemein ausgeglichenen Sturmreihen mit Helmut Steiger, Gerd Truntschka und Christoph Aug-

Die Meister-Story

Szenen aus dem Finale zwischen dem Kölner EC und Mannheimer ERC, mit den Stars auf beiden Seiten. Einsatz demonstriert Udo Kießling gegen den MERC-Amerikaner David Silk (links). Kölns Torhüter Helmut de Raaf stoppt diesmal unter Mithilfe von Doug Berry den Mannheimer Torjäger Paul Messier. Im Halbfinale hatte dieser den SB Rosenheim noch »erschossen«.

sten (erst Weihnachten reaktiviert), dann Miro Sikora, Doug Berry und Bobby Maj (die besten in den Endspielen) sowie als stärkste dritte Formation der Bundesliga Udo Schmid, Didi Hegen und Holger Meitinger – da blieb für Thomas Gröger und Marc Otten zum Schluß sogar nur die undankbare Ersatzbank. Für einige bedeutete der Meisterabend auch das Dienstende an der Lentstraße: Manager Franz Hofherr quittierte (zumindest in dieser Funktion) seinen Job; Bornträger, Young, Denisiuk, Otten und Maj werden künftig ihre Brötchen anderswo verdienen. Hardy Nilsson hat den Blick bereits wieder nach vorne gerichtet: »Unsere Einkaufspolitik ist ganz auf die Zukunft orientiert. Ob uns ein dritter Titel gelingt, hängt davon ab, wie sich die jungen Spieler entwickeln.« Thomas Brandl (Tölz), Ernst Köpf (Augsburg), Peter Romberg (Iserlohn) und Marcus Beeck (DEG) sind da angesprochen, mit Roger Nicholas (ECD) kommt ein Routinier dazu. Nilsson macht, organisiert, ist fast überall. Zu viel des Guten? Der Vorstand ist gefordert, einige tiefgreifende Probleme zu lösen (Trainingseis!), damit es auch 1988 außer Karneval noch etwas zu feiern gibt.

Erhard Füsser

Mannheimer ERC

Ein Jahr zwischen Jubel und Trauer

Eigentlich hätte man in Mannheim mit der Saison 1986/87 zufrieden sein dürfen. Vierter nach der Doppelrunde, im Play-Off-Finale und Deutscher Vize-Meister am Ende. Kapitän Harold Kreis verwies auf die große Steigerung: »Wir haben uns gegenüber der letzten Saison um fünf Plätze verbessert, das muß erst nachgemacht werden.«

Ein Jahr zuvor hatte es noch zappenduster ausgesehen. Der Mannheimer ERC war nur Siebter in der Meisterschaft geworden und im Play-Off-Viertelfinale gegen die Düsseldorfer EG mit Pauken und Trompeten rausgeflogen. Doch auch nach dem Sprung nach oben wollte kein rechter Jubel aufkommen. Zwar war der MERC zwischendurch sogar Tabellenführer gewesen und auch »Halbzeitmeister« der Doppelrunde, aber im Finale hatte er ja keine besonders gute Figur abgegeben. In den Jubel mischte sich also auch Trauer. Es bildete sich sogar eine Opposition im Verein, aber der Vorsitzende Lothar Mark nahm seinen Kritikern in der Jahreshauptversammlung gleich den Wind aus den Segeln: »Wir haben Fehler gemacht und Lehrgeld bezahlt, aber die Saison ist doch für uns eigentlich gut gelaufen.«

Wirklich, Lothar Mark konnte mit der Bilanz seines ersten Amtsjahres zufrieden sein. Ein Jahr nach der großen Sparwelle seines Vorgängers Helmut Müller langte er in die vollen und präsentierte den Fans die gewünschten Stars. Zu den Nationalspielern Georg Holzmann, Peter Schiller und Josef Klaus gesellte sich mit dem Amerikaner David Silk noch ein Olympiasieger anstelle des Kanadiers Ross Yates, dessen Defensivschwäche dem neuen (und alten) Trainer Ladislav Olejnik ein Dorn im Auge war. Der MERC bot also etwas. Er bot gute Namen, aber auch gute Leistungen. Der Zuschauerschnitt stieg kräftig auf 6000 pro Spiel. Dennoch mußte Mark ein finanzielles Minus zum Saisonende bekanntgeben. 330000 DM fehlten in der Kasse. Die Mannschaft war zu teuer.

Vielleicht will der MERC-Vorsitzende deshalb mit einem verjüngten Team ins 50. Jubiläumsjahr des Vereins gehen. Stars werden diesmal den Fans wohl keine präsentiert, dafür aufstrebende Talente. Der möglicherweise beste kam schon im Dezember 1986 aus Selb: Jörg Hanft, der auch gleich den Sprung in die Nationalmannschaft schaffte und als einer der hoffnungsvollsten deutschen Verteidiger gilt.

Nun ja, der Mannheimer ERC hat ja eine starke Mannschaft. Von den Assen verließ nur Nationalverteidiger »Butzi« Reil den Verein. Mit ihm konnte man sich finanziell nicht einigen. Und wie stark die Mannschaft sein kann, das bewies sie in der vergangenen Saison zur Genüge. Es gab neben etlichen Hochs aber auch Tiefs.

Es begann mit einem Hoch. Mit 6:0 Punkten klappte der Saisonstart optimal. Dies war Balsam auf die Wunden der Fans, die nun erkannten, der MERC kann's noch, und wieder ins Stadion strömten. Der Rückschlag folgte auf dem Fuße, wenn er auch etwas Positives bewirkte. Beim späteren Meister Kölner EC verlor der MERC mit 2:3, was ja an und für sich noch nicht so schlimm gewesen wäre. Doch Neuling David Silk rastete aus und sauste mit dem Schläger auf die Kölner Spielerbank los. Eine Matchstrafe mit fünf Spielen Sperre war die Folge der Kurzschlußhandlung. Doch Glück im Unglück. Während Silks Abwesenheit fand Trainer Olejnik seinen neuen Supersturm: Georg Holzmann rückte anstelle von Silk zwischen die Torjäger Peter Obresa und Paul Messier. Die drei harmonierten prächtig, die Mannheimer hatten ihr neues Erfolgstrio gefunden. Silk spielte später mal im zweiten und mal im dritten Sturm und benötigte einige Zeit der Anpassung. Zum Saisonende zeigte er aber, wie wertvoll er sein kann.

Der MERC aber marschierte weiter. Sicherlich, er war in allen Saisonprognosen im Kandidatenkreis der vier Meisterschaftsfavoriten gewesen, und so wunderte sich eigentlich niemand, daß die Badener lange an der Tabellenspitze standen. Die »Halbzeitmeisterschaft« gab Auftrieb, war aber letzten Endes wertlos. Immer wieder gab es nämlich auch Rückschläge, die sich leider zum Saisonfinale hin auch häuften. Bemerkenswert waren zwei Tatsachen. So verkraftete der MERC Unterbrechungen der Meisterschaft jeweils wesentlich schlechter als seine Konkurrenten. Kapitän Harold Kreis rätselte: »Ich weiß nicht, was los ist. Pausen sind für uns einfach Gift, wir kommen aus dem gewohnten Rhythmus, und die Mannschaft wird verunsichert.« Verunsichert war sie jedesmal aber auch, wenn das Stadion ausverkauft war. Die Spieler sind wohl doch keine Profis, denn offensichtlich haben sie ihre Nerven nicht im Griff und lieferten jeweils die schwächsten Leistungen ab, wenn das Haus voll war. So stöhnte Nachwuchstalent Peter Draisaitl: »Am besten, wir spielen vor schwacher Kulisse, da gewinnen wir auch. Wenn das Stadion proppenvoll ist, läuft es einfach nicht richtig.«

Platz vier nach der Doppelrunde wurde immerhin noch gerettet. Aber der MERC nahm gerade zum Saisonschluß »seine Krise« und beendete die Punktrunde mit 4:8 Zählern in Folge. Die Badener hatten aber auch eine positive Bilanz vorzuweisen, präsentierten sie doch mit nur 97 Gegentoren die beste Abwehr der Liga. Paul Messier holte sich mit 42 Treffern die Torjäger-Krone. Seine Torjäger-Qualitäten stellte er dann auch noch in der Play-Off-Runde unter Beweis. Auf einen anderen mußte der MERC verzichten: auf Kämpfer Peter Schiller. Der Ex-Kölner zog sich bereits im November einen Wadenmuskelschnitt zu, spielte aber nach kurzer Pause wieder. Doch die Schmerzen blieben, und nach Wochen der Unge-

Mannheimer ERC

wißheit war doch eine Operation notwendig. Schiller fiel für den MERC und für die Nationalmannschaft bei der Weltmeisterschaft aus.

Die Play-Offs hatten es für die Mannheimer diesmal in sich. Erst der Vergleich mit Kaufbeuren, dem Überraschungsteam der ersten Wochen. Lange Zeit hatte der MERC Kopf an Kopf mit den Allgäuern die Tabelle angeführt. Doch man durfte optimistisch sein, hatte der ESVK doch in der Doppelrunde in Mannheim nicht ein einziges Törchen erzielt! Nach zwei Siegen waren die Weichen für das Halbfinale auch schon gestellt, da ließ sich der MERC ausgerechnet auf eigenem Eis überrumpeln! Die Scharte wurde allerdings in Kaufbeuren wieder ausgebügelt.

Es folgte das große Duell mit dem SB Rosenheim. Die Bayern waren doch noch Doppelrunden-Sieger geworden, hatten also den begehrten Platz eins erreicht, der auch für Mannheim greifbar nahe gewesen war. Allein durch die Person von Trainer Ladislav Olejnik wurde die Neuauflage des Play-Off-Finales von 1985 zu einem besonderen Vergleich. Der Coach war aus finanziellen Gründen 1985 nach Rosenheim gewechselt, kam dort aber mit den Spielern nicht zurecht und kehrte zurück. So war jetzt im Play-Off-Halbfinale die beste Gelegenheit, den anderen zu zeigen, was eine Mannschaft mit Olejnik erreichen kann.

Und der Mannheimer Trainer hatte Erfolg. Die Taktik in den Triumphen über Rosenheim zeigte seine Handschrift. Glück gehörte freilich auch dazu und zwei überragende Spieler. Torhüter Josef Schlickenrieder wuchs über sich hinaus, und Paul Messier machte seinem Ruf als Torjäger alle Ehre. Von den neun Treffern gegen Rosenheim erzielte er gleich sechs, das wichtigste davon in der Verlängerung des ersten Spiels. Damit waren die Weichen für das Finale gestellt. Mit 3:2, 3:1 und 4:3 kam Mannheim weiter.

Nicht vergessen werden darf hier die Geburt des Baby-Sturmes der Mannheimer. Andreas Volland (20), Peter Draisaitl (21) und Michael Flemming (21) verblüfften den Gegner und vielleicht sogar den eigenen Trainer. Sie trumpften gegen Rosenheim vehement auf, erzielten wichtige Tore und bewiesen, daß man in den Play-Offs einen guten dritten Sturm braucht, um erfolgreich zu sein.

Auch das Finale gegen Titelverteidiger Kölner EC wurde für den Trainer zu einem besonderen Spiel. Noch nie war Ladislav Olejnik, ein anerkannt guter Fachmann, Meister geworden. Eine Hemmschwelle, die er psychologisch nicht überwinden kann? Bleich im Gesicht, fahrig in seinen Bewegungen stand er schon beim ersten Finalspiel an der Bande. »Es wird wie immer sein«,

Ladislav Olejnik kehrte zu seiner alten Truppe, zum Mannheimer ERC, zurück. Dort folgen ihm die Spieler willig, doch über seinen Schatten konnte er nicht springen. Wieder reichte es für den gebürtigen Brünner nicht zu einer Meisterschaft. Er wurde mit dem MERC im Finale vom Kölner EC geschlagen.

Mannheimer ERC

Das waren die Männer des Mannheimer E[RC], die in der Saison 1986/87 für Furore sorg[ten]. Torhüter Josef Schlickenrieder zum Beis[piel] entpuppte sich als ein wahrer Meister sei[nes] Fachs. David Silk (oben) hatte Anlaufschwie[rig]keiten, doch schließlich bewies der US-Boy, [was] er kann. Paul Messier (rechts) war der ü[ber]ragende Torjäger des Vereins. Da durften a[uch] Georg Holzmann und Marcus Kuhl (unt[en]) öfters jubeln.

sah er sein Schicksal voraus. Geht man vom Trainer aus, war es wie immer. Olejnik wurde nicht Meister. Wie aber der Triumphator über Rosenheim jetzt von den »Haien« zerfleischt wurde, daß überraschte auch die Fachwelt. 0:5, 2:6 und 2:9 – der MERC hatte buchstäblich keine Chance, und auch Bundestrainer Xaver Unsinn schüttelte auf der Tribüne den Kopf: »Was ist nur mit den Mannheimern los?« fragte er sich ebenso wie viele Fans.

Die Antworten gaben die Spieler selbst. »Nach den Siegen über Rosenheim war bei uns die Luft raus«, hatte Torhüter Josef Schlickenrieder erkannt. »Im nachhinein muß man sagen, wir reagierten wie das Kaninchen vor der Schlange«, ärgerte sich Peter Obresa.

Und dabei war gerade wieder das Eishockey-Fieber in Mannheim ausgebrochen. Das Stadion erwies sich beim Heimspiel als zu klein, so daß das Match noch über eine Videoleinwand im anliegenden Park übertragen wurde. Alle Hoffnungen zerstoben schnell. In der neuen Saison hätten die Mannheimer einen besonderen Grund, ähnlich erfolgreich zu sein. 1988 wird der MERC nämlich 50 Jahre alt. Eishockey in Mannheim hatte schon vor dem Krieg Erfolge aufzuweisen, und von dem legendären Wiener Sturm mit Frei, Stritzer und Demmer schwärmen heute noch die alten Fans. Schon 1942 hatte man auf den ersten Meistertitel gehofft, doch zum Finale gegen den LTC Rot-Weiß Berlin konnte Mannheim nicht antreten. Die Mannschaft wollte sich gerade auf den Weg machen, da verkündete Goebbels den Kriegsbeginn, die Züge wurden gestoppt und für die Wehrmacht beschlagnahmt. Soldaten mußten transportiert werden, nicht Sportler. Die MERC-Spieler mußten zu Hause bleiben, der Verein bis 1980 auf seine erste und bisher einzige Meisterschaft warten. 1949 war das im Krieg zerstörte Eisstadion wieder aufgebaut worden, und die Stadtväter von damals brauchen auch heute diesen Schritt nicht zu bereuen. Eishockey in Mannheim ist eine Institution geworden. Den erfolgreichen 80er Jahren mit drei Vizemeister-Titeln fehlt allerdings die endgültige und längst verdiente Krönung. Eigentlich kann nach 1987 die Losung für den Mannheimer ERC nur heißen: Aufgeschoben ist nicht aufgehoben...

Bernhard Heck

Mannheimer ERC

Düsseldorfer EG

Beneidenswerte DEG: Die Fans standen nach Dauerkarten Schlange. Über 9000 wurden verkauft, das Stadion war schon vor dem ersten Anpfiff für die Saison 1987/88 ausverkauft!

Volle Kassen und Streit in Massen

In den 52 Jahren seit ihrer Gründung hat die Düsseldorfer EG viele Höhen und Tiefen erlebt, doch die letzten zwölf Monate waren mit die stürmischsten der Vereinsgeschichte. Dreimal stand die »wunderschöne DEG« vor einer Zerreißprobe. Ständiger Krach im Vorstand drohte sich auch auf die Mannschaft auszuwirken, die schließlich nach Platz drei in der Doppelrunde im Play-Off-Halbfinale am Erzrivalen Kölner EC scheiterte, mit Rang drei in der Endabrechnung gegen den SB Rosenheim aber doch für ein kleines Happy-End sorgte. Gekennzeichnet war die Saison allerdings von vollen Kassen und Streit in Massen.

Düsseldorfer EG

Eigentlich hätte es eine ruhige Saison für die Düsseldorfer EG sein können, denn welcher Verein wünscht sich nicht solche Fans wie die DEG, die fast immer für ein ausverkauftes Haus sorgten. Nach einigen Anlaufschwierigkeiten stimmten auch die Leistungen auf dem Eis, doch hinter den Kulissen krachte es fast ständig. Die Vorstandschaft kam ein Jahr lang fast nicht zur Ruhe.

Alles begann damit, daß Schatzmeister Detlef Pabst im Sommer 1986 in die Schußlinie geriet. Die restliche Führungsmannschaft wollte nicht mehr mit ihm zusammenarbeiten. Dem Finanzminister wurden zwar seine Verdienste um die Sanierung des Vereins nicht bestritten, doch man kreidete ihm auch ständige Alleingänge an. Deshalb stellte Präsident Josef Klüh vor den Neuwahlen am 1. September 1986 auch ein Ultimatum: »Sollte Herr Pabst erneut in den Vorstand gewählt werden, treten wir anderen alle gemeinsam zurück.« Aber es kam ganz anders.

Bei den Spielen um den Wurmberg-Cup wurden die Zuschauer durch ein riesiges Transparent überrascht: Zamek für die Suppe, Pabst für die Truppe. Manager Hansi Sültenfuß ließ es zwar durch den Ordnungsdienst entfernen, aber nun wußte auch der letzte Fan, daß der Wahlkampf in vollem Gange war. Eigentlich versprachen alle heilig, keine »schmutzige Wäsche« waschen zu wollen, aber es blieb beim Vorsatz. Wahlkampf mit Haken und Ösen war angesagt. Geschäftliche Dinge wurden an die Öffentlichkeit gezerrt, Düsseldorfs Oberbürgermeister Klaus Bungert und die Hausbank der DEG erhielten anklagende Briefe, dem Verein wurde die Frage vorgelegt, ob die Vorstandsmitglieder wirklich alle als seriös einzuschätzen wären. Schmerzlich zum Beispiel für Präsident Josef Klüh, Boß einer großen Reinigungsfirma mit mehr als 10000 Beschäftigten. Ein Riß ging durch die Vorstandschaft, und dabei waren die Vorstandsmitglieder Klüh, Zamek und Pabst einmal befreundet gewesen...

Nachdem die wahlberechtigten 320 Mitglieder zur vorgezogenen Jahreshauptversammlung eingeladen wurden, erhielten sie bald danach eine attraktive Broschüre. 16 Seiten, Kunstdruck-Papier, Absender Detlef Pabst. Darin wurden seine Leistungen seit Anfang 1984 geschildert. Eine halbe Million Mark hatte er aus eigener Tasche zur Sanierung des Vereins beigesteuert. Dazu verschaffte er dem Klub pro Saison eine Million Gewinn aus der Stadion-Zeitschrift, 60000 Mark kamen für Werbung am Mannschaftsbus herein, und ein kleiner Schriftzug auf den Helmen der Spieler brachte ebenfalls noch 25000 Mark. Pabst nahm auch für sich in Anspruch: »Ich habe den Vergleich mit dem früheren Trainer Heinz Weisenbach unter Dach und Fach gebracht, Verteidiger Sterflinger wurde von mir zum Nulltarif besorgt.«

Düsseldorfer EG

Damals stand die DEG vor der Pleite. Diesmal wurde die Jahreshauptversammlung zur Pleite. Sie platzte, ehe sie richtig begonnen hatte. Unklar war die Wahlberechtigung der Spieler und vieler Mitglieder, fast die Hälfte fühlte sich ausgeschlossen, nur 129 von 230 sollten wählen dürfen. Peinlich, peinlich: Beim Amtsantritt des Vorstandes im Frühjahr 1984 war man auf solche Satzungslücken nicht gekommen. Einer zog die Konsequenzen: Vizepräsident Ben Zamek trat zurück: »Ich kann und will nicht länger mit Schatzmeister Pabst zusammenarbeiten.«
Die Spieler wußten auch nicht, woran sie waren. Wegen ihrer Wahlberechtigung kam es zu einer heißen Debatte. Waren sie nicht alle Ligenspieler, und damit auch nicht mehr Mitglieder des Vereins? Mit Siegerlächeln präsentierte Detlef Pabst der Versammlung ein Fernschreiben des DEB: »Die DEG hat keine Ligenspieler gemeldet... Deshalb gehen wir davon aus, daß die Spieler auch wählen können. Für den DEB, Fritz Brechenmacher.«
Doch damit hatte Detlef Pabst für die DEG ein Eigentor geschossen. Fast alle Cracks hatten Arbeitsverträge als Ligenspieler. Somit waren sie als Angestellte des Vereins auch nicht wahlberechtigt. Und 14 Tage vor Saisonbeginn drohte zusätzlicher Ärger, denn Ligenspieler müssen einen Vermerk im Spielerpaß haben. Ein Verfahren, das die DEG im Expreßtempo nachholte, denn sonst wäre die Mannschaft nicht einmal für die Meisterschaftsspiele teilnahmeberechtigt gewesen! Mit einer Geldstrafe ging alles ab. Schließlich galt, nur wer unter 700 Mark im Monat verdient, ist kein Ligenspieler. Dies traf höchstens auf ein paar Junioren zu. Mit dem kommissarisch als Zamek-Nachfolger berufenen Dr. Wolfgang Bonenkamp kam ein alter Bekannter in die Führungscrew. Er war früher Vize im Verein, später dann Präsident in einer Zeit, als der Etat des Klubs noch größere Lücken aufwies als in diesem Skandal-Jahr. »Bone« gab aber mit dem Rest-Vorstand eine Devise aus: »Die sportlichen Belange sollen wieder im Vordergrund stehen.« Dafür war es auch höchste Zeit. Die Vereinsquerelen gingen offensichtlich auch an der Mannschaft nicht spurlos vorbei, sie blieb fast ein wenig in den Startlöchern hängen. Kalte Duschen wie das 3:6 am 28. September daheim gegen Aufsteiger Eintracht Frankfurt ließen die Fans zweifeln.
Einige machten sich ihrem Ärger Luft. So sah sich der neue Torhüter Josef »Peppi« Heiß einem Telefonterror ausgesetzt. Der junge Mann hielt anfangs brav, aber nicht überzeugend. Immer wieder gerieten auch die Kanadier Peter John Lee und Chris Valentine in die Schußlinie. Letzterer mußte lange auf ein Tor warten, verspielte viel Kredit bei den Fans. Am Ende aber zeigte er es ihnen allen: Nach Abschluß der Play-Offs war er doch wieder Skorerkönig der Bundesliga.
Die DEG kam ziemlich schlecht aus den Startlöchern, aber auf einmal lief es. Die Tabelle wurde von hinten aufgerollt, Düsseldorf wurde der Rolle eines Mitfavoriten gerecht und spielte mit um Platz eins, um den wichtigen ersten Platz in der Doppelrunde. Aber als gerade die Form gefunden war, da machte die Bundesliga Pause. »Gerade jetzt«, stöhnte Trainer Otto Schneitberger. Vor allem Kapitän Roy Roedger im Verein mit Manfred Wolf hatte seinen Mannschaftskameraden wieder den Weg gewiesen, und der Kapitän lobte auch, »der Peppi ist ein hervorragender Torhüter geworden«.
Noch einmal mußte die DEG aber einen Rückschlag hinnehmen. Beim international erstklassig besetzten Spengler-Cup kam sie über die Rolle des Prügelknaben nicht hinaus. Da wurde für das deutsche Eishockey keine Ehre eingelegt! Die Truppe wirkte aber auch malad, die Grippewelle grassierte, die Kraft fehlte, wobei sicherlich auch die Höhenluft von Davos dabei eine Rolle spielte. Ein Kräfteverschleiß, der sich sicherlich auch in der Bundesliga auswirkte. Platz drei am Ende der Doppelrunde war jedenfalls keine ideale Ausgangsposition, um ins Finale zu kommen.
In den Play-Offs schaffte die DEG im Viertelfinale die Hürde ECD Iserlohn noch relativ leicht aus dem Weg. Dann aber folgte im Halbfinale die Neuauflage des Endspiels von 1986, das Duell gegen den alten und ewig jungen Rhein-Rivalen Kölner EC. Es war fast erschreckend, welch' leichte Beute die DEG für die »Haie« wurde. Die Stars von der Brehmstraße brachten keinen Schlittschuh aufs Eis, waren für den in bestechender Form spielenden Titelverteidiger kein ernsthafter Gegner. Nicht einmal zu einem zweiten Heimspiel kam es, aber die Karten waren verkauft. So war es wohl einmalig in der Geschichte der Bundesliga, daß anschließend ein Spiel im Kampf um Platz drei ausverkauft war! Gegen den SB Rosenheim schaffte die DEG Platz drei der Bundesliga, durfte aber doch noch einen Meistertitel feiern: Die Junioren holten doch noch eine Meisterschaft an die Brehmstraße.
Zu dieser Zeit wurde der Verein aber schon wieder von neuen Querelen erschüttert. Im Januar mußte Trainer Otto Schneitberger, ein Idol als Spieler, aus der Zeitung erfahren, daß der Vorstand am Saisonende den Vertrag nicht verlängern würde. In aller Stille war bereits mit dem Kölner Hardy Nilsson verhandelt worden. Doch Spione gibt es überall. Die Gespräche mit dem Schweden wurden bekannt, die »Haie« handelten schnell und verlängerten den Vertrag mit »ihrem« Meistermacher. Auf den Rängen kam es zu lautstarken Abstimmungen: »Otto, du darfst nicht gehen«, forderten die Fans. Doch der Zug für den hauptberuflichen Architekten war abgefahren, mit Anstand zogen er und die Mannschaft sich noch aus der Affäre. Mit dem Kanadier Bryan Lefley (38), zuletzt in Italien tätig und vor einem Jahr mit Meran Meister, wurde wieder ein ehemaliger DEG-Spieler als Coach verpflichtet.
Während sich aber auf der Geschäftsstelle die Bewerbungen für die Schneitberger-Nachfolge stapelten, dachte Präsident Josef Klüh auch einige Tage über einen möglichen Rücktritt nach. Er war in die Schußlinie der Fans

Düsseldorfer EG

Da konnte sich Otto Schneitberger nur noch seine spärlichen Haare raufen: Er mußte gehen, aber auch Streit im Vorstand miterleben, zum Beispiel zwischen Detlef Pabst und Präsident Josef Klüh (links). Der lachte erst wieder, als er den neuen Coach Bryan Lefley begrüßen konnte (unten).

geraten, die mit Sprechchören ihren Unmut gegen den Boß äußerten. Sein Stellvertreter Dr. Bonenkamp sah sich veranlaßt, an das Publikum zu appellieren: »Das hat ein Mann wie er nicht verdient, er hat Zeit und Geld in den Verein investiert. Ohne Josef Klüh würde es heute in Düsseldorf kein Bundesliga-Eishockey mehr geben.« Wie eine Erlösung wurde deshalb seine endgültige Entscheidung aufgenommen: »Ich werde vorerst nicht zurücktreten.«
Dazu hätte der erfolgreiche Geschäftsmann am 25. März die beste Gelegenheit gehabt. Die im Herbst geplatzten Wahlen sollten nachgeholt werden. Wieder Tauziehen um Kandidaten, taktische Manöver, und auch der DEG-Dachverein mischte mit. Grabenkämpfe im pickfeinen Messecenter schienen gesichert. Der Vorstand versuchte aber die Weichen für eine ruhige Versammlung zu stellen. Der Trainer war engagiert, Spieler verpflichtet, schriftlich hatte man den Mitgliedern ein Konzept vorgelegt. Wenige Stunden vor der Abstimmung wich Schatzmeister Detlef Pabst vom gemeinsamen Kurs ab. Die Mitglieder verzieh'n ihm nicht. Bei der Wahl zum zweiten Vorsitzenden fiel er gegen Dr. Wolfgang Bonenkamp durch, als Schatzmeister stellte sich überraschend der frühere Torhüter Rainer Gossmann zur Verfügung. Er erhielt 63 Stimmen, Pabst nur 35.
Rainer Gossmann, vor Jahren bereits Vorsitzender der DEG, hatte sich kurzfristig zu einer Kandidatur entschlossen, »als ich den Zirkus miterlebte«. Nach einem Kassensturz mußte der neue Finanzminister allerdings erst einmal zur Bank marschieren: Um trotz der Einnahmen aus 17 ausverkauften Spielen einen weiteren Kredit zu vereinbaren. Immerhin drücken noch 900000 Mark Altschulden. Natürlich spukt in den Köpfen der DEG-Führung aber noch ein vierter Titel nach 1967, 1972 und 1975 herum. Doch der Mindestanspruch ist bei den Herren Klüh, Bonenkamp, Gossmann, van Hauten und Recker viel bescheidener: »Die Arbeit muß wieder mehr Freude machen als im letzten Jahr.« *Theo Mai*

SB Rosenheim

Ein Mann zu viel an Bord

Froh, daß ihm niemand mehr so recht zuhörte, murmelte Rosenheims Trainer Petr Brdicka nach der 5:7-Heimniederlage gegen die Düsseldorfer EG im letzten Saisonspiel in der Pressekonferenz sein Pflichtstatement herunter, setzte sich anschließend sofort in sein Auto und entschwand ins heimatliche Prag. Er war ebenso enttäuscht vom Finale wie die Fans, die ihrem Unmut mit einem Pfeifkonzert Luft gemacht hatten, als zwanzig grausame Minuten den dritten Platz kosteten, die Arbeit einer ganzen Saison nahezu zerstörten. Dieser Rang war das Mindestziel, das von den Verantwortlichen avisiert worden war, auch wenn zwischenzeitlich sogar noch mehr möglich gewesen wäre. Denn nach der Vorrunde lag der SBR geradezu sensationell auf dem 1. Platz, hatte sich die besten Voraussetzungen für die Play-Off-Runde geschaffen und dabei auch noch die vermeintlichen Wunschgegner mit Landshut und Mannheim zum vorgezeichneten Weg ins Finale erhalten. Und gerade gegen die Badener hatten sich die Rosenheimer viel vorgenommen, denn dort stand mit Ladislav Olejnik jener Mann an der Bande, der nach einem kurzen Trainerintermezzo am Inn mehr oder weniger auf Druck der Spieler seinen Platz wieder räumen mußte. Vielleicht entstand dadurch eine gewisse Übermotivation, die in eine spielerische Verkrampfung mündete, was besonders im Abschluß katastrophale Folgen hatte. So genügte den Mannheimern neben großer taktischer Disziplin ein überragender Paul Messier, um den hohen Favoriten in nur drei Spielen, davon zwei auf fremdem Eis, aus dem Meisterschaftsrennen zu katapultieren. Der Traum vom dritten Titel war geplatzt, die Mannschaft wurde jäh auf den Boden der Tatsachen zurückgeholt. Und die Realität war einfach so, daß die Rosenheimer Mannschaft eigentlich gar nicht in der Lage gewesen wäre, die Übermacht der am Rhein gelegenen Mannschaft zu brechen. Der Vorrundentitel erschien vielen schon wie ein Wunder. Denn von Saisonbeginn an schleppten die Rosenheimer ein Problem mit sich herum, das schließlich erst im Dezember konsequent, wenn auch unpopulär, gelöst werden konnte. Vertrauend auf mündliche Zusagen DEB-Oberer, der vom SC Riessersee gekommene Verteidiger Ron Fischer würde spätestens im Oktober keine Kontingentstelle mehr besetzen, waren die Verträge mit den beiden tschechischen Weltmeistern Vincent Lukac und Jiri Kralik um ein Jahr verlängert worden. Die Wahrheit sah aber so aus, daß beim SBR ein Ausländer zu viel an Bord war, für diesen stets nur ein Platz auf der Tribüne reserviert blieb. Ron Fischer war die feste Größe im Konzept von Trainer Brdicka, und im Tor gehörte zunächst Jiri Kralik das Vertrauen. Dieser hatte Konkurrenz erhalten durch den von Augsburg gekommenen Junioren-Nationaltorhüter Klaus Merk, der auf seine Chance lauerte und sie dann konsequent nutzte. Die Situation der sowieso nicht allzu treffsicheren Rosenheimer Stürmer verschärfte sich, als Franz Reindl mit einer lang-

SB Rosenheim

wierigen Verletzung ausfiel und der so vielgerühmte Rosenheimer Youngster-Sturm mit Kammerer, Berwanger und Ahne nicht mehr harmonierte.

Rosenheims Trainer baute seine Formationen ständig um, tüftelte und bastelte, ehe er sich zu einem rigorosen Schritt entschloß: Er stellte Merk für Kralik in den Kasten, nahm Lukac in die Mannschaft. Der SBR lag auf dem fünften Tabellenplatz, die Fans waren unzufrieden. Mit Merk jedoch kam der Erfolg: Der junge Augsburger avancierte schnell zu einem Leistungsträger, wurde zu einem Rückhalt der Mannschaft, auch wenn er noch nicht jene große Sicherheit wie Kralik und insbesondere dessen Vorgänger Karl Frieden ausstrahlte.

Und der Rosenheimer Publikumsliebling, dem der SBR mit seine beiden Meistertitel zu verdanken hatte, sorgte für die größte Sensation auf dem vorweihnachtlichen Transfermarkt. Sein Engagement in der nordamerikanischen Profiliga brachte ihm nicht die sportliche Erfüllung, die er sich bei seinem Wechsel erhofft hatte. Bei den New Jersey Devils saß er meist auf der Ersatzbank oder wurde ins Farmteam abgeschoben. Mit Rosenheim stand er in Kontakt, ließ dabei ständig seine Bereitschaft zur Rückkehr erkennen. Und New Jersey legte ihm schließlich keine Steine in den Weg, als der SBR offiziell anfragte. Im Dezember wurde Friesen wieder mit weit geöffneten Armen empfangen, doch dauerte es noch einen Monat ehe er erstmals wieder zwischen den Pfosten stand. Zunächst wollte er seinen Trainingsrückstand aufholen, sich akklimatisieren.

Und sportlich hätte auch keine Notwendigkeit bestanden, auf sofortigen Einsatz des Heimkehrers zu drängen, denn Klaus Merk wuchs mit seiner Aufgabe. Im nachhinein wurde oft gesagt, mit Friesen kehrte der Erfolg zum SBR zurück, das stimmt aber nur bedingt. Denn die Serie des SB Rosenheim, der elf Spiele hintereinander ohne Punktverlust blieb, von Platz fünf aus an die Spitze marschierte, war hauptsächlich dem jungen Augsburger

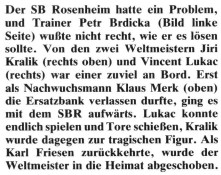

Der SB Rosenheim hatte ein Problem, und Trainer Petr Brdicka (Bild linke Seite) wußte nicht recht, wie er es lösen sollte. Von den zwei Weltmeistern Jiri Kralik (rechts oben) und Vincent Lukac (rechts) war einer zuviel an Bord. Erst als Nachwuchsmann Klaus Merk (oben) die Ersatzbank verlassen durfte, ging es mit dem SBR aufwärts. Lukac konnte endlich spielen und Tore schießen, Kralik wurde dagegen zur tragischen Figur. Als Karl Friesen zurückkehrte, wurde der Weltmeister in die Heimat abgeschoben.

zu verdanken. So war dann auch die Rückversetzung ins zweite Glied sportlich nicht notwendig, und jeder bedauerte auch Klaus Merk – dennoch führte an Friesen kein Weg vorbei, der zum ersten Mal gegen den SC Riessersee wieder auf seinem Posten stand.

Mittlerweile hatte sich schon ein anderes sportliches Schicksal erfüllt, das die Härte des Profisports erbarmungslos aufzeigte. Während Karl Friesen bei seinem ersten Erscheinen im Rosenheimer Stadion mit Sprechchören gefeiert wurde, stand Jiri Kralik, die Schirmmütze weit ins Gesicht gezogen, völlig unbeachtet am anderen Ende der Spielerbank. Was mag in ihm vorgegangen

sein, der bei zwei Weltmeisterschaften zum besten Keeper des Turniers gewählt worden war, mit seiner Mannschaft gerade ein Jahr zuvor den WM-Titel geholt hatte? In der Eishockey-Provinz Deutschland zunächst auf die Ersatzbank verbannt und dann ausgemustert. Sein Abschied vollzog sich still und leise, und eine Agentur formulierte blumig, wenn auch nicht ganz den Tatsachen entsprechend: »Kralik wurde im Zug zweiter Klasse wieder in die CSSR geschickt.«

Ob ihn das Gehalt, das ihm selbstverständlich bis Saisonende bezahlt wurde, oder die mitfühlenden Worte seiner Mannschaftskollegen ein Trost waren,

SB Rosenheim

Das war das Ereignis des Jahres in Rosenheim, als Karl Friesen mit Frau Judy und seinen Kindern Joel und Kristin zurückkehrte. Glücklich, aber müde traf die Familie am Münchner Flughafen ein.

Auch wenn Betreuer Willi Wittmann für Tempo sorgen wollte, die Rosenheimer gingen in der vergangenen Saison zu selten ab »wie die Feuerwehr«.

wer weiß es. Geschäftsführer Josef Wagner, dem stets die unangenehmen Aufgaben zufallen und der diese sportliche Notwendigkeit zu vollziehen hatte: »Menschlich tut uns das alles sehr leid, denn Jiri war ein untadeliger Sportsmann. Im Interesse des Vereins konnten wir aber nicht anders handeln.« Die Befürchtung, drei Top-Torhüter, von denen mindestens zwei Ansprüche auf die Nummer 1 erhoben, seien zu viel, war nicht von der Hand zu weisen, und zudem war das Problem mit den drei Ausländern, wenn auch nicht elegant, was nicht möglich war, gelöst.

Besonders von Vincent Lukac fiel gehöriger Druck ab. Endlich spielte er befreit auf, schoß nun jene Tore, die man von ihm erwartete. Die Mannschaft konsolidierte sich und rettete einen knappen Vorsprung bis ins Ziel. Trotz aller Erfolge war aber nicht alles Gold, was glänzte. Innerhalb der Mannschaft waren einige Risse erkennbar, die der Erfolg nur oberflächig kittete. Zudem offenbarten sich im Abschluß einige Schwächen, an denen die Mannschaft dann auch scheitern sollte. So schoß Rosenheim fünfzig Tore weniger als im zweiten Meisterschaftsjahr.

Dennoch schien alles fürs Finale gerichtet, nachdem man auf dem Weg dorthin die vermeintlichen Wunschgegner präsentiert bekam. Die Spiele gegen den bayrischen Rivalen EV Landshut wurden mitgeprägt durch ein Foul von Manfred Ahne an »Butzi« Auhuber, wodurch die Atmosphäre zwischen den beiden Clubs nachhaltig vergiftet wurde, man sich in gegenseitigen Schuldzuweisungen überbot, auch Schläge unterhalb der Gürtellinie austeilte. Zum Glück, und dies muß man beiden Mannschaften hoch anrechnen, setzten sich die Gehässigkeiten nicht auf dem Eis fort. Vielleicht lag es auch an der sportlichen Überlegenheit der Rosenheimer, die die beiden letzten Spiele jeweils deutlich für sich entschieden. Jetzt schien der Knoten bei den Rosenheimer Stürmern geplatzt, zumindest ließen die zweimal acht Tore diese Vermutung zu.

Ähnlich wie Max Schmelings berühmte Äußerung vor dem Kampf gegen Joe Louis: »I have seen something«, glaubte auch Mannheims Trainer Ladislav Olejnik, eine Schwachstelle im Rosenheimer Spiel entdeckt zu haben, und er setzte auf konsequentes Forechecking und schnelle Konter. Der SBR kam gar nicht dazu, ein Kombinationsspiel aufzuziehen, mußte sein Heil in Einzelaktionen suchen. Und hier fehlte ihnen ein Mann wie Paul Messier auf der Gegenseite, der zum überragenden Spieler dieses Halbfinals avancierte.

Die Vorentscheidung fiel bereits im ersten Spiel. Nach sechzig Minuten stand es 2:2 unentschieden, der »sudden death« mußte die Entscheidung bringen. Gerade drei Minuten waren gespielt, da erhielt Messier im eigenen Drittel die Scheibe, ließ bei seinem Sturmlauf die Rosenheimer Akteure wie Statuen aussehen, umkurvte sie wie Slalomstangen und hatte noch die Kraft, Karl Friesen mit einem Flachschuß zu überwinden. Ein Schock, von dem sich die Rosenheimer nicht mehr erholen sollten. In Mannheim setzte zwar der SBR die spielerischen Akzente, doch vor dem Tor waren Lukac, Kammerer und Co. mit ihrem Latein am Ende: 3:1 für Mannheim, wobei erneut Messier mit zwei Treffern der Matchwinner war. Was jetzt noch aus den Mündern der Rosenheimer Spieler kam, waren nur noch Durchhalteparolen. Innerlich hatte sich die Mannschaft schon aufgegeben, so daß der Sieg der Mannheimer nur noch Formsache war. Verständlich, daß Ladislav Olejnik seine frühere Wirkungsstätte als Triumphator verließ, aber auch als Sportsmann. Denn er anerkannte ebenso die Leistung der Rosenheimer, sprach von zwei gleichstarken Teams, wobei das glücklichere den Sieg davongetragen habe. Auch die Rosenheimer Fans honorierten die starke kämpferische Leistung ihrer Spieler, verabschiedeten sie mit Beifall. Sie hatten alles gegeben, doch das war nicht genug.

Anders dann die Stimmungslage im Spiel um den dritten Platz. Der SBR hatte sich mit einem 5:5 in Düsseldorf eine hervorragende Ausgangsbasis geschaffen, dominierte auch zwei Drittel im letzten Match, um dann aber mit zwanzig schwachen Minuten sehr viel an Kredit zu verspielen. Eine Saison, mit der man eigentlich zufrieden hätte sein können, fand damit ein wenig versöhnliches Ende.

Edgar Scholtz

SB Rosenheim

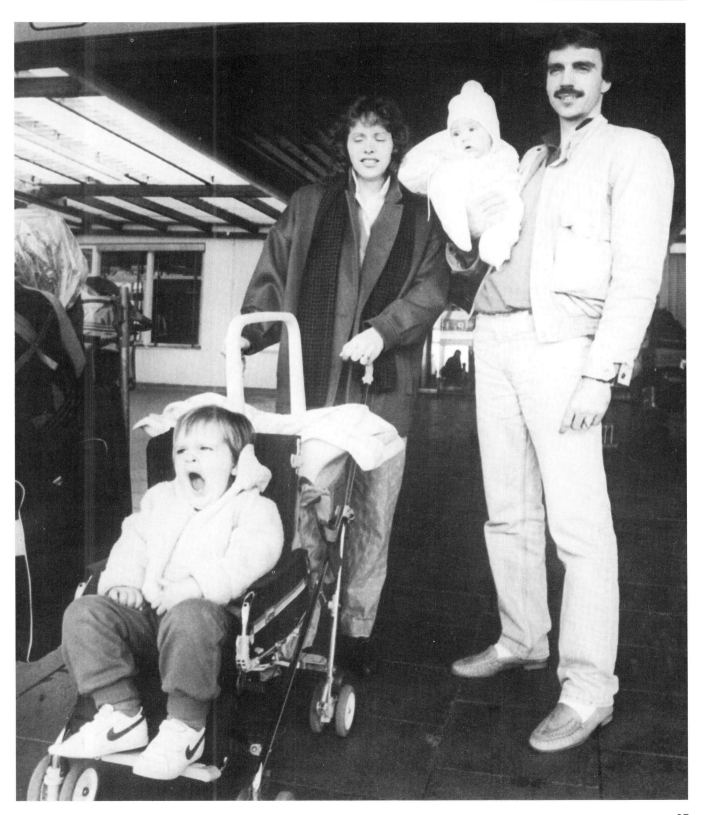

O lala, la Ola!

Für den ESV Kaufbeuren war der 22jährige Uwe Semtner am Mikrofon ein ebenso wichtiger Neuzugang wie eine Reihe von Spielern. Er sorgte für Stimmung im Stadion, die Cracks auf dem Eis dankten um so leichter für gute Leistungen. Unsere Galerie der Asse: Karel Holy, Thomas Dropmann (einer der hoffnungsvollen Nachwuchsleute), Dieter Medicus (obere Reihe von links), Jochen Mörz, Pavel Richter und Manfred Schuster (untere Reihe von links).

Zwei Ereignisse prägten die Saison 1986/87: Meister Köln vermochte den Titel erfolgreich zu verteidigen, und der schon totgesagte ESV Kaufbeuren mauserte sich zur Sensationsmannschaft der Vorrunde.

»We are the champions!« Weit mehr als 80000 Zuschauer peitschten die Bundesligamannschaft aus dem Allgäu von Sieg zu Sieg, verwandelten das Stadion am Berliner Platz in einen Hexenkessel, ließen die ehrwürdige Arena zu einem schier unüberwindlichen Bollwerk werden. Das Eishockeyfieber war ausgebrochen, das Allgäu im Erfolgsrausch.

Selbst die Verantwortlichen des Erstligisten aus Deutschlands kleinster Bundesligastadt kamen aus dem Staunen nicht mehr heraus. Nicht nur, weil die Zuschauer aus nah und fern in hellen Scharen durch die Stadiontore strömten. Ein Phänomen, das niemand so recht erklären konnte. Noch überraschender aber waren die sportlichen Erfolge des ESVK-Teams, das nicht nur Experten vor Saisonbeginn im unteren Tabellendrittel vermuteten.

Von der viel zitierten Papierform her gesehen nicht ganz zu unrecht. Mit Nationalspieler Dieter Hegen, dem Kaufbeurer Torjäger, hatte eine Galionsfigur seinem Heimatverein den Rücken gekehrt. Sein Wechsel nach Köln war schon lange vorbereitet. Die Brüder Klaus und Harald Birk, gerade im Kader der 1. Mannschaft integriert und Bestandteil einer frühzeitigen Planung, erlagen den Verlockungen der Großstadt Frankfurt, und Josef Kontny, hinter Gerhard Hegen die Nummer 2 im Tor des ESV Kaufbeuren, hatte das Reservebank-Dasein satt – ihn zog's nach Landshut. Skeptisch stand man auch den neuen Ausländern gegenüber. Außer den klingenden Namen war von den tschechischen Nationalspielern Pavel Richter und Karel Holy nur bekannt, daß sie zuletzt an Verletzungen laborierten. Ein Vabanquespiel. Hatte man nicht erst nach den glanzvollen Auftritten von Martinec und Stastny mit deren Nachfolgern Cernik und Veith einen bösen Reinfall erlebt?

Wen wundert's also, daß der Allgäuer Erstligist in den Kreis der Vereine eingestuft wurde, die man zum Ende der Vorrunde in der Relegationsrunde, mindestens aber im unteren Tabellendrittel erwartete. Selbst nach einem wohldosierten und ausgewogenen Vorbereitungsprogramm gab es wenig Veranlassung, diese Meinung zu ändern. Im Turnier um den Thurn-und-Taxis-Pokal spielte der ESV Kaufbeuren keineswegs eine dominierende Rolle, im Rahmen des Trainingslagers in der ČSSR kamen die Allgäuer meist über

ESV Kaufbeuren

die Rolle des Prügelknaben nicht hinaus, und selbst gegen Außenseiter aus der 2. Liga sprangen nur knappe Siege heraus. Hatten die Skeptiker also recht?
Nein, denn alles sollte anders als erwartet kommen. Dem Auftaktsieg gegen die hocheingeschätzten Iserlohner folgten Auswärtserfolge in Frankfurt und Landshut, die den ESV Kaufbeuren am 3. Spieltag an die Tabellenspitze katapultierten. Ein klarer Sieg gegen Titelverteidiger Köln unterstrich den sensationellen Höhenflug, auch die Favoriten aus Rosenheim und Mannheim blieben auf der Strecke. Aus der grauen Maus war ein Favoritenkiller geworden, aus dem Jäger ein Gejagter, aus dem Außenseiter ein Favorit.
Eine ungewohnte Rolle, mit der es erst einmal fertig zu werden galt. Als die Hälfte der Vorrunde absolviert war, hatte der ESV Kaufbeuren nur um Haaresbreite die »Halbzeitmeisterschaft« verfehlt. Nur ein Punkt trennte die Mannschaft vom Spitzenreiter Mannheim, Pavel Richter war, wie später zum Saisonende auch, Skorerkönig der Liga, Gerhard Hegen bester Torhüter und die Zuschauer ein ungeahnt begeisterungsfähiges Publikum. Rund 5600 waren im Schnitt zu den Heimspielen gekommen. Hunderte von Kilometern reisten die Fans an, füllten die Vereinskassen und wurden als »bestes Publikum« mit dem »Goldenen Puck« ausgezeichnet.
Und auch die Medien zogen mit. Immer häufiger sorgten die Kaufbeurer für Schlagzeilen, und – in der Bundesrepublik wohl einmalig – Radio Ost-Allgäu übertrug jedes Spiel über einen eigenen Reportage-Sender direkt und in voller Länge.
Daß es bei der Endabrechnung nicht zu einem Platz im Spitzenquartett reichte, hatte vielerlei Gründe. 36 Spiele lang sich selbst zu motivieren, Woche für Woche über die eigenen Verhältnisse zu spielen, bis an die Grenzen des Leistungsvermögens – das ist ein Ding der Unmöglichkeit. Dabei fehlten in der Endabrechnung nur lächerliche drei Zähler zu Rang vier, und der Mannheimer ERC, Gegner der Allgäuer im Play-Off-Viertelfinale, hätte in Sachen Heimrecht das Nachsehen gehabt. Die Kaufbeurer leisteten sich Ausrutscher, als es darauf ankam. Heimniederlage gegen Iserlohn, Unentschieden gegen Landshut und Schwenningen. Vier Punkte, die man buchstäblich verschenkt hatte. Aber was soll's. Trainer Dr. Richard Pergl sah es im nachhinein realistisch: »Wir haben uns den 8. Rang als Ziel gesetzt und weit mehr erreicht, als man erwarten konnte.« Und auch Ehrenpräsident A. P. Krekel sowie der 1. Vorsitzende

ESV Kaufbeuren

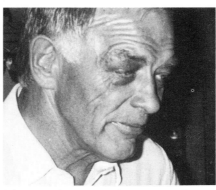

Ein skeptischer Trainer Dr. Richard Pergl (oben links), »Kriegsrat« der Spieler (unten, Mörz und Hegen) – am Ende ein zufriedener Präsident Sepp Pflügl (oben), nach Kaufbeurens Glückssaison.

Sepp Pflügl hielten nichts von Nachtarocken: »Die Mannschaft hat sich prächtig geschlagen. Ob am Ende dann Vierter, Fünfter oder Sechster, das spielt wirklich keine Rolle mehr.«
Dabei hätte es beinahe noch zu einer weiteren Sensation gereicht, als der ESVK im Viertelfinale nochmals aufmuckte, alle noch verbliebene Kraft aktivierte und in der Verlängerung des dritten Play-Off-Spiels in Mannheim 5:4 siegte. Ein letztes Aufbäumen, das die bravourösen Leistungen der vergangenen Saison noch einmal unterstrich. Aber nichts daran ändern konnte, daß die Mannheimer dann doch in das Halbfinale einzogen.
Immer wieder hat man in den letzten Monaten versucht, die Gründe des sportlichen und wirtschaftlichen Erfolges zu analysieren. Was den sportlichen Teil betrifft, so gibt es sicherlich mehrere Ursachen. Zum einen ging das Team optimal vorbereitet in die Meisterschaftsrunde und wurde selbst nach den Anfangserfolgen von den sogenannten »Großen« unterschätzt. Die Mannschaft vermochte sich dagegen von Spiel zu Spiel zu steigern, wuchs über sich hinaus. Harmonie und Kameradschaft wurden großgeschrieben. Nach dem Motto »Alle für einen, einer für alle« gab es kaum Schwachstellen, die jungen Talente wurden von den Routiniers exzellent geführt, aus mittelmäßigen Spielern wurden Leistungsträger.
Es paßte einfach alles. Die ČSSR-Stars Pavel Richter und Karl Holy erwiesen sich ebenso als Volltreffer wie Jochen Mörz. Dieter Medicus und Kapitän Manfred Schuster erinnerten an ihre besten Tage. Die Devise »dem Nachwuchs eine Chance« machte sich bezahlt. Hervorragend verstand es Dr. Richard Pergl, der Coach der Allgäuer, die 18- und 19jährigen Juniorenspieler wie Klaus Micheller, Thomas Dropmann, Stefan Steinecker, Heinrich Römer – um nur einige zu nennen – an das Leistungsniveau der Bundesliga heranzuführen.
Dazu kam eine »Jetzt-erst-recht«-Reaktion der Spieler. Man wollte es denen, die den ESV Kaufbeuren in die

ESV Kaufbeuren

Liste der Abstiegskandidaten einreihen, schon zeigen. Ein Schicksal wie das des EV Füssen, des EC Bad Tölz oder des SC Riessersee sollte dem ESV Kaufbeuren nicht widerfahren.

Und dann war da noch ein Rückhalt, eine Stimulans, die nicht hoch genug einzuschätzen war: ein Super-Publikum! Selbst Vereinsmitglieder der ersten Stunde, seit mehr als 40 Jahren treue Anhänger, vermochten sich nicht an eine ähnliche große Begeisterungsfähigkeit der Zuschauer zu erinnern. Das eher als kritisch bekannte Publikum aus nah und fern stand wie ein Mann hinter der Mannschaft. Fast ein dutzendmal war die vereinseigene Arena ausverkauft. Bei mancher Begegnung hätte man gut und gern ein doppelt so großes Stadion gebraucht. Das Schild »Ausverkauft«, das jahrelang vergilbt in einer Schublade vor sich hin schlummerte, prangte, sehr zum Leidwesen der angereisten Fans, mehr als einmal an den Stadiontoren.

Neue Wege wurden beschritten, der Gang ins Stadion sollte attraktiver werden, mehr Unterhaltungswert bekommen. Ein junger Mann, der 22jährige Uwe Semtner, wurde zur großen Zugnummer. Animator, Discjockey, Anheizer? Letzteres bestimmt nicht, ersteres kaum.

Er war ganz einfach der Mann, der es verstand, die Massen zu begeistern, mitzureißen. Tausende von Wunderkerzen erstrahlten, wenn er die Cracks vor jedem Match einzeln vorstellte, Text und Musik waren optimal abgestimmt. Und erstmals in einem deutschen Eisstadion wurde die »Mexiko-Welle« kreiert. Keinen der Zuschauer hielt es auf seinem Platz, wenn Uwe Semtner das Kommando zur »la Ola« gab, die Begeisterung schwappte über, wenn aus Tausenden Kehlen das »Einer geht, einer geht noch rein« erklang. Allein die Stimmung lockte ins Stadion. Und kaum ein Heimspiel, nach dem die gefeierten Cracks nicht Ehrenrunden drehten und »Standing ovations«, Stehende Ovationen, erhielten. »We are the champions« – wir sind die Größten – erklang aus den Lautsprechern.

Waren sie wirklich die Größten? Ein klares Ja! Denn was Spieler und Verein im Allgäu in dieser denkwürdigen Saison auf die Beine gestellt haben, verdient allerhöchste Anerkennung. Sicher, das Team blieb von Verletzungen verschont, hatte das Glück des Tüchtigen auf seiner Seite. Aber der ESV Kaufbeuren hat gezeigt, daß es nicht unbedingt einer Großstadt bedarf, um im Eishockey Erfolg zu haben. Und daß es nicht die großen und klingenden Namen sein müssen, um Siege zu erringen. Ein Erfolg für Trainer Dr. Richard Pergl, der großartige Arbeit geleistet hat. Er, der jede Trainingseinheit minutiös registrierte, für den Analysen der Spiele zur Wissenschaft werden, der auch in Zeiten größter Euphorie auf dem Teppich blieb, er ist der große Gewinner dieser Saison.

Das bundesdeutsche Eishockey kann dem ESV Kaufbeuren dankbar sein. Dankbar dafür, daß die Meisterschaft bis zur letzten Minute spannend blieb. Es darf erwartet werden, daß das »Wunder aus dem Allgäu« keine Eintagsfliege bleibt. *Walter Hermann*

Aus der »grauen Maus« wurde ein »Favoritenkiller«. Der ESV Kaufbeuren trumpfte auf. Mit welchem Einsatz die Allgäuer zur Sache gingen, verdeutlichen diese Bilder. Arnim Kauer im Kampf mit den Landshutern Seyller und Gandorfer und Josef Riefler an der Bande mit dem Kölner Udo Schmid.

Eintracht-Fans mit zwei Herzen

Bange Blicke gab es in Frankfurt öfters. Doch am Ende durfte gejubelt werden, der Klassenerhalt wurde geschafft. Großen Anteil daran hatte Torhüter Peter Zankl.

Es ist noch gar nicht so lange her, da wurden die Eishockeyspieler der Frankfurter Eintracht von ihren fußballspielenden Vereinskameraden – wenn überhaupt – nur über die Schulter angeguckt. Es hätte sogar passieren können, daß der Fußballer dem Eishockeyspieler auf der Geschäftsstelle begegnet wäre und ihn nicht einmal erkannt hätte. Die Zeiten haben sich geändert, und zwar drastisch. Man darf davon ausgehen, daß ein Jerzy Potz oder ein Trevor Erhardt, ein Peter Zankl oder ein Toni Forster bei einem vielseitig interessierten Eintracht-Fan mehr Sympathien erfährt als ein Hans Gundelach oder ein Ralf Sievers.

Eishockey und Fußball sind also zwei Herzen, die heutzutage mit gleicher Intensität in der Brust eines Anhängers dieses Vereins schlagen. Wäre die Kapazität der Eissporthalle am Bornheimer Hang nicht auf 6000 Zuschauer begrenzt, so hätte es in der vergangenen Runde, der ersten in der I. Bundesliga nach siebzehn Jahren, Eishockeyspiele der Frankfurter Eintracht vor zehn- bis fünfzehntausend Interessenten gegeben. Mehr sind auch zu den meisten Vorstellungen der Fußballprofis nicht ins Frankfurter Waldstadion gekommen.

Es ist deshalb verständlich, daß der ehemals »kleine Bruder« innerhalb des Großvereins die gleiche Aufmerksamkeit beansprucht wie das einst übermächtige große Vorbild. Da dies nach dem Gefühl der Abteilung Eishockey aber nicht der Fall ist, kommt es immer wieder zu atmosphärischen Störungen, die von Eishockey-Boß Günther Herold bei jeder Gelegenheit angeprangert werden. »Wir werden im Verein immer wieder als wirtschaftlicher Risikofaktor bezeichnet. Man hätte uns ruhig ein wenig mehr Anerkennung für die abgelaufene Saison entgegenbringen können. Statt dessen gibt es immer wieder Leute, die an uns herumnörgeln.«

Auch wenn diese Disharmonie für die breite Öffentlichkeit weder offenkundig noch verständlich ist (immerhin gehört die Vereinsspitze mit Präsident Dr. Klaus Gramlich, Schatzmeister Wolfgang Knispel und Vizepräsident Klaus Mank regelmäßig zu den Besuchern der Eissporthalle), darf die Abteilung in der Tat mit einigem Stolz auf das Geleistete zurückblicken. Das gilt im gleichen Maße für die Mannschaft wie für die Organisation, die mit einem Minimum an logistischem Aufwand einen Riesenetat von 3,8 Millionen Mark verwaltete und am Ende ohne Verschuldung über die Runden kam.

Die Angst der einflußreichen »Nörgler«, die Herold nie beim Namen nennt, ist allerdings nicht ganz aus der Luft gegriffen. Frankfurt wäre ja tatsächlich seit langer, langer Zeit die erste deutsche Großstadt, in der Fußball und Eishockey auf einige Dauer und auf höchster Ebene gedeihlich und gesund nebeneinander existieren würden. Vergleichbare Versuche scheiterten in München ebenso wie in Berlin und – last not least – in Düsseldorf, wo im Rekordjahr der DEG die Fortuna vor chronisch unterbesetzten Rängen langsam in die Zweitklassigkeit abglitt. Auch in Köln gerieten die Erfolge deutlich in den Schatten des Abschneidens der »Haie«. Solche Tendenzen machen dort natürlich besonders Angst, wo Fußball und Eishockey unter dem gleichen Dach zu Hause sind und somit innerhalb des Gesamtvereins ein ständiges Hoffen und Bangen zu befürchten steht. Natürlich ängstigen sich bei der Eintracht die in größerer Zahl vertretenen Mitglieder der Fußball-Lobby,

Eintracht Frankfurt

wenn die Eishockey-Abteilung schon Wochen vor Saisonbeginn über 2000 Dauerkarten und damit ein mehrfaches der Sparte Fußball abgesetzt hat.

Selbst ein Mann wie Schatzmeister Wolfgang Knispel, der in den Jahren seines Wirkens stets als konsequenter Verfechter der Konsolidierung des einst hochverschuldeten Vereins galt, scheint da nervös zu werden. Sein Prinzip, eine Neuverschuldung der Eintracht durch Aktivitäten auf dem Transfermarkt komme nicht in Frage, hat er vor dieser Saison schweren Herzens aufgegeben, was freilich vorerst nicht zum Schaden des Eishockeys geschah. Auch die kleinere Abteilung durfte ihre Grenzen noch einmal nach oben verlegen und ihren Etat auf rund 4,5 Millionen Mark erweitern. Mit diesem Ausgabenvolumen lassen Herold und Co. sogar manchen Fußball-Bundesligisten hinter sich.

Der Abteilungsleiter hält das damit eingegangene Risiko für vertretbar und verweist voller Stolz auf die Attraktion, die sein Sport in der Saison 1986/87 auf das Publikum ausgeübt hat. Im Zuspruch lag da die Eintracht unmittelbar hinter Krösus Düsseldorf und vor Meister Köln oder dem Mannheimer ERC. In den Punktspielen war die Eissporthalle zu 95 Prozent ausgebucht, die Freundschaftsspiele und das traditionelle internationale Turnier um den Henninger-Cup sowie das Länderspiel gegen Finnland hinzugerechnet passierten über 200 000 Besucher die Kassenhäuschen. Auch hier ein Vergleich mit der Sportart Nummer eins: Im Fußball hatten die Erstligisten Homburg, Leverkusen, Düsseldorf, Mannheim und Uerdingen in absoluten Zahlen zum Teil erheblich geringeren Zuspruch.

Doch auch der Preis für die enorm gesteigerte Attraktivität und die dahintersteckende Erwartungshaltung ist be-

Mit einer Grillfete begann die Saison. Erstes Kennenlernen für die Neuzugänge Mucha, Mokros, Harald und Klaus Birk (von links) mit Trainer Jorma Siitarinen (Zweiter von links).

Eintracht Frankfurt

Günther Herold ist der »Macher« im Frankfurter Eishockey, aber sicherlich noch nicht am Ziel seiner Wünsche.

reits festgelegt. Bereits ein Jahr nachdem sie ihre ehernen Grundsätze verkündet hatten, müssen Herold und Trainer Jorma Siitarinen sich umorientieren. »Wir haben diese Mannschaft nicht für eine Saison, sondern für die Zukunft gebaut«, ließ sich der Finne vor Beginn der vergangenen Saison vernehmen. Doch die Realität sieht nun plötzlich ganz anders aus. Von den nicht weniger als 27 Spielern, mit denen er in das Abenteuer I. Bundesliga gestartet war, werden im zweiten Jahr sage und schreibe 13, vielleicht sogar 14 nicht mehr dem Kader angehören.

Auch die von Herold stets mit Stolz verkündete Maxime, der Verein wolle eigenen talentierten Nachwuchsspielern eine Chance geben und damit ein Signal für die Entwicklung des Frankfurter Eishockeysports aus eigener Kraft setzen, kann dann in der Schublade mit der Aufschrift »Sonntagsreden« abgelegt werden. Standen in der vorigen Saison noch sieben Spieler im Aufgebot, die ihre ersten Rutschversuche auf der Eisbahn im Radstadion gemacht hatten, so werden dem zukünftigen Kader gerade drei Eigengewächse angehören. Und diese drei sind der dritte und vermutlich im Schatten von Peter Zankl und Michael Schmidt stehende Torhüter Oliver Schulz, der zwar talentierte, aber immer noch der Führung durch einen routinierten Nebenmann bedürftige Verteidiger Guido Göbel und schließlich der Stürmer Ralf Hartfuß, den die Eintracht ebenfalls gern auf Leihbasis abgegeben hätte, wenn sich ein Zweitligist gefunden hätte, bei dem der Sohn des Frankfurter Eismeisters die gewünschten Fortschritte machen könnte. Und auch nicht alle Junioren-Nationalspieler, die nach Frankfurt geholt wurden, um dort von ihrem Talent zu zeugen, konnten den Vorschußlorbeeren gerecht werden. Toni Krinner, der Tölzer Bua, bekam seine Probleme mit dem Großstadtleben, und den zunächst gesperrten, dann verletzten Duisburger Thomas Werner zog es nach einem Krach hinter den Kulissen weg von der Eintracht.

Dieser Vorfall freilich steht im Widerspruch zum guten Betriebsklima und zur seriösen Abteilungsleitung. Beides wird von den Spielern immer wieder hervorgehoben. Besonders solche Akteure, deren Leistungsvermögen vor der vergangenen Runde bezweifelt wurde, konnten sich in dieser vertrauten Atmosphäre zu ungeahnten Höhen emporschwingen. Wer hätte vorauszusagen gewagt, daß der bis dahin nur in der zweiten Liga bekannte Kanadier Trevor Erhardt auch in der Eliteklasse zu einem der effektvollsten Stürmer werden würde? Und wer hatte schon prognostiziert, daß sich der von vielen schon zum alten Eisen gerechnete, fast 30 Jahre alte Toni Forster derart in den Vordergrund spielen würde, daß er sogar in den personellen Überlegungen von Bundestrainer Xaver Unsinn noch einmal eine Rolle übernehmen könnte? Das positive Beispiel dieser beiden Routiniers im gleichen Maße wie die Enttäuschung durch die Nachwuchsleute haben Herold und Siitarinen für das zweite Erstliga-Jahr auf dem Transfermarkt nach »gestandenen« Männern Ausschau halten lassen. Das Ergebnis dieser Suche war die Verpflichtung eines Sextetts mit vier ehemaligen deutschen Nationalspielern (Pöpel, Jörg Hiemer, Adams, U. Egen) sowie dem zuletzt inaktiven Kanadier Langlois und dem ebenfalls international erprobten Exil-Polen Denisiuk. Daß drei von ihnen über 30 Jahre alt und die anderen von dieser Altersgrenze nicht weit entfernt sind, stört in Frankfurt niemanden. Dort hat man sich sehr schnell die Erfahrung anderer zu eigen gemacht, daß Alter vor Klasse nicht schützt. Und außerdem sind ja eigene Leistungsträger wie Potz, Forster und Mucha auch keine Greenhorns mehr.

Bei aller Zustimmung, der sich der Abteilungsvorstand von außen sicher sein darf, und bei aller Unterstützung, die dieser Sport in Frankfurt durch die Öffentlichkeit erfährt, gibt es für Günther Herold und seine Mitarbeiter nach wie vor ein Grundproblem. Die Halle, um deren Bau er zunächst eineinhalb Jahrzehnte vergeblich gekämpft hatte, entspricht mit ihrer Dimension nicht mehr den Vorstellungen und wohl auch nicht der Notwendigkeit, die für eine langfristig erfolgreiche Mannschaft vorauszusetzen sind.

Die permanente Diskussion um die Erweiterung der schmucken Arena auf ein Fassungsvermögen von wenigstens 8000 Zuschauern endet stets bei der Kostenfrage. Und eine Erhöhung der Eintrittspreise um bis zu 50 Prozent, wie es jetzt gerade geschehen ist, ist kein beliebig wiederholbarer Vorgang – nicht einmal bei einem so eishockeyverrückten Publikum, wie es das Frankfurter ist. Und eine weitere große Hoffnung scheint sich zu zerschlagen, bevor sie richtig aufkeimen konnte.

Zwar will die Stadt Frankfurt zur Unterstützung ihrer Olympia-Bewerbung ganz in der Nähe der Stadien Bornheimer Hang und Riederwald eine Mehrzweckhalle mit 20000 Plätzen errichten lassen, doch nach Günther Herolds Kenntnisstand ist eine Eisfläche seltsamerweise nicht vorgesehen. Frankfurt hätte dann mit Festhalle, Eissporthalle und »Olympiahalle« drei geschlossene Arenen für zusammen 36000 Besucher, aber keine, die dem vermeintlichen Bedarf in Sachen Eishockey entspricht. Schilda scheint am Main zu liegen. *Gerhard Simon*

Aufsteiger Berliner SC Preussen

Endlich die Stunde des Glücks

In Berlin wurde wieder einmal das klassische Beispiel vorgeführt, daß man mit Geld zwar sehr vieles erreichen kann, doch eben nicht alles. Schon gar nicht im Sport. Gemeint ist der Eishockey-Sport an der Spree nach 1982, nach dem Bundesliga-Exodus des traditionsbeladenen Berliner Schlittschuh-Clubs, der sich nach zehn mehr oder weniger erfolgreichen Jahren zwangsweise aus dem »Oberhaus« verabschiedete, in Berlin zwar glitzernde Eisflächen hinterließ, doch kein glanzvolles Eishockey. Das schien tot, zumal der kleine Nachbar BFC Preußen ganz stark daran dachte, sein Oberliga-Team sogar noch eins tiefer anzusiedeln. Des Geldes wegen, das weder hinten noch vorn stimmte. Denn auch die Oberliga ist ja – wer weiß das in deutschen Eishockey-Landen nicht – nicht ganz billig. Doch der rührige Sportwart Heinz Klopstech, der sich schon bald nach dem ersten Bundesliga-Jahr des »Club« mit dem damaligen Trainer Xaver Unsinn »auseinanderlebte« und sich dem weniger berühmten Lankwitzer Klub

Aufsteiger Berliner SC Preussen

Preussen-Torhüter Dietmar Habnitt im Tiefflug, der Verein selbst im Höhenflug: Endlich der Aufstieg. Entsprechend fröhlich war der Empfang in Berlin, als der Sprung nach oben geschafft war. In der I. Bundesliga dürfen die Berliner keine Angst vor großen Tieren haben. Eine »bärenstarke Nummer« zeigten sie schon im Zirkus Sarasani.

zuwandte, wo er sich hauptsächlich dem Nachwuchs widmete, wäre nicht er selbst gewesen, wenn er nicht die Chance erkannt hätte. »Eishockey in einer Stadt wie Berlin auf vierter Ebene, das darf nicht sein«, dachte »Kloppe« damals laut. Und er überzeugte den Konkurs-Verein sowie einige Spieler, es doch noch mit den Preußen zu wagen.

Aufsteiger Berliner SC Preussen

Gesagt, getan. Es waren genau sechs Mann, die das Abenteuer eingingen und das Trikot des BFC Preußen überstreiften. Die erste Saison in der Oberliga, finanziell noch auf Sparflamme und mit der noch nicht umgebauten, unfreundlichen Weddinger Eishalle als Spielort, verlief recht verheißungsvoll. So gut teilweise, daß man mit einigen Spielen der Aufstiegsrunde sogar in die Eishalle umziehen und sogar einmal knapp unter 3000 Fans begrüßen konnte. Der Aufstieg wurde indes verpaßt. Doch – das ist ja nicht unbekannt – hatten andere Vereine finanzielle Schwierigkeiten, gaben auf. Und so kamen die Preußen »am grünen Tisch« in die II. Bundesliga. Berlin war wieder eine Etage höher gerückt.

Doch zwischen Oberliga und 2. Liga klaffte nicht nur im finanziellen, sondern vor allem im sportlichen Bereich eine gewaltige Lücke. Und damit wären wir beim oben angeführten Thema: Mit Geld kann man viel erreichen, doch nicht alles kaufen. Schon gar nicht einen Aufstieg. Ich meine hier natürlich den ehrlich auf dem Eis erworbenen, nichts anderes.

»Alte Kameraden« kamen in Berlin wieder aus der Versenkung, boten ihre Hilfe an, klopften großspurig auf den Geldbeutel. Doch geöffnet wurde der in den seltensten Fällen. Auch einer aus der alten Garde des Schlittschuh-Club, der langjährige Schatzmeister Herrmann Windler, machte sich so seine Gedanken. Und da sich Klopstech und Windler ja kannten, einigermaßen die gleiche Wellenlänge hatten, taten sich die beiden zusammen. Schon bald gab es die in Berlin sattsam bekannten Probleme mit einer Eishockey-Abteilung und seinem Hauptverein. Der BFC Preußen wollte das Abenteuer Bundesliga nicht wagen. Und so beschlossen Windler, Klopstech und Co., einen neuen Verein zu gründen. Und das geschah. Am 29. April 1983 wurde der Berliner Schlittschuh-Club Preussen, kurz BSC Preussen, aus der Taufe gehoben. Ein Verein mit nur einer Abteilung, Eishockey.

Und dieser Verein, besser sein Vorstand, schrieb sich ins Stammbuch, daß es nur einen Drei-Jahres-Plan zu geben hätte, an dessen Ende die Rückkehr des Berliner Eishockeys ins »Oberhaus« steht. Und man begann fleißig zu investieren. Man engagierte für diese drei Jahre einen festen Trainer, den Kanadier Jim Setters. Man verpflichtete im ersten Jahr viele gute Spieler, schaffte es nicht. Im zweiten Jahr steckte man noch mehr Geld in die Mannschaft, und wieder gelang der große Wurf nicht. Und auch der dritte Anlauf, jetzt beinahe mit einem »richtigen« Bundesliga-Etat, scheiterte kläglich. Man spielte, wie in allen vorangegangenen Jahren, stets in der Spitze mit, schaffte die II. Liga Nord beinahe im Alleingang, ließ die Zuschauerzahlen ins Gigantische anwachsen – indes, die immer teurer werdende Mannschaft, die Super-Stars scheiterten an den eigenen Nerven, an der (zu) hohen Erwartungshaltung, am Druck von außen – und am Trainer. Als man sich, nach vielen internen Querelen, von Setters zum Ende der Saison 1985/86 trennte, mit Franz Funk als Coach in die letzten Spiele ging, hätte es fast noch geklappt. Doch wie gesagt, nur fast.

Nach diesem Jahr stand man ganz bedrückt da: Viel, viel Geld war geflossen, die Fans hatten unglaublich viel in die Kassen gebracht, am Ende aber stand nur Enttäuschung, fast schon eine resignierende Leere.

In dieser Zeit reifte der Entschluß, den »guten Geist« der Mannschaft noch mehr als in den letzten beiden Jahren als Spieler in die Pflicht zu nehmen. Man überzeugte Rekord-Nationalspieler Lorenz Funk, das Amt des Trainers zu übernehmen. Und nach langen Überlegungen stimmte der »Lenz« zu. Sicher nicht ahnend, was auf ihn zukommen würde.

Denn als der 39jährige nach der Sommerzeit, nach den Wechsel-Monaten seine Schäfchen zählte, stellte er bedrückt fest: Die Mannschaft für die Saison 1986/87 ist ja schwächer als die der Vorjahre. Klassespieler waren weggegangen, »normale« verpflichtet worden. Und dann kam noch das Problem hinzu, daß Funk mit den drei Ausländern Sullivan, Attwell (beide Kanada) und Zabawa (Polen) zu arbeiten hatte. Die Schwierigkeit des Allen-alles-recht-Tun war programmiert. Und so gab es auch permanent Probleme zwischen dem Vorstand, der sich stolz an die Brust klopfte, »den ersten Ostblock-Sportler nach Berlin geholt zu haben«, und dem Trainer, der schnell erkannte, daß der erst ab 1. Dezember spielberechtigte Zabawa Rückstände angesammelt hatte, die aufzuholen er kaum in der Lage war.

So setzte Funk, dessen Hauptziel die Homogenität der Mannschaft war, auf die beiden Kanadier. Und er sollte mit seiner Sturheit, die ihm im Vorstand und dessen Umfeld nicht die ungeteilte Freude einbrachte, recht behalten. Die Kanadier waren es, die ins System von Funk paßten, das stark defensiv orientiert war, das aber für den Play-Off-, den K.o.-System-Charakter der Aufstiegsrunde genau das Richtige war.

Und so kamen zwar in der vergangenen Saison weniger Zuschauer als in den beiden Jahren zuvor, doch die, die kamen (und so wenige waren es wiederum auch nicht), konnten am Ende ein Happy-End feiern. Wen wundert's dabei, daß sich nachher Vorstand und Trainer gegenseitig auf die Schultern klopften, und zumindest die eine »Partei« schwärmte: Sie hätte es ja schon immer gewußt.

Doch Schwamm drüber. Alle zusammen hatten letztlich das erreicht, was sie wollten, daß Berlin wieder den Platz auf der deutschen Eishockey-Landkarte innehat, den es schon aus Tradition verdient. Und diesen Platz will man natürlich wahren, so schwer das auch bekanntermaßen für Aufsteiger ist, von denen ja die meisten in den vergangenen Jahren sofort wieder den Weg in die Zweitklassigkeit antreten mußten, einige sogar in den Jahren danach in der Bedeutungslosigkeit verschwanden.

Und um das zu erreichen, das Gut zu stabilisieren, vielleicht sogar noch auszubauen, will Funk den einmal eingeschlagenen und erfolgreichen Weg fort-

Ein Glücksfall für Berlin: Lorenz Funk

schreiten. Kameradschaft und Homogenität haben die Zauberformel gebildet, mit der die traditionellen Nachteile des Aufsteigers, des Neulings ausgeglichen werden sollen. Doch das einzuhalten, wird für den Coach nicht ganz einfach werden, muß er doch sieben neue Spieler integrieren.

Und das lag eigentlich nicht im Sinne des „Lenz" Funk: „Meine Mannschaft hat mit dem Aufstieg bewiesen, daß sie eine gute Mannschaft ist. Es herrschte eine so prima Atmosphäre, alle haben in den entscheidenden Spielen an einem Strang gezogen, so daß es alle verdient hätten, mitaufzusteigen. Andererseits soll man nicht aufhalten, wer unbedingt weg will. Und das wollten Uli Egen und George Pesut. Meine Vorstellung war es eigentlich, das Team durch drei bärenstarke Spieler sinnvoll zu ergänzen, nach dem Motto, Klasse statt Masse."

Nun, in der Hinsicht haben ihm der alte Vorstand um den verdienstvollen Herrmann Windler und der neue Manager Stefan Metz, der ein Jahrzehnt zuvor als Verteidiger des damals noch meisterlichen Schlittschuh-Clubs eine Größe des Berliner Eishockeys war, einen kleinen Strich durch die Rechnung gemacht. Beide waren »sehr fleißig« und holten – wie gesagt – sieben Neue. Vielleicht, und das könnte durchaus eine plausible Erklärung und Entschuldigung sein, weil es eben die erhofften Spitzenkräfte nicht sofort zu einem Neuling zieht. Selbst wenn der so gute (wirtschaftliche) Voraussetzungen aufweist wie die Preussen.

So bekannte auch Nationalspieler Axel Kammerer, daß er gerade während der Wiener Weltmeisterschaft von seinen Kameraden nicht nur gewarnt wurde, »sondern fast schon für blöd erklärt« wurde, daß er »das Abenteuer bei einem Aufsteiger« wagen wolle. Doch Kammerer, dessen unmittelbare Heimat nur ein Steinwurf von Lorenz Funks und Andy Brockmanns Elternhäusern entfernt ist, weiß auch, daß nicht wenige, die jetzt noch zu den Skeptikern gehören, sofort gern an die Spree wechseln würden, wenn sich der BSC Preussen konsolidieren würde – wenn er das erste Jahr im »Oberhaus« erfolgreich bestehen könnte. So ist das eben im deutschen Eishockey.

Doch jedem, vom Torhüter über den linken »Flügel« der vierten Sturmreihe, vom Sportwart über den 1. Vorsitzenden, vom Ordner bis zum Besucher links oben in der Eishalle Jaffestraße ist eines klar: Es wird eine haarige Sache, das »Jahr danach«. Und so kann ein Fakt zum Plus werden, der schon der Frankfurter Eintracht im ersten Bundesliga-Jahr sehr geholfen hat: das Publikum. Berlins Eishockey-Fans sind heiß, sehr heiß sogar. Fünf Jahre Abstinenz, fünf Jahre nur lesen, was in den Bundesliga-Eishallen an großen Dingen geschah, fünf Jahre Solingen statt Rosenheim, Herne statt Köln, Schalker »Haie« statt Düsseldorf, Braunlage statt Mannheim – das frustriert ganz schön.

Und man erlebte in der Aufstiegsrunde, wie sehr die Berliner Fans an »ihren« Jungs hingen, wie sehr sie sie unterstützten, wie sehr sie litten, als es gleich zu Beginn das unrühmliche, dennoch sehr heilsame 0:10 in Freiburg gab. Welch besseren Beweis gibt es als die Tatsache, daß sich 1500 Berliner zur entscheidenden »Schlacht« gegen den SC Riessersee auf den Weg nach Augsburg aufmachten – und in endlosen Stunden, beginnend auf dem Eis der Schwaben-Metropole, fortsetzend auf der Heimfahrt im Zug, in Bussen oder Pkw und endgültig in der Eishalle, nachdem sie die Lieblinge auf dem Flughafen Tegel abgeholt hatten, den Aufstieg feierten. Spieler und Fans – ein Herz und eine Seele in der Stunde des Glücks.

Doch dieses »ein Herz und eine Seele« wird auf dem Prüfstand stehen, wenn es im ersten Bundesliga-Jahr gilt, Schlappen zu verdauen, Niederlagen, die es unweigerlich geben wird, wegzustecken. Da wird sich zeigen, was die ganze Liebe wert ist. Doch eines gilt von vornherein in Berlin als Handikap: die zu kleine Eishalle. 6000 gehen hinein, auf den ersten Blick keine schlechte Zahl, auf den zweiten Blick aber eine Zahl, die Geld in die Kassen bringt, »von dem man nicht leben und nicht sterben kann«. Das hat sich in Berlin schon einmal auf schmerzvolle Weise gezeigt.

Wenn Berlin auf Dauer erhalten will, was die Eishockey-Preussen auf ihrem dornenreichen Weg schafften, dann geht das nur über eine größere Halle. Dann müssen die Politiker, die sich so gerne bei den großen, erfolgreichen Spielen auf der Tribüne sehen und feiern lassen, zu ihrem Wort stehen, daß die »Sportstadt Berlin« eine große, repräsentative Eishalle braucht. Wer sich Großes erhalten will, muß investieren. Auf vielen Gebieten, der Kunst, Wissenschaft, Wirtschaft etc. sind Investitionen großen Kalibers gang und gäbe. Der Sport darf da nicht außen vor stehen. Doch die Hoffnung des Preussen-Vorstands glimmt, daß sich in ihrem Sinne etwas bewegt. Berlins Eishockey in der Bundesliga – das darf ganz einfach keine Eintagsfliege bleiben. Einen zweiten Abstieg aus dem »Oberhaus« verkraftet diese Stadt sicher nicht. Eishockey wäre dem Tode geweiht. Und das wäre ein Jammer – auch aus der Sicht der Konkurrenz, die, will man ihr Glauben schenken, gern nach Berlin kommt.   *Burkhart Pohl*

Absteiger SC Riessersee

Bayerns Altmeister verschwinden in de

Der »Retter« kam zu spät. In der dunkelsten Stunde des SC Riessersee gibt es allerdings für die Zukunft wieder Hoffnung. Mit dem Schweizer Millionär Urs Zondler, in Handballkreisen kein Unbekannter, brachte er doch den MTSV Schwabing mit teilweise unkonventionellen Methoden in die Bundesliga, hat der SC Riessersee endlich einen Nachfolger für den bisherigen Vorsitzenden Ernst Kraus gefunden. Doch der ehemalige Rennfahrer konnte nicht verhindern, einen Verein zu übergeben, der vollkommen vom Kurs abgekommen war. Sogar der Fortbestand des Klubs war fraglich.

Es kam, wie es wohl kommen mußte. Mit dem SC Riessersee hat sich nach dem EV Füssen und EC Bad Tölz die letzte große bayerische Traditionsmannschaft aus dem Oberhaus des deutschen Eishockeys verabschiedet. 28 Jahre gehörte der zehnfache Deutsche Meister seit Gründung der Bundesliga im Jahr 1959 der höchsten Spielklasse an und war damit der dort am längsten vertretene Verein. Zwar mußten die Werdenfelser 1967 schon einmal in die Zweitklassigkeit zurück, doch bereits ein Jahr später kam der Klub wieder nach oben.

20 Jahre später sieht es nicht nach der sofortigen Wiederkehr aus. Eher geht der SCR den Weg der Konkurrenten aus Füssen und Bad Tölz, die auch in der Versenkung der zweiten Liga verschwunden sind, seitdem ohne echte Chance des Comeback. Oder kann Urs Zondler ein Wunder vollbringen? »Garmisch ist eine Eishockey-Region«, schmeichelt der Schweizer. Tatsache: Die Fans ließen den SCR im Stich, das Stadion blieb leer und damit auch die Kasse. »Ich habe einen Drei-Jahres-Rhythmus im Auge«, erklärt Zondler seine Ziele. »Im ersten Jahr überleben, dann in die Bundesliga-Aufstiegsrunde kommen und im dritten Jahr den Sprung nach oben schaffen.«

Zondler scheint also Realist zu sein – was das erste Jahr angeht. Er übernahm nämlich einen Scherbenhaufen. Bei der Jahreshauptversammlung am 30. April wurde noch kein Nachfolger für Vorstand Ernst Kraus gefunden. Fast zwei Monate lang versuchte ein 16köpfiger Arbeitskreis den SCR zu retten, doch während dieser Zeit war niemand befugt, mit den Spielern gültige Verträge auszuhandeln. So wanderten die Stars ab. Günther Preuß (Kassel), Engelbert Grzesiczek (Berlin), Thomas Sterflinger (Rosenheim) und Bernhard Englbrecht (Landshut) fanden neue Arbeitgeber, auch die Ausländer Libor Havlicek, Mike Prestidge und John Glynne waren nicht zu halten. Und auch der Kapitän verließ das Schiff: Ignaz Berndaner, lange Jahre Sinnbild für Vereinstreue, erlag doch den Verlockungen der Landeshauptstadt und wechselte auf seine »alten Tage« noch zu Hedos München.

Dabei waren vor Saisonbeginn unter der Zugspitze wieder einmal optimistische Parolen ausgegeben worden. Der Kampf gegen den Abstieg sollte kein Thema mehr sein. Ernst Kraus vertraute ein Jahr mehr auf Trainer Peter Ustorf. Doch der war nicht unumstritten. Hinter vorgehaltener Hand wurde

Einer ging: Ernst Kraus hatte endgültig die Nase voll, schon lange wollte er sein Amt als 1. Vorsitzender niederlegen. Er hinterließ einen am Boden zerstörten SC Riessersee.

Einer kam: Der Schweizer Urs Zondler hat mit dem SC Riessersee jetzt ein neues »Spielzeug«. Produziert er »heiße Luft« oder kann er den Altmeister zu neuer Blüte führen?

Absteiger SC Riessersee

weiten Liga

gemunkelt, daß Torjäger Martin Hinterstocker und Publikumsliebling Ron Fischer den Verein nur wegen des Trainers verlassen haben. Darüber hinaus suchte Torhüter Josef Heiß eine neue Herausforderung bei der Düsseldorfer EG.

Die optimistischen Parolen klangen also wie das Pfeifen eines verängstigten Kindes im dunklen Wald. »Peppi« Heiß konnte sicherlich durch Bernd Englbrecht adäquat ersetzt werden. Der Kanadier Dave Farrish sollte in die Fußstapfen von Ron Fischer treten, die Abwehr mit Rückkehrer Hans Konstanzer und dem zuletzt inaktiven Amerikaner John Glynne sicherer werden. »Unser Problem liegt im Sturm, Hinterstockers Tore sind – zumindest auf dem Papier – nicht zu ersetzen«, hatte Trainer Peter Ustorf orakelt.

Es fehlten nicht nur Hinterstockers Tore. Es fehlte auch der Spielwitz eines Libor Havlicek aus früheren Jahren. Er war nur noch ein Schatten. Die Abwehr war nicht das erhoffte Paradestück, sondern glich mehr einem Schweizer Käse. Angesichts der vielen Abwehrlöcher kam sich Torhüter Bernd Englbrecht oft wie eine »Schießbudenfigur« vor. Dave Farrish war ein ruhiger, sicherer Verteidiger, aber einen Ron Fischer, der mit Wucht und Offensivgeist viel für die Mannschaft tat, konnte er nicht ersetzen. Zur Transferzeit im Dezember wurde er sogar einem Stürmer geopfert. Farrish ging zum HC Davos, dafür kam aus Chur der Kanadier Mike Prestidge. Und vom finanziell gebeutelten Augsburger EV kam per einstweilige Verfügung Martin Hinterstocker zurück. Ein Sturm nach oben? Nein, ein Sturm ins Verderben...

Nichts ging mehr. In der Doppelrunde wurde ein Fünftel weniger Tore gegenüber dem Vorjahr erzielt, mit nur elf Pluspunkten konnte der SCR das Schlußlicht der Bundesliga nicht abgeben. Die Stimmung der Fans sank auf den Tiefpunkt, und sie hatten ihr »Opfer« schnell ausgemacht. Die Rufe »Ustorf raus« wurden immer lauter, SCR-Boß Ernst Kraus, der lange zum Trainer hielt, konnte sie schließlich nicht mehr ignorieren. Ende Januar kam das Aus für den Trainer.

Der neue Hoffnungsträger hieß Vladimir Dzurilla. Freilich, als Trainer war auch er beim Schweizer Schlußlicht EHC Olten gescheitert. Aber in Garmisch-Partenkirchen wollte man die Erfolge der Vergangenheit in die Gegenwart zurückholen. Dzurilla war einst ein Idol gewesen und hatte die letzte Meisterschaft mitgewonnen. Der einstige Weltklasse-Torhüter hatte die Probleme der Mannschaft schnell erkannt. »Es fehlt das Selbstvertrauen und in entscheidenden Situationen auch die Konzentration.«

Im Schnellverfahren sollte die Form gefunden werden. Dzurilla baute in der Qualifikation auf Schnelligkeit und Aggressivität. Aus diesem Grund wurde auch Peter Keiner für die Konditionsarbeit engagiert, er sollte die Spieler für die bevorstehenden »Schicksalsspiele« wieder auf Vordermann bringen.

Die Qualifikation begann für die Erstligisten mit einem Handicap. Riessersee

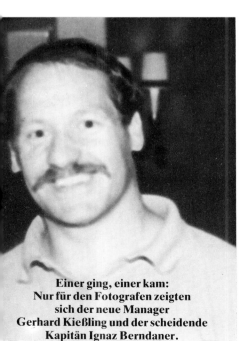

Einer ging, einer kam: Nur für den Fotografen zeigten sich der neue Manager Gerhard Kießling und der scheidende Kapitän Ignaz Berndaner.

Einer ging: Trainer Peter Ustorf liebt die lauten Töne. Als die Töne aber von der Tribüne gegen ihn zu laut wurden, da handelte der Verein. Peter Ustorf mußte gehen.

Einer kam: Neuer Hoffnungsträger beim SC Riessersee war und ist der einstige Weltklasse-Torhüter Vladimir Dzurilla. Als Trainer braucht er jetzt viel Glück für neue Erfolge.

Absteiger SC Riessersee

und Frankfurt waren noch in der Bundesliga engagiert, da begann bereits die Runde. Ernst Kraus klagte den DEB an: »Das ist Wettbewerbsverzerrung. Wir mußten zwölf Spiele in einem Monat absolvieren und hatten ein härteres Programm als andere.« Dazu kam eine unglückliche Pause für die Junioren-Weltmeisterschaft der Gruppe B. Der SCR stellte mit Thomas Sterflinger, Josef Wassermann, Robert Hörl und Alfred Burkhard vier Spieler ab. Kraus zum Problem: »Wir konnten uns auf die nächsten Punktspiele nicht gezielt vorbereiten.«

Der SC Riessersee wirkte in der Qualifikationsrunde aber von Anfang an unsicher. Die Nerven der jungen Spieler hielten offensichtlich nicht. Am dritten Spieltag setzte es in Kassel die erste Niederlage, und die Unsicherheit wuchs, als auf eigenem Eis die Punkte gegen Freiburg abgegeben wurden. Vlado Dzurilla sah vor allem die Routiniers als Sündenböcke: »Sie müssen mehr Leistung bringen.« Dzurilla vermißte fortan auch »taktische und spielerische Disziplin«, die Mannschaft war keine Einheit, zerfiel. Folgenschwer eine 4:5-Heimniederlage gegen Krefeld, nach dem 4:7 in Bayreuth war der Abstieg perfekt. Der Altmeister auf dem Weg in die Versenkung.

Von da an ging es eigentlich nur noch um das nackte Überleben des Vereins. Schon seit einigen Jahren sprach Ernst Kraus vom Rücktritt, doch fand er nie einen geeigneten Nachfolger. Wer wollte auch schon ein Himmelfahrtskommando übernehmen? Jetzt aber

Als »Schießbudenfigur« mußte sich oft Torhüter Bernhard Englbrecht fühlen. Ein »Gummimann« mußte er sein, um seinen Kasten sauber zu halten. Für den ehemaligen Nationaltorhüter war es im Tor des Bundesliga-Absteigers eine freudlose und verlorene Zeit.

Manchmal kommt es knüppeldick. Der SC Riessersee hatte nicht nur auf dem Eis Probleme, sondern auch mit dem Stadion. Ein Sturm deckte das Dach des Olympiastadions ab, der SCR stand ohne Eis da. Aber was sich da präsentierte, war bildhaft das kaputte Eishockey in Garmisch-Partenkirchen.

Absteiger SC Riessersee

hatte Kraus endgültig die Nase voll. Aber gut, daß es Golf gibt. Golf rettete (vielleicht) das Eishockey in Garmisch-Partenkirchen. Bei einer Partie auf dem grünen Rasen kamen nämlich der frühere SCR-Boß Hans-Jörg Neuner und Urs Zondler ins Gespräch – über Eishockey. Zondler hatte bis dahin noch nie ein Spiel gesehen! Im Sommer übernahmen sie das Kommando beim Verein, gemeinsam mit Mitstreitern, die sich als Funktionäre schon Meriten erworben hatten. Horst Schönian, der Vorsitzende des Golfclubs, wurde Zondlers Stellvertreter, Hans-Jörg Neuner Sportwart, Gustav Kalthoff, einst beim Fußball-Bundesligisten Schalke 04, Sprecher des neu gegründeten Wirtschaftsbeirates, und Sponsor Werner Krisp (Perlweiß) ließ sich als Schatzmeister einspannen. Wenig später präsentierte Urs Zondler auch einen Fachmann in Sachen Eishockey: Der frühere Bundestrainer Gerhard Kießling wurde Manager des Vereins, Berater in technischen und sportlichen Fragen.

Urs Zondler gestand, ihm »kribbelte es in den Fingern«, er suchte »eine neue Herausforderung«. Sie kann das Glück des SC Riessersee sein, es kann aber auch der Sturz ohne Wiederkehr gewesen sein. Nicht umsonst entwickelt sich das Eishockey in der Bundesrepublik mehr in Richtung Großstädte. Und im einstigen Einzugsgebiet des SC Riessersee, nämlich in München, wo sich früher viele Fans auf die Autobahn in Richtung Süden begaben, da nimmt das Eishockey selbst wieder einen Anlauf, um sich neben »König Fußball« zu etablieren. Die Aussichten sind also nicht allzu rosig in der »Eishockey-Region« Garmisch-Partenkirchen.

Hans-Gert Scholz

Erich-Weishaupt-Story

Eine Karriere mit Ecken und Kanten

»Ich glaube, es reicht. Ich habe in meinem Geschäft so viel zu tun, ich habe für das Eishockey gar keine Zeit mehr. Nein, es ist endgültig, ich höre auf.« Erich Weishaupt hat einen Schlußstrich gezogen. Die Doppelbelastung Beruf und Sport hat ihn seit Jahren gefordert, die Familie kam immer zu kurz, das soll jetzt anders sein. Er will mehr Zeit haben für seine Frau Karin, die er 1973 geheiratet hat, und für die Töchter Kerstin (11 Jahre alt) und Stefanie (5). Mit der Familie radfahren oder Ski fahren, Schwimmen gehen, selbst ein bißchen Tennis spielen, das sind seine neuen Ziele.

Der heute 35jährige ehemalige Nationaltorhüter kann auf eine große Karriere zurückblicken. Allerdings auf eine mit Ecken und Kanten. Er war nie der große Publikumsliebling, obwohl ihn die Leser des SPORT-Kurier 1979 und 1980 zum »Eishockeyspieler des Jahres« wählten. Das fiel in seine glanzvolle Mannheimer Zeit. Deutscher Meister wurde er 1976 mit dem Berliner SC und 1980 mit dem Mannheimer ERC. Schicksalhaft: Für beide Vereine war es bis heute die letzte Meisterschaft! Mit 107 Länderspielen ist Erich Weishaupt in der »ewigen Torhüter-Rangliste« hinter dem Füssener Toni Kehle (115) die Nummer zwei. Der gebürtige Kaufbeurer hätte es gut und gern auf 200 Länderspiele bringen können, doch auch in der Nationalmannschaft lief für ihn nicht alles glatt. Zwischendurch hatte er schlichtweg die Nase voll. Und in der Bundesliga, da wurde wegen ihm sogar ein ganzes Spiel-Wochenende abgesetzt!

Sein Wechsel von Berlin nach Mannheim und der von Peter Scharf von Berlin nach Rosenheim sorgte 1978 im deutschen Eishockey für Wirbel und beschäftigte sogar die ordentlichen Ge-

Erich-Weishaupt-Story

richte. In Berlin gab es Probleme mit der Vorschaltgesellschaft Eissport KG, der alte Vorstand ging, und der Berliner SC wollte alle Spieler übernehmen. Weishaupt kam mit dem neuen Vorstand um Professor Schacht nicht klar und suchte fluchtartig das Weite. »Ich weiß noch, am 20. August habe ich damals einfach meine Möbel gepackt und bin abgehauen, obwohl ich noch gar keinen neuen Verein hatte«, erinnert er sich heute. Weishaupt landete in Mannheim, und der Streit begann um die Ablösesumme, die einem Finanzier vertraglich versprochen war, weil er damals auch dafür gebürgt hatte. Weishaupt: »Ich habe geschaut, daß der Ponto sein Geld bekommt«. Der Transfererlös sollte zurückfließen, der Berliner SC aber ließ Erich Weishaupt und parallel dazu Peter Scharf sperren. Das Spielgericht des DEB entschied zunächst zugunsten des BSC. Rosenheim sowie Mannheim wurden sogar die Punkte aus den bis dahin 22 Spielen aberkannt. Spieler und Vereine zogen vor ein ordentliches Gericht, stoppten den Verband per einstweiliger Verfügung, und der setzte sogar ein Wochenende mit den Punktspielen aus, ehe Klarheit herrschte. Am Ende sah sich Erich Weishaupt als Sieger: Vor dem Landgericht München bekamen Scharf und Weishaupt ihr Recht, vor dem DEB-Spielgericht die Vereine ihre Punkte zurück und Finanzier Ponto sein Geld.

Mannheim wurde für den Allgäuer die schönste Zeit seiner Karriere. »Keinen Tag möchte ich missen«, urteilt er heute. Von Anfang an hatte er sich wohl gefühlt und schon am ersten Tag die familiäre und ungezwungene Atmosphäre kennengelernt. Noch heute lacht er über das erste Kennenlernen mit dem damaligen MERC-Boß Helmut Müller. »Ich kam in seiner Firma auf den Hof, da stand ein Mann in Gummistiefeln und Arbeitskittel und kehrte mit dem Besen den Boden. Ich dachte, es ist irgendein Arbeiter und fragte nach Herrn Müller, da antwortete der, ›da bist schon richtig, das bin ich, bist du der Weishaupt?‹« Obwohl er aus Garmisch und Köln finanziell bessere Angebote vorliegen hatte, entschied sich der Torhüter also für Mannheim. Helmut Müller lernte er als »väterlichen Freund« schätzen. »Was die Familie Müller für den Verein getan hat, war einmalig.«

Der sportliche Erfolg blieb auch nicht aus. Erich Weishaupt half beim Aufbau der Mannschaft, der damalige Trainer Heinz Weisenbach streckte seine Fühler sogar nach Kanada aus. Es war die Zeit, da die Deutschkanadier im bundesdeutschen Eishockey Einzug hielten. Harold Kreis, Roy Roedger und Manfred Wolf landeten in Mannheim. Ganz reibungslos lief es allerdings nicht ab. Roedger war zunächst nur Ersatz, und Harold Kreis traf der Torhüter heulend auf dem Parkplatz. »Der war verzweifelt, weil er keinen Vertrag bekommen hätte, wenn der Pole Malinowski spielberechtigt geworden wäre.« Malinowski mußte aber 18 Monate Sperre absitzen, und so begann die Karriere eines späteren Nationalspielers...

Harold Kreis ist heute Kapitän der Mannschaft, ein anderer fand damals Weishaupts Beifall. »Jörg Etz war der Vater der Mannschaft, er hat auch viel für den Verein getan und das Ganze mit

Seine schönste Zeit verbrachte Erich Weishaupt in Mannheim. Mit dem MERC erlebte er auch einen seiner größten Erfolge, die Meisterschaft 1980. Die Fans feierten den Nationaltorhüter. Bei der Düsseldorfer EG stand er zum Abschluß seiner Bundesliga-Karriere im Tor. Der Wechsel hatte vor allem berufliche Gründe.

Erich-Weishaupt-Story

aufgebaut.« Der Höhepunkt war die Meisterschaft 1980. Erich Weishaupt wurde von den Fans gefeiert.
1983 ging die schöne Zeit in Mannheim zu Ende. Berufliche Gründe spielten auch eine Rolle, die Ausbildung zum Zahntechniker wollte er abschließen, und so besuchte er die Meisterschule in Düsseldorf. Der Wechsel zur DEG wurde aber auch dadurch erleichtert, daß sich Weishaupt mit seinem damaligen Trainer Ladislav Olejnik auseinandergelebt hatte. Er schätzt ihn noch heute als Fachmann auf dem Eis, »aber gegenüber der Mannschaft war er ein Diktator.«
Ein anderer Trainer wurde für ihn zu einem Freund – Bundestrainer Xaver Unsinn. Er war für Erich Weishaupt auch immer ein guter Berater in sportlichen Fragen. Unsinn lotste den Kaufbeurer nach Berlin, als der ESVK aus der Erstklassigkeit verschwand. Unter Unsinn schaffte Erich Weishaupt auch den Sprung in die Nationalmannschaft und feierte mit ihm die größten Erfolge. Die internationale Karriere begann 1975 bei der B-Weltmeisterschaft in Sapporo. Weishaupt wurde zum besten Torhüter des Turniers gewählt! Der größte Coup folgte 1976 bei den Olympischen Spielen in Innsbruck. Toni Kehle und Erich Weishaupt waren die Torhüter des Bronze-Teams. Den entscheidenden 4:1-Sieg über die USA erlebte er allerdings von der Bank aus. Das Gefühl damals? »Wir waren in der Kabine ganz niedergeschlagen, wir wußten ja nicht, daß die Divisionsmethode zählt, nach der Subtraktion fehlte uns ein Tor. Dann kam Roman Neumayer herein und schrie, ›Jungs, ihr habt Bronze‹. Kühnhackl und Schloder, sie waren damals die Chefs, feuerten ihn aus der Kabine, ›Hau ab und erzähl keinen Mist.‹ Wir haben es nicht geglaubt!« Erst viel später konnten die Spieler auch einschätzen, welcher Erfolg ihnen gelungen war. »Zu diesem Zeitpunkt haben wir das gar nicht wahrgenommen«, erinnert sich Weishaupt.
1976 folgte ja noch ein weiterer Triumph, als bei der A-WM in Kattowitz der Klassenerhalt gelang. Ein Tor von Rainer Philipp 21 Sekunden vor Schluß bedeutete das 2:1 gegen Polen und – bis heute – den Verbleib in der Elite.
1977 fehlte Erich Weishaupt in der Nationalmannschaft, und Xaver Unsinn war auch nicht mehr Bundestrainer. Es hatte Krach gegeben. Der Berliner SC lag mit dem Kölner EC wegen des Wechsels eines Spielers im Clinch, und ein Spiel, das die Kölner in Berlin verloren, wurde vom Sportgericht dann mit 5:0 für Köln gewertet. Die Spieler erfuhren es in der Sportschule in München, an einem Samstag. Frühzeitig waren sie zu einem Sonntagsspiel in Bayern angereist. In einer Mann-

Erich Weishaupt erlebte in seiner langjährigen Karriere Höhen und Tiefen. Sein Wechsel von Berlin nach Mannheim beschäftigte auch die ordentlichen Gerichte. Der DEB mußte sogar die Bundesliga stoppen! Mit dem MERC-Vorsitzenden Helmut Müller (links) und Star-Anwalt Rolf Bossi (rechts/Bild Mitte) ging Weishaupt als Sieger hervor. Mit Karl Friesen erlebte er einen Höhepunkt in der Nationalmannschaft. Sie waren bei der Weltmeisterschaft 1983 in Deutschland ein ideales Torhütergespann.

schaftssitzung beschlossen die Berliner Nationalspieler als Retourkutsche zur DEB-Entscheidung, die DEB-Auswahl zu boykottieren. Mannschaftskapitän Lorenz Funk ging damit sofort an die Öffentlichkeit. Trainer Xaver Unsinn stieß erst am Sonntag zum Team und fiel aus allen Wolken. Doch der Coach hielt zu seinen Spielern und trat ebenfalls als Bundestrainer zurück! Es war ein trauriges Kapitel für den Berliner SC und die Spieler. »Wir haben nur noch an die WM und an den Boykott gedacht und eigentlich die Meisterschaft verspielt. Wir dachten, der DEB schwenkt um, aber der Verband blieb hart«, ist Weishaupt heute noch verbittert. Die anderen Spieler fielen wieder um (»Funk wollte schließlich Rekordnationalspieler werden«), nur der Torhüter blieb hart. »Ich hätte es Unsinn gegenüber unfair gefunden. Er hat von Anfang an gesagt, daß man mit einem Boykott nichts erreichen kann, aber zu uns gehalten. Jetzt war er zurückgetreten, hatte auch viel Geld verloren, aus Solidarität habe ich auch nicht gespielt.«

Unsinn war es aber auch, der Erich Weishaupt zu einer Fortsetzung seiner internationalen Karriere überredete. So erlebte er in Prag 1978 unter Bundestrainer Hans Rampf »zusammen mit 1983 die schönste WM«. Platz fünf war ein großer Erfolg. Weniger glücklich war er 1979 in Moskau. In einem Spiel gegen Schweden hatte er seine Nerven nicht unter Kontrolle, und der Generationskonflikt in der Mannschaft tobte. Weishaupt hatte die Nase voll. »Ich war immer ein Typ, der den jungen Spielern geholfen hat, das hat einigen nicht gepaßt.«

So hat Erich Weishaupt gepaßt. Für ihn war die internationale Karriere beendet. Erst Xaver Unsinn hat ihn 1983 für die Weltmeisterschaft im eigenen Land zurückgeholt. Und Weishaupt hat es nicht bereut. »Eine tolle WM, und mit Karl Friesen war es harmonisch wie nie. So einen Kollegen habe ich nicht mehr erlebt.« Die beiden Keeper sprachen ihre Einsätze selbst ab, und der Trainer segnete sie ab. Und wieder sprach Weishaupt von einem Ende der Karriere, der Beruf sollte Vorrang haben. So ließ er sich nur 1986 noch einmal zu einem Comeback überreden, »weil damals halt alle verletzt waren, habe ich ausgeholfen«.

Dazwischen lag für ihn eine schwierige Zeit von 1983 bis 1986 bei der Düsseldorfer EG. Die Familie kam am Rhein menschlich nicht zurecht, und mit dem »besten Publikum der Welt« legte er sich zunächst einmal an. »So ein Publikum kann auch zur Belastung werden«, hat er erkannt. In einer schwachen Mannschaft sollte er alles halten (»Ich kam mir vor wie später in Kempten«), und den Fans beschied er, als Kritik kam, »ich bin doch nicht Euer Affe«.

Erich-Weishaupt-Story

Die Familie kam bei Erich Weishaupt leider oft zu kurz. Das Eishockey und der Beruf standen im Vordergrund. Ein Bild aus den Düsseldorfer Tagen. Seine Frau Karin und die Töchter Kerstin und Stefanie fühlten sich oft einsam.

So stand es in der Zeitung. Das Temperament war wieder einmal mit ihm durchgegangen. Doch die Versöhnung folgte, und so hat er doch noch gute Erinnerungen an Düsseldorf: »Das war schon toll, als sie von den Rängen riefen, ›Erich, du darfst nicht gehen‹.« Doch er ging. 1986 war sozusagen die erste Etappe vom Abschied. Weishaupt setzte zwar noch ein Jahr in der zweiten Liga bei der EA Kempten dran, doch das hatte schon mehr berufliche Gründe. Schon frühzeitig hatte er sich wieder Richtung Heimat, Richtung Allgäu orientiert. 1979 begann er in Germaringen, in der Nähe von Kaufbeuren, mit einem Hausbau, und als er die Meisterprüfung als Zahntechniker bestanden hatte, da eröffnete er in Kaufbeuren ein Dentallabor. Drei Angestellte hat er inzwischen, und das nimmt ihn jetzt auch voll in Anspruch. So ist er wohl am Ende eines dornenreichen Weges angekommen. Doch bereut hat er nichts. »Das Eishockey hat mir viel gegeben.« Aber wer hätte schon an die spektakuläre Karriere gedacht, als er als Zehnjähriger mit Freunden auf dem Holzplatz in Kaufbeuren anfing. Die Ausrüstung war selbst gebastelt, aus Rupfensäcken wurde das Trikot gemacht, kaputte Schläger wurden im Stadion aufgelesen und mit Blechteilen von Konservendosen wieder zu spielfähigen Stöcken gemacht. Doch von Anfang an gab es für den Erich nur eins: Er stand im Tor! Fast die gesamte Straßenmannschaft wechselte in den Verein über, und in der Saison 1965/66 holten Weishaupt und Co. mit der Jugend die erste Deutsche Meisterschaft nach Kaufbeuren. Neben seiner Eishockey-Laufbahn hat er allerdings nie den Beruf vernachlässigt. Bei seinem ausgefüllten Tag hatte am meisten die Familie zu leiden. Seine Frau Karin fühlte sich einst in Berlin im 12. Stock eines Hochhauses einsam, Tochter Kerstin mußte mehrfach die Schule wechseln, und das zweite Töchterchen Stefanie konnte sich anfangs gar nicht an den Vater gewöhnen. Den sah es auch nie. Der strapaziöse Tagesablauf von Erich Weishaupt in Düsseldorf sah so aus: Früh um sieben zur Schule, mittags von der Schule zum Training (zum Essen ein paar Bissen Brot im Auto), vom Training zur Schule, und abends umgekehrt wieder von der Schule zum Training. Danach endlich nach Hause, etwas Essen und wieder büffeln für die Schule! Die Tochter aber schrie, wenn sie der Vater auf den Arm nahm, er war für sie ein Fremder. Da kann man verstehen, daß die Nationalmannschaft nach Abschluß der Saison noch eine harte Belastung war, daß er zwischendurch mal einfach keine Lust hatte. So erinnert er sich an 1976. Da war er vom 20. Januar bis Mitte Mai für das Auswahlteam bei Olympia und Weltmeisterschaft unterwegs. Mutter Karin aber stand mit der am 26. Dezember 1975 zur Welt gekommenen Kerstin allein da. Dabei ist Erich Weishaupt einer, der die Familie braucht, um sich von Sport und Beruf abzulenken. Und so ist der Wunsch für die Zukunft nur zu verständlich. Einmal Urlaub machen (seit acht Jahren war er nicht mehr fort, von 1979 bis 1982 hat er in den Sommermonaten am Haus gebaut!), Radfahren, Schwimmen, Ski fahren...

Klaus-Peter Knospe

Stolz präsentiert Kapitän Udo Kießling die Meisterschale. Der Kölner EC bannte den »Fluch der Meister«: Erstmals seit 1969, damals der EV Füssen, gelang im Eishockey wieder eine erfolgreiche Titelverteidigung.

DEB-Präsident Otto Wanner unterbrach sogar seine Kur, um den neuen und alten Meister zu ehren. Schon nach drei Spielen hatte sich der Kölner EC im Finale gegen den Mannheimer ERC durchgesetzt.

Der Jubel bei den Kölner Spielern kannte keine Grenzen. Dies gilt aber auch für den Einfallsreichtum der Fans, die deutlich dokumentierten, wem ihre Sympathie gehört. Auch das »Glücksschweinderl« ist jedes Jahr dabei. Aber noch ist der Meister-Jubel in der Kölner Kabine kein Alltag... Links vorn im Bild KEC-Präsident Heinz Landen, rechts vorn Trainer Hardy Nilsson.

e Kölner hatten die erfolgreiche
elverteidigung fest im Visier.
iner Hardy Nilsson (oben links
Doug Berry) leistete Maßstabs-
eit und brachte seine Mannen
n richtigen Zeitpunkt in Form.
ine Chance hatte der Rivale vom
ein, die Düsseldorfer EG, im
bfinale. Auch Torjäger Peter
n Lee wurde gestoppt (oben
s). Udo Kießlings Sturzflug
ten links) hatte keinen symboli-
en Charakter. Im Finale stand
allem das Mannheimer Tor
er Dauerbeschuß. MERC-Kee-
Josef Schlickenrieder wehrte
tapfer, im Endeffekt aber er-
los. Der Kölner EC hatte in
n drei Finalspielen den Wider-
d der Badener schnell gebro-
n (Bilder auf der rechten Seite).

Mit Erich Kühnhackl (oben) kehrte eine Galionsfigur der Bundesliga zurück. Er brachte gleich wieder Schwung ins »Oberhaus«. Ansonsten standen natürlich erneut die Torhüter im Blickpunkt. Rassige Torszenen sind bei den Fans schließlich gefragt. Unsere Bilderserie zeigt Rosenheims Ernst Höfner vor Iserlohns Keeper Cestmir Fous (links), Vincent Lukac (SBR) vor dem Kaufbeurer Gerhard Hegen (rechts oben), Markus Berwanger (SBR) vor Landshuts Sigi Suttner (rechts Mitte) und Leos Sulak (Schwenningen) vor Frankfurts Torhüter Peter Zankl (rechts unten).

Die Meisterschaft der Damen gehörte auch 1987 wieder den Eisbären aus Düsseldorf. Auf eigenem Eis machten sie mit dem drittel Titel in Folge den Hattrick perfekt. Da schlüpft man sicherlich noch mal so gern in die Hose: Die Damen beweisen aber auch, daß es bei ihnen wahrscheinlich etwas liebevoller als bei den Männern zugeht!

Saisonbilanz I. Bundesliga

Keine Saison wie jede andere!

Das Spieljahr 1986/87 wird in die Geschichte der Eishockey-Bundesliga eingehen! Es war keine Saison wie jede andere. Dafür sorgte zum Beispiel der Kölner EC. Die »Haie« bannten den Fluch der Meister, erstmals seit 1969 (damals der EV Füssen) gelang ihnen eine erfolgreiche Titelverteidigung. Der Mannheimer ERC war im Play-Off-Finale 1987 ein gefundenes Fressen!

Keine Saison wie jede andere war es vor allem in Kaufbeuren. Die Allgäuer erlebten einen Boom wie nie zuvor. Die Neuzugänge Pavel Richter und Karel Holy aus der ČSSR erwiesen sich als Volltreffer, die Mannschaft spielte teilweise weit über ihre Verhältnisse und stürmte sogar an die Tabellenspitze. Die Massen wurden mobilisiert, und ein Discjockey erwies sich als ähnlicher Glücksgriff wie die Spieler: Er zog im Stadion eine Show ab, so daß sich der Weg zum Berliner Platz in Kaufbeuren allein der Stimmung wegen lohnte.

Kaufbeuren also als Klein-Düsseldorf. Dort wurden die Fans zwar im Endeffekt sportlich enttäuscht, aber Eishockey zog sie trotzdem in den Bann. Das Stadion war praktisch immer ausverkauft und war es schon wieder im Sommer für die neue Saison! 9000 Dauerkarten gingen weg wie warme Semmeln.

Klein-Düsseldorf auch in Frankfurt. Auch dort hing das Schild »Ausverkauft« ständig vor der Halle. Dort, wo der Fußball den Krebsgang einlegt, schlägt Eishockey die Fans in seinen Bann. Der Neuling mußte zwar in die Relegationsrunde, erhielt aber die Klasse. Frankfurt und Kaufbeuren (und die wiedererwachte Begeisterung in Mannheim) sorgten in erster Linie für einen neuen Zuschauerboom in der Bundesliga. Die Eliteliga wurde zum

Glück und Leid des Eishockeys dokumentieren zwei Spieler vom Meister Kölner EC: Der jubelnde René Ledock und Torhüter Thomas Bornträger, ausnahmsweise einmal geschlagen am Boden. Am Ende durfte aber gejubelt werden!

»Millionär«, über eine Million Fans zahlten an den Kassen, und der Schnitt pro Spiel übertraf die Schallmauer von 5000 Besuchern!

Leider gab es auch ein trauriges Kapitel für die Historie: Mit dem SC Riessersee verabschiedete sich nach dem EV Füssen und EC Bad Tölz der letzte der bayerischen Altmeister aus dem Oberhaus. Der Sturz in die Zweitklassigkeit war freilich seit Jahren vorprogrammiert. Die Mannschaft wurde von Saison zu Saison schwächer, Sponsoren und Zuschauer fehlten im Werdenfelser Land. Auch ein Trainerwechsel half nichts mehr. Vladimir Dzurilla anstelle von Peter Ustorf konnte die Erfolge nicht zurückholen, die er einst als Torhüter gefeiert hatte. Es war übrigens der einzige Trainerwechsel in der Bundesliga! Nationaltorhüter Bernhard Englbrecht konnte einem aber auch leidtun, er fühlte sich zuweilen als »Schießbudenfigur« im SCR-Kasten.

Die Bundesliga hatte aber auch wieder an Anziehungskraft gewonnen. Die Präsenz auf dem Bildschirm stieg, in den Regionalprogrammen gab es sogar etliche Live-Übertragungen. Aushängeschilder der Liga kehrten aber auch in den »Schoß der Familie« zurück. Vor allem die zweite Wechselfrist im Dezember hatte es in sich. Karl Friesen hatte von der Profiliga NHL die Nase voll und kehrte nach Rosenheim zurück. »Es ist, als käme ich nach Hause«, zeigte er sich glücklich. Sportlich kam er über dem Atlantik nicht zurecht, die Reiserei in den Staaten machte ihn fertig. Die New Jersey Devils gaben ihn frei, nachdem er wieder im Farmteam verschwunden war.

Mit Karl Friesen kehrte eine zweite Galionsfigur des deutschen Eishockeys zurück: Erich Kühnhackl. Auch er hatte den Schweizer Newcomer EHC Ol-

Saisonbilanz I. Bundesliga

ten nicht vor dem sportlichen Niedergang und der finanziellen Pleite retten können. So konnte er mit seinem Weggang wenigstens die Kasse etwas entlasten. Bei der Frage, ob Landshut oder Köln, entschied sich der »Lange« für die Heimat. »Es war eine Entscheidung für die Familie«, machte er deutlich. Ihm erging es ähnlich wie Friesen, endlich war er den Straßen zwischen Olten und Landshut entflohen. Oft genug hatte er nachts im Auto gesessen.

Erich Kühnhackl sorgte dafür, daß nicht auch der EV Landshut ähnlich wie der SC Riessersee zu einem traurigen Kapitel wurde. Die Niederbayern krebsten nämlich die ganze Saison hindurch am Tabellenende herum, und lange Zeit blieb die Frage offen, ob sie oder Frankfurt den Weg in die Qualifikation gehen müßten. Neben Kühn-

Sie kommen beide aus Landshut, sie sind beide Lieblinge der Fans, aber sie verkörpern auch zwei (erfolgreiche) Generationen des deutschen Eishockeys: »Heimkehrer« Erich Kühnhackl (links) im Zweikampf mit Gerd Truntschka.

Saisonbilanz I. Bundesliga

hackl erwies sich auch der Einkauf des Kanadiers Tom Roulston als Glücksgriff. Er war ein Torjäger, wie ihn Kühnhackl neben sich braucht, und ein Arbeiter obendrein. Die »Zwillinge« trumpften einige Male noch ganz schön auf, zumal hinten Sigi Suttner das Torhüterproblem ebenfalls gelöst hatte. So zog also Landshut noch den Kopf aus der Schlinge, kam wohl auch finanziell mit einem blauen Auge davon, nachdem im Play-Off-Viertelfinale wenigstens ein Sieg über Rosenheim gelang und ein zweites Heimspiel möglich machte. Trainer Rudi Sindelar stand freilich auch fast eine ganze Saison lang unter Beschuß, doch EVL-Präsident Rudolf Gandorfer hielt eisern zu ihm. Eine Kehrtwendung, weg vom Nachwuchs, zeichnet sich an der Isar freilich ab. Eine Mannschaft der Zukunft ist der EV Landshut nicht mehr.

Es gibt nicht wenige, die in Bayern dem EVL und auch dem ESV Kaufbeuren über kurz oder lang den Weg der Altmeister Füssen, Bad Tölz und jetzt Riessersee in die Zweitklassigkeit prophezeien. Die »Voraussetzungen« sind gegeben: relativ kleine Städte ohne Industrie, keine Sponsoren, kein großes Umland, wo Zuschauermassen gezogen werden. Eine teure (und damit gute) Mannschaft kann man sich da nicht leisten.

Doch Kaufbeuren bewies, daß es die Ausnahme von der Regel gibt. Das Jahr zuvor hatte man mit den Tschechen Veith und Cernik noch einen Reinfall erlebt. Der eine versteckte sich ängstlich auf dem Eis, der andere war ein Solist, der seine Stärken auch mehr am Biertisch ausspielte. Mit Skepsis wurde da die Verpflichtung von Richter und Holy aufgenommen. Der eine war beim EHC Kloten in der Schweiz gescheitert, der andere hatte wegen einer Verletzung lange pausiert. Unsichere Kandidaten also. Doch Trainer Dr. Richard Pergl hatte eine Spürnase: »Verpflichtet sie, sie sind die richtigen«, hatte er den Vereinsverantwortlichen um Sepp Pflügl geraten. Er kannte beide aus früheren Zeiten bei Sparta Prag. Die Allgäuer taten einen Glücksgriff. Dazu erlebte Neuzugang Jochen Mörz einen zweiten Frühling, und Torhüter Gerhard Hegen spielte konstant gut wie nie. Es schien, als wolle er den Abgang seines Bruders Dieter ausgleichen. Doch nach dem Torjäger und einstigen Publikumsliebling fragte an der Wertach bald keiner mehr.

Warum auch? Der ESVK startete mit drei Siegen und übernahm am dritten Spieltag die Tabellenführung. Am vierten kam Titelverteidiger Köln und fuhr mit 1:5 geschlagen nach Hause. Die Halle im Jordanpark platzte erstmals aus allen Nähten, die Fans standen kopf, überschütteten ihre Mannschaft mit Ovationen und Konfetti, forderten ein ums andere Mal Ehrenrunden. Das Hoch hielt lange an. Die Massen füllten die Kassen. Pavel Richter wurde sogar Skorerkönig der Doppelrunde, und lange Zeit spielte die Mannschaft über ihre Verhältnisse. Gemeinsam mit dem Mannheimer ERC hielt sie sich einige Zeit an der Spitze und stürzte erst am 22. Spieltag aus den für die Play-Offs wichtigen ersten vier Rängen. So fehlte das Happy-End mit Platz fünf am Ende und dem Ausscheiden gegen den Mannheimer ERC im Play-Off-Viertelfinale. Aber es war dennoch ein glückliches Jahr für den als Abstiegskandidaten gestarteten und mit finanziellen Sorgen kämpfenden ESV Kaufbeuren. Mit Mannheim stritten die Allgäuer also lange Zeit um die Spitze. Wie ungleich waren doch die Voraussetzungen gewesen. Der MERC holte mit David Silk einen Olympiasieger für Ross Yates, der Trainer Ladislav Olejnik, er kehrte aus Rosenheim zurück, in der Defensive zu wenig brachte. Mit Georg Holzmann und Peter Schiller kamen noch zwei aktuelle Nationalspieler. Zusammen mit Köln, Düsseldorf und Rosenheim wurde Mannheim zu den »großen Vier« gezählt. Kaufbeuren sprengte dieses Quartett, sorgte wochenlang für mehr Spannung, wenn sich auch am Ende doch noch die Favoriten durchsetzten.

Anfangs hielten sie sich freilich zurück. Der Kölner EC krebste im Mittelfeld herum. »Als Meister bist du einfach nicht motiviert, du nimmst einiges zu leicht«, gestand Nationalspieler Gerd Truntschka. Na ja, den Kölnern reichte es ja dann, zum richtigen Zeitpunkt in Form zu sein. Beim Nachbar am Rhein flogen dagegen die Fetzen, als es anfangs bei dem mit vielen Vorschußlorbeeren bedachten Team nicht klappte. Immerhin waren mit Andreas Niederberger und Ralph Krueger Nationalspieler geholt worden. Am 5. Spieltag war die DEG nur Neunter! Trainer Otto Schneitberger geriet unter Beschuß, der neue Torhüter Josef Heiß (vom SC Riessersee gekommen) sah sich einem Telefonterror ausgesetzt. Und einem kündigten die Fans vollends ihre Freundschaft auf: Der einstige Star Chris Valentine wurde verhöhnt und ausgelacht. Faul und fett nannten sie ihn, nach sechs Spieltagen hatte er immer noch nicht ins Schwarze getroffen. Die Fans versöhnte es auch nicht mehr, daß er am Ende doch der beste Skorer der Bundesliga war.

Auch für die Düsseldorfer EG gab es kein Happy-End. Zwar gelang zum Jahresende eine beeindruckende Siegesserie und zwischendurch sogar der Sprung an die Spitze, aber Rang drei nach der Doppelrunde verschaffte keine gute Ausgangsposition für die Play-Offs. Und im Halbfinale gegen den Nachbarn Köln ging die DEG sangund klanglos unter. Die Form hatte man vielleicht beim Spengler-Cup zur Jahreswende verspielt. Dort wurde die DEG gegen internationale Spitzenteams zum Prügelknaben, manche Spieler schleppten sich mit Grippe über das Eis und verloren viel Kraft. Um eine spielfähige Mannschaft zu haben, wurde sogar ein Urlauber rekrutiert: Michael Muus, inzwischen bei Westfalen Dortmund.

Ähnliches wie die DEG machte auch der SB Rosenheim durch. Beide trafen sich ja dann auch wieder im »kleinen Finale« um Platz drei. Die Rosenheimer hatten sich freilich selbst ausgetrickst. Eine Paragraphenänderung wegen der Ausländerregelung war in Aussicht gestellt worden, doch beim DEB-Verbandstag 1986 fand sich dafür keine

Saisonbilanz I. Bundesliga

Karl Friesen erfrischt sich. Das Abenteuer NHL war für den Nationaltorhüter im Dezember beendet. In Rosenheim wurde er mit offenen Armen wieder aufgenommen.

Mehrheit. Rosenheim aber hatte mit dem Kanadier Ron Fischer, der nach dieser Saison endgültig als Deutscher spielen darf, einen dritten Ausländer verpflichtet. An dem Verteidiger führte kein Weg vorbei, und so mußte immer ein Weltmeister, Jiri Kralik oder Torjäger Vincent Lukac, auf der Tribüne sitzen. Das Dilemma wurde größer, als schon nach drei Spieltagen Torjäger Franz Reindl mit einem Bänderriß ausfiel. Trainer Petr Brdicka wußte nicht, ob Kralik oder Lukac, hatte kein Vertrauen zu dem jungen Torhütertalent Klaus Merk und verunsicherte die Mannschaft.

Es wurde erst alles wieder gut, als Karl Friesen zurückkehrte. Obwohl er nicht gleich spielte, sondern erst einen Trainingsrückstand aufholen mußte, klappte es mit einemmal, als der Karl wieder da war. Rosenheim gewann und wurde sogar noch Doppelrunden-Sieger. Doch das Problem des fehlenden Torjägers blieb. Rosenheim scheiterte überraschend im Play-Off-Halbfinale am Mannheimer ERC. Also auch am Inn kein Happy-End.

Die Favoriten ärgern konnte nur der ESV Kaufbeuren. Der SC Riessersee hing bald am Tabellenende, und auch Neuling Eintracht Frankfurt mußte schnell mit Platz neun vorliebnehmen. Immerhin, die Hessen hielten Anschluß, und so blieb die Bundesliga interessant. Mehr nach unten als nach oben mußten auch der ECD Iserlohn und der ERC Schwenningen schielen. Die Schwarzwälder landeten manchen Coup. Sie waren stark, wenn sich ihre Asse in Topform zeigten. Torhüter Hoppe, die Verteidiger Müller und Dietrich sowie die Stürmer Fritz und Currie trugen das Spiel. Die neuen Kanadier Don Dietrich und Tony Currie erwiesen sich jedenfalls als Glückstreffer.

Der ECD Iserlohn stand und steht mit dem Rücken zur Wand. Als Damoklesschwert hängen die Steuerschulden über dem Verein. Immer wieder muckt das Finanzamt auf. Schon beim ersten Heimspiel sollte die Kasse gepfändet werden. Doch Präsident Heinz Weifenbach hatte blitzschnell eine Veranstaltungs GbR (Gesellschaft bürgerlichen Rechts) gegründet und den Fiskus ausgetrickst. Doch der schlug zurück und pfändete u. a. nach der Saison bei Spielern, als die in ihrer Heimat in Übersee waren. So wurde Jaroslav Pouzar zwar glücklicher Stanley-Cup-Sieger, aber zur gleichen Zeit drohte ihm die gesamte Wohnungseinrichtung abhanden zu kommen.

Ein übles Spiel wurde mit den Sauerländern auch in bezug auf die Halle gespielt. Die neue Saison schien gerettet, als sich der Stadtrat zum Ausbau des »alten Schuppens« entschloß. Wenig später kam die Kehrtwende. Die Kostenrechnung stimmte nicht, eine Million Mark Mehrkosten sollten entstehen, der Bau wurde gestoppt. Der ECD stand allerdings nicht vor dem Nichts. Immerhin gewann er die Sympathien der Bevölkerung, und ein Förderkreis rekrutierte sich. So hofft man im kommenden Jahr sogar auf eine stärkere Mannschaft, denn der Finne Martti Jarkko schleppte sich nur noch müde durch die Saison. Ein starker Ausländer, ähnlich wie Pouzar, und der ECD könnte wieder weiter oben ein Wörtchen mitreden.

Eines fehlte der Bundesliga 1986/87: der große Überraschungscoup in den Play-Offs. Das Finale der Doppelrunde war ja spannend gewesen. Die Verteilung der ersten vier Plätze wurde erst am letzten Spieltag vorgenommen. Die DEG und der SBR wechselten sich die Tage vorher ständig in der Führung ab. Der 34. Spieltag hatte es dann vor allem in sich. Kaufbeuren schlug Mannheim 5:3, Düsseldorf den SBR 7:3, und Köln holte mit einem 3:2 in Iserlohn auf. Dann gewann der Titelverteidiger ein

Saisonbilanz I. Bundesliga

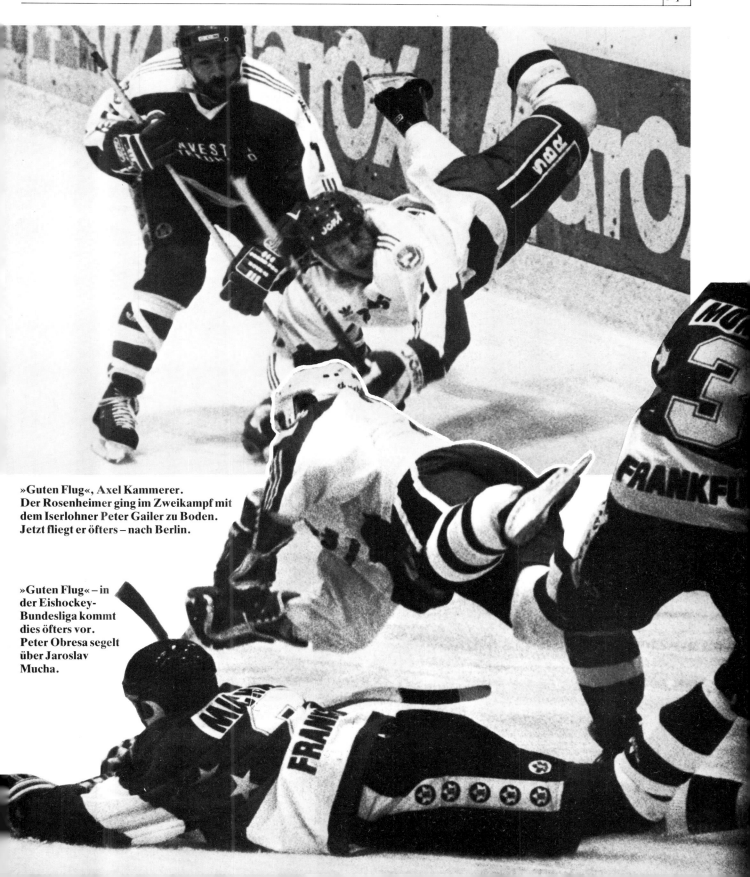

»Guten Flug«, Axel Kammerer. Der Rosenheimer ging im Zweikampf mit dem Iserlohner Peter Gailer zu Boden. Jetzt fliegt er öfters – nach Berlin.

»Guten Flug« – in der Eishockey-Bundesliga kommt dies öfters vor. Peter Obresa segelt über Jaroslav Mucha.

Saisonbilanz I. Bundesliga

vorentscheidendes Spiel: Mit einem 5:1-Sieg über die DEG sicherte sich der Kölner EC den besseren direkten Vergleich und belegte in der Schlußtabelle vor dem punktgleichen Rivalen Platz zwei. Das sollte entscheidend werden! Die Kölner erlebten in dieser Phase eine harte Zeit. Der Europacup gegen den Schweizer Meister HC Lugano stand zusätzlich auf dem Programm und damit neun Spiele in neunzehn Tagen! Und als Köln gegen Lugano ausschied (2:4 und 5:4), da schien das keine gute Generalprobe für die Meisterschaft zu sein.
Doch von da an ging's bergauf. Im Play-Off-Viertelfinale erzwangen nur Landshut gegen Rosenheim und Kaufbeuren gegen Mannheim ein viertes Spiel. Dabei siegten die Allgäuer ausgerechnet in Mannheim, wo sie bis dahin in dieser Saison nicht einmal ein Tor geschossen hatten! Schwenningen gegen Köln und Iserlohn gegen Düsseldorf mußten sich damit begnügen, wenigstens einmal in die Verlängerung gegangen zu sein. Der »sudden death« (plötzliche Tod) ereilte die Außenseiter. Berry nach 163 Sekunden für Köln und Wolf nach 111 Sekunden für die DEG waren die glücklichen Torschützen.

Das Halbfinale brachte reizvolle Duelle mit der Neuauflage des Endspiels von 1985 zwischen Rosenheim und Mannheim und dem Derby am Rhein. Überraschend deshalb, daß nach jeweils drei Spielen schon alles entschieden war, schließlich waren die vier Meisterschaftsfavoriten unter sich. Die »Haie« zerfleischten die DEG buchstäblich, Düsseldorf brachte beim 1:8, 1:9, 3:7 keinen Schlittschuh aufs Eis. Enger ging es im anderen Vergleich zu. Paul Messier entschied den Zweikampf zugunsten der Badener. Er erzielte in den drei Spielen allein sechs Tore, u. a. war er im ersten Spiel in der Verlängerung der glückliche Torschütze.
Das Finale mußte das Ende einer schwarzen Serie bringen. Entweder

Saisonbilanz I. Bundesliga

Packende Zweikämpfe, spektakuläre Stürze und turbulente Szenen vor dem Tor, das ist es, was die Fans am Eishockey lieben. Unsere Bilder vermitteln einen Eindruck davon. Ernst Höfner und Manfred Wolf im Kampf um den Puck (links), Ron Fischer im Flug über Peter Gailer und Mannheimer Abwehrarbeit gegen Eindringling MacLeod.

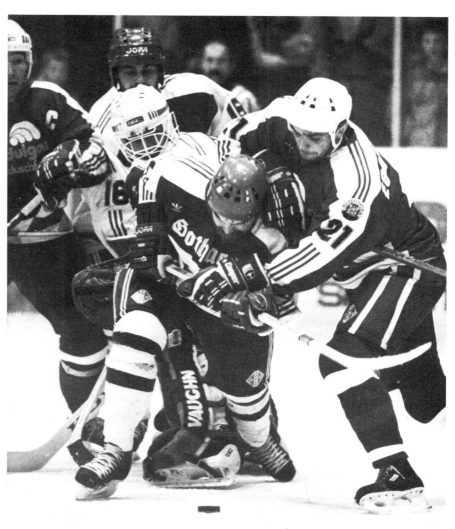

konnte Köln den Fluch der Meister bannen, oder Mannheims Trainer Ladislav Olejnik, der »ewige Zweite«, konnte endlich einmal einen Titel gewinnen. Nun, Köln ließ Mannheim keine Chance. Der Meister war auf die Minute topfit, während sich der MERC fast kampflos eins überbraten ließ. Mit dem Einzug ins Finale hatten die Spieler offensichtlich ihr Soll erfüllt. Bundestrainer Xaver Unsinn war traurig: »Der Gegner hat sich zu billig verkauft.« So sorgte nur der Kölner EC für einen großen Saisonausklang. Mit einem Torhüter Helmut de Raaf in der Form seines Lebens, mit den Stützen Udo Kießling und Gerd Truntschka

und einer Sturmreihe Sikora–Berry–Maj, von der Unsinn schwärmte und betrübt anmerkte, »schade, daß sie nicht in der Nationalmannschaft spielen können«.

Wenn das deutsche Eishockey im Unterhaus auch erhebliche Probleme hat, die Eliteliga zeigt sich als relativ gesund und stabil. Der ERC Schwenningen hat seine finanziellen Probleme in den Griff bekommen, der ESV Kaufbeuren erwirtschaftete einen Gewinn, und Landshut kam mit einem »blauen Auge« davon. Allein der ECD Iserlohn steht wohl weiterhin mit dem Rücken zur Wand. Die Saison 1987/88 wird sogar noch einen Anstieg der Zuschau-

erzahlen bringen, da der Neuling Berliner SC Preussen auf 5000–6000 Fans pro Spiel hoffen kann, gegenüber Absteiger SC Riessersee, der bei 2000 schon glücklich war. Eishockey macht deutlich, daß es der »Kronprinz« im deutschen Sport ist und hier und da (Düsseldorf und Frankfurt) sogar dabei ist, »König Fußball« den Rang abzulaufen. So sind auch die Stimmen wieder verstummt, die von einer Modusänderung redeten. Auf Dauer soll nur eine Beschäftigungsmöglichkeit für die Vereine gefunden werden, die im Play-Off-Viertelfinale ausscheiden. Auch das zählt zur Gesunderhaltung der Liga!

Klaus-Peter Knospe

Saisonbilanz II. Bundesliga

Bert Brecht hat's gewußt!

Da mach' ich lieber die Augen zu und halt' am besten die Hand noch drauf – das dachte sich Gerd Junghanns (links). Er hatte beim Augsburger EV in der Aufstiegsrunde das Kommando übernommen, was er schon nach wenigen Tagen bereute. Denn an den Erfolg seines ungeliebten und darum von der Vereinsführung geschaßten Vorgängers Heinz Zerres (unten), mit dem der AEV glanzvolle Zeiten erlebte, kam er bei weitem nicht heran.

Einer hat's gewußt. Und der hat's gesagt. Aufgeschrieben und veröffentlicht sogar, so daß es eigentlich jeder lesen konnte.
Der Mann hieß Bertolt Brecht und war so ziemlich einer der bedeutendsten Dichter und Denker im 20. Jahrhundert. Für Sport hat er sich nur am Rande interessiert. Bei Boxkämpfen hat man ihn öfter gesehen, bei Eishockeyspielen nie. Und dennoch ist dem Herrn Brecht in seinem Drama »Die heilige Johanna der Schlachthöfe« ein Vers gelungen, der klingt, als würde er den Background des Geschäfts mit den Männern auf Kufen beschreiben.
Das so treffliche Sprüchlein – hier ist es: »Gegen Krisen kann keiner was. Unverrückbar über uns stehen die Gesetze der Wirtschaft. Unbekannte. Wiederkehren in furchtbaren Zyklen Katastrophen.«
Und das ist genau das Fazit, das man aus einer sehr schlimm verlaufenen Saison 1986/87 in der zweiten Liga ziehen muß. Brecht hatte recht.
Gegen Krisen kann keiner was. Stimmt. Wer erst mal drin war, kam nicht mehr raus. Beispiel Augsburger EV: Erste Zahlungsprobleme gab's schon im August. Im März griff der Konkursverwalter ein.
Unverrückbar über uns stehen die Gesetze der Wirtschaft. Unbekannte. Stimmt ebenso. Das haben die Schalker Haie gespürt. Dort versprachen die Klub-Chefs ihren Spielern gigantische Gehälter, an der Grenze zum Sechsstelligen. Nur: Man hatte nie mehr als ein paar hundert Zuschauer. Mehr ausgeben als das Eingenommene kann man nicht – Tatsache, Gesetz, ein den Haien leider unbekanntes. Folge der Misere: Die Schalker Mannschaft existierte lediglich einige Wochen.
Wiederkehren in furchtbaren Zyklen Katastrophen. Stimmt auch. Die II. Liga hatte ihre traditionellen Kollaps-Kandidaten. Klubs, die den Niedergang mindestens einmal schon erlebt haben. Etwa der Hamburger SV, der sich zum zweiten Mal in seiner Geschichte aus dem laufenden Spielbetrieb abmeldete. Oder der VERE Selb, der bereits als VER eingegangen war. In Selb wird gewitzelt, daß auf VER und VERE nun der VEREK folgen müsse: VEREK Selb. Oder: Verreck, Selb!
Geschichten vom Verrecken, vom Sterben, vom Pleitegehen – die haben, bedauerlicherweise, die Zweitliga-Saison geprägt, die Schlagzeilen für sich eingenommen. Das Sportliche wurde erst interessant, als es in den Relegationsrunden um Auf- und Abstieg ging. Am stärksten bewegt hat sicherlich der Sturz des Augsburger EV. Erstens, weil er Deutschlands ältester eissporttreibender Verein ist, und zweitens, weil er im Jahr davor noch so glänzend dagestanden war. Die ersten 30 der 36 Vorrunden-Partien hatten die Augsburger damals gewonnen, mit 60:0 Start-Punkten einen Rekord für die Ewigkeit aufgestellt. In der Aufstiegsrunde 1986 fehlte letztlich ein Törchen, der AEV scheiterte daran, daß der SC Riessersee im direkten Vergleich besser abschnitt.
Die Augsburger sagten sich: Probieren wir es eben noch einmal. Mit aller Macht. So, daß es garantiert klappt. Ergo: Die Mannschaft, obwohl bestens eingespielt, wurde total umgekrempelt. Prominente Leute kamen. Greg Theberge, ein ehemaliger NHL-Crack. Ein Superstar, der jedoch meistens verletzt war, in 41 von 54 Pflichtspielen ausfiel. Martin Hinterstocker aus Riessersee, welch' ein Name. Doch welch' eine Enttäuschung! Der 100 000-Mark-netto-Mann entpuppte sich als Absahner.
Anfang Dezember bot der AEV einen neuen Vertrag: Ab sofort 30 Prozent weniger. Hinterstocker sagte: »Okay, wenn ich dann wenigstens das sicher kriege«, sagte »Servus, bis morgen zum Training« – und ward fortan in Augsburg nicht mehr gesehen. Er ging zurück nach Garmisch-Partenkirchen, von wo der AEV Hinterstocker mit größtem Aufwand losgeeist hatte.
Im Sommer war da so ein geheimes Treffen gewesen, auf einem Waldweg beim Kloster Ettal. Eine Szene wie aus einem Gauner-Film. Von links kommend: Martin Hinterstocker. Von rechts auftretend: AEV-Bosse. Beide Parteien verstohlen um sich blickend. Ein kurzer Handschlag und Übergabe eines schwarzen Koffers mit 30 000 Mark (In kleinen Scheinen? Und nicht numeriert?) an den Umworbenen. Und Abgang.
Auch sonst klotzte der AEV mächtig

Saisonbilanz II. Bundesliga

ran. Gegen Ende der Saison stellte sich schließlich heraus, daß allein die Personalkosten für die Star-Truppe bereits 1,9 Millionen für ein Jahr betragen hätten. Der reine Wahnsinn! Sogar bei den Freundschaftsspielen hätten über 7000 zahlende Zuschauer dasein müssen, um das zu decken.

Warum bloß haben sich die maßgebenden Leute darauf eingelassen? »Wir dachten, durch die vorausgegangene gute Saison ein neues Zuschauerpotential geweckt zu haben«, sagte Rolf Schreiber, der erste Vorsitzende, der von der Vereins-Opposition im Dezember abgeschossen wurde. Immerhin hatte der AEV 1986 dreimal ein volles Haus melden können. Offiziell 7300 Zuschauer – tatsächlich waren's 10500.

Die rauhe Wirklichkeit in der neuen Saison: Das Publikum akzeptierte die veränderte Truppe nicht. Andererseits bemerkenswert: Trotz fast 50prozentigem Zuschauerrückgang gehörte der AEV weiter zu den Fan-Hochburgen.

Der zweite Fehler: Man vertraute blind in den Werbe-Manager Wolfgang Antony. »Ich kann wöchentlich 30000 Mark für den AEV beschaffen«, ließ der verlauten. Und setzte noch einen drauf: »Im Dezember werden wir uns verstärken müssen. Ich denke da an Erich Kühnhackl.« Mit Ex-Catcher-Weltmeister Roland Bock, der heute Besitzer mehrerer Riesen-Diskotheken ist, trieb Antony zwar einen Sponsor auf, der über 100 000 Märker springen ließ, doch sonst brachte er nichts zuwege: Die Bande blieb fast völlig frei, und Geld besorgte der Werbe-Manager nur auf Pump. Die Gläubiger forderten es zurück, der AEV konnte nicht zahlen, und es fing an mit den Mahnbescheiden und Vollstreckungen.

Saisonbilanz II. Bundesliga

Kampf, Teil eins: Roland Althammer (Landsberg) und Dave Sherlock (Augsburg) nehmen Aufstellung.

Im Dezember verließen sechs der besten Cracks den Verein. »Schade, ich hatte in Augsburg gerne gespielt und die nächsten drei Jahre für hier geplant«, sagte Jürgen Lechl, der Liebling des Augsburger Publikums, »aber von irgend etwas muß ich ja auch leben.« Der ECD Iserlohn nahm ihn mit Handkuß.

Im Vorstand ging's derweil rund: Der erste Vorsitzende ermächtigte den Werbe-Manager, der Förderkreis entmachtete den ersten Vorsitzenden, der Werbe-Manager tauchte unter, nachdem ihn die Mannschaft verprügeln wollte.

An der Spitze des Klubs stand ein Notvorstand, der in seiner Not auch vieles falsch machte. Trainer Heinz Zerres wurde zunächst zum Manager und Geschäftsführer befördert, bewegte einiges zugunsten des AEV, ehe man ihn aus dem Büro wieder verbannte. Vor der Aufstiegsrunde wurde er als Trainer gefeuert. Kein kluger Schritt:

Der verärgerte Zerres und zwei Krankenkassen stellten im März Konkursantrag gegen den AEV, der die Saison nur mit größter Mühe zu einem Ende brachte. Zu einem dicken: Der Schuldenstand lag irgendwo zwischen 1,5 und 3,2 Millionen Mark. – Übrigens: Schriftsteller Brecht war Augsburger...

Doch nicht nur dem AEV erging es schlecht. In die Pleite schlitterten noch andere.

Da war die EA Kempten: Sie machte ähnliche Fehler wie der AEV. Die Truppe war zwar teuer, aber sportlich marode, selbst einer wie Ex-Nationalkeeper Erich Weishaupt konnte nichts daran ändern. Dazu wurden vier Trainer verschlissen. Der Konkurs konnte nicht mal ordnungsgemäß über die Bühne gebracht werden – mangels Masse.

Der ERC Sonthofen: Vierter im Vorjahr, das war Klasse! Doch in der Zukunft sollte alles noch besser sein. Die Kanadier Varga und Kabayama – gut und beliebt – wurden ausgetauscht, ebenso Erfolgstrainer Jürgen Hadraschek. Nachfolger Doug Kacharvich hatte nach ein paar Wochen ausgespielt, Hans Stenger, der nächste, machte es nicht viel länger. Sportlich ging wenig, finanziell noch weniger, obwohl die Sonthofener Spieler im ERC-Team wirklich mit Hunger-Honoraren abgespeist wurden. Die Mitgliederversammlung beschloß letztendlich, Konkursantrag zu stellen. Etwas später überlegte sie es sich wieder anders, einigte sich darauf, eine Klasse tiefer, in der Oberliga, weiterzumachen.

Der VERE Selb: Die erste Pleite hatte man erlebt, weil die Mannschaftskosten zu hoch waren. Daraufhin wählte man einen anderen Kurs. Nur noch Selber sollten für Selb spielen, dazu zwei Ausländer.

Doch mit denen tat der VERE keinen guten Griff. Sie schossen ihre Tore –

Saisonbilanz II. Bundesliga

...ampf, Teil zwei: ...eper Zankl und ...k (Frankfurt) lassen ...n Gegner Markell ...d Nauheim) fliegen.

gut. Doch sie nutzten ihre Stellung aus. Anrücken mußten sie erst im September, die Vorbereitung fand also schon mal ohne sie statt. Den zweiten Mann, James MacRae, besorgte Star Arthur Rutland selbst – das steigerte seine Macht im Verein. Und so bekam er einen besonders angenehmen Vertrag. Nicht nur mit einer schönen runden Zahl drin, sondern auch mit der Zusage, daß es für ihn, König Arthur von Selb, keine disziplinarischen Maßnahmen gebe. Ein Persilschein zur Narrenfreiheit.

Rutlands Intrigenspiel brauchte sein Opfer. Trainer Holger Ustorf war es. Er mußte gehen, obwohl ihm Jörg Hanft, der Kapitän, gute Arbeit bescheinigte. »Der Holger war kein schlechter Trainer, ganz gewiß nicht«, sagte Hanft, der als Spielertrainer zu retten versuchte, was noch zu retten war. »Wir sind zusammengesessen, die ganze Mannschaft, und haben überlegt: Wie kommen wir aus der Scheiße raus?« Ergebnis: Sie kamen nicht raus, Jörg Hanft wechselte – längst war's fällig – um die Weihnachtszeit zum Mannheimer ERC, wofür der VERE 100 000 Mark Ablöse erhielt. Und mit den Selbern ging's den Bach runter.

Ein Trainer für die Saison 1987/88 wurde noch verpflichtet. Doch mitten im Sommer teilte Vorsitzender Volkmar Prell dem Erwählten, Toni Waldmann, mit, daß man ihn nun doch nicht brauche. Man werde im nächsten Jahr nur mehr in der Landesliga, der untersten Klasse, vertreten sein.

Der Duisburger SC: Bei den Kaiserbergern schienen die Lichter im Dezember auszugehen. Eine Million Schulden drückten auch dort aufs Gemüt. Jetzt ist der DSC pleite. Findige Satzungsleser haben freilich einen Paragraphen gefunden, der Zweitliga-Eishockey dennoch möglich macht: Artikel 21 im DEB-Werk. Der besagt, daß ein neuer Verein, übernimmt er 90 Prozent aller Spieler des alten, die Spielgenehmigung für dessen Klasse erhalten kann. Und so heißt der DSC jetzt DSV. In Kassel ist das ähnlich gelaufen. Aus ESG mach' EC. Ziemlich einfach...

Der Hamburger SV: Ein Name mit Klang – aber bei den Fans nicht begehrt. In Hamburg, da laufen sie zum Oberligisten 1. EHC, der HSV hatte so eben seine 200. Klar, daß in solch einem Fall alles verloren ist. Wenigstens schaffte der HSV es, die Zweieinhalbfachrunde in der Nord-Liga zu Ende zu spielen. Danach meldete er sich brav ab vom Meisterschaftsbetrieb. Ließ sich allerdings von seinen Kanadiern Rick Gal und Andrew Browne austricksen. Die beiden sagten, sie würden gleich in die Heimat fliegen, und das Geld, das ihnen noch zustünde, hätten sie am liebsten sofort bar auf die Kralle. Der HSV zahlte – Gal und Browne fuhren nach Sonthofen und Bad Tölz und spielten dort bis zum Saisonende.

Die Schalker Haie: Für sie war nach 26

Saisonbilanz II. Bundesliga

Armer Mann: Hans Potzgruber, Trainer der Schalker Haie (links oben). Guter Mann: Ulf Sterner, der Bayreuths Talfahrt bremste (oben). Alter Mann: Vic Stanfield, Verteidiger-Denkmal des Krefelder EV (links). Drei Männer: Ralph Pöpel, John Markell und Bill Lochead waren die Scharfschützen des EC Bad Nauheim. In der neuen Saison spielt keiner von ihnen mehr für die Hessen, der Klub baut auf andere Stars.

Spieltagen Schluß. Zuvor hatten die Spieler schon mal gestreikt, sich zum Weitermachen aber doch überreden lassen. Anfang Dezember empfingen die Schalker noch die Berliner Preussen und verloren 4:22 vor 350 Zuschauern. Präsident Reiner Orbach genügte das, er machte den Laden dicht. Keine Leistung, keine Resonanz, keine Sponsoren – der junge Verein, der allzu schnell die wenigen Ligen bis zur zweiten durchlaufen hatte, stand ohne Zukunft da.

Eine bestürzende Entwicklung im Zweitliga-Eishockey. Sie schmerzt um so mehr, als die abgelaufene Saison vom sportlichen Geschehen ja recht interessant gewesen wäre.

In der II. Liga Nord: Da war nur sicher, daß die blitzsauber aufspielenden Berliner in die Aufstiegsrunde kommen würden. Zwischen Krefeld, Bad Nauheim, Kassel und Duisburg jedoch ging's um drei freie Plätze fast bis zuletzt hin und her. Und auch Aufsteiger Neusser SC hielt lange den Anschluß, profilierte sich – vor allem dank des starken Stürmers Mark MacKay – als belebendes Element der Liga.

Spannung war auch im Süden garantiert. Freiburg nutzte die Augsburger Finanzprobleme und zog auf und davon. Mit einer Mannschaft, die nicht viel spektakulärer besetzt war als die bisherige, sich dafür so präsentierte, wie man sich ein Team wünscht: gewachsen, geformt. Das Werk des alten Trainer-Fuchses Jaromir Frycer. Schade, daß ihm von seiten der Vereinsführung Knüppel zwischen die Füße geworfen wurden. Man trennte sich nicht ganz in Harmonie. Frycers neues Betätigungsfeld liegt in Stuttgart, beim aufstrebenden EV. Mal sehen.

Erfreulich die Vorstellung von B-I-Absteiger SV Bayreuth. Auch hier wirkte ein hochqualifizierter Coach: Der Schwede Ulf Sterner, Weltmeister und erster erfolgreicher Europäer im amerikanischen Profigeschäft, führte mitsamt Freundin Pia, einer Fitneß-Spezialistin, das Kommando. Platz drei in der Süd-Runde, Rang vier im Aufstiegsfight sprangen heraus – starkes

Saisonbilanz II. Bundesliga

Resultat. Doch verabschiedet hat sich auch Sterner. Sein neuer Klub ist der EC Hedos München.

Die große Überraschung – oder besser: ein kleines Wunder – bot indes der EV Füssen. Die Meisterschaftsspiele 19 bis 36 schloß der Ex-Meister mit 32:4 Punkten ab. Vater des Erfolges: Wieder ein Trainer. Heinz Weisenbach, einst Mannheimer Meistermacher, impfte seinen »Burschen« Selbstvertrauen ein. Und damit und mit Hilfe des Kanadiers Tim Cranston, der den US-Boy Lexi Doner ablöste, versetzten sie Berge. Der EVF kam unter die ersten Vier – eine Riesensache.

Seltsam mutet nur das Possenspiel um die Trainer an. Zuvor war nämlich der vom VfL Waldkraiburg gekommene Tibor Vozar der Chef. Als es mit dem aber nicht lief wurde er zum Assistenten degradiert »Eine Notlage. Da helfe ich als alter Füssener aus«, sagte Heinz Weisenbach und ließ sich gleich noch zum 3. Vorsitzenden des EVF wählen. Nanu, ein Startrainer verspürt die Lust des Ehrenamts? »Gell«, meinte Weisenbach zu Journalisten, »des glaubt's ihr net, daß heutzutage einer umsonst das Training macht – und nebenzu noch a Jugendmannschaft selber finanziert. Des glaubt's ihr net, gell?«

Mit dem tollen Abschneiden hatte Heinz Weisenbach nicht gerechnet. Als die Aufstiegsrunde zur I. Liga begann, mußte er jedenfalls außer Landes. Für diese Zeit hatte er für Hawaii gebucht, wo er mit einer Oldtimer-Mannschaft auf Eishockey Tournee ging. So vertrat ihn erst der altbekannte Ernst Trautwein an der Bande, dann auch wieder mal Tibor Vozar.

Was bringt nun wohl das neue Spieljahr, den Füssenern und all den anderen? Im Süden ist die Lage so schlecht nicht. B-I-Absteiger SC Riessersee wird zumindest bei seinen Auswärts-Auftritten die Leute anziehen. München, Stuttgart und Heilbronn, die Neuen, bringen ein heißes Publikum mit. Und Ex-Meister Bad Tölz wird wieder stärker.

Von der Nord-Gruppe kann man das nicht behaupten. Sie verliert – den Namen nach – viel von ihrer Attraktivität, nachdem Berlin in die Erstklassigkeit entschwunden ist. Neu sind drei Teams: Rückkehrer EHC Essen-West, der EC Ratingen und der ESC Wolfsburg. Die ESG, Pardon: der EC Kassel investiert wie verrückt, der Krefelder EV will natürlich mithalten. Das kann gefährlich werden. Herner EV und SC Solingen geben sich in ihren Transferaktivitäten zwar zurückhaltend, aber das muß keine Überlebensgarantie sein.

Leute mit feiner Antenne, die die Szene kennen, prophezeien: Das wird nicht gutgehen, diese II. Liga Nord wird am Saisonende anders aussehen. Nämlich um ein paar Klubs ärmer. Vorbeugende Maßnahmen? Natürlich kann man sie treffen. Empfehlenswert erscheint uns, in einem Buchantiquariat nach Bertolt Brechts Dramen in einem Band zu fragen. Die kriegt man schon für zwanzig Mark. Oder: Wer's billiger will, »Die heilige Johanna« als Einzelausgabe tut's fürs erste auch. Am besten erkundigen, ob's als Reklam-Heftchen für zwofünfzig zu haben ist. Wäre gleich ein Anfang mit vielversprechender Sparmaßnahme... *Günter Klein*

Torschützenkönig der II. Liga Nord wurde Pierre Rioux (links) aus Krefeld. Die Entdeckung der Saison.

Saisonbilanz der Oberligen

Ab durch die Mitte mit der Oberliga Mitte

Bravo, EC Heilbronn! Bravissimo, EV Stuttgart! Ihr habt uns eine ganze Saison lang prächtig unterhalten in eurer Oberliga Mitte. Spiele geliefert mit Schmackes. Da ging's Ramba-Zamba und Rucki-Zucki, da gab's Karamba und Karacho. Oft habt ihr so um die 20:0 gewonnen, manchmal habt ihr es gnädig gemacht und es beim 11:1 sein lassen. Stark war dann auch eure Bilanz aus 28 Spielen. Heilbronn: 48:8 Punkte und 269:60 Tore. Toll! Und Stuttgart: 54:2 Punkte (in Heilbronn gab's da zuletzt noch einen Ausrutscher), 350:55 Treffer. Noch toller! Kompliment.

Viel wichtiger war aber, daß ihr danach in der Aufstiegsrunde nicht nachgelassen habt. Natürlich verlief die knapper – doch letztlich genauso erfolgreich. EVS und ECH schafften den Sprung in die II. Liga und schnauften ganz tief durch. Noch ein Jahr in dieser »fürchterlichen Oberliga Mitte«, verlautete es aus beiden Klubs, hätte man nicht spielen wollen, trotz der schönen leichten Siege. Denn: Wirtschaftlich war es uninteressant, nicht weiter machbar, weil die schwache Konkurrenz mit der Dauer die Zuschauer langweilte und der Schnitt trotz Superserie sank.

Freilich hätten Stuttgarter und Heilbronner auch bei mißlungenem Unternehmen Aufstieg die kommende Saison nicht zu fürchten brauchen. Denn der Deutsche Eishockey-Bund ließ, als im April das Spieljahr resümiert wurde, seine dritte Oberliga nach nur zwei Durchgängen leise sterben. Oder, wie das offiziell hieß: Die Gruppe Mitte werde erst mal ausgesetzt, um Schaden vom Sporte abzuwenden.

Zu deutlich waren schließlich all die Zeichen von Selbstaufgabe gewesen. Typisch, was etwa der ERC Rödermark veranstaltete. Er wackelte bereits im Dezember, verscherbelte seine guten Leute, wie Altnationalspieler Jahn und Mundo, an Heilbronn, sollte dann als bester nicht-baden-württembergischer Verein an der Aufstiegsrunde zur II. Liga Nord teilnehmen. Das tat der ERC – für ein Spiel. Er empfing zu Hause Wolfsburg, verlor 3:9 und meldete sich vom Spielbetrieb ab. Rien ne va plus – nichts geht mehr.

Zwei, die Garanten für den Höhenflug des EV Stuttgart waren: Jaroslav Maly, der Verteidiger, der auch als Trainer fungierte, und Dave Morrison, Stürmerstar aus Übersee.

Der VERC Lauterbach und der ERSC Karben hätten auch an der Nord-Aufstiegsrunde teilnehmen können, obwohl sie in der Oberliga Mitte nur Vorletzter und Letzter wurden, beide nur je fünf Matches gewannen. Das Statut sah es so vor: Die zweitbesten Nicht-Schwaben sollten zum Relegieren in eine Gruppe mit den Klubs aus der Oberliga Nord. Doch die Aussicht, nach Hannover, Duisburg, Wolfsburg oder Neuss zu fahren und sich dort abschießen zu lassen, machte Lauterbach und Karben nicht gerade heiß. Sie erklärten frühzeitig, daß sie da lieber nicht mitspielen wollten und »kämpften« so nochmals freiwillig um die Qualifikation zur Oberliga Mitte.

Der EHC Bad Liebenzell, der gut war, nur etwas schwächer als die Giganten Stuttgart und Heilbronn, mußte als Dritter quasi in die Abstiegsrunde, da

Saisonbilanz der Oberligen

zwei baden-württembergische Vereine eben vor ihm standen. Die Liebenzeller boten an, Lauterbach oder Karben in der Aufstiegsrunde zur II. Liga Nord zu vertreten, doch der DEB gab sich stur und lehnte ab. Ergebnis: Der EHC ging vor die Hunde. Wieder einer weniger...

Solche Probleme gab's in den anderen Oberligen, in Süd und Nord, nicht. In beiden war's auch immer schön spannend.

In der Süd-Liga startete der EV Dingolfing mit 22:0 Punkten, erfreute sich über zwei Monate am Nimbus der Unbesiegbarkeit. Bis zu einem November-Sonntag in Ravensburg. Da verloren die Niederbayern 4:6. Das ist so etwas wie ein Knackpunkt gewesen, denn in der Meisterschaft mit ihren insgesamt 26 Partien mußte der EV noch den ERC Ingolstadt passieren lassen. Auch Regensburg, Nürnberg und Peiting mischten anfangs und zwischendurch vorne mit.

Das Kuriose: Wären nicht die vielen Pleiten der Zweitliga-Klubs gewesen, hätte keiner aus der Oberliga Süd rein sportlich den Aufstieg geschafft. Bester Vertreter der Liga in der Relegation war der Fünfte: der EC Hedos München.

Ein bemerkenswerter Verein. Als Nachfolger der aufgelösten Eishockey-Abteilung des FC Bayern und des in Konkurs gegangenen EHC 70 begann der EC Hedos von ganz unten, der Landesliga aus. Und kam jedes Jahr eine Liga höher. Macher waren der Immobilien-Gigant Roland Holly – einst Besitzer von Fußball-Star Rudi Völler und damals in den Niedergang des EHC 70 verwickelt – sowie Jiri Kochta, früherer Weltklassespieler aus der ČSSR.

Doch vor der Oberliga-Saison kam es zum Krach. Der Verein feuerte Kochta – und Holly wollte da auch nicht mehr. Horst Franke, der Sportwart – schon mal Präsident des EHC 70 –, und seine Helfer schafften es allerdings, auch ohne Holly und Kochta über die Runden zu kommen. Erst eher schleppend, dann furios.

Mit dem neuen Trainer Eduard Derkits lief das nicht so recht. »Die Mannschaft ist zu schwach besetzt«, kritisierte er. Platz acht zu erreichen, sei da schon das höchste der Gefühle. Diesen Platz acht und damit die Qualifikation zur Aufstiegsrunde wollten die Hedos-Leute freilich unbedingt haben, weil Werbepartner »Löwenbräu« dafür eine 50000-Mark-Prämie in Aussicht gestellt hatte. Folge: Derkits wurde gefeuert – Holger Ustorf, beim EHC 70 mal Verteidiger, angeheuert. Tatsächlich ging's mit ihm weitaus besser, man etablierte sich. Wichtig vor allem: Die Zuschauerzahlen wurden gesteigert. Mal 3000, mal 4000, mal noch ein bißchen drauf – keine Seltenheit mehr. Das Interesse war bereits größer als zu Münchner Erstliga-Zeiten. Die Fans im Fieber vergaben sogar, daß sich die Klub-Führung bei der Dezember-Verpflichtung eines neuen Ausländers ziemlich dumm anstellte. Aus Kanada wurde ein Mann namens Dany Lawson geholt. Seine Referenz: Er gab vor, im Trainingslager des Superteams Edmonton Oilers gewesen zu sein. Nun gut, das war er vielleicht auch mal. Doch hat so ein Camp immer mindestens 60 Teilnehmer, von denen 40 wieder aussortiert werden, und Dany Lawson war die letzten sieben Jahre nachweislich inaktiv gewesen. Und mit 39 eigentlich auch ein wenig arg alt...

Trotzdem: Wenigstens ein ganz großes Spiel machte der graumelierte Dany, der als Sommer-Ausgleichssport Triathlon angibt: Einmal, da schoß er fünf Tore, spielte wie aufgedreht, völlig anders. Grund? Eine kleine freudige Begegnung vor dem Match.

Lawson hatte eines Abends in München den Trainer des Fußball-Bayernligisten TSV Großhadern kennengelernt: Loucca Moussa-Baba, ein Sportstudent aus dem afrikanischen Staat Benin. Groß, schlaksig – und pechschwarz, mit Kraushaar natürlich. Vor dem Spiel stand Moussa-Baba plötzlich in der Hedos-Kabine vor seinem neuen Freund aus Übersee. Den motivierte die unverhoffte Anwesenheit des Afrika-Manns so sehr, daß er sich reinhängte wie in München nie zuvor. Ergebnis: ein Schützenfest, eine Lawson-Gala. Für Loucca, der erstmals in seinem Leben beim Eishockey war.

In der Oberliga Nord war vor der Saison das große Investieren angesagt. Da kaufte der EC Hannover Altstar Vacatko, reaktivierte der EC Ratingen die Rosenheimer Persönlichkeit Hans Zach, der nebenzu am Trainerdiplom bastelte und Bundestrainer Hans Rampf bei der Arbeit mit den Junioren-Nationalmannschaften half. Der ESC Wolfsburg verpflichtete Polen-Pfeil Henrik Pytel, den ehemaligen Torschützenkönig der Bundesliga, und vom Duisburger SC dessen Landsmann Stanislaw Klocek.

Und wem hat's geholfen? Allen nicht. Doch immerhin packten – begünstigt davon, daß nach dem Aus für Schalker Haie und Hamburger SV in der II. Liga und dem Aufstieg der Berliner Preussen in die Erstklassigkeit drei Plätze frei wurden – auch drei Klubs den Sprung nach oben. Auf der Strecke blieben – quasi im Zielfotoentscheid – Dinslaken und Hannover. Ratingen, Wolfsburg und Essen hingegen setzten sich durch. Interessantes beim EHC Essen-West: Als sich Ausländer Nummer zwei, Brian Jokat, in einer Nacht-und-Nebel-Aktion vom Bahnhof West absetzte, griff eben Trainer Rodney Alan Heisler nochmals ein. Und er tat das gar nicht schlecht.

Zu einer umfangreichen Prozedur kurz vor und unmittelbar nach der Aufstiegsrunde geriet noch die Deutsche Oberliga-Meisterschaft. Der Champion aus der Mitte, Stuttgart, mußte sich erst den Meister aus dem Süden vornehmen, den ERC Ingolstadt. Der EVS kam durch ein 7:3 und 3:3 weiter und hatte dann, fast zwei Monate später, zur entscheidenden Runde anzutreten. Stuttgart gewann in Ratingen 9:4, ließ im Rückspiel die Zügel schleifen und verlor 5:6. Das war den Schwaben aber völlig egal, denn auf der Waldau sollte im Anschluß an die letzte Pflichtaufgabe ja noch ordentlich gefeiert werden. Viele Siege, der Aufstieg – und das Überleben... *Günter Klein*

Meisterschaft der Damen

Otto legte sich mit den Amazonen an

Schade, die Wettkampfordnung des DEB läßt diesen Vergleich wohl nicht zu: »Otto Schneitberger hat behauptet, er würde allein mit einem Torwart gegen unseren kompletten Block spielen und gewinnen«, ärgert sich Iris Sievering, die Spielführerin des EHC Eisbären Düsseldorf: »Der Otto war früher unser Idol. Doch seitdem er das gesagt hat, ist es mit der Sympathie vorbei.«

Die Amazone auf dem Eis bringt eine ordentliche Portion Selbstbewußtsein mit. Schließlich wurden die Eisbären Düsseldorf dreimal hintereinander Deutscher Meister bei den Damen. Doch Otto Schneitberger, inzwischen 47 Jahre alt, weicht keinen Zentimeter von seiner Auffassung ab: »Eishockey ist ein Sport für Männer. Ich bleibe dabei, die hätten auch mit fünf Feldspielern keine Chance. Gegen Heiß im Tor würden die Mädchen in 60 Minuten keinen Treffer erzielen. Da könnte der Peppi mir seelenruhig die Vorlagen für mein Spiel liefern.«

Den Vergleich zwischen Damen und Herren bei den Puckjägern – keiner will ihn – und doch drängt er sich auf. Eisbären-Trainer Josef Pütz, bei den Männern des Vereins selbst aktiv, sieht es so: »Im athletischen Bereich und bei der läuferischen Leistung muß man sicher Einschränkungen machen. Das ist bei Frauen ganz natürlich. Doch in der Technik brauchen sich einige Mädchen hinter den Männern bald nicht mehr zu verstecken.«

Allerhand, wenn man bedenkt: Eishockey kam bei den Damen erst in den letzten zehn Jahren auf. In Füssen gehen die Anfänge auf 1975 zurück. Damals machten sich einige Ehefrauen der EVF-Spieler eine »Gaudi« draus und eiferten ihren Männern nach. Zuerst auf den zugefrorenen Seen im Faulenbacher Tal. Als Trainer fand sich Max Bardzinski, der die Allgäuerinnen heute noch betreut.

In der Füssener Mannschaft gibt es

Beim Damen-Eishockey ist einiges anders. Die hübschen Gesichter verbergen sie hinter Gittern. Hier zeigt sich der Schiedsrichter auch mal als Kavalier. Aber Yvonne Nassner macht Dehnübungen wie ein Profi, und die Eisbären aus Düsseldorf feierten wieder den Titel wie alte Hasen.

bekannte Namen wie Egen und Gröger. Elisabeth Egen (32) ist die Cousine von Ex-Nationalspieler Uli, der gerade von Berlin nach Frankfurt wechselte. »Annelie« bringt einen großen Vorteil mit. Sie hat früher Eiskunstlauf gelernt und flitzt deshalb ganz anders über die glitzernde Fläche als manche Gegnerin. »Harte Attacken mag ich nicht besonders«, nimmt sie zu einem modischen Trend Stellung. Denn inzwischen haben die Bodychecks auch bei den Damen an Bedeutung gewonnen. »Non contact« gehört der Vergangenheit an. Manuela Gröger (18), Friseurlehrling in Pfronten, sieht man die manchmal harte Gangart ebenfalls nicht an. Ihr Vetter Thomas spielte zuletzt beim Kölner EC in der Bundesliga. Bis zu großen Vorbildern ist es also nicht weit. Manuela wünscht sich »mehr Tore aus den vielen Chancen«. Dann hätte der EV Füssen, Vizemeister von 1985, gute Aussichten, die Düsseldorferinnen als Meister bald mal abzulösen.

Auch wenn manche Leute noch Bedenken äußern bei den Amazonen auf Kufen. Auch wenn die Möglichkeiten für die meisten Damen-Teams eher abschrecken als anziehen. Training morgens um 7.30 Uhr, Spiele manchmal bis nach Mitternacht. Aufzubrin-

Meisterschaft der Damen

gende Kosten häufig über 1000 Mark pro Saison, auch für Schülerinnen und Studentinnen: Damen-Eishockey ist auf dem Vormarsch. Den etwa 25 Mannschaften im Jahre 1987 werden bald weitere folgen. Bei Verbesserung der Nachwuchsarbeit müßte auch die Spielstärke steigen.

Für Düsseldorfs Verteidigerin Iris Sievering (30) wäre das ein großer Trost. Denn um das erste Trainingseis der Mannschaft zu finanzieren, verkaufte sie 1982 sogar ihr Motorrad. Eine Yamaha 250 für 1700 Mark. Bei soviel Opferbereitschaft müßte der DEB als Verband sich eigentlich mal erkenntlich zeigen. »Ich hoffe, daß zu meiner aktiven Zeit eine Nationalmannschaft aufgestellt wird«, träumt Iris Sievering. In Füssen, Mannheim, Esslingen, Berlin, Bergkamen und Köln hätte dagegen sicher niemand etwas einzuwenden. Beim ersten Weltturnier in Kanada fehlte Deutschland leider. *Theo Mai*

Es war eine (fast) ganz normale Saison

Alles normal, ist man über die Geschehnisse in der NHL versucht zu sagen. Die Edmonton Oilers sammelten wieder einmal am meisten Punkte von allen Teams, die Philadelphia Flyers am zweitmeisten, und diese beiden Mannschaften kämpften sich auch in die Finalserie vor. Diese ging erstmals seit 1981 wieder über sieben Spiele, und als Pokalgewinner gingen nach insgesamt 87 Play-Off-Spielen zum dritten Mal innerhalb von vier Jahren die Edmonton Oilers hervor. Zum wertvollsten Spieler der Meisterschaft wurde zum achten Mal hintereinander und damit in jedem Jahr, in dem er überhaupt in der NHL spielte, Wayne Gretzky erkoren, die gleiche Auszeichnung für die Play-Offs erhielt aber ein anderer, Philadelphias 23jähriger Liga-Neuling im Tor, Ron Hextall.

Nicht ganz überraschend war auch, daß die New Jersey Devils, Pittsburgh Penguins, Buffalo Sabres, Vancouver Canucks und Minnesota North Stars die Play-Offs nicht schafften oder daß Wayne Gretzky mit 183 Skorerpunkten Torschützenkönig der Meisterschaft und mit 34 der Play-Offs wurde.

Es war aber auch eine Saison der Trainerwechsel und der großen Dispute, die sich vor allem am Schiedsrichterwesen entzündeten. Angefangen hatte es damit, daß der Präsident der Spielervereinigung, Mittelstürmer Bryan Trottier von den New York Islanders, in einem Zeitungsartikel die Regelinterpretationen angriff. Die Crux seiner Vorwürfe: zuviel Halten, Haken und Behinderung wird erlaubt, vor allem im Schlußdrittel bei knappem Resultat, und als Folge ist das Spiel in den letzten zwei Jahren langsamer geworden. Dies bedeute, daß Durchschnittsspieler die Stars auf ihr bescheideneres Niveau herunterholten. Dem Argument, die Refs wollten die Spiele nicht entscheiden, hielt Trottier entgegen, indirekt täten sie es doch, weil sie durch Nicht-Eingreifen das weniger talentierte Team begünstigten.

Die Debatte wurde neu entfacht während der Play-Offs, als einige der besten Profi-Schiedsrichter in entscheidenden Spielen kuriose Entscheidungen fällten und als eine Fachzeitung nachwies, daß in den letzten drei Jahren in den Play-Offs in der Verlängerung nie eine Mannschaft in die Minderheit versetzt wurde. Dies alles ist natürlich Balsam für die Ohren von Europäern, die alljährlich zur WM-Zeit von Kanadiern und Amerikanern ganze Litaneien von Klagen über europäische Refs mit anhören müssen.

Apropos Europa: Die Kabel-Fernseher bekommen NHL-Spiele auf dem Sky-Channel oder SAT 1 serviert. Doch man täusche sich nicht: dies sind Zusammenschnitte der besten Spielphasen. Unsere Beobachtungen an Ort und Stelle, wo wir neben den Philadelphia Flyers eine Reihe eher mittelmäßiger Teams am Werk sahen: Vieles im versuchten Kombinationsspiel bleibt Stückwerk, die »Macho«-Haltung der

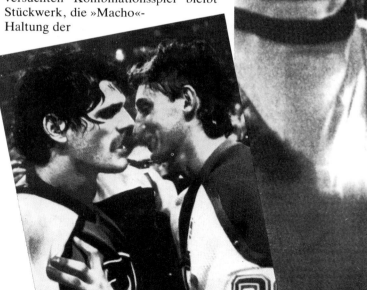

National Hockey League

Stolz hielt Wayne Gretzky, der beste Spieler der NHL, wieder den Stanley-Cup in der Hand. Trost hatte er für seinen schärfsten Widersacher parat: Flyers-Torhüter Ron Hextall (kleines Bild).

Spieler bewirkt viele unnötige Techtelmechtel, vereinzelte suchen geradezu die Schlägerei, Einschüchterungstaktik gehört zum täglichen Brot. Oft schleppen sich die Spiele dahin. Umgekehrt das Positive: Einsatz bis zum Letzen wird großgeschrieben, die meisten Spiele gehen knapp aus, prickelnde Torszenen vor überdurchschnittlich guten Hütern sind häufig. Selbst bei notorisch schlechten Mannschaften wie den Devils und den Canucks sind Powerplay und Penalty-killing zu einer hohen Kunst entwickelt. Liga und Teams sind bis ins kleinste Detail bestens organisiert, Profi-Hockey bietet ein unterhaltsames Spektakel.

Daß 810 Meisterschaftsspiele bei über 90prozentiger Auslastung der Zuschauerkapazität absolviert werden, nur um die fünf schwächsten auszumerzen, zeugt vom hohen Grad der Vermarktungskunst. Eines der Geheimnisse ist der nicht-ausbalancierte Spielplan. In der regulären Saison begegneten die Philadelphia Flyers den Oilers zum Beispiel nur drei-, den Mannschaften in der eigenen Gruppe aber achtmal. In den Play-Offs beschränkt sich der Vorteil der Besser-Klassierten jeweils nur darauf, daß sie eine Serie zu Hause beginnen können und daß sie in einem möglichen siebten Spiel Heimvorteil genießen.

Gruppensieger wurden neben den beiden Finalisten auch die Hartford Whalers und St. Louis Blues. Die Whalers waren Jahr für Jahr stärker geworden; Manager Emile Francis hatte durch Tansfers oder dank einer guten Hand in der Junior-Draft die Mannschaft sukzessive verstärkt. Der wichtigste Zuzug betraf wohl Torhüter Mike Liut.

Coaching-Wechsel gab es inmitten der Saison bei den Los Angeles Kings, Rangers und in Buffalo. Am Ende waren gleich sechs Posten frei.

National Hockey League

Es schien übrigens lange, als ob dies die Saison wäre, in der den Pittsburgh Penguins und New Jersey Devils der Durchbruch gelänge. Die Devils lagen zeitweilig an dritter Stelle ihrer Gruppe, doch dem guten Start folgte wie üblich der große Einbruch ab Mitte Dezember. Die Penguins verloren ihren Play-Off-Platz, als Mario Lemieux fast einen Monat lang aussetzen mußte. Keine Entschuldigung gab es dagegen für die North Stars, die im letzten Spiel die Play-Offs verkorksten: seit Jahren versteht es keiner, das Beste aus dieser heterogenen Truppe herauszuholen. In der neuen Saison soll es nun Herb Brooks versuchen, unter dem die USA 1980 in Lake Placid die Goldmedaille geholt hat. Brooks war früher bei den Rangers tätig gewesen, deren neuer Manager Phil Esposito auf große Einkaufstour ging und im letzten Moment Marcel Dionne aus Los Angeles holte. Für die größte Erfolgsstory sorgte aber Jacques Demers in Detroit. Als Coach brachte er seiner heterogenen Truppe Disziplin und Kampfgeist bei und führte sie auf den zweiten Gruppenplatz hinter St. Louis. Kein Wunder, daß er zum Coach des Jahres gewählt wurde. Die Montreal Canadiens als Verteidiger des Stanley-Cups hatten in der Adams Division keinerlei Mühe, sich mit 4:0-Siegen durchzusetzen. Vier Jahrzehnte lang haben die Montrealer nun jede Serie gegen Boston gewonnen. Kurzlebiger ist eine andere Tradition: Seit 1983 hat in dieser Gruppe kein Gruppensieger die erste Runde überstanden. Diesmal erwischte es Hartford in sechs Spielen, obwohl die Whalers die ersten beiden Partien gewonnen hatten. Sie hatten von allen Teams in der regulären Saison am wenigsten Strafen kassiert – gegen Quebec stellten sie mit 317 Minuten einen neuen Serien-Rekord auf. Insgesamt wurden in den sechs Spielen 202 Strafen für 611 Minuten verhängt. »Wir ließen uns zu leicht provozieren, das war die Taktik Quebecs«, bekannte reumütig Kevin Dineen. Typisch dafür das sechste Spiel: Hartford führte 4:1, Powerplaytore erlaubten Quebec ein Aufholen,

Großangriff der Deutschen gescheitert

Sie starteten einen Großangriff auf die NHL, die deutschen Spieler aus der Bundesliga. Gleich drei wollten das Profi-Eishockey in Übersee im Sturm erobern. Nach seinen Vorreitern Uli Hiemer und Karl Friesen zog es auch Uwe Krupp in die NHL. Der Wechsel zu den Buffalo Sabres verlief allerdings nicht ganz glatt, denn erst kurz vor Beginn der Bundesliga-Doppelrunde sprang der Jung-Nationalspieler den Kölnern ab. In der kommenden Saison wird Uwe Krupp allerdings der einzige sein, der die deutschen Farben noch in der NHL vertritt. Karl Friesen kehrte schon im Dezember 1986 zurück, Uli Hiemer jetzt für die Saison 87/88.

Was ist los, daß sich deutsche Spieler in der NHL nicht durchsetzen können? Sicher, einem Udo Kießling hätte man es zugetraut, Manfred Wolf wird von den Talentsuchern der NHL als der Mann gehalten, der am ehesten den Sprung schaffen könnte. Aber auch Uli Hiemer und Karl Friesen hätten wir es zugetraut. Schafft es der Uwe?

Karl Friesen scheiterte an zwei Handicaps. Einmal ist das Spiel der Profis nicht sein Spiel. Der ruhige Baptist ist kein Torhüter, der nach vorne mitspielt. Seine Stärke ist die Ruhe, nicht das Temperament zwischen den Stangen. 130 Minuten lang spielte er für die New Jersey Devils und kassierte dabei 16 Tore. Bezeichnend sein Debüt. Die Pittsburgh Penguins hatten ihm in 50 Minuten acht Eier ins Nest gesetzt, der Coach hatte ein Erbarmen und schickte Chris Terreri aufs Eis. »Das war nicht Karls Fehler«, nahm ihn Uli Hiemer in Schutz, »er hat sogar noch gut gehalten, aber Pittsburgh war nicht zu bremsen.« Friesens Problem: Coach Doug Carpenter hielt nicht viel von ihm.

Friesens zweites Problem: die Reiserei! »Es ist schlimm, wenn du eine Familie hast«, gestand er, »nie siehst du sie, immer bist du unterwegs, von Hotel zu Hotel.« Kein Leben also für den Familienmenschen Friesen. So freute er sich bei seiner Rückkehr nach Rosenheim: »Ich fühle, daß ich nach Hause komme. Jetzt beginnt wieder ein ruhiges und schönes Leben.«

Probleme dieser Art hatte Uli Hiemer nicht. Drei Jahre hielt er es immerhin bei den New Jersey Devils aus und absolvierte in dieser Zeit 153 NHL-Spiele. »Mit einem weinenden und einem lachenden Auge« kehrte er jetzt in die Bundesliga zurück, zur Düsseldorfer EG. Der gebürtige Füssener weiß heute, »in einem anderen Verein wäre es leichter gewesen«. Wenn man ständig am Tabellenende hängt, ist der Druck eben besonders groß. Und Coach Doug Carpenter war auch kein Mann für Uli Hiemer. Die Qualitäten des Deutschen erkannte er nicht oder wollte er nicht erkennen. Hiemer konnte nicht sein Spiel spielen. Die europäische Schule, die bei vielen anderen Klubs Einzug hielt, ist bei Carpenter verpönt. Bester Beweis: In der neuen Saison spielen bei den Devils keine Europäer mehr!

So liegt es jetzt an Uwe Krupp, Ehre für das deutsche Eishockey einzulegen. Allein mit seinen Körpermaßen hatte er die NHL beeindruckt. Mit einer Länge von 1,96 m kann man sich eben besser durchsetzen. Mit »King Kong« hatte er schnell seinen Spitznamen weg. 26 Spiele waren für den Anfang nicht schlecht. Danach machte sich die mangelnde Saisonvorbereitung nach seinem Beinbruch bemerkbar. Uwe ging ins Farmteam nach Rochester und war darüber gar nicht traurig: »Ich habe damit gerechnet, das war auch besser für mich, weil ich lernen konnte.« Am Ende stand für ihn sogar noch ein Triumph: Mit Rochester gewann er den Calder-Cup, den »Stanley-Cup der Farmteams«. Und so fällt sein Fazit auch positiv aus, »mit dem ersten Jahr bin ich zufrieden«, und sein Optimismus bleibt ungebrochen, »ich will mich in der NHL durchsetzen«. Einer kommt vielleicht durch...

Klaus-Peter Knospe

und nach 6:05 Minuten der Verlängerung entwischte Peter Stastny und schoß den Siegtreffer. »Süße Rache für letztes Jahr«, jubilierte der Ex-Tscheche. Da war es umgekehrt gewesen, war Quebec als Gruppensieger von Hartford ausgebootet worden.

So kam es erneut zu einer »Schlacht von Quebec« zwischen den alteingesessenen Canadiens und den Nordiques. Diesmal rissen die Nordiques mit zwei Auswärtssiegen von 7:5 und 2:1 die Führung an sich. Die Canadiens konterten mit 7:2 und 3:2 in Quebec. Die Vorentscheidung fiel im fünften Spiel, als Schiedsrichter Kerry Fraser beim Stand von 2:2 drei Minuten vor Schluß einen Treffer von Alain Côté wegen Torhüter-Behinderung aberkannte und 14 Sekunden später Ryan Walter auf der anderen Seite einschoß. »Die Canadiens haben in der NHL einen Bonus«, schimpfte Quebecs Allgewaltiger Marcel Aubut. Die Nordiques erzwangen ein siebtes Spiel im Montrealer Forum, wo 1982 Dale Hunter und 1985 Peter Stastny mit einem Treffer in der Verlängerung die Canadiens eliminiert hat-

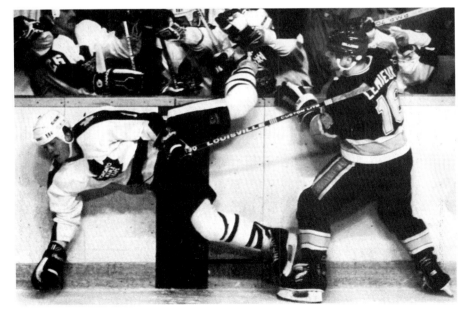

»Fallstudien« aus der NHL.
Es wird mit harten Bandagen gekämpft.
Das merkte Wayne Gretzky gegen Dave Poulin
von den Flyers (oben links),
Brian Engblom (Calgary) gegen die »Kings«
Dave Taylor und Jimmy Carson (oben rechts),
Gary Leeman (Toronto) gegen Jocelyn Lemieux (St. Louis).

ten. Doch diesmal setzten sich die Montrealer fast mühelos mit 5:3 durch. Da ging es im siebten Spiel des Überlebenskampfes zwischen den Washington Capitals und New York Islanders schon anders zu. Kurz vor zwei Uhr am Ostersonntag, nach 6 Stunden und 15 Minuten oder nach 128:47 Minuten effektiver Spielzeit schoß Pat LaFontaine in der vierten Verlängerung jenes Tor, das die Partie und die Serie zugunsten der Islanders entschied. Es war das fünftlängste Spiel aller Zeiten. »Fragt mich nichts über die ersten fünf Drittel – ich habe schon alles vergessen«, sagte Islanders-Keeper Kelly Hrudey, der 75 Schüsse abwehrte, während Bob Mason deren 57 hielt.

Inzwischen hatten die Philadelphia Flyers ihren Angstgegner der letzten Jahre, die New York Rangers, mit 4:2 Siegen erledigt und konnten ausgeruht gegen die Islanders antreten. Prompt gerieten diese wie schon gegen Washington in den ersten vier Spielen 3:1 in Rückstand. Und wieder zogen sie gleich und erzwangen ein siebentes Spiel. Diesmal setzten sich die Flyers mit 5:1 durch. »Wirklich ärgerlich: Unser Übermachtspiel hat uns so weit gebracht, und just jetzt hat es versagt«, klagte Islanders-Altstar Denis Potvin. Beim Stand von 1:0 schossen nämlich innerhalb von 44 Sekunden Brian Propp und Brad Marsh je ein Tor für die Flyers, als die Islanders einen Mann mehr auf dem Eis hatten.

Im Westen war inzwischen alles nach Papierform gelaufen: Die Edmonton Oilers schalteten die Los Angeles Kings mit 4:1 und die Winnipeg Jets mit 4:0 aus, diese wiederum hatten es dem letztjährigen Finalisten aus Calgary mit 4:2 besorgt. Selbst dies war keine Überraschung, denn auch während der Meisterschaft kannten die Jets das wirksamste Rezept gegen die Flames. In der schwachen Norris Division überrumpelten die Toronto Maple Leafs den Gruppensieger St. Louis Blues mit 4:2, Detroit fertigte Chicago 4:0 ab und geriet gegen Toronto mit 1:3-Siegen in Rückstand. Mit Glen Hanlon im Tor drehten die Wings aber den Spieß um und gewannen die letzten drei Begegnungen, zwei davon mit 3:0 – die ersten Play-Off-Shutouts eines Detroiter Torwarts in 21 Jahren. Die Red Wings gingen gleich aufs Ganze und überrumpelten im ersten Spiel des West-Finals die Edmonton Oilers 3:1. Doch hernach machten die Oilers kurzen Prozeß, obwohl Wayne Gretzky kein Tor schoß. Dafür brillierte die Linie Mark Messier–Kent Nilsson–Glenn Anderson. Die Oilers standen wieder im Final und mußten warten, was sich weiter im Osten tat.

Dort begannen die Canadiens im Stil eines Champions, kehrten mit einem Sieg und einer Niederlage aus Philadelphia zurück. Doch dann geschah ihnen dasselbe wie schon gegen Quebec: Die erwarteten Heimsiege blieben aus, und nach sechs Spielen standen die Flyers in der Endspielserie. Das sechste Spiel war geradezu typisch: Die Canadiens führten 3:1 – Ilkka Sinisalo, Scott Mellanby und Rick Tocchet besorgten den Umschwung. »Drei dieser Tore waren Geschenke, wir haben uns selbst geschlagen, wir gewannen kein Spiel auf Heim-Eis«, klagte Center Guy Carbonneau.

Die Flyers hatten nicht viel Zeit zum Nachdenken: ihrer warteten die Oilers. Daß es für Gretzky und Co. kein Spaziergang werden sollte, wurde ihnen bald einmal klargemacht, denn die Flyers boten energischen Widerstand. Doch Gretzky, der gegen Detroit nur zwei Assists zustande gebracht und in einem Drittel gar Wolldecken fassen mußte, war diesmal auf der Höhe seines Könnens, schoß das erste Tor und führte sein Team zu einem 4:2-Sieg. 3:2 gewannen die Oilers dank einem Einschuß Jari Kurris in der Verlängerung nach Vorlagen Paul Coffeys und Gretzkys das zweite Spiel, 3:0 führten sie im dritten – und verloren doch noch 3:5. Das war ein erstes Anzeichen für die

**Zu Fall kam auch Uli Hiemer in der NHL.
Gegen Rich Sutter von den Canucks kam es zu einer harten Landung.**

National Hockey League

Eine Woche lang das Beste vom Besten

Stanley-Cup und Weltmeisterschaft – sie brachten teilweise herrliche Spiele. Doch der Höhpunkt an spielerischer Klasse wurde in Quebec erreicht, beim »Rendez-vous de Québec« getauften Gipfeltreffen zwischen einer NHL-Auswahl und den Sowjets. Zwei Spiele waren es. Die Spitzenprofis gewannen das erste 4:3 und die Sowjets das zweite 5:3.

»Ich selber war überrascht, daß es zwei Spiele hintereinander von solch hoher Qualität waren«, gab Sowjet-Coach Viktor Tichonow zu. »Diese zwei Spiele waren etwas vom Besten im Eishockey, das man je zu sehen bekommt. In beiden herrschte ausgesprochene Disziplin – viel mehr als in früheren Begegnungen.« Wayne Gretzky, der zum zehnten Mal als Sonderpreis (bester Spieler der Serie) ein Auto bekam, stimmte in das große Lob ein: »Es ist herrlich, gegen die Russen zu spielen. Sie zwingen einen, im technischen Können einen oder zwei Zacken zuzulegen. Und ich weiß, daß sie gerne gegen uns spielen. Für sie ist es eine große Herausforderung. Ich hoffe nur, daß die Leute in Nordamerika sich bewußt sind, wie gut die Sowjets wirklich sind. Wir werden sie nie dominieren, und sie werden uns nie dominieren.«

Zur großen Konfrontation war es gekommen, weil die NHL auf Betreiben von Marcel Aubut, dem Klubpräsidenten der Quebec Nordiques, das alljährliche All-Star-Spiel fallengelassen und statt dessen die besten Profis gegen die Russen hatte antreten lassen. Eine ganze Woche dauerten die Festlichkeiten nach dem Motto »Nur das Beste vom Besten«. Die besten Küchenchefs aus aller Welt sorgten für kulinarische Genüsse, die besten Showstars für Unterhaltung, Rockbands und Kunstausstellung sowie ein riesiger Umzug garnierten das Hauptgericht, präsentiert von den besten Eishockeyspielern der Welt.

Nicht als Team Canada traten die Profis an, sondern als Team NHL. Drei Amerikaner standen auch im Aufgebot, dazu zwei Finnen und zwei Schweden. Einige Stars wurden nicht selektioniert und hatten wie alle übrigen NHL-Profis ein von der Liga diktiertes viertägiges Trainingsverbot, um nicht Vorteile gegenüber den Auserwählten herauszuschinden. Wie immer ging es darum, eine gute Mischung zwischen offensiv und defensiv orientierten Spielern zu finden. Die Sowjets waren sichtlich überrascht. »Wir rechneten damit, daß sie wie üblich aggressiv begännen. Doch das war nicht der Fall«, bekannte Sergej Makarow. Bis sich die Russen auf die diszipliniert eingehaltene Spielanlage der Profis eingerichtet hatten, führten diese dank Treffern von Jari Kurri sowie von Glenn Anderson 2:0. Die Sowjets holten auf, kamen bis zum 3:3. Den Siegtreffer leitete der sonst nur eine mäßige Vorstellung bietende Mario Lemieux mit einem brillanten Schachzug ein – Dave Poulin besorgte den Rest.

Die Lektion saß. »Wir mußten unbedingt offensiver spielen und mehr schießen«, sagte nach dem zweiten Spiel Tichonow. Wieder führten die All Stars 1:0 nach einem Powerplaytor Mark Messiers, doch dann brandeten die sowjetischen Angriffswellen Richtung Grant Fuhrs Tor. Und dazu profilierte sich ein neuer Mann, Flügel Valeri Kamenski. Erst glich er aus, und nach Sergey Krutows Führungstreffer überrumpelte er mit einer akrobatischen Einlage zwei Verteidiger und den Torhüter und schoß zum 3:1 ein: der Puck im Netz und drei ausgetrickste Gegner flach am Boden, war das ein Bild! Ein Powerplaytor Doug Wilsons brachte die Stars wieder in Reichweite, doch Krutow und Andrej Chomutow erhöhten auf 5:2, ehe Verteidiger Ray Bourque den Schlußpunkt markierte.

So ging das große Gipfeltreffen unentschieden aus. Einen Gewinner gab es dennoch. »Der große Sieger war das Eishockey«, faßte UdSSR-Coach Viktor Tichonow zusammen.

Hermann Pedergnana

ungebrochene Kampfkraft der Flyers, deren Topskorer Tim Kerr fehlte. Doch in die Lücke sprang der Schwede Pelle Eklund mit Tocchet und Propp an seiner Seite. Dennoch, alles schien den normalen Lauf zu nehmen, als die Oilers mit einem 4:1-Sieg im vierten Spiel 3:1 in Führung gingen und die beiden Teams nach Edmonton zurückkehrten. Nur: die Flyers gaben einfach nie auf. Wie in den vier Spielen zuvor, gerieten sie auch im fünften und sechsten früh 0:1 in Rückstand, dann sogar 0:2, doch jedesmal kämpften sie sich wieder heran, gewannen 4:3 und 3:2 und hatten damit den Gleichstand hergestellt. Torhüter Ron Hextall war es vor allem, der mit unglaublichen Paraden die Hoffnungen aufrechterhielt. Doch der Parforceleistung mußten die Flyers schließlich Tribut zollen. Zum 26. Play-Off-Spiel in 53 Tagen traten sie am letzten Maitag im Northlands Coliseum mit sechs angeschlagenen Spielern an. Erstmals schossen sie das erste Tor, ein Powerplaytreffer von Craven nach 101 Sekunden.

Doch Messier, Kurri und Anderson vermochten das Blatt zu wenden, diesmal gab es kein Comeback mehr – nur noch zwei Schüsse vermochten die Flyers im Schlußdrittel auf Edmonton-Hüter Grant Fuhr abzufeuern. Und in jedem der vier Spiele, die Edmonton gewann, hatte Gretzky den Paß zum Siegtreffer gegeben. Seine 29 Assists in den Play-Offs bedeuteten neuen Rekord – die Trophäe für den besten Spieler heimste jedoch Flyers-Hüter Hextall ein, der während insgesamt 1540 Minuten im Einsatz stand.

»Die Superstars der Oilers gaben den Ausschlag«, sagte nachher Flyers-Coach Mike Keenan. Doch sie wurden bis zum Äußersten gefordert, wie auch Gretzky zugab: »Noch nie war ich nach einer Saison so ausgelaugt wie nach dieser«. Zum dritten Mal seinen Namen auf dem Pokal eingraviert bekam übrigens Jaroslav Pouzar, der nach seiner Bundesligasaison von den Oilers als Notnagel verpflichtet, aber nur während fünf Play-Off-Spielen eingesetzt worden war.

Hermann Pedergnana

National Hockey League

Abschluß NHL-Meisterschaft

Patrick Division	Siege	Niederlagen	Unentschieden	Pluspunkte	Tore
1. Philadelphia	46	26	8	100	310:245
2. Washington	38	32	10	86	285:278
3. NY Islanders	35	33	12	82	279:281
4. NY Rangers	34	38	8	76	307:323
5. Pittsburgh	30	38	12	72	297:290
6. New Jersey	29	45	6	64	293:368
Adams Division					
1. Hartford	43	30	7	93	287:270
2. Montreal	41	29	10	92	277:241
3. Boston	39	34	7	85	301:276
4. Quebec	31	39	10	72	287:276
5. Buffalo	28	44	8	64	280:308
Norris Division					
1. St. Louis	32	33	15	79	281:293
2. Detroit	34	36	10	78	260:274
3. Chicago	29	37	14	72	290:310
4. Toronto	32	42	6	70	286:319
5. Minnesota	30	40	10	70	296:314
Smythe Division					
1. Edmonton	50	24	6	106	372:284
2. Calgary	46	31	3	95	318:289
3. Winnipeg	40	32	8	88	279:271
4. Los Angeles	31	41	8	70	318:341
5. Vancouver	29	43	8	66	282:314

Bei den besten Skorern gibt es nichts Neues: Wayne Gretzky war wieder einmal die Nummer 1. Mit 183 Punkten verfehlte er seinen Vorjahresrekord von 215 Punkten allerdings klar. Seinen Nebenmann Jari Kurri führte er aber auch noch auf Platz zwei zum Doppelerfolg der Edmonton Oilers!

Die besten Skorer T A Pkte./Straf.

1. Wayne Gretzky 62 + 121 = 183/28
2. Jari Kurri 54 + 54 = 108/41
3. Mario Lemieux 54 + 53 = 107/57
4. Mark Messier 37 + 70 = 107/73
5. Doug Gilmour 42 + 63 = 105/58
6. Dino Ciccarelli 52 + 51 = 103/92
7. D. Hawerchuk 47 + 53 = 100/54
8. Michel Goulet 49 + 47 = 96/61
9. Tim Kerr 58 + 37 = 95/57
10. Ray Bourque 23 + 72 = 95/36

All-Star-Team der NHL

Das offizielle Schlußbankett nach der NHL-Meisterschaft bot das übliche Bild: Rekordsammler Wayne Gretzky wurde mit Auszeichnungen überhäuft. Zum achtenmal hintereinander nahm er die »Hart-Trophäe« für den »wertvollsten Spieler« in Empfang. Seit er in der NHL spielt, hat sie kein anderer Spieler gewonnen! In einer Abstimmung der Spieler wurde ihm überdies auch die Lester-B.-Pearson-Trophäe für den fairsten Spieler verliehen und selbstverständlich steht er als bester Center im All-Star-Team.

Man hat sich an die Ehrungen für Wayne Gretzky gewöhnt. Seine Anhänger schockte er aber mit Gedanken an einen Rücktritt. Einige Tage blieb er so in den Schlagzeilen, ehe er seinen Vertrag bei den Edmonton Oilers bis 1992 verlängerte. Ein Privatvertrag mit dem Besitzer läuft ja bis 1999 – dies aber mehr aus steuerlichen Gründen.

Ausgezeichnet wurden außerdem: Ron Hextall (Philadelphia) als bester Torhüter, Luc Robitaille (Los Angeles) bester Neuling, Ray Bourque (Boston) war bester Verteidiger und erhielt die Norris-Trophäe, Jacques Demers (Detroit) war Coach des Jahres, und die Lady-Bing-Trophy für den Spieler, der Fairneß und Können am besten koordinierte, erhielt Joe Mullen (Calgary).

1. All-Star-Team: Ron Hextall (Philadelphia) – Ray Bourque (Boston), Mark Howe (Philadelphia) – Jari Kurri (Edmonton), Wayne Gretzky (Edmonton), Michel Goulet (Quebec).

2. All-Star-Team: Mike Liut (Hartford) – Larry Murphy (Washington), Al MacInnis (Calgary) – Tim Kerr (Philadelphia), Mario Lemieux (Pittsburgh), Luc Robitaille (Los Angeles).

Wayne Gretzky, der Superstar der NHL, beherrschte wieder einmal die Skorerstatistik. Er war nicht nur mit Abstand *bester Skorer* (siehe eigene Tabelle), sondern auch *Torschützenkönig* (62 Treffer) und *Vorlagenkönig* (121). Ihm am nächsten kamen als Torjäger Tim Kerr (Philadelphia) mit 58 Treffern und bei den Assists Verteidiger (!) Ray Bourque (Boston) mit 72 Vorlagen zu Toren. Dritter war da übrigens Mark Messier (Edmonton/70), dessen Bruder in Mannheim spielt.

Logischerweise war *Ray Bourque* auch der *erfolgreichste Verteidiger*, er schaffte 95 Skorerpunkte (23 + 72) und lag damit vor Larry Murphy (Washington) mit 81 (23 + 58). Die Los Angeles Kings stellten übrigens die besten Neulinge. Luc Robitaille (84 Punkte) lag vor Jimmy Carson (79).

Eng ging es bei den *Strafbankkönigen* zu. Die ersten drei lagen jeweils nur eine Strafminute auseinander! Der Vorjahresdritte *Dave Williams* (Los Angeles) setzte sich diesmal mit 358 Minuten knapp an die Spitze vor Tim Hunter (Calgary/357) und Brian Curran (Islanders/356).

Die Rangliste der nach der Statistik *besten Torhüter* führt *Brian Hayward* (Montreal) mit einer Quote von 2,81 an. Er spielte 2178 Minuten und erhielt dabei 102 Gegentore. Knapp dahinter sein Mannschaftskamerad Patrick Roy (2,93) und Ron Hextall (3,00), der mit den Philadelphia Flyers ins Stanley-Cup-Finale einzog und dort der Held war. *Karl Friesen* hat nachstehende folgende Bilanz erzielt: 4 Spiele/130 Minuten gespielt, Torquote 7,38, 16 Tore/80 Schüsse aufs Tor. Die besten Torhüter stellten die Montreal Canadiens, was bei der oberen Statistik nicht verwundert. Brian Hayward und Patrick Roy erreichten eine Quote von 2,97, danach folgten die Flyers-Keeper Bob Froese, Glenn Resch und Ron Hextall mit 3,03. Am Ende der Rangliste die Devils (McLean, Chevrier, Terreri, Billington, Friesen) mit 4,56.

Gordie Howe, der große Star früherer Jahre, überreichte Wayne Gretzky, dem As dieses Jahrzehnts, die »Art-Ross-Trophy« als bester Skorer der Saison 86/87.

National Hockey League

Stanley-Cup

Divisions-Halbfinale
Prince of Wales Conference: Quebec – Hartford 2:3, 4:5, 5:1, 4:1, 7:5, 5:4. – Montreal – Boston 6:2, 4:3, 5:4, 4:2. – New York Rangers – Philadelphia 3:0, 3:8, 0:3, 6:3, 1:3, 0:5. – New York Islanders – Washington 3:4, 3:1, 0:2, 1:4, 4:2, 5:4, 3:2.
Clarence Campbell Conference: Toronto – St. Louis 1:3, 3:2, 3:5, 2:1, 2:1, 4:0. – Detroit – Chicago 3:1, 5:1, 4:3, 3:1. – Edmonton – Los Angeles 2:5, 13:3, 6:5, 6:3, 5:4. – Winnipeg – Calgary 4:2, 3:2, 2:3, 4:3, 3:4, 6:1.

Divisions-Finale
Prince of Wales Conference: Montreal – Quebec 5:6, 1:2, 7:2, 3:2, 3:2, 2:3, 5:3. – Philadelphia – Islanders 4:2, 1:2, 4:1, 6:4, 1:2, 2:4, 5:1.
Clarence Campbell Conference: Detroit – Toronto 2:4, 2:7, 4:2, 2:3, 3:0, 4:2, 3:0. – Edmonton – Winnipeg 3:2, 5:3, 5:2, 4:2.

Conference Championships
Prince of Wales Conference: Philadelphia – Montreal 4:3, 2:5, 4:3, 6:3, 2:5, 4:3.
Clarence Campbell Conference: Edmonton – Detroit 1:3, 4:1, 2:1, 3:2, 6:3.

Stanley-Cup-Finale
Edmonton – Philadelphia 4:2, 3:2, 3:5, 4:1, 3:4, 2:3, 3:1.

Skorerwertung	T	A	P
1. Wayne Gretzky	5 + 29	=	34
2. Mark Messier	12 + 16	=	28
Brian Propp	12 + 16	=	28
4. Glenn Anderson	14 + 13	=	27
5. Per-Erik Eklund	7 + 20	=	27
6. Jari Kurris	15 + 10	=	25
7. Mats Näslund	7 + 15	=	22
8. Rick Tochet	11 + 10	=	21
9. Larry Robinson	3 + 17	=	20
10. Ryan Walter	7 + 12	=	19

Die besten Spieler im Stanley-Cup:
Beste Torhüter: Ken Wregget (Toronto) 2,29 Tore in 761 Minuten und Grant Fuhr (Edmonton) 2,46 Tore in 1148 Minuten. – *Die meisten Tore:* Jari Kurri (15), Glenn Anderson (14). – *Die meisten Assists:* Wayne Gretzky (29), Per-Erik Eklund (20). – *Die meisten Powerplay-Tore:* Tim Kerr und Brian Propp (beide Philadelphia) je 5. – *Topskorer der Neulinge:* Shayne Corson (Montreal) 12 Punkte.

Die Stanley-Cup-Sieger:

1918	Toronto Arenas	1953	Montreal Canadiens
1919	kein Sieger	1954	Detroit Red Wings
1920	Ottawa Senators	1955	Detroit Red Wings
1921	Ottawa Senators	1956	Montreal Canadiens
1922	Toronto St. Pats	1957	Montreal Canadiens
1923	Ottawa Senators	1958	Montreal Canadiens
1924	Montreal Canadiens	1959	Montreal Canadiens
1925	Victoria Cougars	1960	Montreal Canadiens
1926	Montreal Maroons	1961	Chicago Black Hawks
1927	Ottawa Senators	1962	Toronto Maple Leafs
1928	New York Rangers	1963	Toronto Maple Leafs
1929	Boston Bruins	1964	Toronto Maple Leafs
1930	Montreal Canadiens	1965	Montreal Canadiens
1931	Montreal Canadiens	1966	Montreal Canadiens
1932	Toronto Maple Leafs	1967	Toronto Maple Leafs
1933	New York Rangers	1968	Montreal Canadiens
1934	Chicago Black Hawks	1969	Montreal Canadiens
1935	Montreal Maroons	1970	Boston Bruins
1936	Detroit Red Wings	1971	Montreal Canadiens
1937	Detroit Red Wings	1972	Boston Bruins
1938	Chicago Black Hawks	1973	Montreal Canadiens
1939	Boston Bruins	1974	Philadelphia Flyers
1940	New York Rangers	1975	Philadelphia Flyers
1941	Boston Bruins	1976	Montreal Canadiens
1942	Toronto Maple Leafs	1977	Montreal Canadiens
1943	Detroit Red Wings	1978	Montreal Canadiens
1944	Montreal Canadiens	1979	Montreal Canadiens
1945	Toronto Maple Leafs	1980	New York Islanders
1946	Montreal Canadiens	1981	New York Islanders
1947	Toronto Maple Leafs	1982	New York Islanders
1948	Toronto Maple Leafs	1983	New York Islanders
1949	Toronto Maple Leafs	1984	Edmonton Oilers
1950	Detroit Red Wings	1985	Edmonton Oilers
1951	Toronto Maple Leafs	1986	Montreal Canadiens
1952	Detroit Red Wings	1987	Edmonton Oilers

Play-Off-Statistik des Stanley-Cup-Siegers Edmonton Oilers

Nr.		Spiele	Tore	Assists	Skorerpunkte	+/−	Strafminuten	Powerplaytore	Siegtore	Schüsse	Trefferquote
99	Wayne Gretzky	21	5	29	34	10	6	2	0	55	9,1
11	Mark Messier	21	12	16	28	13	16	1	1	62	19,4
9	Glenn Anderson	21	14	13	27	13	59	4	2	62	22,6
17	Jari Kurri	21	15	10	25	11	20	4	5	52	28,8
15	Kent Nilsson	21	6	13	19	11	6	2	0	46	13,0
7	Paul Coffey	17	3	8	11	7	30	1	1	43	7,0
14	Craig MacTavish	21	1	9	10	1	16	0	0	35	2,9
10	Esa Tikkanen	21	7	2	9	1	22	1	1	39	17,9
21	Randy Gregg	18	3	6	9	8	17	1	1	29	10,3
22	Charlie Huddy	21	1	7	8	12	21	0	0	34	2,9
33	Marty McSorley	21	4	3	7	8	65	0	1	21	19,0
26	Mike Krushelnyski	21	3	4	7	4	18	0	1	29	10,3
29	Reijo Ruotsalainen	21	2	5	7	8	10	1	1	46	4,3
12	Dave Hunter	21	3	3	6	4	20	0	0	27	11,1
4	Kevin Lowe	21	2	4	6	8	22	0	1	21	9,5
24	Kevin McClelland	21	2	3	5	6	43	0	0	24	8,3
5	Steve Smith	15	1	3	4	9	45	0	0	19	5,3
23	Moe Lemay	9	2	1	3	1	11	0	1	7	28,6
20	Jaroslav Pouzar	5	1	1	2	4	2	0	0	9	11,1
28	Craig Muni	14	0	2	2	2	17	0	0	11	0,0
31	Grant Fuhr	19	0	1	1	0	0	0	0	0	0,0
35	Andy Moog	2	0	0	0	0	0	0	0	0	0,0
16	Kelly Buchberger*	3	0	0	0	0	5	0	0	1	0,0
8	Wayne van Dorp*	3	0	0	0	0	2	0	0	1	0,0

* = Diese Spieler waren NHL-Neulinge.

National Hockey League

NHL-Meisterschaft: Bilanz der Klubs

Erklärung der Angaben in den Statistiken: Angegeben sind in dieser Reihenfolge: Die Spielposition (S = Stürmer, V = Verteidiger, T = Torhüter), die Rückennummer (Nr.), Name, Zahl der Spiele (Sp.), Tore (T), Vorlagen zu Toren (A), Skorerpunkte (P), die Plus-Minus-Bilanz (+/−) und Strafminuten (Str.). Wir haben auch die Nicht-Kanadier aufgeführt: Fi = Finnland, Swe = Schweden, D = Deutschland. Spielte ein Spieler bei mehreren Vereinen, so ist er bei dem Klub aufgeführt, bei dem er zuletzt aktiv war (mit seiner Saison-Statistik aus allen Klubs).

BOSTON

Nr.	Name	Sp.	T	A	P	+/−	Str.
V 7	Ray Bourque	78	23	72	95	44	36
S 8	Cam Neely	75	36	36	72	23	143
S 23	Charlie Simmer	80	29	40	69	20	59
S 16	Rick Middleton	76	31	37	68	7	6
S 19	Tom McCarthy	68	30	29	59	10	31
S 18	Keith Crowder	58	22	30	52	20	106
S 11	Steve Kasper	79	20	30	50	4	51
S 13	Ken Linseman	64	15	34	49	15	126
S 10	Thomas Gradin (Swe)	64	12	31	43	4	18
S 14	Geoff Courtnall	65	13	23	36	4−	117
V 28	Reed Larson (USA)	66	12	24	36	9	95
S 39	Greg Johnston	76	12	15	27	2−	79
V 26	Mike Milbury (USA)	68	6	16	22	22	96
V 22	Michael Thelven (Swe)	34	5	15	20	2−	18
S 17	Nevin Markwart	64	10	9	19	6−	225
S 20	Dwight Foster	47	4	12	16	1	37
V 41	Allen Pedersen	79	1	11	12	15−	71
S 38	Kraig Nienhuis	16	4	2	6	5−	2
S 36	Dave Reid	12	3	3	6	1−	0
S 42	Robert Sweeney	14	2	4	6	5−	21
S 33	Lyndon Byers	18	2	3	5	1−	53
S 12	Randy Burridge	23	1	4	5	6−	16
S 29	Jay Miller (USA)	55	1	4	5	11−	208
V 27	Mats Thelin (Swe)	59	1	3	4	8−	69
V 38	Wade Campbell	14	0	3	3	1−	24
T 31	Doug Keans	36	0	2	2	0	24
S 41	Frank Simonetti	25	1	0	1	6−	17
S 32	John Carter (USA)	8	0	1	1	3	0
T 30	Bill Ranford	41	0	1	1	0	8
T 35	Cleon Daskalakis (USA)	2	0	0	0	0	0
V 40	Alain Cote	3	0	0	0	1−	0
T 1	Roberto Romano	26	0	0	0	0	0

BUFFALO

Nr.	Name	Sp.	T	A	P	+/−	Str.
S 25	Dave Andreychuk	77	25	48	73	2	46
V 6	Phil Housley (USA)	78	21	46	67	2−	57
S 21	Christian Ruuttu (Fi)	76	22	43	65	9	62
S 17	Mike Foligno	75	30	29	59	13	176
S 7	John Tucker	54	17	34	51	3−	21
S 38	Adam Creighton	56	18	22	40	4	26
S 15	Doug Smith	62	16	24	40	20−	106
V 6	Mike Ramsey (USA)	80	8	31	39	1	109
S 27	Wilf Paiement	56	20	17	37	2−	108
S 65	Mark Napier	77	13	18	31	2−	2
S 18	Paul Cyr	73	11	16	27	16−	122
S 39	Clark Gillies	61	10	17	27	0	81
S 9	Scott Arniel	63	11	14	25	1−	59
S 28	Tom Kurvers (USA)	56	6	17	23	15−	28
S 22	Lindy Ruff	50	6	14	20	12−	74
S 12	Ken Priestlay	34	11	6	17	3	8
S 11	Gilbert Perreault	20	9	7	16	2−	6
V 4	Jim Korn (USA)	51	4	10	14	3−	158
S 37	Shawn Anderson	41	2	11	13	0	23
S 26	Bob Logan	22	7	3	10	5	0
S 23	Gates Orlando	27	2	8	10	6−	16
S 31	Joe Reekie	56	1	8	9	6	82
S 29	Jeff Parker	15	3	3	6	1	7
S 20	Mike Hartman	17	3	3	6	2	69

V 33	Lee Fogolin	44	1	5	6	4−	25
S 20	Don Lever	10	3	2	5	3−	4
V 40	Uwe Krupp (D)	26	1	4	5	9−	23
S 16	Paul Brydges	16	2	2	4	6	5
V 29	Mark Ferner	13	0	3	3	2	9
S 14	Mikael Andersson (SWE)	16	0	3	3	2−	0
V 19	Bob Halkidis	6	1	1	2	3	19
V 26	Phil Russell	6	0	2	2	0	12
V 24	Bill Hajt	23	0	2	2	0	4
T 1	Jacques Cloutier	40	0	2	2	0	10
V 8	Dave Fenyves	7	1	0	1	3−	0
V 3	Richie Dunn (USA)	2	0	1	1	2	2
V 42	Steve Dykstra	37	0	1	1	7−	179
T 30	Tom Barrasso (USA)	46	0	1	1	0	22
S 8	Richard Hajdu	2	0	0	1	0	0
S 19	Doug Trapp	2	0	0	0	0	0
T 35	Daren Puppa	3	0	0	0	0	2
V 3	Jim Hofford	12	0	0	0	1−	40

CALGARY

Nr.	Name	Sp.	T	A	P	+/−	Str.
S 7	Joe Mullen (USA)	79	47	40	87	18	14
V 2	Al MacInnis	79	20	56	76	20	97
V 23	Paul Reinhart	76	15	54	69	7	22
S 25	Mike Bullard	71	30	36	66	9	51
S 33	Carey Wilson	80	20	36	56	2−	42
S 27	John Tonelli	78	20	31	51	2−	72
S 29	Joel Otto (USA)	68	19	31	50	8	185
S 24	Jim Peplinski	80	18	32	50	13	185
V 20	Gary Suter (USA)	68	9	40	49	10−	70
S 12	Hakan Loob (Swe)	68	18	26	44	13−	26
V 34	Jamie Macoun	79	7	33	40	33	111
S 26	Steve Bozek	71	17	18	35	3	22
S 14	Brian Bradley	40	10	18	28	·6	16
S 11	Colin Patterson	68	13	14	27	7	41
S 9	Lanny McDonald	58	14	12	26	3−	54
S 19	Tim Hunter	73	6	15	21	1−	357
S 32	Gary Roberts	32	5	9	14	6	85
S 28	Dale Degray	27	6	7	13	3−	29
V 5	Neil Sheehy (USA)	54	4	6	10	11	151
S 21	Perry Berezan	24	5	3	8	4	24
S 22	Nick Fotiu (USA)	42	5	3	8	3−	145
V 32	Kari Eloranta (Fi)	13	1	6	7	3	9
S 18	Joe Nieuwendyk	9	5	1	6	0	0
S 8	Doug Risebrough	22	2	3	5	2−	65
V 3	Kevan Guy	24	0	4	4	8	19
V 6	Brian Engblom	32	0	4	4	7−	28
V 4	Paul Baxter	18	0	2	2	5−	66
T 30	Mike Vernon	54	0	2	2	0	14
S 15	Brett Hull (USA)	5	1	0	1	1−	0
T 36	Doug Dadswell	2	0	0	0	0	0
T 31	Rejean Lemelin	34	0	0	0	0	20

CHICAGO

Nr.	Name	Sp.	T	A	P	+/−	Str.
S 18	Denis Savard	70	40	50	90	15	108
S 28	Steve Larmer	80	28	56	84	20	22
S 19	Troy Murray	77	28	43	71	14	59
S 17	Wayne Presley (USA)	80	32	29	61	18−	114
S 20	Al Secord	77	29	29	58	20−	196
S 16	Ed Olczyk (USA)	79	16	35	51	4−	119
S 8	Curt Fraser (USA)	75	25	25	50	5	182
S 24	Doug Wilson	69	16	32	48	15	36
V 6	Bob Murray	79	6	38	44	9−	80
S 14	Bill Watson	51	13	19	32	19	6
V 22	Gary Nylund	80	7	20	27	9−	190
V 4	Keith Brown	73	4	23	27	5	86
S 15	Mark Lavarre	58	8	15	23	11	33
S 10	Dave Donnelly	71	6	12	18	7−	81
S 11	Rich Preston	73	8	9	17	6−	45
S 29	Steve Ludzik	52	5	12	17	3−	34
S 27	Darryl Sutter	44	8	6	14	3−	16

DETROIT

Nr.	Name	Sp.	T	A	P	+/−	Str.
S 19	Steve Yzerman	80	31	59	90	1−	43
S 14	Brent Ashton	81	40	35	75	15−	39
S 17	Gerard Gallant	80	38	34	72	5−	216
V 5	Darren Veitch	77	13	45	58	14	52
S 85	Petr Klima (CSSR)	77	30	23	53	4−	42
S 11	Shawn Burr	80	22	25	47	2	107
S 21	Adam Oates	76	15	32	47	0	21
V 15	Mel Bridgman	64	10	33	43	7−	99
S 22	Dave Barr	69	15	17	32	7	68
V 2	Mike O'Connell (USA)	77	5	26	31	25−	163
V 23	Lee Norwood	57	6	21	27	23−	163
S 20	Tim Higgins	77	12	14	26	2−	124
S 24	Bob Probert	63	13	11	24	6−	221
S 26	Joey Kocur	77	9	9	18	10−	276
V 27	Harold Snepsts	54	1	13	14	7	129
S 16	Ric Seiling	74	3	8	11	4−	49
S 18	Mark Kumpel	45	1	9	10	10−	16
V 29	Gilbert Delorme	43	4	3	7	2−	47
V 52	Dave Lewis	58	2	5	7	12	6
V 7	Doug Halward	21	0	6	6	4−	53
V 4	Rick Zombo	44	1	4	5	6−	59
V 3	Steve Chiasson	45	1	4	5	7−	73
T 30	Greg Stefan	43	0	4	4	0	24
S 8	Mark Lamb	22	2	1	3	6−	8
S 12	Billy Carroll	31	1	2	3	9−	6
V 4	Jeff Sharples	3	0	1	1	0	2
T 31	Mark Laforest	5	0	1	1	0	7
S 10	Joe Murphy	5	0	1	1	0	2
S 15	Chris Cichocki	2	0	0	2−	2	
S 7	Ed Johnstone	6	0	0	1	0	0
T 34	Sam St. Laurent	6	0	0	0	0	0
S 28	Dale Krentz	8	0	0	0	2−	0
T 1	Glen Hanlon	36	0	0	0	0	20

EDMONTON

Nr.	Name	Sp.	T	A	P	+/−	Str.
S 99	Wayne Gretzky	79	62	121	183	70	28
S 17	Jari Kurri (Fi)	79	54	54	108	35	41
S 11	Mark Messier	77	37	70	107	21	73
S 10	Esa Tikkanen (Fi)	76	34	44	78	44	120
S 9	Glenn Anderson	80	35	38	73	27	65
V 7	Paul Coffey	59	17	50	67	12	49
S 15	Kent Nilsson (Swe)	61	18	45	63	12	16
S 26	Mike Krushelnyski	80	16	35	51	26	67
S 14	Craig Mactavish	79	20	19	39	9	55
V 4	Kevin Lowe	77	8	29	37	41	94
S 23	Moe Lemay	62	10	19	29	3	84
V 28	Craig Muni	79	7	22	29	45	85
S 24	Kevin McClelland	72	12	13	25	4	238
V 21	Randy Gregg	52	8	16	24	36	42
V 5	Steve Smith	62	7	15	22	11	165
V 22	Charlie Huddy	58	4	15	19	27	35
S 12	Dave Hunter	77	6	9	15	1	75
V 29	Reijo Routsalainen (Fi)	16	5	8	13	8	6
S 19	Normand Lacombe	44	4	7	11	10	10
V 6	Jeff Beukeboom	44	3	8	11	7	124
S 33	Marty McSorley	41	2	4	6	4	159

82

National Hockey League

Nr.	Sp.	T	A	P	+/–	Str.
S 20 Jaroslav Pouzar (CSSR)	12	2	3	5	3	6
S 18 Danny Gare	18	1	3	4	2	6
S 25 Mike Moller	6	2	1	3	2	0
S 15 Steve Graves	12	2	0	2	2	0
T 31 Grant Fuhr	44	0	2	2	0	6
T 35 Andy Moog	46	0	2	2	0	8
S 20 Dave Lumley	1	0	0	0	0	0
S 8 Wayne Van Dorp	3	0	0	0	1–	25

HARTFORD

Nr.	Sp.	T	A	P	+/–	Str.
S 10 Ron Francis	75	30	63	93	10	45
S 11 Kevin Dineen	78	40	39	79	7	110
S 20 John Anderson	76	31	44	75	11	19
S 26 Ray Ferraro	80	27	32	59	9–	42
S 12 Dean Evason	80	22	37	59	5	67
S 28 Paul Lawless	60	22	32	54	24–	14
S 7 Stewart Gavin	79	20	21	41	10	28
V 44 Dave Babych	66	8	33	41	18–	44
S 16 Sylvain Turgeon	41	23	13	36	3–	45
V 5 Ulf Samuelsson (Swe)	78	2	31	33	28	162
S 15 Dave Tippett	80	9	22	31	0	42
V 4 Dana Murzyn	74	9	19	28	17	95
S 27 Doug Jarvis	80	9	18	22	0	20
S 23 Paul MacDermid	72	7	11	18	3	202
V 25 Mike McEwen	48	8	8	16	9–	32
V 29 Randy Ladouceur	70	5	9	14	2	121
S 72 Dave Semenko	56	4	8	12	7–	87
V 18 Scot Kleinendorst (USA)	66	3	9	12	4	130
V 3 Joel Quenneville	37	3	7	10	7	24
V 21 Sylvain Cote	67	2	8	10	11	20
S 24 Pat Hughes	45	1	5	6	7–	28
S 8 Mike Millar	10	2	2	4	3	0
T 1 Mike Liut	59	0	2	2	0	4
S 32 Torrie Robertson	20	1	0	1	6–	98
S 14 Bill Gardner	8	0	1	1	2–	0
S 22 Shane Churla	20	0	1	1	1–	78
S 40 Greg Britz	1	0	0	0	0	0
V 33 Brad Shaw	2	0	0	0	0	0
S 17 Wayne Babych	4	0	0	0	5–	4
S 36 Yves Courteau	4	0	0	0	6–	0
S 36 Gord Sherven	7	0	0	0	6–	0
T 31 Steve Weeks	25	0	0	0	0	0

LOS ANGELES

Nr.	Sp.	T	A	P	+/–	Str.
S 20 Luc Robitaille	79	45	39	84	18–	28
S 9 Bernie Nicholls	80	33	48	81	16–	101
S 17 Jimmy Carson (USA)	80	37	42	79	5–	22
S 18 Dave Taylor	67	18	44	62	0	84
S 19 Jim Fox	76	19	42	61	10–	48
S 15 Bryan Erickson (USA)	68	20	30	50	12–	26
V 28 Steve Duchesne	75	13	25	38	8	74
V 4 Grant Ledyard	67	14	23	37	40–	93
V 24 Jay Wells	77	7	29	36	19–	155
S 12 Morris Lukowich	60	14	21	35	0	64
S 22 Dave Williams	76	16	18	34	1–	358
S 10 Sean McKenna	69	14	19	33	11–	10
V 5 Mark Hardy	73	3	27	30	16	120
S 21 Bob Carpenter (USA)	60	9	18	27	27–	47
S 14 Bob Bourne	78	13	9	22	13–	35
S 7 Phil Sykes	58	6	15	21	10–	133
V 6 Dean Kennedy	66	6	14	20	9–	91
V 3 Tom Laidlaw	74	1	13	14	17–	69
V 23 Larry Playfair	37	2	7	9	1–	181
V 2 Craig Redmond	16	1	7	8	1–	8
S 8 Paul Guay (USA)	35	2	5	7	14–	16
T 31 Roland Melanson	46	0	6	6	0	22
V 25 Dave Langevin	11	0	4	4	3–	7
S 27 Joe Paterson	45	2	1	3	15–	158
S 11 Lyle Phair	5	2	0	2	1–	2
V 3 Ken Hammond	10	0	2	2	2	11
V 25 Peter Dineen	11	0	2	2	9–	8
T 29 Al Jensen	11	0	1	1	0	0
T 35 Darren Eliot	24	0	1	1	0	18
S 26 Brian Wilks	1	0	0	0	2–	0
S 32 Craig Duncanson	2	0	0	0	0	24
T 1 Bob Janecyk (USA)	7	0	0	0	0	2

MINNESOTA

Nr.	Sp.	T	A	P	+/–	Str.
S 20 Dino Ciccarelli	80	52	51	103	10	92
S 27 Brian MacLellan	76	32	31	63	12–	69
V 4 Craig Hartsburg	73	11	50	61	2–	93
S 21 Dirk Graham	76	25	29	54	2–	142
S 23 Brian Bellows	65	26	27	53	13–	34
S 7 Neal Broten (USA)	46	18	35	53	12–	36
S 9 Dennis Maruk	67	16	30	46	5	50
S 12 Keith Acton	78	16	29	45	15–	56
S 8 Brian Lawton (USA)	66	21	23	44	20	86
V 2 Ron Wilson (USA)	65	12	29	41	9–	36
S 13 Bob Brooke (USA)	80	13	23	36	9–	98
V 55 Brad Maxwell	56	3	18	21	7–	65
V 26 Paul Boutilier	62	7	13	20	1–	92
S 31 Larry DePalma (USA)	56	9	6	15	7–	219
S 14 Scott Bjugstad (USA)	39	4	9	13	6–	43
V 10 Gordie Roberts (USA)	67	3	10	13	7–	68
V 3 Bob Rouse	72	2	10	12	6	179
S 24 Willi Plett	67	6	5	11	1–	263
V 6 Frantisek Musil (CSSR)	72	2	9	11	0	148
S 16 Mark Pavelich (USA)	12	4	6	10	7	10
S 44 Steve Payne	48	4	6	10	12–	19
S 15 Raimo Helminen (Fi)	27	2	5	7	11–	2
V 5 Jari Gronstrand	47	1	6	7	4	27
V 36 Chris Pryor	50	1	3	4	6–	49
S 16 Marc Habscheid	15	2	0	2	6–	2
S 37 Paul Houck	12	0	2	2	2–	2
V 18 Emanuel Viveiros	1	0	1	1	0	0
S 15 Jim Archibald	1	0	0	0	1–	2
V 16 Colin Chisholm	1	0	0	0	0	0
S 11 Sean Toomey	1	0	0	0	1–	0
S 32 Randy Smith	2	0	0	0	2–	0
T 35 Mike Sands	3	0	0	0	0	0
S 28 Mats Hallin (Swe)	6	0	0	0	3–	4
S 25 Jack Carlson (USA)	8	0	0	0	0–	13
T 1 Kari Takko (Fi)	38	0	0	0	0	14
T 33 Don Beaupre	47	0	0	0	0	16

MONTREAL

Nr.	Sp.	T	A	P	+/–	Str.
S 26 Mats Näslund (Swe)	79	25	55	80	3–	16
S 15 Bobby Smith	80	28	47	75	6	72
S 32 Claude Lemieux	76	27	26	53	0	156
V 19 Larry Robinson	70	13	37	50	24	44
S 11 Ryan Walter	76	23	23	46	6–	34
S 21 Guy Carbonneau	79	18	27	45	9–	68
V 29 Gaston Gingras	66	11	34	45	2–	21
V 24 Chris Chelios (USA)	71	11	33	44	5–	124
S 44 Stephane Richer	57	20	19	39	11	80
S 35 Mike McPhee	79	18	21	39	7	58
S 36 Sergio Momesso	59	14	17	31	0	96
S 39 Brian Skrudland	79	11	17	28	18	107
S 27 Shayne Corson	55	12	11	23	10	144
V 25 Petr Svoboda (CSSR)	70	5	17	22	14	63
S 20 Kjell Dahlin (Swe)	41	12	8	20	3–	0
S 30 Chris Nilan (USA)	44	4	16	20	2	266
S 8 David Maley	48	6	12	18	1–	55
S 23 Bob Gainey	47	8	8	16	0	19
V 17 Craig Ludwig (USA)	75	4	12	16	3–	105
V 5 Rick Green	72	1	9	10	1–	10
V 38 Mike Lalor (USA)	57	0	10	10	5	47
S 31 John Kordic	44	5	3	8	7–	151
S 28 Gilles Thibaudeau	9	1	3	4	5	0
T 1 Brian Hayward	37	0	2	2	0	2
T 33 Patrick Roy	46	0	1	1	0	8
S 12 Serge Boisvert	1	0	0	0	0	0
V 3 Scott Sandelin	1	0	0	0	1	0

NEW JERSEY

Nr.	Sp.	T	A	P	+/–	Str.
S 10 Aaron Broten (USA)	80	26	53	79	5	36
S 9 Kirk Muller	79	26	50	76	7–	75
S 15 John MacLean	80	31	36	67	23–	120
S 16 Pat Verbeek	74	35	24	59	23–	120
S 22 Doug Sulliman	78	27	26	53	17–	14
S 12 Mark Johnson (USA)	68	25	26	51	21–	22
S 24 Greg Adams	72	20	27	47	16–	19
S 19 Claude Loiselle	75	16	24	40	7–	137
V 23 Bruce Driver	74	6	28	34	26–	36
V 2 Joe Cirella	65	9	22	31	20–	111
S 26 Andy Brickley	51	11	12	23	15–	8
S 7 Peter McNab (USA)	46	8	12	20	14–	8
V 28 Uli Hiemer (D)	40	6	14	20	6–	45
S 20 Anders Carlsson (Swe)	48	2	18	20	11–	14
S 25 Perry Anderson	57	10	9	19	13–	105
V 27 Randy Velischek	64	2	16	18	12–	54
S 29 Jan Ludvig	47	7	9	16	5–	98
V 3 Ken Daneyko	79	2	12	14	13–	183
S 11 Rich Chernomaz	25	6	4	10	11–	8
V 6 Craig Wolanin (USA)	68	4	6	10	31–	109
V 4 Gordon Mark	36	3	5	8	4–	82
V 21 Steve Richmond	44	1	7	8	12–	143
S 33 Tim Lenardon	7	1	1	2	2–	0
V 5 Timo Blomqvist (Fi)	20	0	2	2	3–	29
S 14 Allan Stewart	7	1	0	1	4–	26
S 14 Douglas Brown	4	0	1	1	4–	0
T 34 Karl Friesen (D)	4	0	1	1	0	0
V 33 Murray Brumwell	1	0	0	0	1	2
T 32 Kirk McLean	4	0	0	0	0	0
T 35 Chris Terreri (USA)	7	0	0	0	0	0
T 31 Craig Billington	22	0	0	0	0	12
T 30 Alain Chevrier	58	0	0	0	0	17

NY ISLANDERS

Nr.	Sp.	T	A	P	+/–	Str.
S 19 Bryan Trottier (USA)	80	23	64	87	2	50
S 22 Mike Bossy	63	38	37	75	8–	33
S 16 Pat LaFontaine (USA)	80	38	32	70	10–	70
S 21 Brent Sutter	69	27	36	63	23	73
S 24 Mikko Makela (Fi)	80	24	33	57	3	24
S 26 Patrick Flatley	63	16	35	51	17	81
V 5 Dennis Potvin	58	12	30	42	6–	70
S 12 Duane Sutter	80	14	17	31	1	169
V 3 Tomas Jonsson (Swe)	47	6	25	31	8–	36
S 35 Rich Kromm	70	12	17	29	2	20
V 29 Ken Leiter	74	9	20	29	1–	30
V 8 Randy Boyd	30	7	17	24	0	37
S 32 Brad Lauer	61	7	14	21	0	65
V 33 Steve Konroyd	72	5	16	21	5–	70
S 10 Alan Kerr	72	7	10	17	10–	175
S 28 Bob Bassen	77	7	10	17	17–	89
V 2 Gord Dineen	71	4	10	14	8–	110
S 7 Greg Gilbert	51	6	7	13	12–	26
V 6 Ken Morrow (USA)	64	3	8	11	7	32
S 25 Ari Haanpaa (Fi)	41	6	4	10	8	17
V 34 Brian Curran	68	0	10	10	3	356
S 20 Dale Henry	19	3	3	6	2	46
V 4 Gerald Diduck	30	2	3	5	3–	67
S 36 Neal Coulter	3	2	1	3	2–	7
T 31 Billy Smith	40	0	2	2	0	37
S 11 Randy Wood	6	1	0	1	1–	4
S 17 Mark Hamway	2	0	1	1	1–	0
T 30 Kelly Hrudey	46	0	1	1	0	37
S 36 Derek King	2	0	0	0	0	0

NY RANGERS

Nr.	Sp.	T	A	P	+/–	Str.
S 8 Walt Poddubny	75	40	47	87	16	49
S 16 Marcel Dionne	81	28	56	84	16–	60
S 28 Tomas Sandström (Swe)	64	40	34	74	8	60
S 11 Kelly Kisio	70	24	40	64	5–	73
S 10 Pierre Larouche	73	28	35	63	7–	12
S 12 Don Maloney	72	19	38	57	7	117
V 3 James Patrick	78	10	45	55	13	62
S 25 Tony McKegney	75	31	20	51	1	72
V 4 Ron Greschner	61	6	34	40	6–	62
S 44 Ron Duguay	74	14	25	39	16–	39
V 27 Willie Huber	66	8	22	30	13–	70
S 20 Jan Erixon (Swe)	68	8	18	26	3	24
V 6 Curt Giles	72	2	20	22	5	54

National Hockey League

S	14	Jeff Jackson	64	13	8	21	14–	79
V	30	Larry Melnyk	73	3	12	15	13–	182
V	38	Terry Carkner	52	2	13	15	1–	120
S	15	Chris Jensen	37	6	7	13	1–	21
S	35	Lucien Deblois	40	3	8	11	7–	27
S	21	George McPhee	21	4	4	8	2–	34
V	47	Pat Price	60	0	8	8	15–	130
S	18	Stu Kulak	54	4	2	6	9–	78
S	9	Dave Gagner	10	1	4	5	1–	12
V	26	Jay Caufield (USA)	13	2	1	3	2–	45
S	22	Mike Donnelly	5	1	1	2	0	0
T	33	Bob Froese	31	0	2	2	0	56
S	36	Gord Walker	1	1	0	1	2	2
V	29	Don Jackson (USA)	22	1	0	1	1–	91
V	37	Norm MacIver	3	0	1	1	5–	0
V	24	Jim Leavins	4	0	1	1	0	4
T	34	John Vanbiesbrouck (USA)	50	0	1	1	0	18
T	31	Ron Scott	1	0	0	0	0	0
S	41	Mike Siltala	1	0	0	0	1	0
S	35	Ron Talakoski	2	0	0	0	1	21
S	25	Paul Fenton	8	0	0	0	5–	2
T	1	Doug Softaert	12	0	0	0	0	14

PHILADELPHIA

Nr.			Sp.	T	A	P	+/–	Str.
S	12	Tim Kerr	75	58	37	95	38	57
S	25	Peter Zezel	71	33	39	72	21	71
S	20	Dave Poulin	75	25	45	70	47	53
S	26	Brian Propp	53	31	36	67	39	45
V	2	Mark Howe (USA)	69	15	43	58	57	37
S	9	Per-Erik Eklund (Swe)	72	14	41	55	2–	2
S	32	Murray Craven	77	19	30	49	1	38
S	22	Rick Tocchet	69	21	26	47	16	286
V	3	Doug Crossman	78	9	31	40	18	29
V	10	Brad McCrimmon	71	10	29	39	45	52
S	19	Scott Mellanby	71	11	21	32	8	94
S	24	Derrick Smith	71	11	21	32	4–	34
S	23	Ilkka Sinisalo (Fi)	42	10	21	31	14	8
S	14	Ron Sutter	39	10	17	27	10	69
S	18	Lindsay Carson	71	11	15	26	2–	141
V	15	J. J. Daigneault	77	6	16	22	12	56
V	28	Kjell Samuelsson (Swe)	76	3	12	15	11–	136
V	8	Brad Marsh	77	2	9	11	9	124
S	21	Dave Brown	62	7	3	10	7–	274
T	27	Ron Hextall	66	0	6	6	0	104
S	11	Glen Seabrooke	10	1	4	5	2	2
V	17	Ed Hospodar	45	2	2	4	8–	136
S	7	Brian Dobbin	12	2	1	3	2	14
V	29	Darryl Stanley	33	1	2	3	6	76
V	41	John Stevens	6	0	2	2	0	14
S	28	Al Hill	7	0	2	2	1	4
S	42	Don Nachbaur	23	0	2	2	1	89
S	37	Mark Freer	1	0	1	1	1	0
V	6	Jeff Chychrun	1	0	0	0	0	4
S	34	Jere Gillis	1	0	0	0	0	0
V	40	Greg Smyth	1	0	0	0	2–	0
S	36	Ray Allison	2	0	0	0	2–	0
V	36	Kevin McCarthy	2	0	0	0	1–	0
V	5	Steve Smith	2	0	0	0	0	6
V	44	Mike Stothers	2	0	0	0	0	4
S	37	Tim Tookey	2	0	0	0	0	0
S	34	Craig Berube	7	0	0	0	2	57
V	5	Kerry Huffman	9	0	0	0	5	2
T	33	Glenn Resch (USA)	17	0	0	0	0	0

PITTSBURGH

Nr.			Sp.	T	A	P	+/–	Str.
S	66	Mario Lemieux	63	54	53	107	13	57
S	10	Dan Quinn	80	31	49	80	8	54
S	15	Randy Cunneyworth	79	26	27	53	14	142
S	18	Craig Simpson	72	26	25	51	11	57
S	8	Terry Ruskowski	70	14	37	51	8	147
V	3	Doug Bodger	76	11	38	49	6	52
V	20	Moe Mantha (USA)	62	9	31	40	6–	44
S	9	John Chabot	72	14	22	36	7–	8
S	12	Bob Errey	72	16	18	34	5–	46
V	6	Jim Johnson (USA)	80	5	25	30	6–	116
S	28	Dan Frawley	78	14	14	28	10–	218
S	16	Kevin Lavallee	33	8	20	28	2–	4
S	32	Dave Hannan	58	10	15	25	2–	56
S	19	Willy Lindstrom (Swe)	60	10	13	23	9	6
V	5	Ville Siren (Fi)	69	5	17	22	8	50
S	35	Warren Young	50	8	13	21	5	103
V	7	Rod Buskas	68	3	15	18	2	123
S	14	Chris Kontos	31	8	9	17	6–	6
S	24	Troy Loney	23	8	7	15	0	22
V	23	Randy Hillier	55	4	8	12	12	97
V	4	Dwight Schofield	25	1	6	7	4	59
V	25	Norm Schmidt	20	1	5	6	8–	4
V	29	Phil Bourque (USA)	22	2	3	5	2	32
S	22	Jim McGeough	11	1	4	5	5–	8
S	33	Mitch Wilson	17	2	1	3	3	83
S	11	Lee Giffin	8	1	1	2	2	0
S	26	Mike Blaisdell	10	1	1	2	2	2
V	22	Neil Belland	3	0	1	1	0	0
S	11	Dwight Mathiasen	6	0	1	1	1	2
V	2	Chris Dahlquist	19	0	1	1	2–	20
T	1	Pat Riggin	27	0	1	1	0	2
T	27	Gilles Meloche	43	0	1	1	0	20
V	34	Todd Charlesworth	1	0	0	0	0	0
S	11	Alain Lemieux	1	0	0	0	1–	0

QUEBEC

Nr.			Sp.	T	A	P	+/–	Str.
S	16	Michel Goulet	75	49	47	96	12–	61
S	26	Peter Stastny (CSSR)	64	24	52	76	21–	43
S	25	John Ogrodnick	71	23	44	67	8	10
S	20	Anton Stastny (CSSR)	77	27	35	62	3	8
S	23	Paul Gillis	76	13	26	39	5–	267
S	32	Dale Hunter	46	10	29	39	4	135
V	12	Risto Siltanen (Fi)	66	10	29	39	2–	32
S	19	Alain Cote	80	12	24	36	4–	38
S	11	Mike Eagles	73	13	19	32	15–	55
V	28	Jeff Brown	44	7	22	29	11	16
S	15	Jason Lafreniere	56	13	15	28	3–	8
V	24	Robert Picard	78	8	20	28	17	71
S	9	Doug Shedden	49	6	14	20	2–	14
V	4	David Shaw	75	0	19	19	35–	69
S	17	Basil McRae	69	11	7	18	2–	342
S	10	Bill Derlago	48	6	11	17	7–	18
S	7	Lane Lambert	23	7	8	15	1	51
V	5	Normand Rochefort	70	6	9	15	2	46
S	31	Mike Hough	56	6	8	14	8–	79
V	21	Randy Moller	71	5	9	14	11–	141
S	44	Ken Quinney	25	2	7	9	2	16
V	29	Steven Finn	36	2	5	7	8–	40
S	14	Jean F. Sauve	14	2	3	5	4–	4
S	10	Max Middendorf	6	1	4	5	2–	4
T	33	Mario Gosselin	30	0	3	3	2	20
S	37	Richard Zemlak	20	0	2	2	0	47
V	34	Gord Donnelly	38	0	2	2	3–	143
T	30	Clint Malarchuk	54	0	2	2	0	37
S	14	Trevor Stienberg	6	1	0	1	0	12
S	25	Greg Malone	6	0	1	1	0	0
S	29	Yves Heroux	1	0	0	0	0	0
V	6	Scott Shaunessy	3	0	0	0	1–	7
T	1	Richard Sevigny	4	0	0	0	0	14
V	2	Daniel Poudnier	6	0	0	0	2–	0

ST. LOUIS

Nr.			Sp.	T	A	P	+/–	Str.
S	9	Doug Gilmour	80	42	63	105	2–	58
S	24	Bernie Federko	64	20	52	72	25–	32
S	20	Mark Hunter	74	36	33	69	19–	169
S	28	Greg Paslawski	76	29	35	64	1	27
V	2	Brian Benning	78	13	36	49	2	110
S	17	Gino Cavallini	80	18	26	44	4	54
S	22	Rick Meagher	80	18	21	39	9–	54
V	5	Rob Ramage	59	11	28	39	12–	106
S	12	Ron Flockhart	60	16	19	35	9–	12
S	14	Doug Wickenheiser	80	13	15	28	22–	37
V	27	Ric Nattress	73	6	22	28	34–	24
S	7	Cliff Ronning	42	11	14	25	1–	6
S	15	Mark Reeds	68	9	16	25	20–	16
V	6	Tim Bothwell	76	6	16	22	19–	46
S	16	Jocelyn Lemieux	53	10	8	18	1	94
S	25	Herb Raglan	62	6	10	16	6	159
V	10	Bruce Bell	45	3	13	16	3	18
S	32	Doug Evans	53	3	13	16	2	91
V	4	Charles Bourgeois	66	2	12	14	16	164
V	35	Jim Pavese (USA)	69	2	9	11	21–	129
S	11	Brian Sutter	14	3	3	6	5–	18
V	26	Michael Dark	13	2	0	2	0	2
S	21	Todd Ewen	23	2	0	2	1–	84
T	29	Greg Millen	42	0	2	2	0	12
V	34	Mike Posavad	2	0	0	0	1	0
V	23	Larry Trader	5	0	0	0	5–	8
T	30	Rick Wamsley	41	0	0	0	0	10

TORONTO

Nr.			Sp.	T	A	P	+/–	Str.
S	9	Russ Courtnall	79	29	44	73	20–	90
S	22	Rick Vaive	73	32	34	66	12	61
S	32	Steve Thomas	78	35	27	62	3–	114
S	17	Wendel Clark	80	37	23	60	23–	271
S	11	Gary Leeman	80	21	31	52	26–	66
S	19	Tom Fergus (USA)	57	21	28	49	1	57
S	12	Mark Osborne	74	22	25	47	16–	113
S	10	Vincent Damphousse	80	21	25	46	6–	26
S	18	Peter Ihnacak (CSSR)	58	12	27	39	5	16
V	23	Todd Gill	61	4	27	31	3–	92
V	33	Al Iafrate (USA)	80	9	21	30	18–	55
V	4	Rick Lanz	61	3	25	28	9–	42
S	8	Mike Allison	71	7	16	23	1	66
V	21	Borje Salming (Swe)	56	4	16	20	17	42
S	14	Miroslav Frycer	29	7	8	15	15–	28
S	7	Greg Terrion	67	7	8	15	5–	6
S	29	Brad Smith	47	5	7	12	15	174
V	26	Chris Kotsopoulos	43	2	10	12	8	75
S	27	Miroslav Ihnacak (CSSR)	34	6	5	11	3	12
S	16	Ken Yaremchuk	20	3	8	11	0	16
S	24	Dan Daoust	33	4	3	7	0	35
V	25	Bill Root	34	3	3	6	9–	37
V	15	Bob McGill	56	1	4	5	2–	103
T	31	Ken Wregget	56	0	4	4	0	20
S	3	Daryl Evans	2	1	0	1	2–	0
V	2	Ted Fauss	15	0	1	1	4	11
V	20	Terry Johnson	48	0	1	1	5–	104
T	1	Tim Bernhardt	1	0	0	0	0	0
S	28	Derek Laxdal	2	0	0	0	1–	7
S	28	Val James	4	0	0	0	0	14
V	2	Jerome Dupont	13	0	0	0	5–	23
S	28	Kevin Maguire	17	0	0	0	6–	74
T	30	Allan Bester	36	0	0	0	0	8

VANCOUVER

Nr.			Sp.	T	A	P	+/–	Str.
S	9	Tony Tanti	77	41	38	79	5	84
S	7	Barry Pederson	79	24	52	76	13–	50
S	26	Petri Skriko (Fi)	76	33	41	74	4–	44
S	17	Patrik Sundstrom (Swe)	72	29	42	71	9	40
V	3	Doug Lidster	80	12	51	63	35–	40
S	12	Stan Smyl	66	20	23	43	20–	84
S	15	Rich Sutter	74	20	22	42	17–	113
S	20	Steve Tambellini	72	16	20	36	22–	14
S	19	Jim Sandlak	78	15	21	36	4–	66
S	14	Raimo Summanen (Fi)	58	14	11	25	2–	15
V	24	Michel Petit	69	12	13	25	5–	131
S	16	Dan Hodgson	43	9	13	22	9–	25
S	10	Brent Peterson	69	7	15	22	14–	77
V	5	Garth Butcher	70	5	15	20	12–	207
S	22	Dave Lowry	70	8	10	18	23–	176
V	6	Dave Richter	78	2	15	17	2–	172
S	25	David Bruce	50	9	7	16	2	109
V	4	Jim Benning	59	2	11	13	9	44
S	18	Marc Crawford	21	0	3	3	8–	67
S	27	John Leblanc	2	1	0	1	1	0
S	21	Craig Coxe	15	1	0	1	3–	31

National Hockey League

	Nr.		Sp.	T	A	P	+/−	Str.
T	1	Wendell Youn	8	0	1	1	0	0
V	2	Craig Levie	9	0	1	1	3	13
V	32	Robin Bartel	40	0	1	1	2	14
T	31	Troy Gamble	1	0	0	0	0	0
V	2	Jim Agnew	4	0	0	0	0	0
S	8	Taylor Hall	4	0	0	0	2−	0
V	29	Glen Cochrane	14	0	0	0	0	52
V	30	Frank Caprice	25	0	0	0	0	9
T	35	Richard Broder	53	0	0	0	0	2

WASHINGTON

	Nr.		Sp.	T	A	P	+/−	Str.
V	8	Larry Murphy	80	23	58	81	25	39
S	11	Mike Gartner	78	41	32	73	1	61
S	17	Mike Ridley	78	31	39	70	11−	40
V	3	Scott Stevens	77	10	51	61	13	285
S	18	Craig Laughlin	80	22	30	52	3−	67
S	14	Gaetan Duchesne	74	17	35	52	18	53
S	27	Dave Christian (USA)	76	23	27	50	5−	8
S	23	Bob Gould	78	23	27	50	18	74
S	22	Greg Adams	67	14	30	44	9	184
S	20	Michal Pivonka	73	18	25	43	19−	41
S	10	Kelly Miller (USA)	77	16	26	42	5	48
S	15	Alan Haworth	50	25	16	41	3	43
V	12	Garry Galley	48	6	21	27	6−	67
V	5	Rod Langway (USA)	78	2	25	27	11	53
V	4	Kevin Hatcher (USA)	78	8	16	24	29−	144
S	32	Lou Franceschetti	75	12	9	21	9−	127
S	9	Dave Jensen (USA)	46	8	8	16	10−	12
V	17	John Blum (USA)	66	2	8	10	1	133
V	19	Greg Smith	45	0	9	9	6−	31
V	6	John Barrett	55	2	2	4	16−	43
T	1	Pete Peeters	37	0	4	4	0	16
S	12	Gary Sampson	25	1	2	3	9−	4
S	24	Jeff Greenlaw	22	0	3	3	2	44
S	26	Yvon Corriveau	17	1	1	2	4−	24
S	29	Ed Kastelic	23	1	1	2	3−	83
V	30	Paul Cavallini	6	0	2	2	4	8
S	21	Steven Leach	15	1	0	1	4−	6
V	38	Yves Beaudoin	6	0	0	0	4−	5
S	25	Grant Martin	9	0	0	0	1−	4
S	37	Jim Thomson	10	0	0	0	2−	35
S	25	Bob Crawford	15	0	0	0	1−	2
T	31	Bob Mason (USA)	45	0	0	0	0	0

WINNIPEG

	Nr.		Sp.	T	A	P	+/−	Str.
S	10	Dale Hawerchuk	80	47	53	100	3	54
S	15	Paul MacLean	72	32	42	74	12	75
S	19	Brian Mullen (USA)	69	19	32	51	2−	20
S	25	Thomas Steen (Swe)	75	17	33	50	7	59
S	11	Gilles Hamel	79	27	21	48	3	24
V	2	Dave Ellett (USA)	78	13	31	44	19	53
S	9	Doug Smail	78	25	18	43	18	36
V	8	Randy Carlyle	71	16	26	42	6−	93
S	16	Laurie Boschman	80	17	24	41	17−	152
S	28	Ray Neufeld	80	18	18	36	13−	105
V	4	Fredrick Olausson (Swe)	72	7	29	36	3−	24
S	20	Andrew McBain	71	11	21	32	6	106
V	7	Tim Watters	63	3	13	16	5	119
S	24	Ron Wilson	80	3	13	16	10	13
V	6	Jim Kyte	72	5	5	10	4	162
V	29	Brad Berry	52	2	8	10	6	60
S	13	Hannu Jarvenpaa (Fi)	20	1	8	9	4−	8
S	17	Jim Nill	36	3	4	7	1	52
S	27	Perry Turnbull	26	1	5	6	2−	44
S	18	Steve Rooney	32	2	3	5	4−	79
S	36	Iain Duncan	6	1	2	3	1	0
S	38	Brad Jones	4	1	0	1	2	0
S	21	Tom Martin	11	1	0	1	1	49
S	14	Craig Endean	2	0	1	1	1	0
S	40	Joel Baillargeon	11	0	1	1	3−	15
S	39	Randy Gilhen	2	0	0	0	2−	0
S	32	Peter Taglianetti	3	0	0	0	4−	12
S	12	Peter Douris	6	0	0	0	1−	0
T	37	Steve Penney	7	0	0	0	0	7
T	30	Daniel Berthiaume	31	0	0	0	0	2
T	33	Eldon Reddick	48	0	0	0	0	8

In der NHL fliegen häufig die Fäuste. Hier gerieten Russ Courtnall (Toronto/links) und Randy Moller (Quebec) aneinander.

UdSSR

Jetzt wird die WM simuliert!

Die Verantwortlichen in der UdSSR haben die Nase voll. Die Überlegenheit von ZSKA Moskau war wieder einmal eklatant und – wie sich in Wien zeigte – schädlich. Viktor Tichonow darf zwar als Trainer bleiben, so drang es nach der Weltmeisterschaft nach außen, aber der Modus der Landesmeisterschaft wird geändert. Die Sowjets simulieren schon beim Kampf um den nationalen Titel die WM! Das aber ausgerechnet erstmals in einem Jahr, in dem keine WM stattfindet, sondern es bereits im Februar bei den Olympischen Spielen um Medaillen geht.

Die oberste Spielklasse wird künftig von 12 auf 14 Vereine erhöht. Nach Hin- und Rückspielen qualifizieren sich die zehn besten Klubs für die zweite Phase der Meisterschaft. Der Erste der ersten Runde nimmt zehn Punkte mit, der Zweite neun, der Dritte acht usw. Die Entscheidung über den Titel fällt dann unter den besten vier Mannschaften, die je nach ihrem Stand zwischen vier und einem Punkt mitnehmen und den Meister in einer Doppelrunde jeder gegen jeden ermitteln. So kommt das führende Quartett künftig auf jeweils 50 Meisterschaftsspiele.

Ob jetzt der Titelkampf wirklich interessanter wird und die Fans auch wieder ihr Herz für Eishockey entdecken? Seit 10 Jahren interessiert eigentlich nur noch die Reihenfolge hinter dem Armeesportclub und die Namen der Absteiger. Letzteres auch nur mit Einschränkungen, denn inzwischen haben sich einige »Fahrstuhlmannschaften« herausgeschält, die mit schöner Regelmäßigkeit zwischen der ersten und der zweiten Spielklasse pendeln: Saratow, Swerdlowsk, Salawat Ufa und Ustinow (früher Ishewsk). Die Zuschauerresonanz entspricht letztlich dieser Eintönigkeit. In der 9-Millionen-Metropole Moskau, wo rund 30 Theater allabendlich ausverkauft sind, kommen zu den Meisterschaftsspielen der vier einheimischen Erstligisten in der Regel kaum mehr als 1000 Besucher. ZSKA mußte sogar einmal vor nur 390 Fans spielen! Das ist doch einem Weltklasseteam wirklich nicht würdig.

Ein paar neue Momente gegenüber den letzten Jahren brachte die vergangene Saison doch. Hinter Dynamo Moskau als Zweitem tauchte SKA Leningrad auf, viele Jahre hindurch ein Dauerabstiegskandidat, der es aber immer wieder verstand, den Kopf aus der Schlinge zu ziehen. Die Leningrader lieferten hervorragende Partien und brachten selbst dem Meister eine von insgesamt nur zwei Niederlagen (!) bei. Auch die Auferstehung der Flieger durfte gefeiert werden. Krilija Sowjetow (Flügel der Sowjets) hatte eine gute Saison, nachdem es seit einigen Jahren aus dem Kreis der »großen Vier« ausgeschieden war. Endlich sind Nachfolger der großen Anisin-Lebedew-Bodunow da: Charin, Chmylew, Nemtschinow und Priachin tauchten im Nationalteam auf. Abgerutscht auf den 6. Platz ist dagegen Spartak, in Moskau die »Lieblinge des Volkes« genannt.

74 Punkte hatten die Armeesportler von ZSKA nach 40 Runden auf dem Pluskonto. Nur zwei Unentschieden und zwei Niederlagen trübten die Bilanz. Der Abstand zum nächsten – Dynamo – belief sich auf nicht weniger als 14 Punkte. Diese Stärke beinhaltet eben auch die russische Schwäche auf internationalem Parkett, die auch zum Verlust des WM-Titels 1985 und 1987 geführt hatte: Werden die ZSKA-Spieler wirklich gefordert, verlieren sie schnell die Nerven. Das soll künftig anders werden, wenn sie auch in der Meisterschaft gefordert werden. ZSKA wird wohl künftig auch nicht mehr so viele gute Spieler aus anderen Vereinen erhalten. Die anderen Teams sollen die Rolle der Statisten ablegen. Wobei anzumerken bleibt, daß diese »Statisten« anderswo immer noch Spitzenmannschaften wären! *Ernst Martini*

Evgeny Beloshejkin hat sich als Tretjak-Nachfolger im Tor der »Sbornaja« und bei ZSKA Moskau durchgesetzt.

Meister ZSKA Moskau in der Statistik

	SP	Min	T	T/Sp	Str
Torhüter					
Alexander Tyzhnykh	1	60	3	3.00	0
Oleg Bratasch	9	395	15	2.27	0
Evgeny Beloshejkin	33	1945	62	1.91	4

	SP	T	A	P	Str
Verteidiger					
Wjatscheslaw Fetisow	39	13	20	33	18
Sergej Starikow	34	4	2	6	8
Igor Nikitin	9	1	0	1	8
Alexej Gusarow	38	4	7	11	24
Alexej Kasatonow	40	13	17	30	16
Wladimir Zubkow	33	3	1	4	10
Sergej Selyanin	34	0	0	0	28
Wladimir Konstantinow	35	2	2	4	19
Igor Stelnow	37	0	2	2	16
Dmitri Mironow	20	1	3	4	10
Stürmer					
Igor Larionow	39	20	26	46	34
Wladimir Krutow	39	26	24	50	16
Evgeny Davydow	32	11	2	13	8
Alexander Gerasimow	26	7	8	15	16
Nikolai Drozdetski	7	3	2	5	2
Igor Vyazmikin	4	0	0	0	0
Alexander Mogilny	28	15	1	16	4
Andrej Chomutow	33	15	18	33	22
Irek Gimajew	25	2	6	8	8
Wjatscheslaw Bykow	40	18	15	33	10
Sergej Osipow	28	5	4	9	6
Mikhail Wasiljew	34	16	11	27	26
Sergej Makarow	40	21	32	53	26
Alexander Zybin	26	4	6	10	12
Valeri Kamensky	37	13	8	21	16
Pavel Kostichkin	13	0	3	3	4
Sergej Fedorow	29	6	6	12	12
Andrej Vinogradow	2	0	0	0	0

Der Favorit trotzte dem kuriosen Modus

Jubel in Pardubitz, Tesla wurde Meister.

In der ČSSR endete die Saison dem kuriosen Austragungsmodus zum Trotz mit dem Sieg jenes Teams, das sich als das spielstärkste und beständigste während der ganzen Saison erwiesen hat: Tesla Pardubitz. Die Ostböhmen konnten ihren zweiten Titelgewinn nach 1973 feiern. Der Verein, zu dem der frühere Kaufbeurer Trainer Florian Strida zurückkehrte, war auch mit einer hervorragenden Serie gestartet und konnte sich trotz gelegentlicher Rückschläge – von denen keiner der 12 Erstligisten verschont blieb – im Finale doch durchsetzen. Das allerdings denkbar knapp gegen Dukla Iglau.

Die Zeit der Armee ist aber offensichtlich vorbei. Heimste Iglau in den letzten Jahren Titel en masse ein, so wurde das Armee-Team zum zweiten Mal hintereinander schon wieder geschlagen. Vorjahresmeister VSZ Kosice wurde im Play-Off-Finale vom Nachfolger gestoppt. Iglau setzte sich gegen Pavel Wohls Team von Sparta Prag durch. Die Hauptstädter hatten erstmals wieder für Furore gesorgt und hatten an der Spitze immer ein ernstes Wort mitzusprechen. Es war ihre beste Saison seit langem!

Bis es zum Play-Off-Halbfinale kam, mußten allerdings einige Klippen überwunden werden. Die erste Phase der Meisterschaft begann mit einer normalen Hin- und Rückrunde mit 22 Spielen pro Team. Dann hatten in der zweiten Phase – und hier liegt das oben angesprochene Kuriosum – alle nach dem ersten Abschnitt auf Plätzen mit geraden Zahlen rangierenden Teams gegen alle auf den ungeraden Plätzen anzutreten, und zwar in Hin- und Rückspielen innerhalb von drei Tagen!

Die Punktrunden waren recht abwechslungsreich. Dafür sorgte zum Beispiel Dukla Iglau, das zwischendurch den Kontakt zur Spitze zu verlieren drohte und auf Rang fünf abrutschte. Dafür sorgte aber auch Titelverteidiger VSZ Kosice, der keineswegs seine Vorjahresform erreichte. Positiv beeindruckte die junge Mannschaft von Altmeister Zetor (früher Roter Stern bzw. ZKL) Brünn, die zwar einen miserablen Start mit zwei Punkten aus sieben Spielen hinlegte, dann aber auf Platz vier vorpreschte. Im Endspurt ging den jungen Spielern die Luft aus, doch die Mannschaft hat Zukunft und in Stürmer Robert Kron ein großes Talent.

An der Grenze zwischen Play-Offs und Abstiegsrunde verfehlten Pilsen und Litvinov die Play-Offs knapp. Die Enttäuschung der Saison war aber Dukla Trencin mit vielen bekannten Spielern aus anderen Klubs, die in Trencin ihren Militärdienst ableisteten, sich aber nie zu einer harmonischen Einheit zusammenfanden. Immerhin, Pilsen, Litvinov und Trencin sicherten sich den Klassenerhalt, während Neuling Vitkovice, vor ein paar Jahren noch Meister, absteigen mußte. Dafür kommt ein anderer Altmeister nach oben: SONP Poldi Kladno. Beide Teams scheinen sich zu Pendlern zwischen 1. und 2. Liga zu entwickeln. Kladno setzte sich in den Entscheidungsspielen gegen den Zweitligavertreter aus Böhmen/Mähren und der Slowakei, Plastika Nitra, mit 3:0 Siegen durch.

Das Eishockey in der ČSSR hat zweifellos sein Stimmungstief nach der WM-Pleite von Moskau überwunden. Das machte sich ja auch in Wien bemerkbar. Den Spielern der Punktrunden wurde jedenfalls das hohe Niveau attestiert, das man von der ČSSR seit Jahrzehnten kennt. *Ernst Martini*

Meister Tesla Pardubitz in der Statistik

	Sp	Min	T	Str
Torhüter				
Dominik Hašek	43	2515	103	6
Michal Kopačka	4	76	4	0

Verteidiger	Sp	T	A	P	Str
Radomír Brázda	40	1	1	2	22
Miloš Hrubeš	39	4	2	6	4
Jan Levinský	43	10	10	20	34
Pavel Marek	40	2	10	12	24
Stanislav Mečiar	42	7	4	11	26
Petr Prajzler	41	3	4	7	49
Jiří Seidl	43	4	10	14	34
Martin Střída	40	0	5	5	6
Stürmer					
Miroslav Bažant	37	8	2	10	8
Zdeněk Čech	41	18	24	42	40
Ladislav Dinis	40	6	11	17	14
Libor Herold	39	5	9	14	14
Ondřej Heřman	9	0	1	1	2
Petr Chlupáč	9	1	0	1	4
Otakar Janecký	43	17	23	40	46
Jiří Jiroutek	40	16	5	21	12
Ludvík Kopecký	40	7	7	14	16
Jiří Kovařík	39	10	15	25	14
Evžen Musil	42	16	8	24	37
Josef Slavík	43	11	5	16	27
Jiří Šejba	43	25	17	42	73
Robert Vršanský	42	8	10	18	22

Schweden

Björklöven hat einen »Virus«

Torjäger Hakan Loob als Beispiel für den Jubel in Schweden. Die Skandinavier holten zwei internationale Titel.

Schwedens Eishockey hatte ein phantastisches Jahr. Ein Jahr, von dem selbst die Verbandsfunktionäre nicht zu träumen gewagt hatten. Schweden war 1987 die Nummer 1 der Welt im Eishockey! Der große Coup ist bekannt: In Wien holen die Skandinavier erstmals seit 25 Jahren wieder eine Weltmeisterschaft. Untergegangen ist, daß dies nicht die erste Meisterschaft Schwedens in dieser Saison war. Die Junioren wurden vorher bereits Europameister. Das läßt für die Zukunft hoffen.

Ähnlich wie der Nationalmannschaft, die oft mit an der Spitze lag, aber nie den Titel gewinnen konnte, ist es Björklöven, der Mannschaft aus Umea im Norden des Landes, gegangen. Seit der Saison 1979/80, als Björklöven erstmals in den Play-Offs auftauchte, gehörte die Mannschaft zu den Favoriten. Ganz nahe war man 1982 am Titelgewinn, aber im fünften Spiel hatte AIK Stockholm doch noch die Nase vorn. Die Bilanz dieser Jahre: Zweiter, Fünfter, Zweiter, Vierter, Dritter, Vierter, Fünfter. Björklöven war immer dabei, aber nie ganz vorn.

Björklöven, das ist die Geschichte von Hans »Virus« Lindberg. Der Trainer ist auch außerhalb des Landes kein Unbekannter. Als Nationaltrainer erwarb er sich Meriten. Sieben Jahre trainierte er die Mannschaft von Umea, ehe er enttäuscht auf Wanderschaft ging. Der Fehlgriff 1982 ging ihm an die Nieren, als der Titel greifbar nahe war. Drei Jahre war er Verbandstrainer, zuständig für die A- und B-Nationalmannschaft. Danach machte er einen Abstecher in die Schweiz, kehrte aber nach zwei Jahren nach Schweden zurück. Lulea war sein neues Team, doch obwohl der Vertrag über zwei Jahre lief, hielt es Lindberg dort nicht. Er kehrte zurück nach Umea. Björklöven hatte wieder seinen »Virus«. Er brachte auch den Erfolg zurück.

Björklöven, das ist die Geschichte der Gebrüder Peter und Patrick Sundström. Sie sorgten auch international für Furore, so daß sie zu den Profis auswanderten, so, wie das viele schwedische Talente tun. Doch Peter gefiel es nicht in Vancouver, er kehrte zurück, führte Björklöven zur Meisterschaft. Eine Story mit einem Happy-End? Nicht unbedingt. Peter Sundström zieht es nach wie vor in die NHL, halt nicht nach Vancouver.

Es war ein Glücksjahr für Björklöven. »Virus« Lindberg verpaßte der Mannschaft das richtige Konzept, gutes Defensivspiel war gefragt. Das klappte, weil Lindberg mit Lars Karlsson ein Verteidiger-As hatte, und der 20jährige Calle Johansson zu einem wurde. Dazu erstrahlten die Sterne der Ex-Profis Peter Andersson und Roger Hägglund aufs neue. In der Meisterschaft hatte Titelverteidiger Färjestad noch knapp die Nase vorn, doch die beiden Kontrahenten trafen sich wieder im Finale. Und da klappte es endlich für Björklöven. Umea trug sich als 13. Mannschaft in Schwedens Meisterliste ein. Hoffentlich kein böses Omen!

Es könnte sein, denn die Zukunft sieht nicht so rosig aus. Sie verläuft parallel zu der erfolgreichen Nationalmannschaft. Die Spieler wandern ab. Die Profis locken. Ulf Dahlen erhielt einen Millionen-Vertrag bei den New York Rangers, die Dienste von Calle Johansson sicherten sich die Buffalo Sabres, Lars-Gunnar Pettersson wandert nach Lulea ab, Mikael Hjälm geht zu MoDo. Die Meistermannschaft zerfällt. Im Gegensatz zum Nationalteam kann sich Björklöven die Spieler allerdings nicht bei Bedarf zurückholen. Björklöven, die Episode nur für einen Winter?

Tom Ratschunas

Meister Björklöven in der Statistik

	Sp	T	A	P	Str.
Torbjörn Andersson	35	5	8	13	26
Lars Karlsson	5	10	24	34	18
Calle Johansson	30	2	13	15	18
Patrik Aberg	18	0	0	0	20
Matti Pauna	34	10	20	30	16
Mikael Andersson	36	14	21	35	30
Hans Edlund	30	5	10	15	26
Ulf Dahlen	31	9	12	21	20
Mikael Hjalm	34	9	13	22	16
Peter Sundström	36	22	16	38	44
Peter Andersson	36	6	10	16	20
Jon Lundström	26	3	3	6	12
Lars G.- Pettersson	38	28	13	41	16
Peter Edström	31	11	9	20	14
Roger Hagglund	28	3	15	18	36
Rolf Berglund	31	3	1	4	47
Johan Tornqvist	31	6	9	15	16
Tore Oqvist	29	12	16	28	28
Nicklas Holmgren	5	0	0	0	2
Par Edlund	4	0	0	0	0

Tappara und Rauno Korpi bestimmen

Finnland hatte keine gute Weltmeisterschaft. Finnland saß in Wien auf der internationalen Anklagebank. Mit Fingern wurde auf die Skandinavier gezeigt, denn sie hatten den Skandal um den deutschen Spieler Miro Sikora ausgelöst, seine Spielberechtigung angezweifelt, die Fakten aber erst auf den Tisch gelegt, als nach der 1:3-Niederlage gegen das DEB-Team sogar die Teilnahme am Canada Cup in Gefahr geriet. Doch für Finnland gab es ein Happy-End, und so war die Saison 1986/87 insgesamt gesehen doch noch erfolgreich. In Wien wurde zwar nicht wie das Jahr zuvor die Finalrunde erreicht, aber immerhin mit Platz fünf die Teilnahme am Canada Cup geschafft. Den Höhepunkt lieferten zur Jahreswende freilich bereits die Junioren. Sie wurden Weltmeister.

Daß die WM in Wien ein glückliches Ende nahm, war eigentlich erstaunlich. Rund um die Mannschaft hatte es nämlich einigen Ärger gegeben. Streitpunkt in allen Fällen: Tappara Tampere und Trainer Rauno Korpi. Weil der Coach noch schnell einen Junior aus seinem Team in die Nationalmannschaft einbaute, trat drei Wochen vor der WM Assistent Olli Hietanen zurück. Und in Wien selbst waren Differenzen im Team nicht zu übersehen. Es gab praktisch zwei Gruppen. Da die Spieler von Tappara, dort der Rest.

Vielleicht wurde Rauno Korpi und seinen Cracks von Tappara auch nur der Erfolg geneidet. Erstmals seit 1976, als die Play-Offs eingeführt wurden, schaffte nämlich eine Mannschaft eine erfolgreiche Titelverteidigung. Und dabei sah es für Tappara gar nicht gut aus. Drei Stammspieler der letzten Meistermannschaft beendeten ihre Karriere, darunter auch Hannu Haapalainen, der ja auch schon in der Bundesliga ein Gastspiel gegeben hatte. Tappara war nicht Favorit, und Kärpät Oulu wurde auch Erster der Doppelrunde (vor Tappara). Bevor es in die Play-Offs ging, ein neuer Rückschlag für Tappara: Mittelstürmer Erkki Lehtonen fiel mit einer Verletzung aus, der überragende erste Sturm war gesprengt.

Doch Rauno Korpi hatte alles im Griff. Er gilt als der beste Trainer Finnlands und versteht es, eine Mannschaft genau zum richtigen Zeitpunkt in Form zu bringen. Korpi beherrscht sicherlich auch alle Tricks. So gab es Ärger, weil er seine Tappara-Spieler im Dezember beim Iswestija-Cup schonte. Sechs waren eigentlich nominiert, aber einer nach dem anderen fiel mit dubiosen Verletzungen aus. In den Play-Offs überraschten ihn die Junioren vielleicht selbst. Teppo Numminen, Jukka Marttila, Janne Ojanen und Jukka Seppo waren Junioren-Weltmeister geworden. Numminen, Vater Kalevi war früher Nationaltrainer und ist jetzt Manager von Tappara, wuchs zu einem glänzenden Verteidiger, Ojanen trat in die Fußstapfen von Lehtonen. Mit 3:0 Siegen setzte sich Tappara gegen TPS Turku im Play-Off-Halbfinale durch, und auch Kärpät gewann im Finale nur ein einziges Mal. »Wir haben keine Chance«, hatte Kärpät-Coach Olli Hietanen schon vorher orakelt, »Tappara ist konditionell stärker und hat die besseren Schlittschuhläufer.«

Tappara ist erfolgreich, aber nicht beliebt. In Tampere gilt immer noch der Lokalrivale Ilves als die Nummer 1. Beide hatten zwar einen ähnlichen Zuschauerschnitt von rund 5100, aber Tappara siegte, und Ilves krebste im Mittelfeld herum. Wäre es umgekehrt, hätte Ilves den weitaus größeren Zulauf. Der Zweikampf der Lokalrivalen steht übrigens unentschieden. Ilves hält mit 16 Titeln noch den Rekord, Tappara hat deren 13. Aber in der 44jährigen »ewigen Punktetabelle« steht Tappara jetzt auf Rang eins. Beide Klubs aus der »Eishockey-Hauptstadt« Tampere haben 1216 Punkte erzielt, doch hat Tappara ein Tore-Plus von 168 Treffern zu verzeichnen. *Klaus-Peter Knospe*

Hatten beide Grund zu guter Laune: Xaver Unsinn und Rauno Korpi.

Meister Tappara Tampere in der Statistik

	Sp	Min.	T	T/Sp.
Torhüter				
Jari Halme	15	758,43	49	3,87
Markus Mattsson	33	1904,39	98	3,09

	Sp	T	A	P	Str
Verteidiger					
Tim Thomas	44	4	3	7	50
Teppo Numminen	44	9	9	18	16
Jukka Marttila	39	5	7	12	16
Markku Jutila	2	0	0	0	0
Mika Salonen	2	0	0	0	0
Timo Jutila	44	10	28	38	60
Juha Jokiniemi	29	0	0	0	2
Harri Laurila	44	6	8	14	18
Pekka Laksola	43	9	13	22	64
Stürmer					
Janne Ojanen	40	18	13	31	16
Tommi Pohja	44	23	20	43	32
Timo Susi	44	22	29	51	24
Kari Heikkinen	44	15	13	28	16
Erkki Lehtonen	37	18	28	46	12
Pauli Järvinen	41	6	14	20	20
Matti Rautiainen	33	2	3	5	2
Reijo Mikkolainen	44	19	16	35	26
Jorma Sevon	18	3	6	9	2
Hannu Oksanen	44	17	17	34	12
Jycki Silius	6	0	0	0	0
Tero Toivola	11	0	0	0	0
Jukka Seppo	39	11	16	27	50
Arto Kulmala	2	0	0	0	0
Jussi-Pekka Järvinen	1	0	0	0	0
Seppo Ahokainen	40	6	6	12	17
Risto Tuominen	1	0	0	0	0

Neue Namen, neue Töne, frischer Wind

»Es war wirklich sehenswert, was die erste Sturmreihe bot. Da wurde kombiniert, geschaltet, der Nebenmann fast blind gesehen. Modernes Eishockey, wie es die Herzen der Fans des schnellsten Mannschaftssports der Welt begeistert Dazu sah man eine hohe athletische Bereitschaft und eine ins Auge springende Spritzigkeit.« Nein, diese Lobeshymne auf eine Angriffslinie im Eishockey entstammt nicht dem sowjetischen TASS-Dienst und gilt nicht den Herren Makarow–Larionow–Krutow. Die Zeilen sind dem DDR-Sportblatt »Deutsches Sportecho« entnommen, und sie galten dem hoffnungsvollen Trio von Dynamo Weißwasser, Andreas Ludwig, Andreas Gebauer und Ralf Hantschke. Neue Namen, neue Töne, frischer Wind im DDR-Eishockey, das in der vergangenen Saison endlich einmal wieder die Zuschauer elektrisierte und in Massen anzog.

Mit einem neuen Modus, aus Kanada, Nordamerika und der Bundesliga abgeschaut, wurde das ewig langweilige Dauer-Duell Dynamo Berlin – Dynamo Weißwasser entmottet. »Sudden death« bei Unentschieden, Penaltyschießen, wenn das entscheidende Tor ausbleibt, die Folgen waren am Ende der 37. Meisterschaft nur positiv zu beurteilen: »Schlangen an den Kassen zum Eishockey-Dauerbrenner, wann hatte es das zum letzten Mal gegeben?« fragten die Zeitungen, wie die Vereine und die Fans selbst erstaunt über den Boom.

Spannung schafft eben im Sport überall Nachfrage, auch im Sozialismus, und Spannung war durch die erstmals angesetzte Dreier-Serie nach dem System »best of five« angesagt. Die erste Serie gewann nämlich überraschend der Außenseiter aus der Lausitz, der zwar mit 22 Titeln in der DDR-Eishockeygeschichte noch führt, aktuell aber nicht viel gegen die Ost-Berliner zu bestellen hatte. Dynamo Berlin, das 1987 seinen 14. Titel insgesamt und zum sechsten Mal in Folge gewann, beherrschte die 80er Jahre.

Aber die Ost-Berliner hatten diesmal zu kämpfen. 7:3 nach Spielen und damit 0:1 in der Serie lagen sie nach dem ersten Durchgang in Rückstand. Der Leistungsanstieg der Weißwasseraner in ihrem bekannt verwaschenen Trikotblau löste rosarote Zeiten aus. Zum ersten Mal seit vielen Jahren traf im traditionsreichen Klubheim wieder Autogrammpost ein, und der alte Schlachtruf »Feuer rein« donnerte durch das Wilhelm-Pieck-Eisstadion. Selbst bei Regenwetter an einem Freitag kamen einmal über 5000 Besucher. Dreimal war die Halle mit 8500 Zuschauern ausverkauft. Das Experiment mit den Spielmethoden aus dem kapitalistischen Westen hatte sich gelohnt.

In der zweiten Serie hatten die Ost-Berliner ebenfalls schwer zu kämpfen, und um ein Haar schrammten sie am Machtwechsel vorbei. Denn die Lausitzer erzwangen ein viertes Spiel, das sie nur denkbar knapp mit 6:7 verloren. 1:3 endete die zweite Serie, und damit stand es 1:1.

Nun erwiesen sich die größere Erfahrung und das bessere Stehvermögen als entscheidend für die Truppe von Auswahltrainer Joachim Ziesche. Im dritten Durchgang ging den Herausforderern um den Altinternationalen Rüdiger Noack von Dynamo Weißwasser schlicht die Luft aus. Nachdem die Ost-Berliner vorher vor Bangen lange den Atem angehalten hatten, schlugen sie nun gnadenlos zu: 10:2, 9:3 und 7:1, das dritte Spiel in Halle an neutralem Ort, lauteten die restlichen Ergebnisse zum klaren 3:0 und damit zum Titelgewinn für den Titelverteidiger.

Ziesche war glücklich: »Mir fällt ein Stein vom Herzen, alle Achtung unserem Gegner.« In seiner Mannschaft lief es diesmal mit der Abstimmung der Sturmreihen zwei und drei überhaupt nicht gut. Verlassen konnte er sich übrigens auf einen Torjäger mit »West-Erfahrung«. Stefan Steinbock, der einmal in die Bundesliga nach Mannheim geflüchtet war und dann wieder in die DDR zurückkehrte und straflos aufgenommen wurde, war bester Mann beim Meister. Ziesche: »Von Steinbock ging die meiste Gefahr aus.«

Hervorragend bei Weißwasser das überragende Torhüter-Talent Thomas Bresagk und jene besagte erste Sturmreihe Ludwig–Gebauer–Hantschke, von der bald auch international einiges zu hören sein wird. Im Europacup scheiterte Ost-Berlin jedoch an Lugano, und auch in der B-WM platzte der Traum vom erneuten Aufstieg. Dennoch wird das neue DDR-System mittelfristig Folgen haben. Rüdiger Noack (Weißwasser) sieht sich da einig mit Auswahltrainer Ziesche: »Der Modus brachte nicht nur Attraktivität für die Zuschauer, sondern fordert auch alle Spieler sowohl in physischer als auch psychischer Hinsicht mehr. Damit wird zugleich auch ein Zweck im Hinblick auf die Formierung unserer Auswahl erfüllt.«

Hans-Rüdiger Bein

37. DDR-Meisterschaft

1. Runde: Berlin – Weißwasser 6:2 (1:1, 3:1, 2:0), Weißwasser – Berlin 6:4 (1:2, 2:2, 3:0), Berlin – Weißwasser 5:5 (0:1, 0:1, 5:3 / nach Penaltyschießen 2:0 für Berlin), Weißwasser – Berlin 5:4 nach Verlängerung (1:1, 0:2, 3:1/1:0), Berlin – Weißwasser 2:3 (1:2, 0:1, 1:0).

2. Runde: Weißwasser – Berlin 3:4 nach Verlängerung (1:1, 1:1, 1:2/0:1), Berlin – Weißwasser 4:3 (1:2, 2:0, 1:1), Weißwasser – Berlin 8:5 (3:3, 2:1, 3:1), Berlin – Weißwasser 7:6 (3:3, 2:3, 2:0).

3. Runde: Berlin – Weißwasser 10:2 (1:2, 5:0, 4:0), Weißwasser – Berlin 3:9 (0:0, 0:6, 3:3), Berlin – Weißwasser 7:1 (2:0, 2:1, 3:0).

Aller guten Dinge sind drei

Völlig aus dem Häuschen war Jim Corsi. Der 33jährige italokanadische Bauingenieur aus Montreal schaffte seine dritte Meisterschaft. Nach Gröden (1981) und Bozen (1984) holte er sich 1987 mit Varese den Titel und trug sich damit in das Buch der Rekorde ein: er ist der erste (und einzige) Eishockeyspieler, der mit drei verschiedenen Klubs Meister wurde. An Corsi richtete sich Varese im Saisonendspurt auf, als es hart auf hart ging.

Der Höhenflug Vareses ist um so bemerkenswerter, da sich die Mannschaft Ende November in einem völlig desolaten Zustand befand, zwischendurch sogar auf den achten Platz der zehn Klubs umfassenden ersten Liga abgerutscht war. In dieser schwärzesten Phase feuerte Klubchef Emanuele Ducrocchi den glücklosen Ron Kennedy und verpflichtete als neuen Trainer Bill Purcell, der in Toronto eine Studenteneinheit gecoacht hatte. Von da an ging es mit Varese aufwärts. Die neun (!) Kanadier bzw. Italokanadier in der lombardischen Mannschaft wuchsen zu einem Team zusammen: Jim Corsi, Bob De Piero, Dan Fascinato, Vito d'Angelo, Mike Mastrullo, Cesare Carlacci, Maurizio Catenacci, Denis Houle und Tom Milani steigerten sich bis zum Ende des zweiten Meisterschaftsdurchganges auf den zweiten Rang, unmittelbar hinter Bozen, noch vor Titelverteidiger Meran. Im Viertelfinale warf Varese den letztjährigen Vizemeister Asiago aus dem Rennen, dann – in dem auf fünf Partien angesetzten Halbfinale – benötigten die Lombarden gegen Bryan Lefleys HCM auch nur drei Spiele.

Bozen, neunfacher Titelträger und erklärter Favorit, war aus der besten Position in die Endspielserie gegangen. Varese legte bereits im ersten Treffen in der mit mehr als 3000 Zuschauern gefüllten Messehalle der Talferstadt den Grundstein, triumphierte 4:2. Es war der ganz große Auftritt von Jim Corsi, der 1984 – damals mit Toni Waldmann als Betreuer Bozens – stürmisch gefeiert worden war. Mit seiner Superleistung brach er seiner früheren Truppe das Genick. Das Retourspiel in der Lombardei beherrschte Varese klar, im dritten (und entscheidenden) Match hatten die Bozner nicht mehr die Kraft, sich aufzubäumen. Ron Chipperfields Einheit war am Ende.

Ausgerechnet in Bozen, jahrelang der »Nabel« der italienischen Eishockeyszene, feierte Varese (erst seit sechs Jahren in der Serie A) den bisher größten Erfolg. Dabei hatte man den Boznern den zehnten Triumph zugetraut. Sie hatten bis zu den Finalspielen die Meisterschaft beherrscht, versagten aber im entscheidenden Moment kläglich.

Der Sieg Vareses ist um so erstaunlicher, da diese Truppe erst vor zehn Jahren gegründet worden war. Nach vier Wintern in unteren Ligen kam 1981 unter Werner Holzner der Aufstieg, zur Mannschaft reifte der bunt zusammengewürfelte Haufen unter Ron Ivany, der Vorgänger von Ron Kennedy. Und dann führte Bill Purcell Varese geradewegs zum ersten Triumph.

Mit dem in jeder Hinsicht überzeugenden Sieg Vareses ging im italienischen Eishockey zweifellos eine Ära zu Ende. Nach elfjähriger Erfolgsserie der Südtiroler Spitzenklubs setzte sich in der 53. Spielzeit erstmals eine Mannschaft außerhalb Südtirols durch. Daß eine Truppe aus der Lombardei Meister wurde, ist immerhin schon 26 Jahre her. 1960 hatten die legendären Mailänder Diavoli den Schlußpunkt gesetzt, nachdem sie seit 1925 die Meistertitel quasi im Vorbeigehen gesammelt hatten.

Vom großen Erfolg Vareses erhofft man sich im Eissportverband sehr viel. Dem Eishockey haftet der Ruf als klassische Randsportart an, seit in der Saison 1978/79 die Diavoli Mailands aus der höchsten Spielklasse ausgeschieden sind. Varese erbrachte den Beweis, daß auch die »Giganten« schlagbar sind. Jetzt hofft man, daß Mailand (1986/87 wurde in der Serie B der Aufstieg in die höchste Spielklasse knapp verfehlt) bald nachrückt und wieder ein Spitzenteam auf die Beine stellen kann. Dann würde das Fernsehen mitspielen. Das heißt im Klartext, daß dann auch die Industrie und die Wirtschaft bereit sind, größere Sponsorengelder lockerzumachen. Denn ohne Sponsoren läuft im italienischen Eishockey nichts mehr.

Franz Sinn

Jim Corsi ist fast schon ein Garant auf den Titelgewinn: Nach Gröden und Bozen siegte er jetzt auch mit Varese.

Meister HC Varese in der Statistik

	Sp	T	A	P	Str
Denis Houle	35	39	34	73	16
Cesare Carlacci	35	36	36	72	68
Maurizio Catenacci	36	25	32	57	57
Vito d'Angelo	26	13	10	23	30
Tom Milani	36	11	14	25	26
Dan Fascinato	36	10	28	38	48
Bob De Piero	36	6	12	18	67
Emilio Iovio	8	6	4	10	4
Herbert Frisch	35	3	4	7	22
Flavio Faré	28	3	2	5	28
Davide Quilici	34	2	1	3	2
Mike Mastrullo	36	1	23	24	39
Vittorio Zafalon	34	3	1	4	20
Matteo Malfatti	26	1	2	3	22
Vittorio Trani	21	1	0	1	8
Luca Orrigoni	26	0	2	2	12
Giancarlo Merzario	10	0	0	0	0
Jim Corsi	36	0	0	0	37

Schweiz

Lugano in den Play-Offs noch ungeschlagen!

Die Mannschaft, die den Kölner EC mit einigem Glück aus dem Europacup schoß, ist auch Schweizer Meister geworden. Derart souverän war die Stellung des HC Lugano, daß er in den letzten zwei Jahren nicht ein einziges Play-Off-Spiel verlor.

Es war die Brieftasche von Präsident Geo Mantegazza und die intensive Trainingsarbeit von Coach John Slettvoll, welche die Tessiner Mannschaft an die Spitze führten. Mit fetten Verträgen wurden Klassespieler wie Jörg Eberle, Fredy Lüthi oder Arnold Lörtscher in die Sonnenstube der Schweiz geholt, und unter der Aegide des Schweden wuchsen auch Durchschnittskönner wie Beat Eggimann, Andi Ton oder Roberto Triulzi zu wichtigen Stützen heran. Dazu kamen zwei überragende Ausländer: Kent Johansson und Mats Waltin.

Die Überlegenheit Luganos hatte sich ebenso früh abgezeichnet wie der Niedergang des EHC Olten. Dieser hatte seine Ligazugehörigkeit im Vorjahr vor allem Erich Kühnhackl zu verdanken. Ricki Alexanders Nachfolger als Trainer, Vladimir Dzurilla, wollte von Kampf auf das Spielerische umstellen und scheiterte. Zudem wollte die neue Leitung Kühnhackl mit der Verpflichtung eines dritten, überzähligen Ausländers »Dampf machen«. Auch das ging schief, und noch ehe die halbe Saison um war, trennte sich Olten von Kühnhackl, später auch von Dzurilla. Zu retten gab's nichts mehr. Überraschend vermochte sich auch der EHC Chur nicht oben zu halten, obwohl er eine ganze Reihe von Spielern aus der aufgelösten Mannschaft Arosas übernommen hatte.

Für die Play-Offs qualifizierten sich schließlich neben Lugano in dieser Reihenfolge Kloten, Davos und Ambri. Mit Spannung erwartete man vor allem die Rivalenkämpfe zwischen den beiden Tessiner Vereinen. Dreimal führte im ersten Spiel das von Dale McCourt glänzend geführte Ambri; ein Treffer Johanssons fünf Minuten vor Schluß bescherte Lugano aber einen 5:4-Sieg. Von da an ging's mit Ambri nur noch abwärts – 4:1 und gar 7:1 setzte sich Lugano in den nächsten Spielen durch. Kloten, dessen beide Ausländer ausgefallen waren und das deshalb Don Dietrich und Tony Currie vom Schwenninger ERC nachverpflichtet hatte, mußte gegen Davos entschieden mehr tun. In der ersten Partie ging ein 2:0-Vorsprung flöten, Davos siegte 7:3, vorab dank eines brillanten Lance Nethery. Dem ließen die Bündner einen 5:2-Heimsieg folgen, doch die Klotener gaben sich nicht geschlagen. 3:2, 5:1 und 7:4 siegten die Klotener in den nächsten drei Spielen und standen damit in der Endspielserie.

Gegen die taktisch hervorragend eingestellten Luganesi hatten die Klotener dann allerdings nichts mehr zu bestellen. Nur gerade im zweiten Spiel, in

Durfte jubeln: Luganos Star Jörg Eberle.

Kloten, waren die Zürcher nahe daran, doch ließen sie zu viele Chancen aus. 6:2, 3:1 und 4:0 setzten sich die Luganesi durch und blieben damit in allen zehn Play-Off-Spielen ungeschlagen, die sie bisher bestreiten mußten.

Wie schon im Vorjahr, stellte sich die größte Überraschung in den Aufstiegsspielen ein. Langnau hatte keine Probleme, sich den Weg in die höchste Klasse zurückzubahnen. Der Zürcher SC glaubte, auch keine zu haben, die Aufstiegsfeier war schon organisiert. Nur hatten die Außenseiter des EV Zug andere Ideen und überrumpelten die Zürcher. Entscheidend war der größere Kampfgeist, aber auch, daß die Zürcher wieder einmal keine guten Ausländer aufgespürt hatten.

Das ungewöhnlichste Ereignis spielte sich jedoch nicht auf dem Eis ab. Man stelle sich das verblüffte Gesicht des Kassiers des Zürcher SC vor, als er einen Umschlag öffnete und einen Scheck vorfand. Gesandt wurde er vom ehemaligen Spielführer, Hansi Schmid, und im Begleitschreiben teilte er mit, er zahle einen Teil seines Salärs vom Vorjahr zurück. Er habe so schlecht gespielt, daß er so viel Geld nicht verdient habe...
Hermann Pedergnana

Meister HC Lugano in der Statistik

	Sp	Min
Torhüter		
Urs Räber	21	1241
Thierry Andrey	14	799
Alfio Molina	2	120

Feldspieler	T	A	P
Kent Johansson	33 +	42 =	75
Fredy Lüthi	17 +	22 =	39
Jörg Eberle	24 +	13 =	37
Giovanni Conte	19 +	18 =	37
Arnold Lörtscher	12 +	19 =	31
Andy Ton	11 +	16 =	27
Beat Eggimann	19 +	6 =	25
Bruno Rogger	9 +	12 =	21
Roberto Triulzi	8 +	10 =	18
Mats Waltin	7 +	11 =	18
Sandro Bertaggia	10 +	6 =	16
Andy Ritsch	8 +	6 =	14
Markus Graf	5 +	5 =	10
Claude Domeniconi	2 +	8 =	10
Mats Hallin	6 +	3 =	9
Bernard Bauer	3 +	6 =	9
Andrea Bernasconi	1 +	5 =	6
Beat Kaufmann	2 +	2 =	4
Claude Von Gunten	1 +	2 =	3
Mike McNamara	1 +	0 =	1

Österreich

Der Erfolg war nicht zu kaufen

Die Lage vor der Saison 1986/87 war klar: Alle gegen Meister KAC, bei dem sein 32jähriger Jung-Trainer Bill Gilligan den Hattrick mit dem dritten Titel in Folge anpeilte. Angeführt wurde die Verfolgermeute wie in den Jahren zuvor vom EC Innsbruck: Noch größere Bestrebungen wurden unternommen, nach 23 Jahren des Wartens dem Verein und dem emotionellen Publikum im Olympiastadion auf dem Tivoli endlich die Meisterkrone präsentieren zu können. Mit dem höchsten Budget der Liga, knapp über zwei Millionen DM, wurde zu dem wieder verpflichteten Sowjetstar Viktor Schalimow dessen Genosse von Spartak Moskau und der Sbornaja, Sergej Kapustin, an den Inn geholt, wurden die Teamspieler Gerald Rauchenwald und Martin Platzer ebenso wie der (vor allem an Gewicht) stärker gewordene Jeff Geiger engagiert. An der Bande sollte der Innsbrucker Sepp Mössmer die Truppe steuern, im Training Schalimow an der Stätte seines Goldmedaillengewinns von Olympia 1976 die Regie führen.

Die Siebenerliga ging mit für österreichische Verhältnisse beachtlichen 59 Millionen öS (8,4 Mio. DM Gesamtbudget) in die Saison, in der es an Überraschungen nicht mangeln sollte. Aufsteiger Salzburg, anfangs knapp an Sensationen vorbeigeschlittert, blieb siegloser Letzter, während der KAC den Grunddurchgang knapp vor Feldkirch und Innsbruck gewann. In Tirol war man längst über die alternden Sowjetstars empört. Als sie zulegten, als der spät (nach Saisonbeginn) nach Innsbruck gekommene Kapustin sein Kampfgewicht reduziert und seine Kondition verbessert hatte, setzten sich die Innsbrucker in der Meisterrunde an die Spitze, schienen ihrer Aufgabe gerecht zu werden. Der WEV als Überraschungsmannschaft der Saison holte die Tiroler aber im Halbfinale mit 3:1 Siegen aus den Titelträumen.

Die Wiener hatten wie fast alle Klubs während der Saison für Änderungen im Personalbereich gesorgt. Der Wechsel beim Trainer (der Ex-Internationale Gerhard Hausner löste den glücklosen Gerhard Stächelin ab) und bei einem Legionär (Wandervogel Bill Lochead statt Darren Lowe) zum richtigen Zeitpunkt begünstigten den WEV-Höhenflug, den erst der im Play-Off wieder souveräne KAC mit Mühe und Kampf stoppen konnte.

Die Saison 1986/87 war ein schlechtes Jahr für die Trainer: Außer dem Top-Star Bill Gilligan, der auch als Assistent von Bundestrainer Ludek Bukac mit der Olympiaqualifikation des Nationalteams in Canazei (3.) erfolgreich blieb, blieb kein Coach ungeschoren. In Innsbruck (Stefan Stern für Coach Mössmer und zur Seite Schalimows), beim WEV und in Salzburg (Steven Polgar für Gerd Zwickl) wurde während der Saison gewechselt, in Feldkirch (Bart Crashley ging nach Villach, wo er 1981 Meistermacher war), Lustenau (Gerhard Kießling) und Villach (Spielertrainer Richard Grenier) wurden die sportlichen Chefs nach Saisonende nicht weiterverpflichtet.

Einen internationalen Prestige-Erfolg verbuchte der KAC im Europacup, als er im Kampf um den Finaleinzug gegen Schwedens Champion Färjestad nach Gleichstand nach zwei Partien erst im »sudden death« der Verlängerung durch ein Tor in Minderzahl ausschied. Die wesentlichen Probleme des österreichischen Eishockey blieben indes gleich: Trotz des Aufschwungs in der Ära Killias gibt es weiter einen Nachholbedarf an qualifizierten Trainern, an Infrastruktur (geeignete Eisbahnen und -hallen) und im Nachwuchsbereich. Die finanziellen Sorgen (die Saison 1986/87 schloß kein Bundesligist in den schwarzen Zahlen ab) sind auch nicht neu.

Gerhard Kuntschik

Szene aus dem Finale: Wien geschlagen.

Meister Klagenfurter AC in der Statistik

	Sp	T	A	P	Str.
Thomas Cijan	40	33	35	68	31
Edi Lebler	39	36	30	66	12
Tony Collard	40	27	30	57	28
Herbert Pöck	39	16	38	54	14
Rudi König	40	22	29	51	20
Werner Kerth	39	18	27	45	18
Manfred Mühr	39	16	19	35	30
Dave Shand	26	4	21	25	95
Erich Solderer	40	15	7	22	22
Hans Sulzer	40	4	16	20	83
Hans Fritz	32	2	17	19	116
Helmut Koren	36	7	9	16	20
Gert Kompajn	39	2	6	8	81
Manfred Edlinger	40	0	5	5	22
Richard Watzke	40	3	0	3	2
Jörg Rojsek	39	1	2	3	19
Hannes Scarsini	38	1	0	1	0
Martin Krainz	26	1	0	1	6
Robert Mack	35	0	1	1	0
Michael Bidovec	33	0	1	1	0

Weltmeisterschaft in Wien

Sikora, Sabetzki, Schweden!

Der Trainer konnte es nicht mit anschauen. Als es in Wien um die Entscheidung ging, saß Schwedens Coach Tommy Sandlin mutterseelenallein in der Mannschaftskabine. Mit dem Herz hat er schon längere Zeit Schwierigkeiten – und jetzt diese Dramatik. Sein Team hatte mit einem glanzvollen 9:0 gegen Kanada alles getan. Im letzten Spiel der Weltmeisterschaft 1987 lag das Schicksal Schwedens jetzt in anderen Händen. Im Ostblock-Duell konnte die ČSSR aus eigener Kraft Weltmeister werden, die UdSSR mit einem Sieg höher als dieses 9:0 ebenfalls, mit einem Punktgewinn aber zumindest die Skandinavier zum Champion machen. Tommy Sandlin tat gut daran, in der Kabine zu bleiben. Die ČSSR führte nach zehn Minuten mit 1:0 – war Weltmeister! Genau 43:02 durften sich die wiedererstarkten Schützlinge von Dr. Jano Starsi als Goldmedaillengewinner fühlen, dann gelang den Russen der Ausgleich. 1:1 – jetzt war Schweden Weltmeister. Der Titel geriet durch die müden Tschechoslowaken gegen die dominierenden Sowjets nicht mehr in Gefahr. Tommy Sandlin getraute sich auf die Tribüne und sah sogar noch den UdSSR-Siegtreffer. Wie vor zehn Jahren, damals hatten die Schweden mit einem Sieg über die Russen im letzten Spiel die ČSSR zum Weltmeister gemacht (!), saß der Weltmeister in Zivil auf der Tribüne!

Die WM 1987 hatte ein Happy-End. Dabei war in den Tagen vorher der Sport in den Hintergrund getreten. Der Skandal um die Sperre für den deutschen Spieler Miro Sikora beherrschte das Geschehen (siehe eigenes Kapitel auf den Seiten 102–104). Von Punktabzug für die Deutschen aus den gewon-

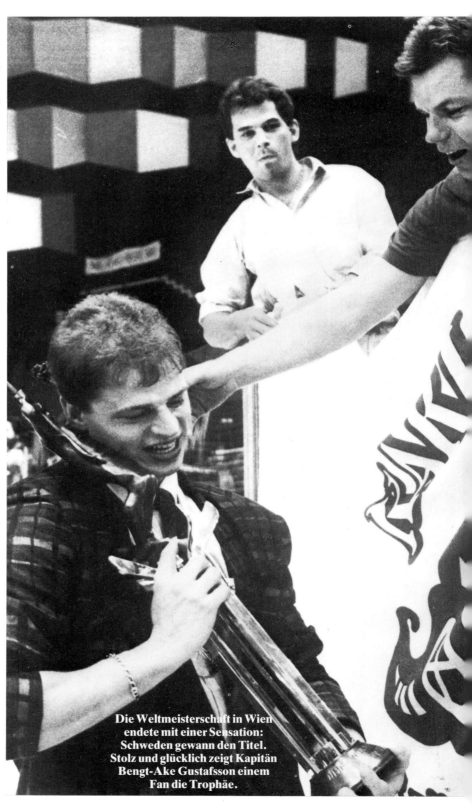

Die Weltmeisterschaft in Wien endete mit einer Sensation: Schweden gewann den Titel. Stolz und glücklich zeigt Kapitän Bengt-Ake Gustafsson einem Fan die Trophäe.

Weltmeisterschaft in Wien

nenen Spielen gegen Finnland und Kanada war die Rede. Eine Nation stand immer auf der Seite des DEB-Teams – Schweden! Der spätere Weltmeister wäre nämlich bei einem Punktabzug für Deutschland nicht einmal in die Endrunde gekommen!

Es hätte gar nicht des Skandals um die Sikora-Sperre bedurft, um die Weltmeisterschaft in Wien ins Gespräch zu bringen. Auch sportlich war nämlich einiges geboten. So zum Beispiel durch die Schützlinge von Xaver Unsinn. Der Bundestrainer präsentierte das stärkste Team seit Jahren, das bereits zum Auftakt gegen Schweden (0:3) und die UdSSR (0:7 nach 30 hervorragenden Minuten mit einem 0:0 bis dahin!) für Aufsehen sorgte und nur die Tore vermissen ließ. Die kamen bei einem 3:1 über Finnland. Was folgte, war ein historischer Sieg mit dem 5:3 über Kanada. Erstmals überhaupt besiegte eine DEB-Auswahl ein Profi-Team. Es war auch der erste WM-Sieg über Kanada! Zum ersten Mal rutschte den deutschen Spielern gegen Kanada nicht das Herz in die Hose, sie zeigten Mumm!

Damit war aber auch die Tür zur Finalrunde geöffnet. Deutschland war auf dem Weg, die kanadischen Profis in die Abstiegsrunde zu verbannen. Aber auch Schweden mußte nach einer Niederlage im skandinavischen Duell gegen Finnland zittern. Doch dann kam die Nacht, die das deutsche Team lähmte. Die Spieler diskutierten die Sikora-Sperre und den drohenden Punktabzug. Sie fanden keinen Schlaf und anschließend gegen die USA auch nicht ihre Form. Deutschland verlor, und damit auch die Finalrunde. Gestoppt wurde das Team nicht auf dem Eis, sondern von gewissenlosen IIHF-Funktionären! Nach Siegen über Neuling Schweiz, und mit einem abschließenden 2:2 gegen Finnland blieb wenigstens der gute Eindruck erhalten. Aber mehr als Platz sechs war möglich!

Aber, Hand aufs Herz: Mit Deutschland zum Beispiel anstelle von Kanada hätte die Finalrunde an Wert verloren. Die Dramatik war ja wirklich nicht zu überbieten. »Safety first« hieß allerdings zunächst die Losung. Die ermöglichte den kanadischen Profis ein 0:0 gegen Titelverteidiger UdSSR. »Die Kanadier sind nicht zu unterschätzen«, hatte ČSSR-Fachmann Karel Gut schon vorher orakelt. Sie stellten zwar wirklich nur ein zweitklassiges Team, aber mit sehr vielen erstklassigen Leuten in der Defensive. Wäre nur ein Torjäger vom Schlage eines Mario Lemieux dabeigewesen...

Aber auch die Russen gingen nicht aus sich heraus. Sie hatten Angst. Angst vor einem Gegentreffer, der gegen »diese« Kanadier vielleicht nicht aufzuholen wäre. Sie hatten »weiche Knie« (das kennen wir seit Jahren), weil es um die Entscheidung ging. Ein Punktverlust im ersten Spiel, das war zu verschmerzen. Es kamen ja noch zwei Runden. Doch die Angst blieb. Sie blieb beim 2:2 gegen Schweden, und Glanz war auch beim 2:1 gegen die ČSSR nicht zu sehen. Bei Punktgleichheit und dem 2:2 im direkten Duell entschied das bessere Torverhältnis schließlich für Schweden. Und UdSSR-Coach Viktor Tichonow jammerte wieder einmal: »Das System ist grausam, der Beste darf nicht Weltmeister werden.«

IIHF-Präsident Dr. Günther Sabetzki mag recht haben, wenn er meint, »vielleicht brauchen die Russen einmal einen anderen Trainer«. Doch der scheint nicht verfügbar zu sein. Als allgemein die Ablösung von Tichonow nach dem vierten großen Mißerfolg (Verlust von Olympia-Gold 1980, Niederlage beim Canada Cup 1984, WM-Titelverluste 1985 und 1987) erwartet wurde, da bestätigte die sowjetische Nachrichtenagentur TASS, daß Tichonow im Amt bleibe »und 28 Kandidaten für die neue Saison teste«. Statt dessen wird der Spielmodus bei der nationalen Meisterschaft geändert. Das Finale spielen die vier besten Mannschaften in einer Endrunde jeder gegen jeden. Dem Alleingang von ZSKA Moskau wird der Kampf angesagt, die Weltmeisterschaft simuliert!

Die Russen dürfen sich eigentlich nicht beschweren, die anderen Verbände dagegen auf die Schulter klopfen: Schließlich war der Spielmodus mit der Finalrunde eingeführt worden, um die übermächtige UdSSR zu stoppen und der WM Spannung bis zum Schluß zu erhalten. Auch in Wien wäre die Sowjetunion mit drei Punkten Vorsprung vor der ČSSR und sechs vor Schweden (!) in die letzten Spiele gegangen und wäre vorzeitig Weltmeister gewesen. Was den Sowjets in erster Linie fehlt, das ist die Kühle und Cleverneß der Schweden, wenn es darauf ankommt.

Die Skandinavier waren ihrer Zeit eigentlich voraus. 1989, wenn sie in Stockholm Gastgeber sind, da wollten sie ursprünglich den Weltmeistertitel erstmals wieder ins Auge fassen. 1987 (erstmals wieder nach 25 Jahren!) kamen sie dazu, wie die Jungfrau zum Kind. Zum Glück gehörte natürlich auch Können. Da fand Torhüter Peter Lindmark wieder zu alter Form, stützten sich die Skandinavier auf hervorragende Verteidiger wie Anders Eldebrink, Mats Kihlström, Tommy Albelin und Robert Nordmark, hatten sie im Sturm eine hervorragende Mischung von coolen Taktikern, großen Kämpfern und gefährlichen Torjägern. Eine Mischung, die von den Profis Bengt-Ake Gustafsson, Hakan Loob und Tomas Sandström angeführt wurde. Und die Schweden gaben nie auf. In der Finalrunde erzielten sie gegen die ČSSR 39 Sekunden vor Schluß den Ausgleich zum 3:3, gegen die UdSSR 101 Sekunden vor dem Ende das Tor zum 2:2. Und gegen Kanada, da spielten sie wie im Rausch, demolierten eine desolate Profi-Truppe, die sich nach einem 0:3-Rückstand nach dem ersten Drittel aufgab. »Da spielten zwei wie im Rausch«, klagte ein ČSSR-Kollege doppeldeutig. Tommy Sandlins Partner im Trainer-Gespann, Curt Lindström, sah dieses 9:0 freilich anders: »Sie haben heute den schwedischen Stil gesehen, eine exzellente Kombination aus Verteidigung und Angriff.«

Die ČSSR wurde kurz vor dem großen Ziel gestoppt, doch die Schützlinge von Trainer Dr. Jano Starsi gehörten dennoch zu den Gewinnern von Wien. Es

Weltmeisterschaft

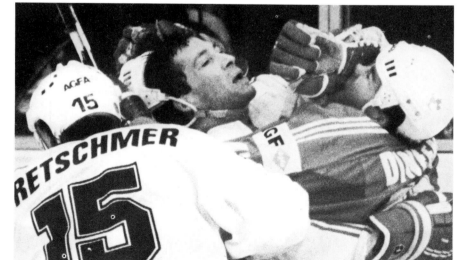

Weltmeisterschaft in Wien

»Dicke Luft« herrschte erst vor dem deutschen Tor, dann überhaupt beim WM-Turnier in Wien. Doch das DEB-Team wußte sich in allen Lagen zu wehren. Zum Beispiel gegen Kanada (Bilder links), als der erste WM-Sieg über die Profis gelang (!), aber auch gegen die UdSSR (unten Udo Kießling mit Alexander Semak), trotz des 0:7. Auch ein Schweizer fiel auf: Gaeton Boucher präsentierte stolz seinen Bart – den schönsten der Weltmeisterschaft.

war ja wirklich ein Wechselbad der Gefühle, das die ČSSR in den letzten Jahren durchmachte. 1985 Weltmeister, 1986 in der Abstiegsrunde und jetzt 1987 wieder oben, wenn auch am Schluß nur Bronze blieb. Doch das Gewitter in der ČSSR nach der Moskau-Pleite von 1986 hatte reinigende Kraft gehabt. Einige Stars mußten gehen, dafür kamen junge, kampfkräftige Heißsporne. Sie prägten den neuen Stil der ČSSR: Statt hoher Spielkunst dominiert mutiger Kampfgeist. Ein Stil, wie er heute eher zum Erfolg führt. Und wenn noch ein bißchen mehr Spielkunst dazu kommt, dann stehen die Türen zum Weg nach ganz oben offen. Ihr Rückhalt ist der 22jährige Torhüter Dominik Hasek.

Mut, Kampfgeist, Durchsetzungsvermögen – das fehlte dem Neuling. Die Schweiz mußte wie vorher schon die DDR und Polen erkennen, daß der Sprung von der Gruppe B zur Elite der Gruppe A unheimlich groß ist. »Da mußt du immer 110 Prozent deiner Leistung bringen, und wer kann das schon«, sinnierte Trainer Simon Schenk. Gleich im ersten Spiel hatte der Neuling Weltmeister UdSSR fünf Treffer »eingeschenkt« und für Aufsehen gesorgt, aber es blieb bei anfänglichen Achtungserfolgen. Der Schweiz blieb nur die Rolle des Prügelknaben, gebeutelt von Verletzungen und internen Querelen. Den nationalen Stars wurden ihre Grenzen aufgezeigt. Flügelflitzer Jörg Eberle tauchte völlig unter. Aber wer national zu den Häuptlingen zählt, dem fällt es halt schwer, international plötzlich den Indianer zu spielen. Ohne ein einziges Pünktchen erobert zu haben, verabschiedete sich die Schweiz aus dem Konzert der Großen.

Doch für wie lange? Die Olympischen Spiele 1988 in Calgary geben noch einmal Gelegenheit zum Lernen, und 1989 soll der Wiederaufstieg gelingen. So kalkulieren zumindest die Eidgenossen, denn für 1990 haben sie den Zuschlag zur Austragung der A-Weltmeisterschaft (Bern) erhalten. Und da wollen sie ja schließlich dabeisein!

Dramatische und interessante Spiele auf dem Eis, gute Stimmung auf den vollbesetzten Rängen (Umsatz über 30 Millionen Schilling bei 105 000 Zuschauern), die Weltmeisterschaft in Wien hätte für das Eishockey ein Gewinn sein können. Sie wurde zumindest für den Weltverband ein Verlust. Ein Richter mußte die IIHF-Funktionäre dazu zwingen, den Weg zurück zum Sport zu vollziehen. Der »Fall Sikora« brachte den Verband in ein schiefes Licht und ließ auch Präsident Dr. Günther Sabetzki zu einem Verlierer werden. Die drei großen »S« (Sikora, Sabetzki, Schweden) beherrschten das Geschehen. Dazu paßte, daß der Amerikaner Scott Young des Dopings überführt wurde. Für einen versöhnlichen Abschluß sorgten die Schweden aber auch bei ihrer Präsentation der nächsten WM-Stadt Stockholm, wo eine riesige, spektakuläre Halle gebaut wird: »Der Gerichtshof hat dann geschlossen«, verkündeten sie schmunzelnd.

Klaus-Peter Knospe

Weltmeisterschaft in Wien

Die WM in Wien hatte packende Momente – auch auf dem Eis. Und sie fand ein tragisches Ende für den Favoriten aus der UdSSR. Traurig schüttelten die Cracks der »Sbornaja« am Ende den Weltmeistern aus Schweden die Hand (rechts unten). Bis es soweit war, gab es »fliegende Einlagen« (oben Vlk gegen Kihlström), Tore (Fetisow gegen Hasek, oben rechts), heftige Gerangel (unten links im »Bruderkampf« zwischen USA und Kanada) und tolle Torhüterparaden (rechts). Die Amerikaner waren übrigens ein Abstiegskandidat. Erst Profi-Torhüter John Vanbiesbrouck verschaffte den US-Boys Sicherheit. Mit den Leistungen der Spieler konnten die Schiedsrichter nicht mithalten. Die »Zebras« ernteten zeitweise heftige Kritik.

Weltmeisterschaft in Wien

Weltmeisterschaft in Wien

Statistik der WM

Der Computer hatte bei der Weltmeisterschaft in Wien wieder Schwerarbeit zu leisten. Wie im Eishockey so üblich, wurde alles gezählt, was irgendwie zählbar ist. Allein 40 Mann hatten die Veranstalter zur Erstellung der Statistiken aufgeboten. Einen Teil davon bieten wir auf diesen Seiten sowie auf Seite 161 bei den WM-Tabellen.

Und das bedeuten unsere Angaben in den untenstehenden offiziellen Bilanzen: Sp. = Anzahl der absolvierten Spiele, T. = Tore, A. = Vorlagen zu Toren (Assists), P. = Skorerpunkte, S. = wie viele Schüsse auf das gegnerische

Schweden

Name	Sp.	T.	A.	P.	S.	Q.	Str.	B.
Bengt-Ake Gustafsson	10	3	8	11	21	14,29	4	111:97
Tomas Sandström	8	4	6	10	38	10,53	6	0:2
Hakan Loob	8	5	4	9	30	16,67	4	0:1
Hakan Södergren	10	3	6	9	24	12,50	12	3:0
Tom Eklund	10	4	3	7	36	11,11	8	3:3
Anders Carlsson	10	4	3	7	25	16,00	6	78:75
Mikael Andersson	10	4	2	6	27	14,81	10	21:16
Tommy Albelin	10	1	5	6	35	2,86	12	1:0
Anders Eldebrink	10	3	2	5	39	7,69	4	0:0
Mats Kihlström	9	2	3	5	42	4,76	12	0:0
Peter Andersson	10	0	5	5	20	0,00	8	1:0
Lars-Gunn Pettersson	7	2	2	4	17	11,76	2	0:0
Jonas Bergqvist	9	1	3	4	20	5,00	4	3:2
Lars Karlsson	8	2	1	3	44	4,55	10	0:0
Matti Pauna	9	2	1	3	13	15,38	0	2:1
Robert Nordmark	9	1	2	3	38	2,63	16	0:2
Thomas Rundquist	10	1	2	3	14	7,14	14	100:106
Peter Sundström	10	1	1	2	21	4,76	6	1:3
Lars Molin	9	1	1	2	15	6,67	8	44:52
Lars Magnus Svensson	2	0	0	0	8	0,00	4	0:0
Peter Lindmark	7	0	0	0	0	0,00	0	0:0
Ake Lilljebjörn	4	0	0	0	0	0,00	0	0:0

UdSSR

Name	Sp.	T.	A.	P.	S.	Q.	Str.	B.
Wladimir Krutow	10	11	4	15	46	23,91	8	21:32
Sergej Makarow	10	4	10	14	27	14,81	8	2:2
Igor Larionow	10	4	8	12	39	10,26	2	82:60
Wjatscheslaw Bykow	10	5	6	11	32	15,63	0	63:85
Wjatscheslaw Fetisow	10	2	8	10	42	4,76	2	0:1
Valeri Kamenski	10	5	3	8	36	13,89	6	1:0
Alexej Kasatonow	10	3	5	8	44	6,82	8	2:1
Sergej Swetlow	10	5	1	6	28	17,86	8	2:0
Sergej Starikow	10	4	2	6	20	20,00	8	0:0
Andrej Chomutow	9	2	4	6	25	8,00	6	4:5
Igor Stelnow	10	1	3	4	27	3,70	8	0:0
Anatoli Semenow	10	2	1	3	23	8,70	16	81:75
Mikhail Wasiljew	10	1	2	3	24	4,17	11	7:9
Alexej Gusarow	10	1	2	3	19	5,26	8	0:0
Juri Chmylew	10	1	1	2	20	5,00	8	1:2
Sergej Priakhin	8	0	2	2	15	0,00	8	6:10
Zinatula Belljaletdinow	3	0	2	2	7	0,00	4	0:0
Alexander Semak	10	1	0	1	22	4,55	4	56:47
Wasili Pervukhin	7	0	1	1	10	0,00	0	0:0
Mikhail Warnakow	2	0	0	0	3	0,00	0	3:0
Sergej Mylnikow	1	0	0	0	0	0,00	0	0:0
Evgeny Beloshejkin	9	0	0	0	0	0,00	0	0:0

CSSR

Name	Sp.	T.	A.	P.	S.	Q.	Str.	B.
Dusan Pasek	10	6	2	8	53	11,32	2	113:94
Libor Dolana	10	6	0	6	33	18,18	0	1:6
Jiri Hrdina	10	3	3	6	45	6,90	6	67:88
Vladimir Ruzicka	10	3	3	6	40	7,50	10	69:89
Igor Liba	10	2	3	5	18	11,11	12	2:3
Miloslav Horava	10	1	4	5	26	3,85	4	0:1
David Volek	10	3	1	4	30	10,00	2	0:4
Petr Rosol	8	3	1	4	12	25,00	4	0:0
Jiri Sejba	10	1	3	4	19	5,26	12	3:4
Ludek Cajka	9	1	2	3	17	5,88	10	0:0
Jiri Dolezal	9	1	2	3	15	6,67	6	4:6
Petr Vlk	10	1	2	3	15	6,67	10	5:1
Antonin Stavjana	9	1	1	2	14	7,14	8	0:0
Jiri Kucera	10	0	2	2	24	0,00	11	68:88
Jaroslav Benak	10	0	2	2	18	0,00	10	0:0
Bedrich Scerban	10	0	2	2	12	0,00	14	0:0
Drahomir Kadlec	5	0	2	2	8	0,00	2	0:0
Frantisek Cerny	10	0	1	1	15	0,00	8	5:5
Mojmir Bozik	7	0	1	1	10	0,00	8	0:0
Rostislav Vlach	3	0	1	1	8	0,00	2	2:5
Dominik Hasek	9	0	0	0	0	0,00	0	0:0
Jaromir Sindel	1	0	0	0	0	0,00	0	0:0

Kanada

Name	Sp.	T.	A.	P.	S.	Q.	Str.	B.
Anthony Tanti	10	6	2	8	40	15,00	6	1:1
Dino Ciccarelli	10	4	2	6	27	14,81	2	2:1
Kevin Dineen	9	4	2	6	24	16,67	20	5:3
Barry Pederson	10	2	3	5	29	6,90	2	93:59
Dan Quinn	10	2	2	4	27	7,41	12	86:55
Troy Murray	10	2	2	4	13	15,38	14	108:59
Brian Bellows	10	1	3	4	25	4,00	8	6:5
Mike Foligno	10	0	4	4	23	0,00	34	3:2
Keith Acton	10	3	0	3	21	14,29	2	109:75
Zarley Zalapski	10	2	1	3	36	0,00	2	0:0
Dirk Graham	9	0	3	3	19	0,00	0	0:1
Larry Murphy	6	0	3	3	12	0,00	4	0:0
Kirk Muller	10	0	2	2	24	8,33	8	25:24
Douglas Bodger	10	1	1	2	28	3,57	4	0:1
Alan Secord	10	0	2	2	18	0,00	16	0:1
Craig Hartsburgh	10	0	1	1	52	0,00	14	2:0
James Patrick	8	0	1	1	33	0,00	2	1:0
Scott Stevens	2	0	1	1	4	0,00	0	0:0
Bruce Driver	8	0	0	0	25	0,00	4	0:0
Robert Rouse	4	0	0	0	7	0,00	0	0:0
Sean Burke	5	0	0	0	0	0,00	0	0:0
Patrick Riggin	0	0	0	0	0	0,00	0	0:0
Robert Froese	5	0	0	0	0	0,00	0	0:0

Weltmeisterschaft in Wien

Tor, Q. = Erfolgsquote, Str. = Strafminuten, B. = Bilanz bei den Bullys (gewonnen – verloren).

Im übrigen offenbaren die Statistiken, daß die UdSSR wohl doch die beste Mannschaft des Turniers war. Die Sowjets waren Beste im Überzahlspiel, bei Unterzahl, bei der Abwehrarbeit (2. Deutschland!), in der Schußbilanz und in der Torhüter-Statistik. Nur einmal überließen die Sowjets Platz eins einem anderen Team: Kanada zeigte sich bei den Bullys überlegen (2. wieder Deutschland).

Überzahlspiel: 1. UdSSR, Erfolgsquote 49,44 Prozent, 2. USA 32,18, 3. CSSR 23,03, 4. Finnland 19,54, 5. Schweden 19,23, 6. Kanada 16,69, 7. Deutschland 13,96, 8. Schweiz 12,43. Unterzahlspiel: 1. UdSSR, Erfolgsquote 87,74 Prozent, 2. USA 82,59, 3. Schweden 82,25, 4. Kanada 78,77, 5. CSSR 78,58, 6. Finnland 77,22, 7. Deutschland 63,67, 8. Schweiz 62,22.

Finnland

Name	Sp.	T.	A.	P.	S.	Q.	Str.	B.
Pekka Järvelä	10	4	5	9	37	10,81	8	109:103
Jari Torkki	10	5	2	7	35	14,29	12	0:0
Risto Kurkinen	9	3	3	6	41	7,32	0	1:1
Janne Ojanen	8	3	3	6	17	17,65	9	60:69
Teppo Numminen	10	5	0	5	24	20,83	4	0:0
Timo Susi	10	2	3	5	36	5,56	4	4:2
Kari Jalonen	10	2	3	5	16	12,50	0	15:30
Pekka Laksola	10	0	5	5	22	0,00	6	0:0
Timo Jutila	9	1	3	4	24	4,17	4	0:1
Hannu Virta	8	0	4	4	16	0,00	4	0:1
Risto Jalo	9	0	4	4	14	0,00	10	70:83
Jarmo Kuusisto	7	1	2	3	16	6,25	12	0:0
Raimo Summanen	10	2	0	2	35	5,71	2	0:1
Iiro Järvi	8	2	0	2	21	9,52	10	1:0
Petri Skriko	10	1	1	2	31	3,23	2	2:2
Jukka Virtanen	7	0	2	2	18	0,00	10	0:0
Reijo Mikkolainen	5	1	0	1	8	12,50	6	0:1
Christian Ruuttu	10	0	0	0	24	0,00	18	78:62
Arto Ruotanen	9	0	0	0	18	0,00	8	0:0
Jukka Seppo	9	0	0	0	9	0,00	2	2:0
Hannu Kamppuri	3	0	0	0	0	0,00	0	0:0
Jarmo Myllys	8	0	0	0	0	0,00	0	0:0
Juka Tammi	0	0	0	0	0	0,00	0	0:0

Deutschland

Name	Sp.	T.	A.	P.	S.	Q.	Str.	B.
Gerd Truntschka	10	3	8	11	35	8,57	13	139:116
Helmut Steiger	10	5	5	10	38	13,16	12	3:5
Udo Kießling	10	5	3	8	58	8,62	18	0:0
Dieter Hegen	8	5	2	7	26	19,23	4	12:13
Roy Roedger	9	5	0	5	25	20,00	2	5:1
Daniel Held	10	1	3	4	21	4,76	4	3:0
Manfred Wolf	9	1	3	4	15	6,67	6	65:69
Andreas Niederberger	10	0	4	4	29	0,00	12	0:2
Georg Holzmann	8	1	2	3	20	5,00	10	34:36
Ernst Höfner	10	0	2	2	16	0,00	17	109:89
Harold Kreis	10	1	0	1	25	4,00	4	0:1
Manfred Ahne	10	0	1	1	24	4,17	4	2:6
Dieter Medicus	9	1	0	1	14	7,14	8	0:0
Axel Kammerer	10	0	1	1	36	0,00	0	0:1
Manfred Schuster	10	0	1	1	13	0,00	4	0:0
Joachim Reil	5	0	1	1	6	0,00	2	0:0
Horst-Peter Kretschmer	8	0	0	0	24	0,00	11	2:0
Georg Franz	6	0	0	0	7	0,00	0	1:1
Marcus Kuhl	4	0	0	0	1	0,00	0	0:1
Helmut de Raaf	5	0	0	0	0	0,00	0	0:0
Karl Friesen	5	0	0	0	0	0,00	0	0:0
Josef Schlickenrieder	0	0	0	0	0	0,00	0	0:0
Disqualifiziert:								
Miro Sikora	4	2	1	3	18	11,11	2	0:1

USA

Name	Sp.	T.	A.	P.	S.	Q.	Str.	B.
Aaron Broten	10	5	6	11	47	10,64	6	21:17
Brian Leetch	10	4	5	9	27	14,81	4	0:0
Mark Johnson	10	3	6	9	33	9,09	8	74:58
Bryan Erickson	10	4	4	8	31	12,90	8	1:0
Edward Olczyk	10	4	3	7	27	14,81	10	0:3
Brian Lawton	8	3	3	6	20	15,00	6	1:8
Tony Granato	9	2	3	5	26	7,69	12	67:46
Jimmy Carson	10	2	3	5	23	8,70	4	50:72
Tom Kurvers	10	3	1	4	21	14,29	11	0:0
Bob Carpenter	10	2	2	4	32	6,25	8	53:62
Ron Wilson	10	1	3	4	32	3,13	12	1:0
Bob Brooke	10	2	1	3	30	6,67	10	7:17
Clark Donatelli	9	1	2	3	14	7,14	6	4:3
Kevin Stevens	8	1	1	2	16	6,25	10	0:2
Craig Janney	10	1	0	1	8	12,50	0	39:43
Gord Roberts	10	0	1	1	7	0,00	33	0:0
Jim Johnson	10	0	0	0	17	0,00	28	0:0
Craig Wolanin	9	0	0	0	9	0,00	32	0:0
Lane McDonald	2	0	0	0	2	0,00	0	0:0
Mike Richter	2	0	0	0	0	0,00	0	0:0
Chris Terreri	2	0	0	0	0	0,00	0	0:0
John Vanbiesbrouck	7	0	0	0	0	0,00	0	0:0
Disqualifiziert:								
Scott Young	4	0	1	1	4	0,00	2	2:3

Schweiz

Name	Sp.	T.	A.	P.	S.	Q.	Str.	B.
Peter Jaks	10	3	4	7	35	8,57	6	0:4
Alfred Lüthi	10	3	2	5	16	18,75	0	97:137
Gaetan Boucher	7	3	2	5	15	20,00	12	67:64
Reto Dekumbis	8	3	2	5	11	27,27	8	0:1
Peter Schlagenhauf	7	3	1	4	12	25,00	2	1:1
Bruno Rogger	10	2	2	4	21	9,52	8	0:2
Pietro Cunti	10	2	2	4	18	11,11	6	55:95
Manuele Celio	8	1	3	4	13	7,69	2	0:0
Roman Wäger	9	1	2	3	23	4,35	2	9:19
Andreas Ritsch	10	2	0	2	18	11,11	4	0:0
Jakob Kölliker	10	1	1	2	25	4,00	8	0:2
Sandro Bertaggia	9	0	2	2	12	0,00	13	0:0
Thomas Vrabec	9	1	0	1	17	5,88	4	2:6
Marco Müller	6	1	0	1	10	10,00	4	0:0
Jörg Eberle	10	0	1	1	26	0,00	5	0:1
Gil Montandon	8	0	1	1	14	0,00	6	59:67
Thomas Müller	4	0	1	1	1	0,00	2	1:5
Fausto Mazzoleni	10	0	0	0	11	0,00	8	0:0
Eduard Rauch	7	0	0	0	6	0,00	4	0:0
Patrice Brasey	6	0	0	0	2	0,00	9	2:0
Renato Tosia	3	0	0	0	0	0,00	0	0:0
Richard Bucher	5	0	0	0	0	0,00	0	0:0
Oliver Anken	6	0	0	0	0	0,00	0	0:0

Weltmeisterschaft in Wien

Der Richter spielte mit

Eishockey spielte bei der Weltmeisterschaft in Wien größtenteils nur eine Nebenrolle. Der Krach um die Sperre von Miro Sikora und der damit zunächst vom Weltverband verfügte Punktabzug für Deutschland beherrschte eine Woche lang das Geschehen. Der DEB ging schließlich als Sieger hervor – und war doch der Verlierer. Das Hickhack um Spielberechtigung oder nicht, um Punktabzug oder nicht, hatte der Mannschaft den Wind aus den Segeln genommen, hatte sie auf dem Weg in die Finalrunde gestoppt. Und der DEB hatte den Spieler Sikora verloren. Enttäuscht kehrte der gebürtige Pole vorzeitig nach Köln zurück. Gerade war er nach einer Verletzung wieder in Form gekommen. Dann kam die Sperre. Er mußte sich als Lügner beschimpfen lassen und hatte doch die Sympathien auf seiner Seite. Die Mannschaft stand hinter ihm, und Sikora machte ihnen von der Heimat aus ein Kompliment: »Diese Jungs, die in Wien geblieben sind und dort kämpfen – die sind für mich die Größten!«

Viele Fans in Deutschland fragten sich angesichts des Skandals, »warum das Ganze?« Bisher stand Miro Sikora (er hat seinen Vornamen Miroslaw bei der Ausstellung eines deutschen Passes in Miro – »So sagt doch sowieso jeder zu mir« – offiziell abgeändert) schließlich auch nicht zur Debatte. Der DEB wurde aktiv, als beim IIHF-Kongreß im Sommer 1986 in Colorado Springs auf Antrag der Finnen (!) und Schweden ein Antrag eingebracht wurde, daß sich Junioren nicht mehr für eine Nation festspielen. Bis dahin war es so gewesen, daß ein Spieler, der für ein Land bei einer offiziellen IIHF-Meisterschaft mitgewirkt hatte, egal, ob als Junior oder Senior, für kein zweites mehr spielen konnte. Sikora war für Polen schon mal bei einer Weltmeisterschaft dabei, war also für Deutschland tabu. Bis zu diesem Kongreß eben. Die Finnen und Schweden wollten eine Lockerung des Paragraphen, weil sie viele »Grenzgänger« haben, die als Jugendliche zum Beispiel in Finnland leben, mit ihren Eltern später aber oft nach Schweden umziehen (oder umgekehrt). Im offiziellen Pressedienst der IIHF, der von Präsident Dr. Günther Sabetzki selbst redigiert wird, liest sich die Entscheidung so:

»Gelockert wurde der Artikel, wonach ein Spieler an einer Welt- oder Europameisterschaft nicht für zwei verschiedene Nationen teilnehmen darf. Dies gilt nun nur noch jeweils für die Junioren- oder Senioren-Meisterschaft. Ein Junior kann demnach bei einer Senioren-Weltmeisterschaft für ein zweites Land spielen, auch wenn er bereits an einer Junioren-Meisterschaft für eine andere Nation teilgenommen hat.«

So hatten auch die in Colorado anwesenden DEB-Funktionäre den Entscheid gesehen und wurden in Sachen Sikora, des gebürtigen Polen, initiativ. Nun konnte er ja für Deutschland spielen, wurde deutscher Staatsbürger und spielte ja auch bereits seit zehn Jahren in der Bundesliga. Andere Kongreß-Mitglieder wollten die Entscheidung allerdings so nicht getroffen haben, innerhalb der IIHF wußten plötzlich einige nicht, was wirklich beschlossen worden war. Die Pressemitteilung ist natürlich kein offizieller Gesetzestext. Aber er war der Ursprung des Skandals! Heute gilt, daß eine Altersgrenze bei 18 Jahren gezogen wird, daß also ein Jugendlicher, der bei einer Europameisterschaft (nicht WM!) dabei war, als Senior für eine andere Nation spielen kann.

Aufgrund des damaligen Kenntnisstandes beantragte der DEB aber eine Spielberechtigung für Miro Sikora. Der DEB verschleierte nichts, merkte sogar an, daß Sikora für Polen international gespielt habe. Unklar wäre, ob er an einer Weltmeisterschaft teilgenommen habe. Hier gab es nämlich eine kuriose Situation. Sikora spielte für Polen bei der ersten Junioren-Weltmeisterschaft 1976 in der ČSSR. Doch es gibt unterschiedliche Aussagen, ob das Turnier von vornherein als Weltmeisterschaft deklariert war, erst während des Verlaufs dazu erhoben wurde oder sogar erst nachträglich zur Weltmeisterschaft erklärt wurde! Bis dahin hatte es nur Einladungsturniere gegeben. Die IIHF erteilte Sikora jedenfalls für Deutschland die Spielberechtigung, und Gene-

Weltmeisterschaft in Wien

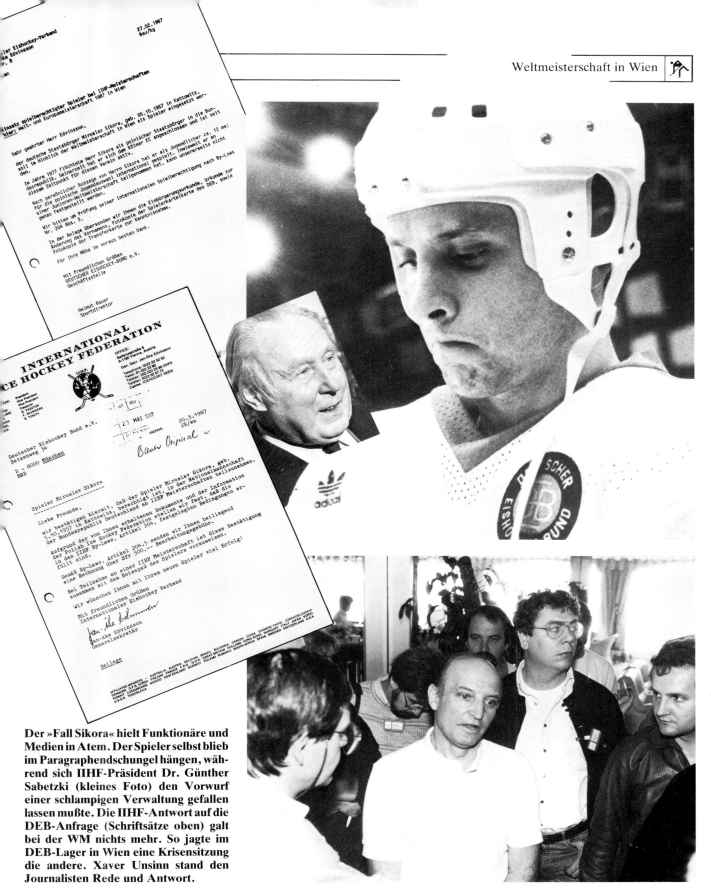

Der »Fall Sikora« hielt Funktionäre und Medien in Atem. Der Spieler selbst blieb im Paragraphendschungel hängen, während sich IIHF-Präsident Dr. Günther Sabetzki (kleines Foto) den Vorwurf einer schlampigen Verwaltung gefallen lassen mußte. Die IIHF-Antwort auf die DEB-Anfrage (Schriftsätze oben) galt bei der WM nichts mehr. So jagte im DEB-Lager in Wien eine Krisensitzung die andere. Xaver Unsinn stand den Journalisten Rede und Antwort.

Weltmeisterschaft in Wien

ralsekretär Jan-Ake Edvinsson schrieb: »Wir wünschen Ihnen mit Ihrem neuen Spieler viel Erfolg!«

Den Erfolg hatte sich der DEB freilich anders vorgestellt. Als Finnland gegen Deutschland 1:3 verloren hatte und Gefahr lief, die Finalrunde und damit auch die Qualifikation für den Canada Cup zu verlieren, da nutzten die finnischen Funktionäre die unsichere Rechtsposition. Sie wiesen nach, daß Sikora bei einer Weltmeisterschaft für Polen gespielt habe und so für Deutschland nicht mehr spielberechtigt wäre. Das IIHF-WM-Direktorat tagte und urteilte mit 11:3 Stimmen gegen Deutschland. Sperre für Sikora und Punktabzug für Deutschland aus den gewonnenen Spielen gegen Finnland und mittlerweile auch Kanada. Dies war sogar ein Kompromiß, denn zur Wahl stand auch der Ausschluß Deutschlands aus der A-Gruppe. Die einzige vernünftige Lösung wäre allerdings der dritte Vorschlag gewesen, dem DEB-Team die Punkte zu belassen, Sikora aufgrund neuer Erkenntnisse aber zu sperren. Diesen Vorschlag griff nicht einmal der DEB auf. Präsident Otto Wanner: »Ich konnte doch nicht für die Sperre meines Spielers plädieren, der die Spielberechtigung hat.«

Für die Mannschaft wurde nach dem Schock dieses Urteils die Nacht ebenso zum Tage wie für die DEB-Funktionäre. Sie ließen Rechtsanwalt Otto Müller aus München kommen, und DEV-Präsident Dr. Herbert Kunze eilte zur Verstärkung herbei. IIHF-Präsident Dr. Günther Sabetzki selbst riet dem DEB, vor ein ordentliches Gericht zu gehen. Und beim Landesgericht Wien zeigte Richter Dr. Fritz Klebermaß Augenmaß. »Was wolln's denn, da steht doch, er darf spielen«, beschied er den IIHF-Funktionären schon beim ersten Blick auf das IIHF-Schreiben. Dort steht: »Wir bestätigen, daß der Spieler Miroslav Sikora... berechtigt ist, in der Nationalmannschaft der Bundesrepublik Deutschland an IIHF-Meisterschaften teilzunehmen.« Dieses Schreiben wurde allerdings von einigen IIHF-Funktionären als »private Meinung« von IIHF-Generalsekretär Edvinsson abgetan. Eine teure Meinung mit 500 Schweizer Franken Bearbeitungsgebühr!

Es war eine Schmierenkomödie, die in Wien geboten wurde. Bei allen Entscheidungen standen handfeste wirtschaftliche Interessen im Hintergrund. Der Protest von Finnland: Man wollte den Canada Cup retten, dort sind immerhin rund 1,5 Millionen Mark zu verdienen. Der Veranstalter: Man wollte Deutschland im Turnier halten, ansonsten hätte es bei einer Heimreise der bundesdeutschen Fans ein finanzielles Fiasko gegeben. Außerdem kam Deutschland in der Finalrunde nicht sehr gelegen, denn die war sowieso schon ausverkauft! Der Weltverband: Schließlich beugte man sich dem Spruch des Richters nur, weil unabsehbare finanzielle und personelle Konsequenzen gedroht hätten.

Aber auch bei allen Abstimmungen standen allein die einzelnen nationalen Interessen im Vordergrund. Zunächst stimmten nur die UdSSR (sie steht sportlich halt oben drüber) und Schweden für die Deutschen. Die Schweden hatten ureigene Interessen. Hätte Deutschland die Punkte verloren, wäre der spätere Weltmeister aus der Finalrunde geflogen!

Es bedurfte aber noch einiger Verhandlungen, und es kostete allen Beteiligten noch einige Stunden Schlaf, ehe tatsächlich der Sport wieder das Sagen hatte. Das WM-Direktorat hatte mit 8:6 Stimmen noch einmal die Stirn, gegen den Gerichtsbeschluß zu votieren. Der Weltverband ging gegen die einstweilige Verfügung, die der DEB erwirkt hatte, vor. Dabei war es gar nicht so einfach, den Beschluß rechtskräftig werden zu lassen. Die Hallenordner wollten dem DEB-Rechtsanwalt und dem Abgesandten des Gerichts den Eintritt verwehren, weil sie keine Eintrittskarten hatten! Auf der Tribüne konnte IIHF-Präsident Sabetzki dann aber doch das gerichtliche Papier in Empfang nehmen.

Aber erst, als Richter Dr. Klebermaß ein zweites Mal zu seiner ersten Entscheidung stand (kein Punktabzug für Deutschland), lenkten die IIHF-Funktionäre ein. Schließlich beugten sie sich in einer dritten Abstimmung mit 11:2 Stimmen dem Richter und dem DEB. Doch Sieger gab es eigentlich keine, ein Happy-End dennoch. Mit Schweden als Weltmeister hatte das Turnier auch seine sportliche Sensation, Finnland sicherte sich doch noch die Teilnahme am Canada Cup, und das DEB-Team konnte mit Platz sechs wenigstens noch ein bißchen sportlichen Erfolg vorweisen. Den Frust und die Enttäuschung verloren die deutschen Spieler allerdings bis zum Turnierende nicht. »Wir haben von der Finalrunde geträumt, und wir sind um sie betrogen worden«, war die resignierende Bilanz von Gerd Truntschka.

Ein gutes Gespür für die Sache hatten die Fans. Auf zahlreichen Transparenten ergriffen sie Partei für den Spieler, und »Sikora, Sikora« wurde zum neuen Schlachtruf des deutschen Publikums. Selbst bei einem Fußball-Bundesligaspiel in der Heimat erklang dieser Ruf von der Tribüne. Noch bei der Abschlußfeier mußten sich die IIHF-Funktionäre an ihre Fehlleistungen erinnern lassen. »Sikora, Sikora« tönte es lautstark von den Rängen.

Und erst Tage nach der WM war das Turnier für den Deutschen Eishockey-Bund wirklich erledigt. Der Weltverband und der DEB einigten sich auf einen Kompromiß, so daß es zu keiner Hauptverhandlung vor dem Landesgericht Wien kommen wird. Alle WM-Spiele werden gemäß Ausgang gewertet, die IIHF und der DEB verzichten gegenseitig auf Schadensersatzansprüche. Der DEB hat auch keine Sanktionen mehr zu erwarten, war doch kolportiert worden, der DEB könne nachträglich noch aus der A-Gruppe geworfen werden. Nicht mehr für Deutschland spielen wird Miro Sikora. Mit fünf Länderspielen hatte er eine kurze, aber spektakuläre Länderspielkarriere. Er wird einer der bekanntesten Spieler Deutschlands bleiben.

Klaus-Peter Knospe

Innig drückt Schwedens Kapitän Bengt-Ake Gustafsson die WM-Trophäe an sich. Die Skandinavier waren in Wien ein Sensations-Weltmeister. Genau 25 Jahre nach dem letzten Titelgewinn gewannen sie wieder! Bei der nächsten WM 1989 sind die Schweden Gastgeber in Stockholm.

Neuling Schweiz mußte bei der WM in Wien ohne Punktgewinn wieder absteigen. Die Schweizer Fans waren aber ein Gewinn! Die reizvolle »Luganeser Stimmung« zauberten sie auch auf die Ränge der Wiener Stadthalle. Gaeton Boucher (rechts) beeindruckte mit seinem Bart und überzeugte durch Leistung. – Bildreihe links: Mit einem fulminanten 9:0 gegen Kanada stellte Schweden die Weichen für den Titelgewinn. Kanadas Torhüter Paul Froese (hier gegen Torjäger Hakan Loob) konnte einem leid tun (oben). Gegen die Sowjets blieben die Schweden ohne Sieg (Mitte)! Der Modus machte es dennoch möglich, daß sie Weltmeister wurden. Das große Duell UdSSR – Kanada gehörte nicht unbedingt zu den Höhepunkten der WM. Die Profis trotzten den Russen im ersten Spiel der Endrunde aber immerhin ein 0:0 ab – der Anfang vom Ende der »Sbornaja« (unten).

Die deutsche Mannschaft brachte sich erst sportlich ins Gespräch, dann beschäftigte der »Fall Sikora« Funktionäre und Öffentlichkeit. Ein »historischer Sieg« gelang gegen Kanada. Da durften die Trainer Unsinn´und Hejma nach dem 5:3 jubeln. Roy Roedger erzielte einen kuriosen Treffer. Alle fielen vor Kanadas Tor hin, der Puck aber trudelte hinter die Linie (Bilder links)! Beeindruckend auch das 3:1 über Finnland. Hervorragend hielt Torhüter Helmut de Raaf (oben). Miro Sikora (oben, Nr. 7, und unten) war nach vier Spielen gesperrt.

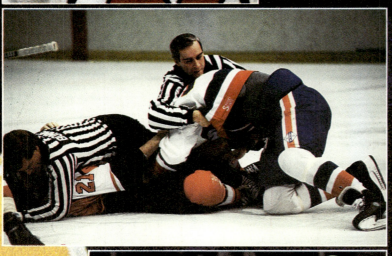

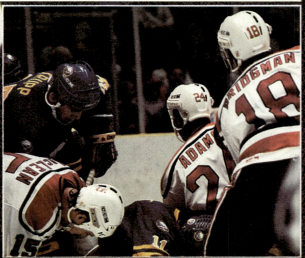

Drei Deutsche spielten in der vergangenen Saison in der National Hockey League. Am meisten Furore machte der Neuling Uwe Krupp (rechts). Zuerst ließ er kurz vor Saisonbeginn den Kölner EC im Stich, dann beeindruckte er bei den Buffalo Sabres. Die Spieler der New Jersey Devils verbeugten sich ehrfürchtig vor ihm (unten links). Am Ende landete Krupp aber – wie Uli Hiemer bei den Devils – doch im Farmteam. Mit Rochester gewann er aber den »Stanley-Cup der Farmteams«, den Calder-Cup. Karl Friesen (oben links) hatte im Dezember die Nase voll von der NHL, er kehrte nach Rosenheim zurück. Die NHL-Saison hatte es aber in sich. Vielfach wurde jedoch die Härte angeprangert. Die New York Islanders und Philadelphia Flyers versuchten auch, den Sieger im Ringkampf zu ermitteln (Mitte links).

Da fliegt Manfred Wolf (oben), da jubelt Ernst Höfner (rechts): Schon im Vorfeld der Weltmeisterschaft gelang der deutschen Nationalmannschaft ein »historischer Sieg«: Am 28. März in Kaufbeuren wurde mit 5:2 erstmals eine UdSSR-Auswahl geschlagen!

Nationalmannschaft

Es war ein historisches Jahr!

Das Jahr 1987 wird im deutschen Eishockey in die Geschichte eingehen und denen, die dabei waren, ewig in Erinnerung bleiben. Es war ein historisches Jahr für die Nationalmannschaft mit zwei markanten Daten: Am 28. März gelang in Kaufbeuren erstmals ein Sieg über eine UdSSR-Auswahl. Das 5:2 geht in die Geschichte ein, auch wenn die Sowjets nicht ihre erste Garnitur zur Stelle hatten. Am 21. April wieder ein Sieg »für die Bücher«: Mit 5:3 gelang erstmals ein WM-Sieg über die kanadischen Profis.
Ein noch größerer Triumph blieb der Mannschaft leider verwehrt. Nach Siegen über Finnland und Kanada stand das DEB-Team bei der Weltmeisterschaft in Wien erstmals auf dem Sprung in die Finalrunde. Der »Fall Sikora« stoppte die Unsinn-Schützlinge. Ihr Motto muß sein: Aufgeschoben ist nicht aufgehoben.
Nach Jahren der Rezession ist bei der Nationalmannschaft wieder Optimismus angesagt. Die psychologische Bremse nach zwei siebten WM-Plätzen, daß man eben nicht besser sei, ist gelöst. Rang sechs war zwar auf dem

Nationalmannschaft

Papier nur eine minimale Verbesserung, aber der Leistungssprung auf internationaler Ebene war eigentlich viel größer. Allein schon die Tatsache, daß die Mannschaft ans Tor zur Finalrunde klopfte und nur durch juristische Winkelzüge von intrigierenden Funktionären gestoppt wurde, unterstreicht diese Einschätzung.

Das Umfeld des DEB-Teams hat sich verbessert. Die Länderspiele in Deutschland werden nicht mehr als »Feld-und-Wiesen-Eishockey« durchgeführt, sondern erhielten einen exklusiven Touch. Xaver Unsinn ist außerdem kein Alleinunterhalter mehr, sondern erhielt mit Peter Hejma einen idealen Assistenten. Hoffentlich bleibt der 43jährige, der als Ingenieur bei der Stadt Düsseldorf auch beruflich stark engagiert ist, noch einige Zeit bei der Stange. Er erwies sich als Glücksfall, als genau der Typ, den Xaver Unsinn so lange suchte. Fachlich stark, menschlich loyal und zurückhaltend. Keiner, der sich in den Vordergrund drängt, aber intern notfalls auch die Fäden in der Hand halten kann. Der ehemalige 35fache ČSSR-Nationalspieler, der 1968 mit seiner Frau Marta, einer ehemaligen Tischtennis-Europameisterin, flüchtete und sechs Jahre in der Jugendarbeit der Düsseldorfer EG tätig war, kommt auch bei der Mannschaft sehr gut an. Xaver Unsinn stöhnte ein ums andere Mal: »Gut, daß ich den Peter hab'.«

Eine gleich gute Errungenschaft war die Einführung einer B-Nationalmannschaft. Den Buchstaben »B« möchte Xaver Unsinn zwar am liebsten streichen, er spricht lieber von einer »DEB-Auswahl«, aber wie soll die Unterscheidung denn erfolgen? Eine »zweite« Mannschaft soll es auch nicht sein, sondern eine »zusätzliche«. Die ersten Ansätze waren erfolgversprechend, wenn auch für den WM-Kader noch nicht hilfreich. Keiner spielte sich nach oben. Aber das B-Team machte sowohl auf der China-Reise im November 1986 als auch beim Turnier der B-Nationalmannschaften in Leningrad vor der WM eine gute Figur.

Vor dem Turnier in Leningrad zeigte sich, daß die zweite Mannschaft noch nicht etabliert ist. Der Bundestrainer mußte buchstäblich betteln gehen, um genügend Leute auf die Beine zu bringen. Daß dann durchweg achtbare Resultate zustande kamen (2:5 gegen die UdSSR, 3:4 Schweden, 2:4 ČSSR, 3:6 Finnland) und nach einem 5:4-Sieg über die USA nicht einmal der letzte Platz belegt wurde, läßt hoffen. Zwei Kandidaten standen vor allem auf dem Sprung ins A-Team: Der Schwenninger Torhüter Matthias Hoppe und Mannheims Stürmer Peter Obresa, der sich auch als Kapitän des Teams auszeichnete.

Beide fielen schließlich doch durchs Sieb. Hoppe nützte es auch nichts mehr, daß er sogar zum besten Torhüter des Turniers von Leningrad gewählt wurde. Er litt einmal mehr darunter, daß seine Mannschaft in den Play-Offs der Bundesliga frühzeitig ausschied und er lange Zeit ohne Spielpraxis dastand. Sein Konkurrent Josef Schlikkenrieder konnte sich dafür bis zum Finale profilieren, und nachdem er auch die Rolle des dritten Mannes im DEB-Team zufriedenstellend spielte, sah Unsinn keinen Grund zum Wechsel. Ob Obresa oder die WM-Kandidaten Marcus Kuhl oder Dieter Hegen, das war für Unsinn ein Glücksspiel. Er zog nur einmal ein glückliches Los, denn Hegen profilierte sich nach Anfangsproblemen als Torjäger. Kuhl fiel jedoch bald wegen einer Knieverletzung aus. Pech gehabt.

Künftig soll die zweite Mannschaft jedoch mehr und mehr zu einem Sprungbrett und, vor allem für junge Spieler, die dem Junioren-Alter entwachsen sind, zu einer Art Durchgangsstation in Richtung A-Nationalmannschaft werden. Da soll es dann nicht mehr der Fall sein, daß Spieler ohne internationale Erfahrung zu WM-Kandidaten werden.

Wien und dort besonders der 5:3-Sieg über Kanada zeigte, welche Typen in Zukunft gefragt sind: Keinem darf das Herz in die Hose fallen, Kämpfernaturen werden verlangt. Erstmals spielte

Die deutsche Mannschaft in Wien: Es gab Höhen und Tiefen, aber der Erfolg überwog. An der Bande half freilich manchmal nur Schreien (Dieter Hegen oben). Zwei Spieler feierten ein Comeback: Karl Friesen (oben Mitte) kehrte aus der NHL zurück, Dieter Medicus (darunter rechts) füllte die Lücke in der Abwehr und spielte sein bisher bestes Turnier. Zweimal gespannte Blicke von Kapitän Udo Kießling: Mit Marcus Kuhl (oben) und Andreas Niederberger (rechts).

Gespannte Blicke von der Bank aus. Aber gerade die Rosenheimer Spieler (hier Kammerer, Höfner und Kretschmer) brachten nicht ihre Bestform.

Nationalmannschaft

Auch im Sitzen angelt Gerd Truntschka noch nach dem Puck (oben).

War Helmut Steiger stark oder nicht? Der Torjäger wirkte manchmal temperamentlos.

Was passiert? Das fragte sich Xaver Unsinn manchmal nicht nur, wenn es um das Geschehen auf dem Eis ging.

Die deutschen Spieler konnten auch lachen. Der hier beglückwünschte Dany Held hielt in Wien leider nicht, was er in der WM-Vorbereitung versprach.

Nationalmannschaft

eine deutsche Mannschaft nämlich ohne Angst gegen die Profis. Da machte sich vielleicht auch die Kanada-Tour vom November positiv bemerkbar. Aus den damaligen sechs Niederlagen hatte man offensichtlich gelernt. Kapitän Udo Kießling bot auch gegen Kanada ein positives Beispiel, als er mit dem ersten Körperkontakt einen Gegenspieler ohne Respekt an die Bande nagelte und seinen Mitspielern den Weg wies. Der Kölner war ein überragender Kapitän, ein Vorbild als Kämpfer. Sein persönlicher Triumph: Zusammen mit seinem Vereinskameraden Gerd Truntschka wurde er ins All-Star-Team von Wien gewählt, und mit dem letzten WM-Spiel war er auch deutscher Rekordnationalspieler: Gemeinsam mit Lorenz Funk steht er jetzt bei 225 Länderspielen.
Überhaupt die Kölner. Sie allein stellten sich in meisterlicher Form vor und gaben dem DEB-Team Halt. Der erste Block wurde deshalb manchmal auch über Gebühr beansprucht. Wann endlich legen die anderen einmal den Vereinsfrust nach einer verlorenen Meisterschaft ab und trumpfen auch international auf?
Die Zukunft sieht aber wie gesagt nicht so schlecht aus. Helmut de Raaf profilierte sich neben Karl Friesen als ein auch international erstklassiger Torhüter, wenn auch erkennbar ist, daß er stets einen zweiten starken Mann neben sich braucht. Hinter diesem Duo streiten sich gleich mehrere Kandidaten um die »Kronprinzenrolle«. In der Verteidigung gibt es hoffnungsvolle Aspekte. Noch war die »Kaufbeurer Stadtmauer« mit Medicus und Schuster eine Notlösung, aber sie hielt besser stand, als es ihr der Trainer wohl selbst zugetraut hatte. Aber neben den unantastbaren Kießling, Kreis und Niederberger kann sich einiges tun. Jörg Hanft fand noch keine Gnade, steht aber auf dem Sprung, Ron Fischer fiel ja nur durch Verletzung aus, und Uli Hiemer steht nach der Rückkehr in die Bundesliga wieder zur Debatte. Uwe Krupp wäre ein Wunschkandidat Unsinns, doch bei ihm muß man erst seine weitere NHL-Karriere abwarten.
Im Angriff ergeben sich in nächster Zeit vielleicht mehr Alternativen. Auch der Bundestrainer wird erkannt haben, daß vor allem Kämpfer gefragt sind. Gerd Truntschka war ein leuchtendes Vorbild, Dieter Hegen deutete zum WM-Schluß an, daß er der erhoffte Torjäger sein kann. Im fehlenden Goalgetter liegt vorerst vielleicht noch das größte Manko der Mannschaft.

Klaus-Peter Knospe

So schön können sich die bundesdeutschen Eishockeyspieler freuen. Sollen sie doch die Pose der Sieger auskosten! Welcher Triumph wäre erst der Einzug in die Finalrunde gewesen!

Deutschlands Nationalspieler

Name	S	T	Name	S	T	Name	S	T	Name	S	T
Funk, Lorenz	225	57	Wild, Martin	47	4	Kuhn, Alois	18	2	Fischer, Karl	5	–
Kießling, Udo	225	32	Schibukat, Herbert	46	9	Loibl, Albert	17	2	Bingold, Werner	5	–
Kühnhackl, Erich	211	131	Gmeiner, Manfred	46	8	Weide, Erich	17	1	Lotz, Michael	5	–
Schloder, Alois	206	87	Wünsch, Josef	46	6	Kreisel, Franz	17	1	Phillip, Horst	5	–
Philipp, Rainer	199	90	Birschel, Karl	46	2	Held, Daniel	16	4	Egen, Hans-Peter	5	–
Reindl, Franz	181	38	Schichtl, Hans	46	–	Kossmann, Rainer	16	3	Jablonsky, Kurt	4	2
Berndaner, Ignaz	177	19	Suttner, Sigmund	46	–	Herzig, Bernd	16	2	Zeidler, Erwin	4	1
Köpf, Ernst	154	83	Lax, Peter	45	13	Berwanger, Markus	16	1	Kaczmarek, Günter	4	1
Kuhl, Marcus	153	44	Mörz, Jochen	45	6	Hoppe, Matthias	16	–	Jahn, Werner	4	1
Völk, Josef	141	14	Kink, Georg	45	1	Nowak, Oskar	15	8	Marek, Jan	4	–
Höfner, Ernst	140	42	Pittrich, Rolf	44	15	Hubert, Oswalt	15	4	Ruban, Robert	4	–
Scharf, Peter	138	5	Meindel, Horst	44	4	Hubner, Manfred	15	3	Kommetz, Günther	4	–
Kretschmer, H. P.	130	15	Riedmeier, Erwin	44	1	Kadow, Harald	15	2	Ball, Gerhard	4	–
Truntschka, Gerd	128	30	Hobelsberger, Michael	44	–	Krupp, Uwe	15	2	Dr. Scheiblein, Bernd	4	–
Waitl, Leonhard	127	20	Knauss, Günther	44	–	Lindner, Herbert	15	–	Wörschhauser, Josef	4	–
Schneitberger, Otto	119	13	Bauer, Reinhold	43	10	Mangold, Nikolaus	14	2	Hoja, Dieter	4	–
Thanner, Rudolf	118	20	Schuldes, Horst	43	9	Schmengler, Hans	14	–	Ohlber, Heinz	4	–
Kreis, Harold	115	14	Dr. Schenk, Phil.	43	6	Ego, Klaus	13	3	Baldauf, Gerhard	4	–
Kehle, Anton	115	–	Ludwig, Horst	42	21	Herker, Erich	13	1	Nentvich, Miroslav	4	–
Wolf, Manfred	113	24	Krüll, Harald	42	2	Adlmaier, Ernst	13	1	Hegen, Gerhard	4	–
Hanig, Gustav	112	49	Eibl, Michael	40	7	Mayr, Alois	12	4	Kramarcyk, Manfred	3	3
Trautwein, Ernst	111	42	Biersack, Anton	39	14	Rohde, Peter	11	4	Flossmann, Adolf	3	2
Roedger, Roy	108	31	Orbanowski, Horst	39	9	Breitsamer, Xaver	11	3	Deisenrieder	3	2
Hegen, Dieter	107	41	Schröttle, Martin	37	8	Hahn, Karl	11	1	Nieder, Alfred	3	1
Weishaupt, Erich	107	–	Lang, Hans	37	8	Roes, Horst	11	–	Schulte, Horst	3	1
Kuhn, Bernd	106	31	Rothkirch, Hans	37	8	Metz, Stefan	11	–	Adlmeier, Josef	3	1
Sepp, Kurt	104	35	Schloder, Kurt	37	7	Gandorfer, Thomas	11	–	Antons, Heiko	3	–
Auhuber, Klaus	104	9	Egginger, Wilhelm	37	–	Münstermann, Hans	10	4	Kapplmeier, Richard	3	–
Rampf, Hans	101	18	Poitsch, Fritz	36	25	George, Werner	10	2	Sailer, Günther	3	–
Steiger, Helmut	100	38	Weisenbach, Heinz	36	2	Müller, Hubert	10	2	Schütte, Hans	3	–
Egger, Karl-Heinz	100	26	Kuhn, Ludwig	35	7	Leitner, Willi	10	2	Neupert, Franz	3	–
Egen, Markus	99	72	Holzmann, Georg	35	3	Wanner, Michael	10	1	Dr. Adler, Kurt	2	1
Hinterstocker, Martin	99	30	Schwimmbeck, Peter	35	1	Sommer, Paul	10	1	Schacherbauer, W.	2	1
Vacatko, Vladimir	89	25	Wild, Karl	34	17	Wörschhauser, Rich.	10	–	Driendl, Reinhold	2	1
Ambros, Paul	89	9	Pescher, H. J.	34	11	Slezak, Miroslav	10	–	Haas, Erwin	2	1
Langner, Paul	89	7	Gailer, Peter	34	4	Huber, Karl	10	–	Loher, Günter	2	–
Reil, Joachim	87	5	Vozar, Ference	33	2	Eberhardt, Helmut	10	–	Kittel, Wolfgang	2	–
Englbrecht, Bernd	83	–	Funk, Franz	33	–	Kadow, Werner	10	–	Reschke, Rolf	2	–
Jaenecke, Gustav	82	43	Franz, Georg	32	3	Magura, Günther	10	–	Ertl, Hans	2	–
Reif, Josef	82	22	Stadler, Walter	31	4	Wellen, Remigius	10	–	Steinke, Alfred	2	–
Zach, Hans	80	16	Keller, Helmut	31	2	Brandenburg, Otto	9	1	Lechl, Jürgen	2	–
Friesen, Karl-Heinz	80	–	Modes, Werner	30	2	Sachs, Walter	9	–	Schwarz, Claus	2	–
Meitinger, Holger	78	33	Kögel, Karl	29	10	Derkits, Eduard	9	–	Wurm, Josef	2	–
Schiller, Peter	78	8	Krueger, Ralph	29	3	Slevogt, Marquard	9	–	Nilsson, Kaj	2	–
Medicus, Dieter	78	2	Enzler, Karl	29	2	Klotz, Helmut	8	2	Edelmann, Anton	2	–
Köberle, Walter	76	22	Merkle, Robert	29	–	Trautmann, Paul	8	1	Schneider, Hans	2	–
Schubert, Siegfried	75	18	Kremershof, Walter	28	8	Adams, Jürgen	8	1	Mayr, Siegfried	2	–
Hinterstocker, Herm.	75	12	Schmidlinger, W.	28	5	Leis, Mathias	8	–	Lutzenberger, Alfred	2	–
Bader, Heinz	75	2	Pohl, Anton	28	4	Schmid, Hans	8	–	Bieler, Georg	2	–
Unsinn, Xaver	72	24	Probst, Jakob	26	5	Heinrich, Alfred	8	–	Scherer, Hans	2	–
Niederberger, Andr.	72	3	Klatt, Werner	26	3	Kleber, Fritz	8	–	Scholz, Norbert	2	–
Hofherr, Anton	71	18	Leinweber, Walter	26	–	Schlickenrieder, Josef	8	–	Kremershof, Lothar	2	–
Hiemer, Uli	71	6	Hoffmann, Alfred	26	–	Gröger, Rudolf	8	–	Wasl, Peter	2	–
Jansen, Ulrich	71	–	Guggemos, Georg	25	10	Rosenberg, Wolfgang	7	1	Bachl, Peter	2	–
Eimannsberger, Joh.	67	17	Niess, Dieter	25	–	Heinrich, Robert	7	1	Maurer, Mathias	2	–
Egen, Uli	62	18	Hofherr, Franz	24	6	Fried, Lorenz	7	1	Maidl, Anton	2	–
Huber, Hans	62	15	Eckstein, Ulrich	24	4	Kelch, Günther	7	1	Hillmann, Reinhard	1	1
Betz, Michael	62	9	van Korff, Frank	24	–	Csöngey, Franz	7	–	Kink, Andreas	1	1
Ahne, Manfred	62	4	Nagel, Hans-Jürgen	24	–	Buschinger, Josef	7	–	Lingner, Otto	1	–
Blum, Rainer	62	4	Hartelt, Georg	23	15	Klett, Toni	7	–	Lortzing, Ernst	1	–
Guttowski, Bruno	58	15	Knihs, Rolf	23	4	Schmitt, Michael	7	–	v. Massenbach, Fabian	1	–
Beck, Martin	56	4	Wackerle, Sylvester	23	2	Stowasser, Herbert	6	2	Bechler, Wilhelm	1	–
Eggerbauer, Ernst	55	3	Endress, Arthur	22	5	Gotsch, Klaus	6	2	Peterhand, Ferdinand	1	–
de Raaf, Helmut	55	–	Heckelsmüller, Horst	21	2	Müller, Franz-Xaver	6	2	Löggow, Karl-H.	1	–
Kammerer, Axel	54	8	Freistritzer, Walter	20	10	Lang, Dieter	6	1	Obermann, Hans-R.	1	–
Zanghellini, Helmut	53	15	Pfefferle, Max	20	5	Eggerbauer, Michael	6	1	Seiffert, Bernhard	1	–
Makatsch, Rainer	53	–	Groß, Gottfried	20	3	Gruber, Alexander	6	1	Gregory, Peter	1	–
Eberl, Georg	52	14	Tobien, Rolf	20	2	Pöpel, Ralph	6	–	Katzur, Günther	1	–
Jochems, Günther	52	4	Edelmann, Wilhelm	20	–	Rammelmayer, Fritz	6	–	Mixius, Thomas	1	–
Riedel, Walter	52	1	Demmer, Max	19	8	Kaufmann, Theo	6	–	Kuran, Herbert	1	–
Schramm, Josef	52	–	Obresa, Peter	19	3	Wackers, Heinz	6	–	Steiger, Anton	1	–
Dr. Strobl, Georg	51	10	Kessler, Roman	19	2	Sillenberg, Lothar	6	–	Herbst, Wolf	1	–
Murray, Robert	51	4	Wiedemann, Anton	19	2	Metzer, Horst	5	2	Schneider, Theo	1	–
Boos, Wolfgang	50	9	Lutz, Rainer	19	–	Vozar, Tibor	5	2	Müller, Martin	1	–
Ball, Rudi	49	10	Weide, Rudolf	18	5	Sikora, Miro	5	2	Zankl, Peter	1	–
Schuster, Manfred	48	1	v. Bethmann, Hollw.	18	3	Klaus, Josef	5	1			
Scholz, Georg	47	23	Hiemer, Jörg	18	3	Hanft, Jörg	5	–			
Römer, Erich	47	6	Fritz, George	18	2	Holderried, Engelbert	5	–			

Die Länderspiele der Saison 1986/87

Kanada-Reise

(Kanadas Olympia-Auswahl für 1988 war jeweils der Gegner, keine offiziellen Länderspiele)

21. November 1986
Kanada – Deutschland 7:0
Deutschland: de Raaf – Kießling, Niederberger, Kreis, Eggerbauer, Schmidt, Schuster, Kretschmer, Maidl, Reil – Steiger, Truntschka, Fritz, Obresa, Holzmann, Franz, Kuhl, Draisaitl, Mörz, Ahne, Berwanger, Kammerer.
Zuschauer: 8900 (in Calgary). – *Schiedsrichter:* McCorry (Kanada). – *Strafminuten:* Kanada 8, Deutschland 4.
Tore: 1:0 (16.) Côté (Schreiber/Stiles), 2:0 (16.) Berry (Schreiber/Zapalski), 3:0 (23.) Vilgrain (Ronning/Reierson), 4:0 (24.) Sceviour (Thornburry/Yawniy), 5:0 (29.) Côté (Schreiber/Felix), 6:0 (33.) Felix (Douscet), 7:0 (41.) Schreiber

23. November 1986
Kanada – Deutschland 11:2
Deutschland: Hoppe – Kießling, Niederberger, Kreis, Eggerbauer, Reil, Schuster, Kretschmer, Maidl – Steiger, Truntschka, Fritz, Obresa, Holzmann, Franz, Kuhl, Draisaitl, Mörz, Ahne, Berwanger, Kammerer.
Zuschauer: 1904 (in Red Deer). – *Schiedsrichter:* McCorry (Kanada). – *Strafminuten:* Kanada 12, Deutschland 16.
Tore: 1:0 (2.) Sherven, 1:1 (6.) Draisaitl (Mörz/Kuhl), 2:1 (7.) Yawney (Reierson/Nemeth), 3:1 (11.) Nemeth (Trader), 4:1 (12.) Nemeth, 5:1 (14.) Berry (Sherven/Côte), 6:1 (25.) Benoit (Joseph), 7:1 (26.) Ronning (Cassidy/Stiles), 8:1 (36.) Cassidy (Côté/Schreiber), 9:1 (46.) Côté (Schreiber/Zapalski), 9:2 (53.) Holzmann (Kammerer), 10:2 (54.) Ronning (Trader),11:2 (55.) Nemeth.

24. November 1986
Kanada – Deutschland 7:5
Deutschland: Schlickenrieder – Kießling, Niederberger, Kreis, Kretschmer, Schuster, Reil – Steiger, Truntschka, Kammerer, Obresa, Holzmann, Franz, Kuhl, Draisaitl, Mörz.
Zuschauer: 4300 (in Lethbridge). – *Schiedsrichter:* Bennett (Kanada). – *Strafminuten:* Kanada 6, Deutschland 8.
Tore: 0:1 (2.) Kreis (Obresa), 0:2 (4.) Franz (Obresa/Holzmann), 1:2 (7.) Benoit (Nemeth), 2:2 (17.) Yawney (Ronning/Mc Laren), 3:2 (18.) Berry (Zapalski/Joseph), 4:2 (24.) Doucet (Joseph), 4:3 (33.) Kuhl (Reil), 5:3 (37.) Vilgrain (Yawney/Ronning), 5:4 (41.) Kammerer (Steiger/Truntschka), 6:4 (48.) Mc Laren (Yawney/Vilgrain), 6:5 (53.) Mörz (Niederberger), 7:5 (60.) Schreiber (Felix/Yawney).

26. November 1986
Kanada – Deutschland 3:2
Deutschland: de Raaf – Kießling, Niederberger, Kretschmer, Maidl, Kreis, Eggerbauer, Schmidt – Steiger, Truntschka, Draisaitl, Ahne, Berwanger, Fritz, Obresa, Mörz, Franz.
Zuschauer: 2000 (in Fernie/ausverkauft). – *Schiedsrichter:* Bennett (Kanada). – *Strafminuten:* Kanada 16, Deutschland 16.
Tore: 0:1 (18.) Draisaitl (Kretschmer), 1:1 (26.) Ronning (Solo), 2:1 (30.) Doucet (Solo), 2:2 (31.) Schmidt (Mörz), 3:2 (37.) Cassidy (Berry).

28. November 1986
Kanada – Deutschland 6:3
Deutschland: Hoppe – Kretschmer, Niederberger, Kreis, Eggerbauer, Schuster, Reil – Steiger, Truntschka, Kammerer, Obresa, Reil – Steiger, Truntschka, Kammerer, Obresa, Draisaitl, Ahne, Mörz, Kuhl, Berwanger.
Zuschauer: 2000 (in Kimberly). – *Schiedsrichter:* Rutsate (Kanada). – *Strafminuten:* Kanada 12, Deutschland 10.
Tore: 0:1 (4.) Ahne, 0:2 (6.) Obresa (Eggerbauer/Holzmann), 1:2 (11.) Vilgrain (Ronning/Reierson), 2:2 (13.) Côté (Berry), 2:3 (49.) Niederberger (Kretschmer/Truntschka), 3:3 (52.) Joseph (Doucet/Felix), 4:3 (53.) Reierson (Habscheid/Zapalski), 5:3 (55.) Doucet, 6:3 (58.) Habscheid (Stiles/Berry).

29. November 1986
Kanada – Deutschland 9:5
Deutschland: de Raaf – Kretschmer, Niederberger, Kreis, Eggerbauer, Schuster, Reil – Obresa, Holzmann, Ahne, Truntschka, Steiger, Kuhl, Mörz, Fritz, Berwanger.
Zuschauer: 1500 (in Trail). – *Schiedsrichter:* Rutsate (Kanada). – *Strafminuten:* Kanada 4, Deutschland 4.
Tore: 0:1 (1.) Kuhl, 1:1 (16.) Berry, 1:2 (17.) Fritz, 1:3 (23.) Fritz, 1:4 (25.) Kuhl, 2:4 (26.) Habscheid, 3:4 (26.) Nemeth, 4:4 (30.) Habscheid, 5:4 (36.) Berry, 6:4 (37.) Ronning, 7:4 (40.) Habscheid, 8:4 (49.) Mc Laren, 8:5 (52.) Draisaitl, 9:5 (56.) Côté.

WM-Vorbereitung

26. März 1987
Deutschland – UdSSR 2:5
Deutschland: de Raaf – Kießling, Niederberger, Medicus, Schuster, Reil, Hanft, Kretschmer – Steiger, Truntschka, Franz, Roedger, Wolf, Held, Höfner, Kammerer, Kuhl, Holzmann, Hegen.
Zuschauer: 3500 (in München). – *Schiedsrichter:* Jalarvo (Finnland). – *Strafminuten:* Deutschland 8, UdSSR 8.
Tore: 1:0 (5.) Held (Schuster – 5:4), 1:1 (9.) Popihin (Evdokimow), 1:2 (18.) Volgin (Popihin/Antipow – 5:4), 2:2 (36.) Höfner (Hegen – 5:4), 2:3 (42.) Evdokimow (Zubrilchew), 2:4 (54.) Turikow (Volgin/Lomakin), 2:5 (59.) Borcherskiy (Popihin).

28. März 1987
Deutschland – UdSSR 5:2
Deutschland: Friesen – Kießling, Niederberger, Medicus, Schuster, Reil, Kretschmer – Kuhl, Truntschka, Franz, Roedger, Wolf, Held, Ahne, Höfner, Kammerer, Holzmann, Hegen.
Zuschauer: 4600 (in Kaufbeuren). – *Schiedsrichter:* Jalarvo (Finnland). – *Strafminuten:* Deutschland 16, UdSSR 12.
Tore: 0:1 (2.) Lomakin (Nachschuß), 1:1 (12.) Höfner (Kammerer), 2:1 (20.) Kammerer, 2:2 (32.) Gorschkow (5:4), 3:2 (33.) Wolf (5:4), 4:2 (47.) Kretschmer (Höfner – 5:4), 5:2 (55.) Obresa (Holzmann/Hegen).

7. April 1987
Deutschland – Finnland 4:4
Deutschland: Schlickenrieder – Kießling, Niederberger, Kreis, Kretschmer, Medicus, Schuster, Reil, Hanft – Steiger, Truntschka, Franz, Ahne, Höfner, Kammerer, Roedger, Wolf, Held, Kuhl, Holzmann, Hegen.
Zuschauer: 3500 (in Mannheim). – *Schiedsrichter:* Tyszkiewicz (Polen). – *Strafminuten:* Deutschland 8, Finnland 8.
Tore: 0:1 (16.) Järvelä (Kurkinen), 0:2 (19.) Kurkinen (Torkki), 1:2 (25.) Roedger (Wolf), 2:2 (45.) Höfner (Kretschmer), 2:3 (47.) Ojanen, 3:3 (50.) Roedger (Wolf), 4:3 (51.) Held (Medicus), 4:4 (55.) Järvi (Suoraniemi).

8. April 1987
Deutschland – Finnland 6:5
Deutschland: de Raaf – Kießling, Niederberger, Kreis, Kretschmer, Reil, Hanft, Medicus, Schuster – Steiger, Truntschka, Franz, Ahne, Höfner, Kammerer, Kuhl, Holzmann, Hegen, Roedger, Wolf, Held.
Zuschauer: 3800 (in Frankfurt). – *Schiedsrichter:* Tyszkiewicz (Polen). – *Strafminuten:* Deutschland 10, Finnland 12.
Tore: 1:0 (3.) Wolf (Held), 1:1 (10.) Susi (Laitinen – 5:4), 2:1 (15.) Medicus (5:4), 2:2 (27.) Tuomisto (Ojanen/Mikkolainen – 5:4), 2:3 (28.) Torkki, 3:3 (32.) Kammerer (Kießling – 4:5), 3:4 (37.) Järvelä (Torkki), 4:4 (37.) Kammerer, 5:4 (41.) Franz (Truntschka), 6:4 (41.) Franz (Truntschka/Steiger), 6:5 (57.) Jalo (Laitinen).

11. April 1987
Deutschland – Schweden 4:6
Deutschland: Friesen – Kießling, Niederberger, Kreis, Kretschmer, Medicus, Schuster, Reil – Steiger, Truntschka, Franz, Ahne, Höfner, Kammerer, Kuhl, Holzmann, Hegen, Roedger, Wolf, Held.
Zuschauer: 3000 (in Rosenheim). – *Schiedsrichter:* Morozow (UdSSR). – *Strafminuten:* Deutschland 12, Schweden 14.
Tore: 0:1 (17.) Eldebrink (Carlsson/Eklund), 0:2 (24.) M. Andersson (Roupé), 0:3 (28.) M. Andersson (Roupé/Svensson), 0:4 (31.) M. Andersson (Eklund/Eldebrink – 4:3), 1:4 (39.) Truntschka (Steiger/Kießling – 4:4), 2:4 (47.) Held (Wolf), 3:4 (52.) Hjalm (M. Andersson/Rundqvist – 5:4), 3:5 (55.) Roedger (Held/Schuster), 4:5 (57.) Hegen (Holzmann/Kuhl), 4:6 (59.) Pauna (Rundqvist/Carlsson).

12. April 1987
Deutschland – Schweden 2:4
Deutschland: de Raaf – Kießling, Niederberger, Kreis, Reil, Medicus, Schuster, Hanft – Sikora, Truntschka, Steiger, Ahne, Höfner, Kammerer, Roedger, Wolf, Held, Holzmann, Hegen, Franz, Kuhl.
Zuschauer: 4000 (in München). – *Schiedsrichter:* Morozow (UdSSR). – *Strafminuten:* Deutschland 16, Schweden 18 + 5 für P. Andersson.
Tore: 0:1 (10.) M. Andersson (Molin), 0:2 (21.) Nordmark(Kihlström – 5:3), 0:3 (38.) Bergqvist, 0:4 (44.) Eklund, 1:4 (49.) Höfner (Ahne – 5:4), 2:4 (59.) Kießling (4:3).

Weltmeisterschaft in Wien

17. April 1987
Deutschland – Schweden 0:3
Deutschland: de Raaf – Kießling, Niederberger, Kreis, Reil, Medicus, Schuster – Sikora, Truntschka, Steiger, Ahne, Höfner, Kammerer, Kuhl, Hegen, Franz, Roedger, Wolf, Held.
Schweden: Lilljebjörn – Nordmark, Kihlström, Albelin, Eldebrink, Carlsson, P. Andersson – Bergqvist, Gustafsson, Södergren, Eklund, Carlsson, Pettersson, Sundström, Molin, M. Andersson, Pauna, Rundquist.
Zuschauer: 3000. – *Schiedsrichter:* Subrt (CSSR). – *Strafminuten:* Deutschland 8, Schweden 18.
Tore: 0:1 (6.) Karlsson (Pettersson – 5:4), 0:2 (20.) Molin (P. Andersson/Karlsson), 0:3 (21.) Eklund (Pettersson).

18. April 1987
Deutschland – UdSSR 0:7
Deutschland: Friesen – Kießling, Niederberger, Kreis, Reil, Medicus, Schuster – Sikora, Truntschka, Steiger, Ahne, Höfner, Kammerer, Roedger, Wolf, Held, Kuhl, Holzmann, Franz.
UdSSR: Beloshejkin – Kasatonow, Fetisow, Starikow, Stelnow, Belljaletdinow, Gusarow – Makarow, Larionow, Krutow, Chomutow, Bykow, Kamenski, Swetlow, Semenow, Warnakow, Wasiljew, Semak, Chmylew.

Zuschauer: 3000. – *Schiedsrichter:* Banfield (Kanada). – *Strafminuten:* Deutschland 20, UdSSR 16.
Tore: 0:1 (33.) Starikow (Chomutow – 5:4), 0:2 (36.) Bykow (Makarow/Kasatonow – 4:5), 0:3 (39.) Larionow (Fetisow – 5:4), 0:4 (50.) Chmylew (Starikow – 5:4), 0:5 (52.) Makarow (Fetisow – 4:4), 0:6 (56.) Larionow (Makarow/Krutow), 0:7 (58.) Bykow (Belljaletdinow).

20. April 1987
Deutschland – Finnland 3:1

Deutschland: de Raaf – Kießling, Niederberger, Kreis, Kretschmer, Medicus, Schuster – Steiger, Truntschka, Sikora, Ahne, Höfner, Kammerer, Roedger, Wolf, Held, Kuhl, Holzmann, Franz.
Finnland: Myllys – Virta, Ruotanen, Jutila, Kuusisto, Laksola, Numminen – Torkki, Järvelä, Kurkinen, Skriko, Jalo, Summanen, Järvi, Ruuttu, Susi, Mikkolainen, Jalonen.
Zuschauer: 4000. – *Schiedsrichter:* Morozow (UdSSR). – *Strafminuten:* Deutschland 8, Finnland 6.
Tore: 0:1 (18.) Skriko (Jalo), 1:1 (27.) Niederberger (Eigentor Kuusisto), 2:1 (27.) Kießling (Truntschka), 3:1 (38.) Steiger (Truntschka/Kießling).

21. April 1987
Deutschland – Kanada 5:3

Deutschland: Friesen – Kießling, Niederberger, Kreis, Kretschmer, Medicus, Schuster – Steiger, Truntschka, Sikora, Ahne, Höfner, Kammerer, Roedger, Hegen, Held, Kuhl, Holzmann, Franz.
Kanada: Burke – Hartsburgh, Zalapski, Rouse, Driver, Patrick, Bodger – Foligno, Quinn, Muller, Secord, Murray, Dineen, Acton, Ciccarelli, Graham, Tanti, Pederson, Bellows.
Zuschauer: 3000. – *Schiedsrichter:* Subrt (CSSR). – *Strafminuten:* Deutschland 12, Kanada 14.
Tore: 1:0 (5.) Sikora (Steiger/Truntschka – 5:4), 2:0 (21.) Steiger (Sikora), 3:0 (24.) Held (Hegen), 3:1 (26.) Ciccarelli (Patrick/Graham), 4:1 (31.) Roedger (Solo), 4:2 (38.) Tanti (Pederson/Ciccarelli), 5:2 (50.) Kreis (Höfner/Kammerer – 4:4), 5:3 (52.) Dineen (Foligno/Muller).

23. April 1987
Deutschland – USA 4:6

Deutschland: Friesen – Kießling, Niederberger, Kreis, Kretschmer, Medicus, Schuster, Reil – Steiger, Truntschka, Franz, Ahne, Höfner, Kammerer, Roedger, Wolf, Held, Holzmann, Hegen.
USA: Vanbiesbrouck – Brooke, Kurvers, Wilson, J. Johnson, Leetch, Roberts – Olczyk, Carpenter, M. Johnson, Erickson, Carson, Broten, Donatelli, Granato, Lawton, Janney, Young, Stevens.
Zuschauer: 4000. – *Schiedsrichter:* Lindgren (Schweden). – *Strafminuten:* Deutschland 14, USA 20.
Tore: 1:0 (3.) Medicus (Wolf – 4:4), 1:1 (23.) Granato (Lawton), 1:2 (33.) Erickson (Broten/Carson), 1:3 (35.) Leetch (Lawton), 1:4 (40.) Broten (Carson/Erickson – 5:4), 1:5 (43.) Lawton (Granato), 1:6 (54.) Stevens (Brooke – 5:4), 2:6 (55.) Holzmann (Held), 3:6 (58.) Kießling (5:3), 4:6 (59.) Kießling (5:4).

24. April 1987
Deutschland – CSSR 2:5

Deutschland: de Raaf – Kießling, Niederberger, Kreis, Kretschmer, Medicus, Schuster – Steiger, Truntschka, Franz, Ahne, Höfner, Kammerer, Holzmann, Wolf, Held, Hegen.
CSSR: Hasek – Bozik, Benak, Stavjana, Scerban, Horava, Cajka – Volek, Hrdina, Dolezal, Sejba, Pasek, Cerny, Dolana, Kucera, Vlk, Rosol, Ruzicka, Liba.
Zuschauer: 5000. – *Schiedsrichter:* Banfield (Kanada). – *Strafminuten:* Deutschland 10, CSSR 4 + 5 für Kucera.
Tore: 0:1 (3.) Ruzicka (Sejba/Scerban – 5:4), 0:2 (22.) Rosol (Ruzicka), 1:2 (31.) Truntschka (Kießling – 5:4), 2:2 (34.) Wolf (Held/Holzmann), 2:3 (46.) Pasek (Benak/Sejba), 2:4 (52.) Dolana (Kucera), 2:5 (55.) Hrdina (Ruzicka/Liba – 5:4).

27. April 1987
Deutschland – Schweiz 4:3

Deutschland: de Raaf – Kießling, Niederberger,

Die deutsche Länderspielbilanz

Zusammengefaßt gegen folgende Nationen:

Ausgetragen	Spiele	Gew.	Verl.	Unent.	Torverh.
Belgien	2	1	1	–	6:3
Böhmen/Mähren	1	–	1	–	1:5
Bulgarien	1	1	–	–	13:1
CSSR	64	7	51	6	125:380
DDR	19	12	3	4	73:49
England	9	5	3	1	37:23
Finnland	68	22	34	12	242:295
Frankreich	3	2	1	–	10:2
Holland	9	8	–	1	69:21
Italien	37	23	9	5	149:97
Japan	14	12	2	–	90:43
Jugoslawien	18	14	2	2	108:44
Kanada	58	10	46	2	111:323
Lettland	2	2	–	–	4:1
Norwegen	26	19	6	1	150:78
Österreich	11	5	4	2	30:14
Polen	42	22	13	7	147:135
Rumänien	18	14	4	–	77:48
Schweden	61	4	55	2	120:359
Schweiz	73	43	21	9	309:241
Slowakei	2	2	–	–	13:4
UdSSR	63	1	61	1	100:517
Ungarn	13	8	1	4	37:17
USA	58	15	37	6	176:284
	672	252	355	65	2197:2984

Kreis, Kretschmer, Medicus, Schuster – Steiger, Truntschka, Hegen, Ahne, Höfner, Kammerer, Roedger, Wolf, Held.
Schweiz: Bucher – Bertaggia, Rogger, Kölliker, Mazzoleni, Ritsch, Brasey, M. Müller – Eberle, Lüthi, Vrabec, Jaks, Boucher, Montandon, Celio Wäger, Cunti, Schlagenhauf.
Zuschauer: 5000. – *Schiedsrichter:* Lindgren (Schweden). – *Strafminuten:* Deutschland 8, Schweiz 8.
Tore: 1:0 (5.) Hegen (Kießling – 5:4), 1:1 (15.) Boucher (M. Müller), 1:2 (23.) Lüthi (Rogger – 5:4), 2:2 (26.) Hegen (Truntschka), 2:3 (26.) Celio (Cunti), 3:3 (29.) Roedger (Kreis/Holzmann), 4:3 (42.) Steiger (4:5).

28. April 1987
Deutschland – Schweiz 8:1

Deutschland: Friesen – Kießling, Niederberger, Kreis, Kretschmer, Reil, Schuster – Steiger, Truntschka, Hegen, Ahne, Höfner, Kammerer, Roedger, Wolf, Held.
Schweiz: Anken, ab 21. Bucher – Bertaggia, Rogger, Kölliker, Mazzoleni, Ritsch, Brasey – Eberle, Lüthi, Vrabec, Jaks, Montandon, Dekumbis, Cunti, Wäger.
Zuschauer: 5000. – *Schiedsrichter:* Morozow (UdSSR). – *Strafminuten:* Deutschland 10 + je 5 für Truntschka und Höfner, Schweiz 14 + je 5 für Brasey und Bertaggia.
Tore: 1:0 (1.) Truntschka (Steiger/Hegen), 2:0 (4.) Hegen (Niederberger), 3:0 (9.) Hegen (Truntschka – 4:5), 4:0 (14.) Roedger (Wolf), 5:0 (32.) Steiger (Niederberger/Truntschka), 6:0 (40.) Ahne, 7:0 (44.) Roedger (Reil/Wolf – 5:4), 7:1 (55.) Rogger (Lüthi – 4:4), 8:1 (59.) Hegen (Steiger/Kießling – 5:4).

30. April 1987
Deutschland – USA 3:6

Deutschland: de Raaf – Kießling, Niederberger, Kreis, Kretschmer, Medicus, Schuster – Steiger, Truntschka, Hegen, Ahne, Höfner, Kammerer, Roedger, Holzmann, Held, Wolf.
USA: Vanbiesbrouck – Wilson, J. Johnson, Brooke, Roberts, Kurvers, Leetch, Wolanin – Carpenter, M. Johnson, Olczyk, Erickson, Carson, Broten, Donatelli, Granato, Lawton, Stevens.
Zuschauer: 4000. – *Schiedsrichter:* Subrt (CSSR). – *Strafminuten:* Deutschland 10 + 5 für Kretschmer, USA 22 + 5 für Kurvers.
Tore: 0:1 (2.) Broten (Wilson – 5:4), 1:1 (6.) Truntschka (Schuster), 1:2 (18.) Lawton (4:4), 2:2 (24.) Steiger (Truntschka – 4:4), 2:3 (26.) Erickson (M. Johnson – 4:4), 2:4 (27.) Broten (M. Johnson/Leetch – 5:4), 2:5 (45.) Carpenter (Erickson/Broten), 2:6 (51.) Olczyk (4:5), 3:6 (56.) Roedger.

2. Mai 1987
Deutschland – Finnland 2:2

Deutschland: Friesen – Kießling, Niederberger, Kreis, Kretschmer, Medicus, Schuster – Steiger, Truntschka, Hegen, Held, Höfner, Kammerer, Roedger, Wolf, Holzmann.
Finnland: Myllys – Ruotanen, Virtanen, Jutila, Kuusisto, Laksola, Numminen – Torkki, Järvelä, Kurkinen, Skriko, Jalo, Summanen, Jalonen, Ojanen, Susi, Järvi.
Zuschauer: 7000. – *Schiedsrichter:* Banfield (Kanada). – *Strafminuten:* Deutschland 16, Finnland 14.
Tore: 1:0 (13.) Hegen (Niederberger/Steiger – 5:4), 1:1 (14.) Ojanen (Laksola/Susi – 5:4), 2:1 (15.) Hegen (Truntschka/Steiger), 2:2 (24.) Susi (Laksola).

B-Weltmeisterschaft in Canazei

Enttäuschung, Krach und Spannung

Der Zweikampf zweier Mannschaften, die zu den Verlierern der B-WM zählten: China und die DDR. Neuling China mußte Lehrgeld zahlen und blieb ohne Punktgewinn.

Verschwand bald auf der Tribüne: Dave Chambers.

Nachdenklich, aber mit Österreich am Ziel: Ludek Bukac.

Eines muß man mal ganz deutlich sagen: Wirklicher Leistungssport wird im internationalen Eishockey nur in der Gruppe A der Weltmeisterschaften geboten. Ist von den »Exoten« die Rede, dann müßte man eigentlich schon bei den Nationen der Gruppe B beginnen und nicht erst bei Ländern wie Südkorea, Australien oder Brasilien, die im Eishockey allein durch das Klima bedingt nie eine Rolle spielen werden.
Die B-Weltmeisterschaft von Canazei machte es wieder einmal deutlich: Allen dort teilnehmenden Nationen sind auf ihrem Weg nach oben Grenzen gesetzt. Größtenteils kann nur auf eine Basis von 2000 bis höchstens 6000 Spieler zurückgegriffen werden. Entsprechend schmal ist natürlich auch die Spitze. Und so kommt es nicht von ungefähr, daß viele Nationen ihre Hand hilfesuchend nach Übersee ausgestreckt haben. Insgesamt 30 Spieler des B-Turniers hatten ihren Geburtsort in Kanada oder Amerika. Den Gipfel der Internationalität bestieg Derek Haas. Als Deutscher spielte er einst beim Kölner EC, als Kanadier anschließend in der Schweiz und jetzt ist er Franzose. Dies wurde er durch Heirat. Die Ehe hielt angeblich nur zwei Monate...
Die Schlagworte der B-WM im wunderschönen Fassatal im Trient hießen Enttäuschung, Krach und Spannung. Die Enttäuschung war vor allem den Spielern der DDR anzumerken. Schon vor dem Turnier mußten sie in der Heimat erfahren, daß ihr Sport nichts gilt. Medaillen werden gefordert, aber dafür kommen die Eishockeyaner nicht in Frage, also wurde der Flug nach Calgary schon vorher gestrichen, die Olympia-Qualifikation war erledigt. So schlichen die Schützlinge von Trainer Joachim Ziesche mehr oder weniger nur über das Eis. Der Coach blieb schließlich der Pressekonferenz fern. Er hatte genug von den Fragen: »Glauben Sie auch, daß Ihren Spielern mangelnder Ehrgeiz anzumerken ist?«. Ziesche zerknirscht: »Man könnte den Eindruck haben.« Was soll er auch sonst dazu sagen.
Die DDR war also schon vorher aus dem Kreis der Aufstiegskandidaten und Olympia-Anwärter ausgeschieden. Das Rennen machte schließlich der Bruder aus dem Ostblock, Polen. Die Schützlinge von Trainer Leszek Lejczyk scheinen zur Fahrstuhlmannschaft der internationalen Bühne zu werden. Komparse in der Gruppe A, Hauptdarsteller in der »Provinz«. Die Grenzen sind eben erkennbar. Nur 2000 Spieler gibt es in Polen, auf die Entwicklungshilfe der UdSSR und ČSSR verzichtet man seit Jahren, versucht es mit eigenen Leuten. Doch auch das Geld fehlt. Mit einigen Transfers der besten Spieler in den Westen hält man sich über Wasser. Keine Basis für einen größeren Erfolg.
Italien als Gastgeber hätte eigentlich der große Gegenspieler des Favoriten aus Polen sein sollen. Die Veranstalter träumten davon, einen Coup ähnlich wie 1981 zu landen, als man im benachbarten Grödner Tal den Aufstieg in die Gruppe A schaffte. Damals waren die Italo-Kanadier gerade in Mode gekommen. Sieben von ihnen standen auch diesmal noch im Team. Doch die Italiener bremsten sich selbst aus. Allein schon die Trainersuche erwies sich als schwierig. Schließlich wurde der Held von 1981, Dave Chambers, verpflichtet. Sportdirektor Rudi Killias bereitete die Mannschaft vor und verzog sich dann schmollend auf die Tribüne. Dort war wenig später auch Chambers zu finden. Nach Niederlagen gegen Frankreich und Österreich warf er das Handtuch, gebeutelt von beißender Kritik. Alberto da Rin, einst ein Idol, konnte als Nothelfer nichts mehr retten, nicht einmal die Olympia-Qualifikation wurde erreicht. Da konnte auch eine Prämie von 10 Millionen Lire (rund 15000 Mark) für die Olympia-Teilnahme nichts retten.
Dennoch war Spannung Trumpf. Bis zum letzten Spiel mußte Polen zittern, ob der Aufstieg wirklich gelingen wür-

120

de. Erst am letzten Spieltag war über die Olympia-Teilnahme entschieden. Vor allem Aufsteiger Norwegen hielt alles offen. Die Skandinavier sind für die Zukunft vielleicht am ehesten zu beachten. Zwar verfügen sie nicht über das Spielerpotential der Nachbarn aus Schweden und Finnland, doch im hohen Norden, da müßte Eishockey eigentlich schon eine Basis finden. Der Schwede Lenhart Ahlberg als Coach importierte auch das Erfolgsrezept aus seiner Heimat. Kühles, taktisch diszipliniertes Defensiv-Eishockey bot Norwegen in Canazei. Die Mannschaft wartete buchstäblich auf ihre Chance und nutzte sie. Der zweite Platz war sensationell und zusammen mit Polen, Österreich und Frankreich (das sich gegen C-Sieger Japan in der Qualifikation in Ratingen durchsetzen konnte) ist Norwegen bei den Olympischen Spielen 1988 in Calgary dabei.

Die Österreicher mußten durch ein Wechselbad der Gefühle gehen. Zeitweise durften sie vom Aufstieg träumen, dann war sogar die Olympia-Qualifikation wieder in Gefahr. Platz drei hielt Trainer Dr. Ludek Bukac schließlich als den richtigen Rang. Wie aber fühlt sich eigentlich ein ehemaliger Weltmeister in den Niederungen der Gruppe B? Bukac machte keinen unglücklichen Eindruck, bemerkte aber doch, »die Gruppe B ist eine andere Welt«, und gibt im gleichen Atemzug zu, »für einen Trainer ist es sogar schwerer zu arbeiten«. Bukac mußte sich natürlich umstellen. Gegenüber Österreich müssen ihm die Arbeitsverhältnisse in der ČSSR wie ein Schlaraffenland vorkommen. So sieht er für die Spieler der Alpenrepublik auch noch einen Nachholbedarf in Disziplin und Einstellung. Die Heimat feierte freilich die Cracks. »Die Burschen haben mehr erreicht als die Skifahrer im ganzen Winter«, hieß es in den Gazetten.

Die Achter-Gruppe wurde schnell zu einem Sechser-Feld. Holland und Aufsteiger China konnten mit der Konkurrenz nicht mithalten. Während die Chinesen aber teilweise ganz schön abgefieselt wurden, verloren die Holländer oft recht unglücklich. Einen Sieg gab es aber nur beim Duell gegen China. Kein einziger zahlender Zuschauer fand sich auf der Tribüne ein! Noch 1981 in Schweden war Holland erstklassig gewesen. Jetzt scherzte Sportdirektor Dany Smit: »Wir rollen eben das Feld von hinten auf.« Sorgen hatte er im Vorfeld der Weltmeisterschaft. Die Vereine geben in Holland den Ton an und opferten keine Vorbereitungszeit für die Nationalmannschaft. So tappte der ehemalige US-Olympiacoach Lou Vairo als Trainer im Dunkeln. Erst in Canazei merkte er zum Beispiel, auf welchen Torhüter Verlaß war, und auf welchen nicht. Aber da war es zu spät.

Von gezielter Vorbereitung, von zukunftsträchtiger Arbeit ist also bei den Nationen der Gruppe B nur wenig zu spüren. Läuferisch, taktisch und körperlich sind sie den Mannschaften der Gruppe A weit unterlegen. Auch die Leistungen der Torhüter können mit denen der Spitze keineswegs mithalten. So ist es eigentlich nur logisch, daß der Aufsteiger in die Gruppe A auch gleich wieder den Fahrstuhl nach unten nimmt. Doch auf die Dauer wird dies auch langweilig. Der Internationale Verband sollte sich überlegen, wie er für die Gruppe B echte Entwicklungshilfe leisten kann. *Klaus-Peter Knospe*

Junioren-WM und -EM

Einmal rauf und einmal runter

Der Internationale Eishockey-Verband (IIHF) hatte wahrlich kein gutes Jahr. Bereits bei der Junioren-Weltmeisterschaft der Gruppe A kam es zu einem Skandal. Das letzte Spiel des Turniers in der ČSSR war nach 34 Minuten beendet. Die Spieler aus Kanada und der UdSSR prügelten sich nur noch auf der Eisfläche. Es nützte nichts, daß die Hallenbeleuchtung ausgeschaltet wurde. Sogar der norwegische Schiedsrichter bekam im Eifer der Faustkämpfe einiges ab. IIHF-Präsident Dr. Günther Sabetzki brach das Match höchstpersönlich ab. Kanada hatte 4:2 geführt und wäre Weltmeister gewesen! So aber wurden beide Teams disqualifiziert, die Trainer später ebenso wie die Spieler gesperrt.
Weltmeister aber war Finnland, das im entscheidenden Spiel die ČSSR 5:3 geschlagen hatte. Bronze fiel an Schweden. Die Schweiz als Sechster mußte absteigen. Vor dem Turnier hatten die Eidgenossen noch Platz sieben im Visier gehabt. Der hätte bei regulärem Verlauf zum Klassenerhalt gereicht...
Deutschland war diesmal nicht dabei. In Rouen in Frankreich kämpften die Schützlinge von Bundestrainer Hans Rampf in der Gruppe B erst wieder um die Rückkehr zur Elite. Für dieses Turnier war das DEB-Team aber fast zu stark, den Gegnern, bis auf Gastgeber Frankreich, eine Nummer zu groß. Das Schicksal wollte es, daß Rampf ausgerechnet in diesem Jahr eine starke Mannschaft zur Verfügung hatte. Die Spieler hatten sich größtenteils sogar in der I. Bundesliga durchgesetzt, gehörten teilweise zu den Leistungsträgern in der II. Bundesliga.
Der Start mißglückte mit dem 2:2 gegen Frankreich, aber Japan (6:3) und Rumänien (16:3) in den Gruppenspielen sowie Österreich (11:0) und Norwegen (11:3) in der Finalrunde waren keine ernsthaften Gegner mehr. Die deutsche Mannschaft sahnte ab. In der Skorerwertung der B-WM lagen mit Andreas Brockmann (Berlin), Andreas Lupzig (Landshut) und Josef Wassermann (Riessersee) gleich drei deutsche Spieler an der Spitze. Der Rosenheimer Klaus Merk wurde zudem zum besten Torhüter des Turniers gewählt. Also wieder neue Hoffnung beim bundesdeutschen Eishockey-Nachwuchs? Gemach, gemach. Was die Zukunft angeht, so ist auch der Trainer nicht so optimistisch, denn die Hälfte der Mannschaft scheidet aus. Das Motto hieß außerdem »Einmal rauf und einmal runter«. Die kalte Dusche folgte nämlich im April. Bei der Europameisterschaft der Gruppe A in Finnland stieg das DEB-Team des Jahrganges 1969 mit Glanz und Gloria ab.
Die Gründe für diesen Niedergang waren vielfältig. Sportlich sah Bundestrainer Hans Rampf zwei Handicaps: Die Torhüter waren dem Turnier nervlich nicht gewachsen, die Stürmer ließen zu viele Chancen ungenutzt. Mehr Probleme gab es allerdings außerhalb der Mannschaft. Zum Beispiel organisatorische Pannen. Das DEB-Team wohnte eigentlich in Tampere, mußte aber des öfteren umziehen und nach Spielen noch reisen. Die Ankunft war dann oft nach Mitternacht, Verpflegung stand nicht zur Verfügung!
Der deutsche Coach sah sich auch von den Gegnern aufs Kreuz gelegt. Während seine Jungs gegen die ČSSR (0:5), UdSSR (2:5), Schweden (0:9) und Finnland (2:7) zumindest moralische Pluspunkte sammelten und teilweise

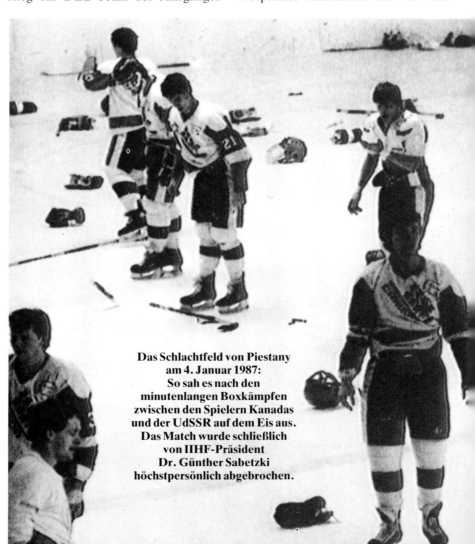

Das Schlachtfeld von Piestany am 4. Januar 1987: So sah es nach den minutenlangen Boxkämpfen zwischen den Spielern Kanadas und der UdSSR auf dem Eis aus. Das Match wurde schließlich von IIHF-Präsident Dr. Günther Sabetzki höchstpersönlich abgebrochen.

ihrem großen Wunsch, einmal einen »Großen« zu schlagen, ziemlich nahe waren, ließen sich die Schweiz, Polen und Norwegen fast ohne Gegenwehr »abschlachten«. »Das kann ich mit meiner sportlichen Einstellung nicht vereinbaren«, kommentierte Hans Rampf, aber seinem Team ging zum Schluß die Luft aus. Es war aber auch zum Haareausraufen: Gegen Polen beim 4:4 fiel der Ausgleich erst 50 Sekunden vor Schluß, gegen Norwegen lag das DEB-Team 4:2 vorn und verlor 4:6 und gegen die Schweiz, als es schließlich um alles oder nichts ging, hielten die Nerven nicht – 1:4. Der Abstieg. Europameister wurde Schweden.

Hans Rampf klagt freilich auch: »So ein Turnier ist für die 17jährigen viel zu schwer.« Erstmals spielte jeder gegen jeden. Das ergab pro Nation zwei Spiele mehr, es wurden aber auch nur zwei Spieltage angehängt. Der Trainer fordert die IIHF zur Umkehr auf: »Die Burschen haben eine größere Belastung als die Senioren bei der A-WM.« Wie aber sieht die Zukunft des deutschen Eishockeys aus? Trist? Der Nachwuchs von heute muß schließlich in ein paar Jahren auf internationalem Parkett bestehen. Ganz so dramatisch sieht es Hans Rampf nicht. »Beim Nachwuchs gibt es immer wieder Durchhänger, das geht auch anderen Nationen so.« Doch der Bundestrainer wird nicht müde, im Nachwuchsbereich für eine höhere Leistungsbereitschaft zu plädieren. Forderung Nummer 1: Es muß eine Junioren-Bundesliga her! Rampf sieht sie so: 8–10 Vereine, Spieler unter 20 Jahre, drei bis vier können auch ein Jahr älter sein. 18 Feldspieler und zwei Torhüter müssen gemeldet sein. Allerdings kann die neue Liga erst beim Verbandstag 1988 beschlossen werden.

Forderung Nummer 2: Mehr Spielmöglichkeiten für junge Spieler. Rampf: »Sie müssen auch öfters auf internationaler Ebene aktiv werden.« Da hat der Trainer auch einen Traum: »Wir müssen auch mit den Nachwuchsmannschaften an den Turnieren der Großen, also mit der UdSSR, ČSSR, Finnland und Schweden teilnehmen. Ich wünsche mir auch mehr Vorbereitungszeit vor den Titelkämpfen.« Doch Rampf kennt auch die deutschen Probleme. Einmal brauchen die Vereine die Spieler, dann steht die Schule dazwischen. Bei uns ist nicht das Modell der ČSSR machbar. Dort werden die Spieler abgestellt, den Unterricht holen sie später nach.

Laufend sitzt der Bundestrainer über Ausarbeitungen und Plänen, wie die Nachwuchsarbeit forciert werden kann. »Eishockey ist kein brutaler Sport«, sagt er den Eltern, und er fordert die Vereine auf, eine Werbeaktion in ihrem Umfeld zu starten. Der Lenggrieser hat auch Vorschläge parat, wie fehlende Eiszeiten in den Hallen ausgeglichen werden können. »Es gibt genügend alternative Trainingsmöglichkeiten. Schußtraining und Dribblings kann man auch auf dem ›Trockenen‹ üben, Basketball eignet sich, um taktische Elemente zu üben.« Dort, wo gewisse Voraussetzungen fehlen, wird halt Kreativität verlangt!

Die bundesdeutschen Probleme macht freilich DEB-Jugendreferent Jürgen Reuter deutlich. Er hat Vergleichszahlen zusammengestellt. In Schweden gibt es bei 8 Millionen Einwohnern 130 000 Eishockeyspieler, in der Schweiz bei 6 Millionen Einwohnern immerhin noch 21 000, bei uns aber sind es bei 60 Millionen ganze 15 000 Eishockeyspieler. 7000 davon können dem Nachwuchsbereich zugerechnet werden, aber 3000 davon haben nicht einmal regelmäßige Spielmöglichkeiten!

Klaus-Peter Knospe

I. Bundesliga 1986/87

Notenskala: 1 = sehr gut, 2 = gut, 3 = Durchschnitt, 4 = unter dem Durchschnitt, 5 = schwach, 0 = nicht bewertet, nur kurz im Einsatz

1. Spieltag

Kölner EC – SB Rosenheim 3:0
Kölner EC: Bornträger (2) – Kießling (2), Pokorny (3), Young (2), Denisiuk (3), Kühn (3) – Sikora (2), Truntschka (2), Meitinger (3), Steiger (3), Berry (2), Maj (3), Schmid (3), Hegen (3), Otten (3). *SB Rosenheim:* Kralik (1) – Blum (2), Scharf (3), Fischer (2), Maidl (3), Kretschmer (3), Maly (3) – Reindl (3), Höfner (2), Franz (3), Ahne (3), Berwanger (3), Kammerer (3), Kirchmaier (3), Pohl (4), Hilger (4). *Zuschauer:* 4000. *Schiedsrichter:* Schnieder (Iserlohn). *Strafminuten:* Köln 12 + 5 für Denisiuk, Rosenheim 12 + 5 für Maly. *Tore:* 1:0 (32.) Schmid (4:5), 2:0 (45.) Steiger (Maj/Young), 3:0 (56.) Maj (Steiger/Kühn).

Düsseldorfer EG – SC Riessersee 6:2
Düsseldorfer EG: Heiß (3) – Sterflinger (3), Schmidt (2), Niederberger (2), Lutz (3), Kreutzer (0), Klüh (0) – Lee (2), Valentine (3), Krueger (3), Roedger (3), Wolf (3), Brenner (3), Hiemer (3), Smicek (3), Jilek (3). *SC Riessersee:* Englbrecht (2) – Farrish (2), Berndaner (3), Konstanzer (3) – Obermeier (4), Sterflinger (3), Wassermann (4), Kislinger (3), Havlicek (2), Diepold (3), Schnöll (4), Preuß (3), Strodl (3). *Zuschauer:* 10000. *Schiedsrichter:* Kompalla (Krefeld). *Strafminuten:* Düsseldorf 8, Riessersee 6. *Tore:* 1:0 (10.) Strodl (Berndaner), 2:1 (15.) Jilek (Smicek/Hiemer), 3:1 (23.) Schmidt (Smicek/Hiemer), 4:1 (30.) Wolf (Brenner), 4:2 (37.) Havlicek (5:4), 5:2 (38.) Brenner (Sterflinger), 6:2 (40.) Krueger (Lee/Valentine).

ESV Kaufbeuren – ECD Iserlohn 5:2
ESV Kaufbeuren: Hegen (1) – Hospodar (2), Schuster (2), Medicus (2), Micheller (3), Dropmann (3) – Richter (2), Holy (4), Adam (2), Riefler (3), Heckelsmüller (4), Koldas (3), Kauer (1), Römer (2), Mörz (2). *ECD Iserlohn:* Fous (2) – Duris (3), Spry (4), Gailer (2), Romberg (3) – McNeil (4), Bruce (3), Pouzar (3), Nicholas (4), Jarkko (3), Hardy (3), Pflügl (3), Sochatzky (3), Held (4). *Zuschauer:* 3200. *Schiedsrichter:* Barnet (Rosenheim). *Strafminuten:* Kaufbeuren 8, Iserlohn 14 + 5 für Duris. *Tore:* 0:1 (13.) Held (Sochatzky/Spry), 1:1 (19.) Heckelsmüller (Schuster/Medicus – 5:3), 2:1 (23.) Kauer (Micheller), 3:1 (26.) Heckelsmüller (Riefler/Medicus), 4:1 (30.) Richter (5:4), 4:2 (47.) Romberg (Gailer/Bruce), 5:2 (52.) Adam (Holy/Richter).

EV Landshut – ERC Schwenningen 10:1
EV Landshut: Kontny (2) – Naud (2), Gandorfer (3), Seyller (3), Weigl (3), Auhuber (3), Schluttenhofer (3) – Poner (3), MacLeod (3), Gotsch (3), Brunner (3), Wasserek (3), Steiger (3), Brittig (3), Weiß (3), Truntschka (3). *ERC Schwenningen:* Hoppe (3) – Dietrich (4), Königer (3), Altmann (3), Müller (4) – Currie (5), Fritz (3), Willmann (3), Stejskal (3), Sulak (3), Brousek (3), Benzing (3), Deiter (3), Pillmeier (3). *Zuschauer:* 3000. *Schiedsrichter:* Würth (Peiting). *Strafminuten:* Landshut 8, Schwenningen 12. *Tore:* 1:0 (11.) Poner (Naud), 2:0 (13.) Gotsch (MacLeod – 5:4), 3:0 (19.) Brittig (Truntschka), 4:0 (20.) Steiger (Wasserek/Brunner), 5:0 (20.) Poner (MacLeod/Gotsch), 6:0 (31.) Naud (Gotsch/MacLeod – 5:4), 7:0 (36.) Gotsch (MacLeod/Poner – 5:4), 8:0 (44.) Truntschka (Weiß), 8:1 (48.) Pillmeier (Deiter), 9:1 (55.) Gotsch (Poner), 10:1 (56.) Brittig (Auhuber).

Mannheimer ERC – Eintracht Frankfurt 3:1
Mannheimer ERC: Schlickenrieder (2) – Kreis (2), Eggerbauer (2), Klaus (2), Reuter (3), Oswald (3) – Obresa (2), Silk (2), Messier (2), Kuhl (2), Draisaitl (2), Schiller (2), Jonkhans (2), Holzmann (3), Flemming (3). *Eintracht Frankfurt:* Zankl (2) – Potz (3), Forster (3), Mucha (2), Mokros (2) – Zimlich (3), Erhardt (3), K. Birk (3), Vorlicek (3), Groß (3), Baier (3), Guggemos (3), H. Birk (2), Storz (3). *Zuschauer:* 8000. *Schiedsrichter:* Tafertshofer (Peißenberg). *Strafminuten:* Mannheim 8 + je 5 für Holzmann und Silk, Frankfurt 8 + 5 für Zimlich. *Tore:* 1:0 (14.) Draisaitl (Schiller/Kreis), 2:0 (14.) Messier (Obresa), 3:0 (45.) Obresa, 3:1 (49.) Mucha.

2. Spieltag

ERC Schwenningen – Kölner EC 4:3
ERC Schwenningen: Hoppe (1) – Dietrich (1), Königer (2), Altmann (2), Müller (2) – Currie (2), Fritz (3), Willmann (3), Stejskal (2), Sulak (2), Brousek (3), Benzing (3), Deiter (3), Pillmeier (3). *Kölner EC:* Bornträger (3) – Kießling (3), Kühn (3), Young (2), Denisiuk (3), Pokorny (3) – Steiger (3), Berry (3), Maj (3), Sikora (3), Truntschka (3), Meitinger (3), Schmid (3), Hegen (4), Otten (4). *Zuschauer:* 4300. *Schiedsrichter:* Ondertoller (Geretsried). *Strafminuten:* Schwenningen 6, Köln 6 + 10 Disziplinarstrafe für Schmid. *Tore:* 1:0 (11.) Currie (Königer), 1:1 (20.) Schmid (Meitinger), 2:1 (22.) Sulak (Brousek/Stejskal), 3:1 (27.) Stejskal (Altmann), 3:2 (29.) Sikora (Berry/Kießling – 5:4), 4:2 (30.) Fritz (Willmann/Currie), 4:3 (34.) Meitinger (Truntschka/Sikora).

SB Rosenheim – EV Landshut 4:1
SB Rosenheim: Kralik (2) – Blum (2), Scharf (3), Fischer (1), Maidl (3), Kretschmer (3), Maly (3) – Reindl (3), Höfner (2), Kirchmaier (3), Ahne (2), Berwanger (2), Kammerer (3), Betz (3), Pohl (3), Hilger (3). *EV Landshut:* Kontny (2) – Naud (2), Gandorfer (3), Seyller (3), Weigl (3), Auhuber (3), Schluttenhofer (3) – Poner (3), MacLeod (4), Gotsch (3), Brunner (3), Wasserek (3), Steiger (3), Brittig (3), Weiß (3), Truntschka (3). *Zuschauer:* 3700. *Schiedsrichter:* Schimki (Berlin). *Strafminuten:* Rosenheim 14, Landshut 6. *Tore:* 0:1 (13.) Brittig (Truntschka/Wasserek), 1:1 (15.) Pohl, 2:1 (24.) Kirchmaier (Höfner/Reindl), 3:1 (42.) Kammerer (Ahne/Berwanger), 4:1 (55.) Kammerer (Berwanger).

ECD Iserlohn – Düsseldorfer EG 7:5
ECD Iserlohn: Fous (2) – Romberg (3), Gailer (2), Duris (3), Spry (3), Gentges (3) – Pflügl (2), Sochatzky (3), Held (3), Nicholas (4), Jarkko (3), Hardy (3), McNeil (2), Bruce (1), Pouzar (2). *Düsseldorfer EG:* Heiß (3) – Sterflinger (3), Schmidt (3), Niederberger (3), Lutz (3), Lee (3), Valentine (3), Krueger (3), Roedger (3), Wolf (3), Brenner (3), Hiemer (3), Smicek (3), Jilek (3). *Zuschauer:* 4800 (ausverkauft). *Schiedsrichter:* Vogt (Miesbach). *Strafminuten:* Iserlohn 18, Düsseldorf 18. *Tore:* 1:0 (1.) Held (Sochatzky/Pflügl), 2:0 (5.) Jarkko (Hardy), 2:1 (7.) Lee (Valentine/Schmidt), 3:1 (12.) Pouzar (Pflügl/Sochatzky – 5:4), 4:1 (13.) Bruce (McNeil), 4:2 (19.) Brenner (Wolf/Roedger), 5:2 (23.) Bruce (Pouzar), 6:2 (44.) Nicholas (Jarkko/Bruce), 6:3 (47.) Niederberger (Roedger/Lutz), 7:3 (48.) Pflügl (Held/Duris), 7:4 (56.) Krueger (Lee/Valentine), 7:5 (58.) Jilek.

Eintr. Frankfurt – ESV Kaufbeuren 4:5
Eintracht Frankfurt: Zankl (3) – Forster (3), Potz (3), Mucha (3), Mokros (3) – Krinner (4), K. Birk (3), Zimlich (4), Baier (4), Groß (3), Vorlicek (4), Guggemos (4), H. Birk (3), Storz (3). *ESV Kaufbeuren:* Hegen (2) – Hospodar (4), Schuster (3), Medicus (2), Micheller (3), Adam (3), Holy (2), Richter (3), Koldas (4), Heckelsmüller (4), Riefler (3), Römer (4), Kauer (4), Mörz (3). *Zuschauer:* 5500. *Schiedsrichter:* Altmann (Peiting). *Strafminuten:* Frankfurt 22 + 10 Disziplinarstrafe für Mucha, Kaufbeuren 20. *Tore:* 0:1 (10.) Richter (5:4), 0:2 (13.) Holy, 1:2 (14.) Potz (H. Birk – 4:3), 1:3 (25.) Adam (Richter – 5:4), 2:3 (30.) Mucha (Mokros/H. Birk – 4:3), 2:4 (31.) Mörz (4:5), 3:4 (43.) Mokros (Storz), 4:4 (43.) Zimlich (K. Birk/Krinner), 4:5 (50.) Mörz (4:4).

SC Riessersee – Mannheimer ERC 3:6
SC Riessersee: Englbrecht (2) – Konstanzer (4), Farrish (4), Berndaner (4), Raubal (4), Hörl (3) – Obermeier (4), Sterflinger (3), Wassermann (3), Kislinger (4), Havlicek (3), Diepold (4), Schnöll (3), Preuß (3), Strodl (3), Pokorny (4), Reindl (4). *Mannheimer ERC:* Schlickenrieder (3) – Kreis (2), Eggerbauer (3), Oswald (3), Klaus (3), Reuter (3) – Obresa (3), Silk (3), Messier (2), Kuhl (2), Draisaitl (3), Schiller (3), Flemming (3), Holzmann (3), Jonkhans (4). *Zuschauer:* 2100. *Schiedsrichter:* Welles (Miesbach). *Strafminuten:* Riessersee 10, Mannheim 14. *Tore:* 1:0 (5.) Preuß, 2:0 (5.) Sterflinger (Berndaner), 2:1 (8.) Messier, 2:2 (26.) Kuhl (Draisaitl/Klaus), 2:3 (37.) Messier (4:5), 2:4 (45.) Sterflinger (Draisaitl/Kuhl), 2:5 (48.) Klaus (Jonkhans), 3:5 (49.) Preuß (Schnöll/Hörl), 3:6 (51.) Eggerbauer (Kreis).

3. Spieltag

SB Rosenheim – ECD Iserlohn 4:4
SB Rosenheim: Kralik (3) – Blum (2), Scharf (3), Fischer (3), Kretschmer (0), Maly (3) – Kirchmaier (4), Höfner (3), Franz (3), Ahne (3), Berwanger (3), Kammerer (2), Betz (4), Hilger (3), Maidl (3). *ECD Iserlohn:* Fous (2) – Duris (3), Spry (3), Romberg (4), Gailer (2), Gentges (3) – Pflügl (3), Sochatzky (3), Held (3), McNeil (3), Bruce (3), Pouzar (2), Nicholas (4), Hardy (3), Simon (4). *Zuschauer:* 2600. *Schiedsrichter:* Würth (Peiting). *Strafminuten:* Rosenheim 4, Iserlohn 12. *Tore:* 1:0 (6.) Hilger (Maidl), 2:0 (26.) Kammerer (Berwanger/Ahne), 3:0 (31.) Ahne (Kammerer/Fischer), 3:1 (49.) McNeil (Sochatzky/Pouzar), 4:1 (51.) Höfner (Blum/Scharf), 4:3 (52.) Held (Duris/Pflügl), 4:4 (53.) Gailer (Pouzar).

EV Landshut – ESV Kaufbeuren 2:5
EV Landshut: Kontny (2) – Naud (2), Gandorfer (3), Seyller (4), Weigl (4), Auhuber (3), Wagner (3) – Poner (3), MacLeod (5), Gotsch (3), Brunner (3), Wasserek (3), Steiger (3), Brittig (3), Weiß (3), Truntschka (3). *ESV Kaufbeuren:* Hegen (1) – Schuster (2), Hospodar (3), Micheller (3), Medicus (2), Dropmann (3) – Riefler (3), Heckelsmüller (3), Koldas (3), Richter (3), Holy (3), Adam (3), Römer (3), Mörz (1), Kauer (3). *Zuschauer:* 3500. *Schiedsrichter:* Erhard (Hohenfurch). *Strafminuten:* Landshut 10, Kaufbeuren 8 + 10 Disziplinarstrafe für Hospodar. *Tore:* 1:0 (6.) Truntschka (Brittig), 2:0 (11.) Brunner (Wasserek/Steiger), 2:1 (20.) Mörz (Richter – 5:4), 2:2 (25.) Mörz (Kauer), 2:3 (47.) Richter (Hospodar/Holy), 2:4 (57.) Holy, 2:5 (60.) Richter (Mörz).

Kölner EC – Mannheimer ERC 3:2
Kölner EC: de Raaf (2) – Kießling (3), Pokorny (3), Young (2), Denisiuk (3), Kühn (3) – Sikora (3), Truntschka (3), Meitinger (3), Steiger (3), Berry (3), Maj (3), Schmid (3), Hegen (3), Otten (0). *Mannheimer ERC:* Schlickenrieder (2) – Kreis (2), Eggerbauer (3), Oswald (3), Klaus (3), Reuter (0) – Obresa (3), Silk (3), Messier (3), Kuhl (2), Draisaitl (3), Schiller (3), Adams (3), Holzmann (3), Jonkhans (4). *Zuschauer:* 3500. *Schiedsrichter:* Kompalla (Krefeld). *Strafminuten:* Köln 8, Mannheim 10 + 10 Disziplinarstrafe für Holzmann + Matchstrafe für Silk. *Tore:* 1:0 (8.) Maj (Berry/Steiger), 2:0 (24.) Meitinger (Sikora/Truntschka), 2:1 (25.) Adams (Holzmann/Jonkhans), 2:2 (27.) Obresa (Silk), 3:2 (38.) Truntschka (Sikora).

ERC Schwenningen – Düsseldorfer EG 3:0
ERC Schwenningen: Hoppe (1) – Dietrich (1), Königer (4), Altmann (3), Müller (1) – Willmann (3), Currie (2), Fritz (3), Stejskal (3), Sulak (3), Brousek (3), Benzing (3), Deiter (3), Pillmeier (3). *Düsseldorfer EG:* Heiß (3) – Sterflinger (3), Schmidt (3), Niederberger (2), Lutz (3) – Lee (3), Valentine (4), Krueger (4), Roedger (4), Wolf (3), Brenner (4),

Hiemer (3), Smicek (3), Jilek (3), Nentvich (0). *Zuschauer:* 5200. *Schiedsrichter:* Böhm (Landshut). *Strafminuten:* Schwenningen 4, Düsseldorf 14. *Tore:* 1:0 (2.) Currie (Müller – 5:4), 2:0 (27.) Stejskal (Dietrich/Müller – 5:4), 3:0 (47.) Fritz (Dietrich/Currie – 5:4).

Eintr. Frankfurt – SC Riessersee 6:0
Eintracht Frankfurt: Zankl (2) – Forster (3), Potz (3), Mucha (3), Mokros (3) – K. Birk (3), Erhardt (1), Zimlich (3), Baier (4), Groß (3), Vorlicek (3), Storz (3), H. Birk (3), Guggemos (4). *SC Riessersee:* Englbrecht (2) – Konstanzer (3), Farrish (3), Raubal (4), Berndaner (4), Hörl (4) – Obermeier (3), Sterflinger (4), Wassermann (4), Kislinger (0), Havlicek (3), Diepold (4), Schnöll (4), Preuß (3), Strodl (3), Reindl (4). *Zuschauer:* 5500. *Schiedsrichter:* Schimki (Berlin). *Strafminuten:* Frankfurt 10 + 5 für Zimlich, Riessersee 18 + 5 für Konstanzer. *Tore:* 1:0 (9.) Erhardt (Zimlich), 2:0 (10.) Vorlicek (Groß), 3:0 (34.) Erhardt (Nachschuß), 4:0 (35.) Zimlich (Nachschuß), 5:0 (48.) Erhardt (K. Birk – 5:4), 6:0 (59.) Mokros (H. Birk 5:4).

4. Spieltag

ESV Kaufbeuren – Kölner EC 5:1
ESV Kaufbeuren: G. Hegen (1) – Schuster (2), Hospodar (2), Micheller (3), Medicus (2), – Riefler (2), Heckelsmüller (2), Koldas (2), Richter (1), Holy (2), Adam (2), Römer (4), Mörz (1), Kauer (2). *Kölner EC:* de Raaf (3) – Young (3), Denisiuk (3), Pokorny (2), Kühn (4), Ledock (4) – Steiger (3), Berry (4), Maj (3), Sikora (3), Truntschka (3), Meitinger (3), Schmid (3), D. Hegen (3), Otten (4). *Zuschauer:* 6200. *Schiedsrichter:* Tafertshofer (Peißenberg). *Strafminuten:* Kaufbeuren 6, Köln 16. *Tore:* 1:0 (35.) Adam (Holy/Richter – 5:4), 2:0 (38.) Kauer (Mörz/Schuster), 3:0 (48.) Richter (Holy/Adam), 4:0 (54.) Richter (Holy – 4:5), 5:0 (56.) Mörz (Richter), 5:1 (56.) Young (Berry/Steiger).

SC Riessersee – EV Landshut 4:4
SC Riessersee: Englbrecht (2) – Konstanzer (3), Farrish (3), Hörl (3), Berndaner (3) – Wassermann (3), Havlicek (2), Diepold (4), Schnöll (3), Preuß (2), Strodl (4), Pokorny (4), Sterflinger (4), Reindl (3). *EV Landshut:* Kontny (4), ab 32. Meister (3) – Naud (3), Wagner (4), Seyller (2), Weigl (3), Auhuber (4), Schluttenhofer (4) – Brittig (3), Poner (3), Gotsch (2), Brunner (4), Wasserek (3), Steiger (3), Weiß (3), Lupzig (4), Truntschka (3). *Zuschauer:* 1900. *Schiedsrichter:* Barnet (Rosenheim). *Strafminuten:* Riessersee 6, Landshut 12 + 10 Disziplinarstrafe für Weigl. *Tore:* 0:1 (13.) Truntschka (Lupzig), 1:1 (19.) Havlicek (Diepold), 1:2 (22.) Wasserek, 2:2 (26.) Preuß (Farrish), 2:3 (29.) Poner (Gotsch/Wagner), 3:3 (31.) Berndaner (Havlicek/Wassermann – 5:4), 3:4 (54.) Truntschka, 4:4 (60.) Schnöll (Havlicek/Konstanzer – 6:5).

Düsseldorfer EG – Eintr. Frankfurt 3:6
Düsseldorfer EG: Beeck (3), ab 41. Heiß (3) – Sterflinger (4), Schmidt (3), Niederberger (3), Lutz (4) – Lee (2), Valentine (3), Nentvich (4), Roedger (3), Wolf (3), Brenner (3), Hiemer (4), Smicek (4), Jilek (3), Krueger (3). *Eintracht Frankfurt:* Zankl (1) – Forster (2), Potz (3), Mucha (3), Mokros (3) – Krinner (2), K. Birk (3), Zimlich (3), Baier (3), Vorlicek (3), Groß (3), Storz (3), H. Birk (3), K. Guggemos (3), Hartfuß (0), Nocon (0). *Zuschauer:* 10000. *Schiedsrichter:* Schnieder (Iserlohn). *Strafminuten:* Düsseldorf 10, Frankfurt 10. *Tore:* 1:0 (2.) Brenner (Wolf), 2:0 (17.) Lee (Nentvich/Schmid), 2:1 (17.) Groß (Potz), 2:2 (19.) Mucha (Groß/Baier), 2:3 (26.) Groß (Vorlicek – 4:5), 2:4 (46.) Krinner (Forster/K. Birk), 2:5 (50.) Baier (Vorlicek), 3:5 (59.) Lee (Schmid/Niederberger – 5:4), 3:6 (60.) Mucha (Groß/Forster).

ECD Iserlohn – ERC Schwenningen 6:1
ECD Iserlohn: Fous (1) – Romberg (3), Gailer (2), Duris (1), Spry (3), Gentges (2) – Pflügl (3), Sochatzky (3), Held (3), McNeil (3), Bruce (3), Nicholas (2), Hardy (3), Pouzar (1), Simon (2). *ERC Schwenningen:* Hoppe (3) – Dietrich (4), Königer (3), Altmann (3), Müller (3) – Currie (3), Fritz (3), Willmann (4), Stejskal (3), Sulak (3), Brousek (3), Benzing (3), Deiter (3), Pillmeier (3). *Zuschauer:* 3094. *Schiedsrichter:* Lemmen (Grefrath.) *Strafminuten:* Iserlohn 22, Schwenningen 8. *Tore:* 1:0 (3.) Duris, 2:0 (11.) Nicholas (Gentges/Spry), 3:0 (13.) Duris (Pouzar/Pflügl – 5:4), 4:0 (23.) Simon (Pouzar/Duris), 5:0 (42.) Pouzar (Gentges – 4:5), 5:1 (43.)Stejskal (Currie/Müller – 5:4), 6:1 (57.) Hardy (Nicholas/Gailer).

Mannheimer ERC – SB Rosenheim 5:0
Mannheimer ERC: Schlickenrieder (2) – Kreis (2), Eggerbauer (2), Klaus (3), Reuter (3), Oswald (3), Reil (0) – Obresa (3), Holzmann (3), Messier (3), Kuhl (2), Draisaitl (2), Schiller (3), Flemming (4), Adams (3), Jonkhans (3). *SB Rosenheim:* Merk (2) – Blum (3), Scharf (3), Maidl (3) – Kirchmaier (4), Höfner (3), Franz (3), Ahne (3), Berwanger (4), Kammerer (3), Lukac (3), Hilger (3), Betz (3). *Zuschauer:* 7000. *Schiedsrichter:* Vogt (Moers). *Strafminuten:* Mannheim 10 + 5 für Reil, Rosenheim 10 + 5 für Berwanger. *Tore:* 1:0 (28.) Messier (Eggerbauer – 5:4), 2:0 (36.) Holzmann (Kreis – 4:4), 3:0 (37.) Kreis (4:4), 4:0 (46.) Messier (Obresa), 5:0 (47.) Oswald (Kuhl – 5:4).

5. Spieltag

ESV Kaufbeuren – Düsseldorfer EG 3:3
ESV Kaufbeuren: Hegen (1) – Hospodar (3), Schuster (2), Medicus (3), Micheller (4) – Koldas (4), Heckelsmüller (4), Riefler (3), Adam (3), Holy (3), Richter (2), Kauer (3), Mörz (3), Römer (4). *Düsseldorfer EG:* Heiß (3) – Topolnisky (3), Schmidt (3), Niederberger (3), Lutz (3), Lee (3), Valentine (3), Nentvich (4), Roedger (3), Wolf (3), Krueger (4), Hiemer (4), Smicek (3), Brenner (3), Jilek (3). *Zuschauer:* 6000 (ausverkauft). *Schiedsrichter:* Würth (Peiting). *Strafminuten:* Kaufbeuren 2, Düsseldorf 12. *Tore:* 0:1 (4.) Nentvich (Niederberger/Valentine – 5:4), 1:1 (4.) Richter (Holy), 2:1 (36.) Riefler (Heckelsmüller), 2:2 (46.) Krueger (Wolf/Roedger), 2:3 (47.) Wolf (Krueger), 3:3 (54.) Mörz (Schuster/Römer).

Mannheimer ERC – EV Landshut 5:0
Mannheimer ERC: Schlickenrieder (1) – Kreis (2), Eggerbauer (2), Klaus (3), Reuter (3), Oswald (2), Reil (3) – Obresa (3), Holzmann (1), Messier (2), Kuhl (3), Draisaitl (3), Schiller (3), Adams (3), Jonkhans (3), Flemming (3), Volland (3). *EV Landshut:* Kontny (2) – Naud (3), Gandorfer (3), Wagner (3), Poner (3), Weigl (3), Auhuber (3), Schluttenhofer (3) – Lupzig (3), Gotsch (3), Seyller (3), Wasserek (3), Eder (3), Brittig (3), Weiß (3), Truntschka (3). *Zuschauer:* 6000. *Schiedsrichter:* Kompalla (Krefeld). *Strafminuten:* Mannheim 10, Landshut 10. *Tore:* 1:0 (3.) Holzmann (Messier), 2:0 (27.) Holzmann (Obresa), 3:0 (31.) Jonkhans (4:0), 4:0 (40.) Kuhl, 5:0 (43.) Draisaitl (Messier/Kreis).

Kölner EC – Eintr. Frankfurt 6:1
Kölner EC: Bornträger (2) – Young (3), Pokorny (3), Kühn (3), Denisiuk (3), Ledock (3) – Sikora (3), Truntschka (2), Meitinger (2), Steiger (3), Berry (2), Maj (3), Schmid (3), Hegen (3), Otten (4), Gröger (0). *Eintracht Frankfurt:* Zankl (2) – Forster (3), Potz (3), Mucha (3), Mokros (4) – K. Birk (3), Erhardt (3), Zimlich (4), Baier (4), Groß (3), Vorlicek (3), Krinner (4), Storz (3), Guggemos (3), Nocon (0), Hartfuß (0). *Zuschauer:* 3500. *Schiedsrichter:* Schnieder (Iserlohn). *Strafminuten:* Köln 6, Frankfurt 10. *Tore:* 1:0 (16.) Meitinger (Sikora/Young) 1:1 (17.) Vorlicek (Groß/Mucha), 2:1 (24.) Meitinger (Truntschka/Sikora), 3:1 (26.) Schmid 4:1 (30.) Truntschka (Sikora/Hegen – 5:4), 5:1 (32.) Maj (Steiger/Berry), 6:1 (50.) Berry (Steiger/ Maj).

SB Rosenheim – ERC Schwenningen 4:2
SB Rosenheim: Merk (2) – Blum (2), Scharf (3), Fischer (1), Maidl (3), Kretschmer (3) – Lukac (1), Höfner (2), Franz (2), Ahne (2), Berwanger (3), Kammerer (2), Kirchmaier (3), Hilger (3), Betz (3). *ERC Schwenningen:* Hoppe (1) – Dietrich (3), Tessier (3), Müller (3), Altmann (3), Currie (3), Fritz (2), Willmann (3), Stejskal (3), Sulak (3), Brousek (3), Benzing (3), Deiter (3), Pillmeier (3). *Zuschauer:* 2150. *Schiedsrichter:* Tafertshofer (Peißenberg). *Strafminuten:* Rosenheim 22, Schwenningen 22 + 10 Disziplinarstrafe für Currie. *Tore:* 1:0 (5.) Ahne (Kammerer/Berwanger 5:4), 1:1 (21.) Müller (Stejskal – 5:3), 2:1 (23.) Berwanger (Fischer/Kammerer – 5:4), 3:1 (32.) Betz (Hilger/Fischer), 3:2 (53.) Stejskal (Fritz), 4:2 (58.) Ahne (Kammerer/Fischer – 5:4).

ECD Iserlohn – SC Riessersee 7:2
ECD Iserlohn: Fous (2) – Duris (3), Gailer (3), Pruden (3), Spry (3), Gentges (3) – McNeil (0), Bruce (3), Pouzar (3), Pflügl (3), Sochatzky (2), Held (2), Simon (3), Nicholas (3), Hardy (4). *SC Riessersee:* Englbrecht (2) – Berndaner (3), Grzesiczek (4), Konstanzer (3), Farrish (3) – Wassermann (3), Havlicek (3), Diepold (4), Schnöll (4), Preuß (3), Strodl (4), Pokorny (4), Sterflinger (3), Reindl (4). *Zuschauer:* 2917. *Schiedsrichter:* Schlimme (Krefeld). *Strafminuten:* Iserlohn 8, Riessersee 10. *Tore:* 0:1 (3) Sterflinger (Reindl), 1:1 (30.) Held (Pflügl/Spry), 2:1 (33.) Nicholas (Gentges/Hardy), 3:1 (39.) Pouzar (Nicholas/Bruce), 4:1 (40.) Sochatzky (Held/Pflügl), 4:2 (41.) Wassermann (Havlicek), 5:2 (42.) Held (Pflügl/Sochatzky), 6:2 (53.) Duris (Held), 7:2 (57.) Simon (Nicholas/Gentges).

6. Spieltag

Eintr. Frankfurt – ECD Iserlohn 3:3
Eintracht Frankfurt: Zankl (2) – Forster (2), Göbel (4), Mucha (3), Mokros (3) – K. Birk (3), Erhardt (3), Guggemos (4), Baier (3), Groß (3), Vorlicek (3), H. Birk (3), Nocon (4), Krinner (3). *ECD Iserlohn:* Fous (2) – Duris (3), Gentges (3), Pruden (3), Spry (3), Gailer (3), Romberg (0) – Nicholas (3), Bruce (3), Pouzar (3), Pflügl (3), Sochatzky (2), Held (3), Hardy (3), Simon (3), McNeil (3). *Schiedsrichter:* Ondertoller (Geretsried). *Strafminuten:* Frankfurt 6, Iserlohn 14. *Tore:* 0:1 (18.) Held (Sochatzky/Pflügl), 0:2 (25.) Bruce (Gailer/Pouzar – 4:4), 0:3 (33.) Duris (Nicholas/Sochatzky), 1:3 (47.) Mucha (H. Birk/Erhardt – 5:4), 2:3 (55.) Forster (Erhardt 5:4), 3:3 (56.) Erhardt (K. Birk/Forster).

SC Riessersee – SB Rosenheim 3:5
SC Riessersee: Englbrecht (2) – Farrish (3), Grzesiczek (3), Raubal (3), Berndaner (3) – Wassermann (3), Havlicek (2), Diepold (4), Schnöll (4), Preuss (2), Strodl (3), Pokorny (4), Sterflinger (3), Reindl (4), Obermeier (3). *SB Rosenheim:* Merk (3) – Blum (3), Scharf (3), Fischer (3), Maidl (3), Kretschmer (4) – Lukac (3), Höfner (2), Franz (3), Ahne (3), Berwanger (3), Kammerer (3), Kirchmaier (4). *Zuschauer:* 2100. *Schiedsrichter:* Radosai (Landshut). *Strafminuten:* Riessersee 10. Rosenheim 14 + 10 Disziplinarstrafe für Ahne. *Tore:* 1:0 (3.) Farrish (Wassermann), 2:0 (9.) Berndaner (Grzesiczek/Havlicek – 5:4), 3:0 (15.) Raubal (Berndaner/Havlicek – 5:4), 3:1 (27.) Höfner (Lukac), 3:2 (28.) Fischer (Berwanger), 3:3 (33.) Franz (Höfner – 5:4), 3:4 (40.) Fischer (Kirchmaier), 3:5 (54.) Höfner (Lukac).

EV Landshut – Kölner EC 3:6
EV Landshut: Kontny (3), ab 29. Meister (3) – Naud (4), Gandorfer (3), Auhuber (3), Wagner (3) – Lupzig (4), Poner (3), Weigl (3), Seyller (4), Wasserek (4), E. Steiger (3), Brittig (3), B. Truntschka (2), Weiß (3), Gotsch (0). *Kölner EC:* Bornträger (2) – Pokorny (3), Kühn (3), Young (3), Denisiuk (3) – Sikora (2), G. Truntschka (2), Meitinger (3), H. Steiger (3), Berry (3), Maj (3), Gröger (0), Weiß (3), Schmid (3). *Zuschauer:* 3500. *Schiedsrichter:* Barnet (Rosenheim). *Strafminuten:* Landshut 0, Köln 4. *Tore:* 1:0 (21.) Kühn (Truntschka), 0:2 (28.) H. Steiger (Meitinger/Truntschka), 0:3 (29.) Sikora (Berry/Young), 0:4 (31.) Sikora (Maj/Berry), 0:5 (32.) H. Steiger (Hegen/Schmid), 1:5 (39.) B.

Truntschka (Brittig/Naud), 2:5 (40.) Seyller (Wasserek/E. Steiger), 3:5 (68.) Weigl (Gotsch), 3:6 (59.) Berry (Sikora/Young).

ERC Schwenningen – ESV Kaufbeuren 6:2
ERC Schwenningen: Hoppe (2) – Dietrich (2), Tessier (2), Altmann (2), Müller (2) – Stejskal (2), Sulak (1), Brousak (1), Willmann (2), Currie (2), Fritz (3), Benzing (2), Deiter (2), Pillmeier (2), Geiselmann (0), Patrzek (0). *ESV Kaufbeuren:* Hegen (3) – Hospodar (3), Schuster (3), Medicus (3), Micheller (3), Dropmann (3) – Koldas (3), Heckelsmüller (3), Langer (3), Adam (3), Holy (2), Richter (3), Kauer (3), Mörz (3), Römer (3). *Zuschauer:* 5000. *Schiedsrichter:* Kompalla (Krefeld). *Strafminuten:* Schwenningen 8, Kaufbeuren 4. *Tore:* 0:1 (9.) Richter (Medicus), 1:1 (14.) Dietrich, 2:1 (16.) Sulak (5:4), 2:2 (21.) Adam (Holy), 3:2 (27.) Brousek (Willmann), 4:2 (27.) Brousek (Tessier), 5:2 (33.) Brousek (Sulak/Benzing), 6:2 (44.) Willmann (Fritz).

Düsseldorfer EG – Mannheimer ERC 2:2
Düsseldorfer EG: Heiß (3) – Topolnisky (3), Schmidt (3), Niederberger (3), Lutz (2), Sterflinger (0) – Lee (2), Valentine (3), Nentvich (3), Roedger (2), Wolf (3), Krueger (3), Hiemer (3), Jilek (3), Brenner (3). *Mannheimer ERC:* Schlickenrieder (2) – Kreis (2), Eggerbauer (3), Reil (3), Klaus (3), Oswald (3) – Obresa (3), Holzmann (2), Messier (3), Kuhl (3), Draisaitl (3), Schiller (3), Adams (3), Volland (3), Jonkhans (3), Flemming (3). *Zuschauer:* 10000. *Schiedsrichter:* Vogt (Moers). *Strafminuten:* Düsseldorf 8 + 10 Disziplinarstrafe für Schmidt, Mannheim 16. *Tore:* 0:1 (3.) Messier, 0:2 (17.) Draisaitl (Kuhl), 1:2 (25.) Roedger (Krueger), 2:2 (45.) Wolf (Schmidt/Krueger).

7. Spieltag

Mannheimer ERC – ESV Kaufbeuren 5:0
Mannheimer ERC: Schlickenrieder (1) – Klaus (2), Reil (3), Kreis (2), Eggerbauer (3), Oswald (2), Reuter (3) – Adams (3), Draisaitl (2), Schiller (2), Obresa (3), Holzmann (3), Messier (2), Flemming (2), Volland (3), Jonkhans (3). *ESV Kaufbeuren:* Hegen (2) – Schuster (3), Hospodar (3), Micheller (3), Medicus (3) – Koldas (3), Heckelsmüller (3), Erhart (3), Adam (3), Holy (2), Richter (3), Kauer (3), Mörz (3), Römer (3). *Zuschauer:* 7000. *Schiedsrichter:* Barnet (Rosenheim). *Strafminuten:* Mannheim 10, Kaufbeuren 8. *Tore:* 1:0 (20.) Kreis (Messier/Obresa), 2:0 (37.) Obresa (4:5), 3:0 (40.) Holzmann (Obresa 4:4), 4:0 (42.) Jonkhans (Volland/Oswald), 5:0 (47.) Holzmann (Messier).

SB Rosenheim – Düsseldorfer EG 7:4
SB Rosenheim: Merk (3) – Scharf (3), Blum (4), Fischer (1), Kretschmer (1), Maidl (3) – Lukac (2), Höfner (1), Franz (3), Ahne (1), Berwanger (2), Kammerer (2), Kirchmaier (3), Hilger (3), Betz (3). *Düsseldorfer EG:* Heiß (3) – Schmidt (3), Topolnisky (2), Niederberger (3), Lutz (4), Sterflinger (4) – Lee (3), Valentine (3), Nentvich (4), Roedger (3), Wolf (3), Krueger (4), Hiemer (3), Smicek (4), Brenner (4). *Zuschauer:* 4100. *Schiedsrichter:* Böhm (Landshut). *Strafminuten:* Rosenheim 6, Düsseldorf 10. *Tore:* 0:1 (9.) Valentine (Krueger), 0:2 (9.) Wolf (Roedger), 1:2 (11.) Franz (Lukac/Höfner), 1:3 (15.) Nentvich (Topolnisky/Valentine), 2:3 (21.) Ahne (Berwanger), 3:3 (22.) Höfner (Lukac/Franz), 4:3 (23.) Ahne (Kammerer), 5:3 (37.) Lukac, 6:3 (39.) Ahne (Berwanger/Kammerer – 5:4), 6:4 (52.) Krueger (Valentine), 7:4 (59.) Kretschmer (Kammerer – 5:4).

EV Landshut – Eintr. Frankfurt 2:0
EV Landshut: Kontny (1) – Naud (2), Wagner (3), Weigl (4), Seyller (4), Auhuber (2), Gandorfer (3) – Poner (3), MacLeod (3), Gotsch (3), Lupzig (3), Wasserek (3), Steiger (3), Brittig (3), Weiß (3), Truntschka (3). *Eintracht Frankfurt:* Zankl (2) – Mucha (4), Mokros (3), Forster (3), Schnürr (4) – K. Birk (4), Baier (3), H. Birk (3), Nocon (4), Krinner (4), Guggemos (4). *Zuschauer:* 2500. *Schiedsrichter:* Wel-

les (Miesbach). *Strafminuten:* Landshut 10, Frankfurt 8. *Tore:* 1:0 (18.) Naud, 2:0 (20.) Steiger (Lupzig).

ERC Schwenningen – SC Riessersee 5:2
ERC Schwenningen: Hoppe (2) – Dietrich (3), Tessier (2), Altmann (2), Müller (2) – Willmann (3), Currie (3), Fritz (2), Stejskal (3), Sulak (3), Brousek (3), Benzing (3), Deiter (3), Pillmeier (3). *SC Riessersee:* Englbrecht (2) – Raubal (3), Berndaner (2), Farrish (3), Grzesiczek (3) – Wassermann (3), Havlicek (3), Diepold (3), Schnöll (3), Preuß (3), Strodl (4), Kislinger (4), Sterflinger (3), Reindl (3). *Zuschauer:* 4000. *Schiedsrichter:* H. Penz (Kaufbeuren). *Strafminuten:* Schwenningen 10, Riessersee 18. *Tore:* 1:0 (5.) Fritz (Willmann), 2:0 (29.) Currie (Müller/Fritz) – 5:3, 2:1 (35.) Havlicek (5:4), 3:1 (45.) Currie (Müller/Stejskal – 5:4), 4:1 (50.) Currie (Fritz – 4:4), 5:1 (59.) Dietrich (Tessier – 4:3), 5:2 (59.) Sterflinger (Wassermann – 4:4).

Kölner EC – ECD Iserlohn 4:3
Kölner EC: de Raaf (2) – Kießling (3), Pokorny (3), Young (2), Denisiuk (3), Kühn (3) – Sikora (2), Truntschka (3), Meitinger (3), Steiger (2), Berry (2), Maj (3), Schmid (3), Hegen (3), Otten (4). *ECD Iserlohn:* Fous (2), 30.–31. und ab 49. Blanke (0) – Duris (3), Gailer (3), Pruden (3), Spry (3), Gentges (3) – Nicholas (3), Bruce (3), Pouzar (3), Pflügl (4), Sochatzky (3), Held (3), Simon (0), Hardy (3), Romberg (3). *Zuschauer:* 4500. *Schiedsrichter:* Erhard (Hohenfurch). *Strafminuten:* Köln 4, Iserlohn 8. *Tore:* 1:0 (5.) Sikora (Meitinger/Truntschka), 1:1 (10.) Simon (Romberg/Duris), 1:2 (25.) Held (Sochatzky/Pflügl), 2:2 (33.) Meitinger (Steiger/Young), 3:2 (37.) Steiger (Truntschka), 4:2 (49.) Maj, 4:3 (54.) Hardy (Romberg/Duris).

8. Spieltag

SC Riessersee – Kölner EC 7:4
SC Riessersee: Englbrecht (1) – Farrish (1), Grzesiczek (2), Raubal (2), Berndaner (1) – Sterflinger (3), Havlicek (3), Diepold (3), Schnöll (3), Preuß (2), Strodl (3), Wassermann (3), Reindl (3). *Kölner EC:* de Raaf (4) – Kießling (4), Pokorny (4), Young (4), Denisiuk (3), Kühn (0) – Sikora (4), Truntschka (3), Meitinger (4), Maj (4), Berry (3), Steiger (2), Schmid (3), Hegen (4), Gröger (3). *Zuschauer:* 2000. *Schiedsrichter:* Würth (Peiting). *Strafminuten:* Riessersee 10, Köln 16. *Tore:* 0:1 (1.) Sikora (Truntschka), 1:1 (3.) Grzesiczek (Berndaner), 2:1 (8.) Schnöll, 2:2 (9.) Hegen (Berry/Steiger), 2:3 (20.) Kießling (Sikora/Meitinger), 2:4 (30.) Denisiuk (Hegen), 3:4 (34.) Sterflinger (Diepold/Havlicek), 4:4 (44.) Grzesiczek (Schnöll), 5:4 (46.) Strodl (Schnöll/Preuß – 5:4), 6:4 (54.) Schnöll (Farrish/Preuß), 7:4 (60.) Berndaner (Havlicek – 4:4).

Eintr. Frankfurt – ERC Schwenningen 5:2
Eintracht Frankfurt: Zankl (4) – Forster (3), Mucha (4), Mokros (3) – K. Birk (4), Erhardt (3), Zimlich (3), Baier (3), Groß (4), Vorlicek (1), Krinner (4), Nocon (3), H. Birk (3), Guggemos (3), Storz (0). *ERC Schwenningen:* Hoppe (3) – Tessier (3), Dietrich (4), Müller (4), Altmann (4) – Willmann (4), Currie (4), Fritz (4), Stejskal (4), Sulak (4), Brousek (4), Benzing (4), Deiter (4), Pillmeier (4). *Zuschauer:* 6000 (ausverkauft). *Schiedsrichter:* Schimki (Berlin). *Strafminuten:* Frankfurt 20, Schwenningen 18 + 10 Disziplinarstrafe für Dietrich. *Tore:* 1:0 (9.) H. Birk (4:4), 1:1 (11.) Willmann (Currie/Tessier), 2:1 (35.) Vorlicek (Mucha/Groß), 3:1 (35.) Potz (H. Birk/Baier), 4:1 (36.) Zimlich (Erhardt), 4:2 (56.) Fritz (Currie – 5:4), 5:2 (59.) Erhardt (Mucha).

Düsseldorfer EG – EV Landshut 6:4
Düsseldorfer EG: Heiß (3) – Topolnisky (3), Schmidt (3), Niederberger (3), Lutz (3), Sterflinger (3) – Lee (3), Valentine (3), Nentvich (3), Roedger (3), Wolf (3), Krueger (3), Hiemer (3), Smicek (3), Brenner (3). *EV Landshut:* Kontny (2), ab 48. Meister (0) – Naud (3), Wagner (3), Auhuber (3), Gandorfer (3) – Poner (3), MacLeod (3), Weigl (3), Seyller (3), Wasserek (3), Steiger (3), Brittig (3), Weiß (3),

Truntschka (2), Lupzig (0). *Zuschauer:* 9500. *Schiedsrichter:* Erhard (Hohenfurch). *Strafminuten:* Düsseldorf 10, Landshut 10. *Tore:* 0:1 (3.) Truntschka (Weiß – 4:4), 1:1 (24.) Seyller (Steiger – 5:4), 2:1 (30.) Krueger (Wolf/Roedger), 2:2 (31.) Seyller (Steiger – 5:4), 3:2 (32.) Valentine (Lee), 4:2 (38.) Wolf (Krueger – 5:4), 4:3 (47.) Naud (MacLeod/Poner), 5:3 (47.) Nentvich (Valentine/Niederberger – 5:4), 5:4 (52.) Truntschka (Weiß), 6:4 (60.) Wolf (5:6).

ECD Iserlohn – Mannheimer ERC 5:4
ECD Iserlohn: Blanke (2) – Duris (3), Gailer (2), Pruden (3), Spry (3), Gentges (3) – Nicholas (3), Bruce (2), Pouzar (3), Pflügl (3), Sochatzky (2), Held (2), Simon (3), Hardy (3), Romberg (3). *Mannheimer ERC:* Schlickenrieder (2) – Kreis (2), Eggerbauer (3), Reil (3), Klaus (3), Oswald (3), Reuter (3) – Obresa (3), Holzmann (2), Messier (3), Adams (2), Draisaitl (3), Schiller (3), Flemming (3), Volland (3), Adams (3). *Zuschauer:* 3811. *Schiedsrichter:* Kompalla (Krefeld). *Strafminuten:* Iserlohn 10, Mannheim 6. *Tore:* 1:0 (2.) Nicholas (Sochatzky/Pouzar), 2:0 (22.) Duris (Nicholas/Sochatzky), 2:1 (32.) Reil (Schiller), 3:1 (33.) Gailer (Nicholas/Duris), 3:2 (42.) Draisaitl, 4:2 (43.) Pouzar (Duris), 4:3 (49.) Draisaitl (Adams/Schiller), 4:4 (53.) Messier (Obresa), 5:4 (59.) Held (Duris).

ESV Kaufbeuren – SB Rosenheim 4:1
ESV Kaufbeuren: Hegen (1) – Hospodar (2), Schuster (3), Medicus (3), Micheller (3) – Koldas (0), Heckelsmüller (3), Riefler (3), Adam (3), Holy (3), Richter (1), Kauer (3), Mörz (3), Römer (3). *SB Rosenheim:* Kralik (2) – Blum (2), Scharf (2), Maidl (3), Kretschmer (3) – Fischer (3), Höfner (3), Ahne (3), Berwanger (2), Kammerer (3), Kirchmaier (3), Hilger (4), Betz (3). *Zuschauer:* 6000. *Schiedsrichter:* Schneider (Iserlohn). *Strafminuten:* Kaufbeuren 10, Rosenheim 16. *Tore:* 1:0 (10.) Heckelsmüller, 1:1 (13.) Höfner (Kirchmaier/Blum – 5:4), 2:1 (54.) Holy (Richter), 3:1 (58.) Richter (Adam), 4:1 (60.) Mörz (Nachschuß).

9. Spieltag

SC Riessersee – Kaufbeuren 3:6
SC Riessersee: Englbrecht (3) – Farrish (2), Grzesiczek (3), Berndaner (3), Glynne (3) – Sterflinger (3), Havlicek (3), Diepold (3), Schnöll (3), Preuß (3), Strodl (3), Kislinger (3), Wassermann (4), Obermeier (4). *ESV Kaufbeuren:* Hegen (3) – Hospodar (3), Schuster (3), Medicus (3), Micheller (3), Dropmann (0) – Koldas (3), Heckelsmüller (3), Riefler (3), Adam (3), Holy (3), Richter (3), Kauer (3), Mörz (3), Römer (4). *Zuschauer:* 3200. *Schiedsrichter:* Ondertoller (Geretsried). *Strafminuten:* Riessersee 10, Kaufbeuren 8. *Tore:* 1:0 (8.), Glynne, 1:1 (26.), Micheller (Mörz) 2:1 (28.) Sterflinger (Diepold/Havlicek), 2:2 (32.) Grzesiczek (Obermeier/Preuß), 3:2 (33.) Richter (Holy/Medicus), 3:3 (37.) Adam (Richter/Holy – 5:4), 3:4 (47.), Schuster (Medicus/Mörz), 3:5 (52.) Mörz/Hospodar – 4:4), 3:6 (52.) Medicus (Richter/Holy).

Eintr. Frankfurt – SB Rosenheim 4:8
Eintracht Frankfurt: Zankl (2) – Forster (4), Potz (3), Mucha (4), Mokros (3) – Zimlich (4), Erhardt (3), K. Birk (4), Baier (4), Groß (3), Vorlicek (3), Krinner (5), H. Birk (3), Nocon (3), Schaaf (3), Storz (3). *SB Rosenheim:* Kralik (3) – Blum (3), Scharf (2), Maidl (3), Kretschmer (3), Maly (3) – Fischer (2), Höfner (1), Franz (3), Ahne (3), Berwanger (2), Kammerer (2), Kirchmaier (3), Hilger (0), Betz (3). *Zuschauer:* 6000 (ausverkauft). *Schiedsrichter:* Vogt (Moers). *Strafminuten:* Frankfurt 12, Rosenheim 12. *Tore:* 0:1 (7.) Höfner (Nachschuß 5:4), 0:2 (22.) Berwanger (Ahne/Kammerer), 1:2 (26.) Erhardt (K. Birk – 4:4), 2:2 (27.) Vorlicek, 2:3 (31.) Höfner (Fischer/Blum – 5:4), 2:4 (31.) Ahne, 2:5 (39.) Franz (Fischer/Höfner), 2:6 (43.) Betz (Höfner/Scharf), 2:7 (51.) Ahne (Höfner), 3:7 (52.) Vorlicek (Baier/H. Birk), 3:8 (53.) Fischer, 4:8 (59.) Groß (Vorlicek/Forster).

Düsseldorfer EG – Kölner EC 3:2
Düsseldorfer EG: Heiß (2) – Topolnisky (3), Schmidt (2), Niederberger (2), Lutz (1), Sterflinger (2) – Lee (2), Valentine (3), Nentvich (2), Roedger (2), Wolf (1), Krueger (3), Hiemer (3), Smicek (3), Jilek (3). *Kölner EC:* Bornträger (2) – Kießling (3), Pokorny (3), Young (3), Denisiuk (3), Kühn (3) – Sikora (2), Truntschka (2), Meitinger (3), Steiger (3), Berry (2), Hegen (3), Schmid (3), Gröger (3), Maj (2). *Zuschauer:* 10500 (ausverkauft). *Schiedsrichter:* Böhm (Landshut). *Strafminuten:* Düsseldorf 6, Köln 4. *Tore:* 1:0 (1.) Schmidt (Lee), 2:0 (1.) Nentvich (Lee/Sterflinger), 2:1 (2.) Meitinger (Truntschka/Pokorny), 3:1 (56.) Hiemer (Schmidt), 3:2 (56.) Maj (Berry).

EV Landshut – ECD Iserlohn 6:5
EV Landshut: Meister (4) – Naud (2), Wagner (2), Seyller (4), Weigl (4), Auhuber (2), Schluttenhofer (4) – Poner (3), MacLeod (3), Lupzig (3), Brunner (3), Wasserek (3), Steiger (4), Brittig (3), Weiß (3), Truntschka (1). *ECD Iserlohn:* Fous (2) – Duris (2), Gailer (2), Pruder (3), Spry (4), Gentges (4) – Nicholas (4), Bruce (3), Pouzar (2), Pflügl (3), Sochatzky (4), Held (4), Romberg (4), Hardy (4), Simon (4). *Zuschauer:* 2000. *Schiedsrichter:* Kompalla (Krefeld). *Strafminuten:* Landshut 2, Iserlohn 14. *Tore:* 0:1 (12.) Held, 1:1 (24.) Truntschka (Wagner), 2:1 (25.) MacLeod (Naud/Poner), 3:1 (27.) Lupzig (Steiger/Wasserek), 4:1 (29.) Steiger (Brunner/Wasserek), 4:2 (30.) Duris (Pouzar/Simon), 5:2 (40.) Poner (MacLeod), 5:3 (42.) Pouzar (Nicholas), 5:4 (47.) Gailer (Pouzar), 6:4 (54.) Poner, 6:5 (59.) Gailer (Pouzar/Nicholas).

ERC Schwenningen – Mannheimer ERC 2:6
ERC Schwenningen: Hoppe (2) – Dietrich (2), Tessier (2), Altmann (2), Deiter (3) – Willmann (2), Currie (3), Fritz (2), Stejskal (3), Sulak (3), Brousek (3), Benzing (3), Geiselmann (3), Pillmeier (3). *Mannheimer ERC:* Schlickenrieder (2) – Kreis (2), Eggerbauer (2), Oswald (3), Reuter (2), Reil (3), Klaus (2) – Obresa (3), Holzmann (3), Messier (3), Kuhl (2), Silk (3), Jonkhans (2), Adams (3), Draisaitl (2). *Zuschauer:* 5200. *Schiedrichter:* Barnet (Rosenheim). *Strafminuten:* Schwenningen 2, Mannheim 6. *Tore:* 1:0 (21.) Willmann (Fritz), 1:1 (31.) Jonkhans (Kuhl/Reuter), 2:1 (27.) Dietrich (Willmann/Fritz – 5:4), 2:2 (34.) Draisaitl (Adam/Schiller), 2:3 (36.) Messier (Holzmann/Kreis), 2:4 (47.) Schiller (Draisaitl), 2:5 (51.) Kuhl (Silk/Eggerbauer), 2:6 (63.) Messier (Holzmann).

10. Spieltag

SB Rosenheim – SC Riessersee 6:1
SB Rosenheim: Merk (2) – Blum (4), Scharf (3), Fischer (2), Kretschmer (2), Maidl (3) – Lukac (2), Höfner (2), Franz (2), Ahne (3), Berwanger (3), Kammerer (3), Kirchmaier (4), Hilger (3), Betz (3). *SC Riessersee:* Englbrecht (1) – Farrish (3), Grzesiczek (4), Berndaner (3), Glynne (3), Raubal (3), Diepold (3), Sterflinger (4), Konstanzer (3), Schnöll (3), Preuß (4), Strodl (4), Kislinger (4), Wassermann (3), Obermeier (3). *Zuschauer:* 2800. *Schiedsrichter:* Würth (Peiting). *Strafminuten:* Rosenheim 16 + 5 für Höfner, Riessersee 20 + 5 für Strodl. *Tore:* 1:0 (3.) Scharf (Lukac/Franz), 2:0 (11.) Hilger (Kretschmer), 2:1 (16.) Obermeier (Wassermann), 3:1 (22.) Kretschmer (Ahne), 4:1 (48.) Betz (4:4), 5:1 (50.) Kammerer (Kretschmer/Fischer – 5:4), 6:1 (53.) Kammerer (Kretschmer – 3:3).

ESV Kaufbeuren – ERC Schwenningen 4:1
ESV Kaufbeuren: Hegen (2) – Hospodar (4), Schuster (2), Medicus (3), Micheller (3), Dropmann (3), Erhart (0) – Koldas (3), Heckelsmüller (3), Riefler (3), Adam (3), Holy (3), Richter (3), Mörz (2), Kauer (3). *ERC Schwenningen:* Hoppe (2) – Dietrich (3), Königer (3), Altmann (3), Tessier (3) – Willmann (3), Currie (3), Fritz (3), Stejskal (3), Sulak (3), Brousek (3), Pillmeier (3), Deiter (3), Benzing (3). *Zuschauer:* 6000 (ausverkauft). *Schiedsrichter:* Erhard (Hohenfurch). *Strafminuten:* Kaufbeuren 12 + 5 für Riefler, Schwenningen 12 + 5 für Stejskal. *Tore:* 1:0 (35.) Richter (Holy), 2:0 (43.) Mörz (Heckelsmüller – 5:4), 2:1 (45.) Dietrich (Willmann), 3:1 (48.) Heckelsmüller (Schuster), 4:1 (53.) Schuster (Mörz/Richter – 4:5).

ECD Iserlohn – Eintracht Frankfurt 6:5
ECD Iserlohn: Fous (2) – Duris (2), Gailer (2), Pruden (4), Spry (3), Gentges (3) – Nicholas (3), Bruce (3), Pouzar (1), Pflügl (4), Sochatzky (2), Held (1), Simon (3), Hardy (4), Romberg (4). *Eintracht Frankfurt:* Zankl (3) – Forster (3), Potz (2), Mucha (3), Mokros (3) – K. Birk (2), Erhardt (1) Zimlich (4), Baier (3), Groß (2), Vorlicek (2), Storz (4), H. Birk (3), Schaaf (4), Nocon (3). *Zuschauer:* 4103. *Schiedsrichter:* Böhm (Landshut). *Strafminuten:* Iserlohn 22 + 5 für Held, Frankfurt 16. *Tore:* 0:1 (3.) Erhardt (Groß – 5:3), 0:2 (8.) Vorlicek (K. Birk), 1:2 (22.) Held (Pouzar/Duris), 2:2 (27.) Held (Sochatzky), 3:2 (29.) Nicholas (Pouzar/Duris), 4:2 (36.) Pouzar (Duris), 4:3 (36.) Erhardt (Mokros/Mucha), 4:4 (40.) Erhardt (Nocon/K. Birk), 5:4 (52.) Bruce (Pouzar/Gailer), 6:4 (52.) Held (Sochatzky/Pflügl), 6:5 (58.) Vorlicek (Groß/Erhardt – 5:4).

Kölner EC – EV Landshut 7:0
Kölner EC: Bornträger (1) – Young (2), Denisiuk (3), Kießling (2), Pokorny (3), Kühn (3) – H. Steiger (2), Berry (2), Maj (3), Schmid (3), G. Truntschka (2), Meitinger (3), Otten (3), Gröger (4), Ledock (3). *EV Landshut:* Kontny (3) – Naud (3), Wagner (3), Seyller (3), Weigl (3), Auhuber (4), Schluttenhofer (3) – Poner (3), MacLeod (3), Lupzig (3), Brunner (3), Wasserek (3), E. Steiger (3), Brittig (4), Weiß (3), B. Truntschka (3). *Zuschauer:* 3000. *Schiedsrichter:* Schimki (Berlin). *Strafminuten:* Köln 10, Landshut 10 + 10 Disziplinarstrafe für Poner. *Tore:* 1:0 (3.) Kießling (Meitinger/Truntschka – 5:4), 2:0 (39.) Denisiuk, 3:0 (44.) Ledock (Otten/Gröger), 4:0 (45.) Maj (Berry/Otten), 5:0 (46.) Truntschka (Meitinger/Kühn), 6:0 (47.) Kießling (Berry/Young – 5:4), 7:0 (58.) Schmid (Meitinger/Kießling).

Mannheimer ERC – Düsseldorfer EG 6:2
Mannheimer ERC: Schlickenrieder (2) – Kreis (1), Eggerbauer (2), Reil (3), Klaus (3) – Nichlas (3), Reuter (0), Oswald – Obresa (3), Holzmann (3), Messier (2), Adams (3), Draisaitl (2), Schiller (1), Kuhl (3), Silk (3), Jonkhans (2). *Düsseldorfer EG:* Heiß (3) – Schmidt (3), Sterflinger (3), Niederberger (3), Lutz (3), Topolnisky (0) – Lee (3), Valentine (4), Nentvich (3), Roedger (3), Wolf (3), Krueger (3), Hiemer (3), Jilek (3), Smicek (3), Brenner (0). *Zuschauer:* 8000. *Schiedsrichter:* Kompalla (Krefeld). *Strafminuten:* Mannheim 4, Düsseldorf 4 + 5 für Roedger. *Tore:* 0:1 (13.) Smicek (Schmidt/Hiemer), 1:1 (19.) Oswald, 2:1 (26.) Jonkhans (Silk/Kreis – 5:4), 3:1 (26.) Schiller (Adams/Draisaitl), 4:1 (30.) Holzmann (Messier/Reil), 4:2 (50.) Roedger (Schmidt), 5:2 (56.) Holzmann (Kreis/Messier – 5:4), 6:2 (60.) Messier (Penalty).

11. Spieltag

Eintr. Frankfurt – Mannheimer ERC 4:7
Eintracht Frankfurt: Zankl (4) – Potz (4), Forster (3), Mokros (5), Mucha (4) – H. Birk (3), Erhardt (3), K. Birk (4), Baier (3), Groß (3), Vorlicek (3), Storz (5), Nocon (5), Schaaf (4), Krinner (0). *Mannheimer ERC:* Schlickenrieder (3) – Kreis (2), Eggerbauer (2), Reil (3), Klaus (3), Reuter (3), Oswald (3) – Obresa (2), Holzmann (1), Messier (1), Adams (3), Draisaitl (3), Schiller (2), Kuhl (3), Silk (3), Jonkhans (3). *Zuschauer:* 6000 (ausverkauft). *Schiedsrichter:* Schnieder (Iserlohn). *Strafminuten:* Frankfurt 16, Mannheim 12 + je 5 für Schlickenrieder und Obresa. *Tore:* 0:1 (2.) Silk (Jonkhans/Klaus – 4:4), 0:2 (4.) Obresa (Messier/Holzmann), 0:3 (5.) Silk (Nachschuß), 1:3 (13.) Forster (Potz/Groß – 5:4), 2:3 (15.) Forster (Erhardt/K. Birk – 4:5), 2:4 (15.) Obresa (Eggerbauer/Messier – 5:4), 2:5 (17.) Messier (Holzmann), 3:5 (39.) Groß (Baier/Schaaf), 3:6 (47.) Messier (4:6) (48.) Schaaf (Groß), 4:7 (50.) Schiller (Draisaitl – 4:4).

ECD Iserlohn – ESV Kaufbeuren 2:3
ECD Iserlohn: Fous (3) – Duris (3), Gailer (3), Pruden (3), Spry (3), Gentges (3) – Nicholas (3), Jarkko (3), Hardy (3), Pflügl (3), Sochatzky (3), Held (3), Simon (3), Bruce (3), Pouzar (2). *ESV Kaufbeuren:* Hegen (2) – Medicus (1), Schuster (3), Dropmann (2), Micheller (3), Hospodar (0) – Kauer (4), Mörz (3), Römer (3), Langer (3), Koldas (3), Adam (3), Holy (3), Richter (3), Erhart (3). *Zuschauer:* 4200. *Schiedsrichter:* Kompalla (Krefeld). *Strafminuten:* Iserlohn 8 + 5 für Bruce, Kaufbeuren 10. *Tore:* 1:0 (18.) Held (Sochatzky), 1:1 (25.) Medicus (Schuster/Richter – 5:3), 1:2 (42.) Mörz, 1:3 (44.) Medicus (Schuster – 4:3), 2:3 (51.) Jarkko.

SB Rosenheim – Kölner EC 2:5
SB Rosenheim: Kralik (3) – Blum (4), Scharf (3), Kretschmer (2), Maidl (4), Maly (4) – Fischer (2), Höfner (2), Franz (3), Ahne (3), Berwanger (3), Kammerer (3), Kirchmaier (3), Hilger (4), Betz (4). *Kölner EC:* Bornträger (4) – Kießling (3), Kühn (3), Young (3), Denisiuk (3), Pokorny (3) – Schmid (3), Truntschka (3), Meitinger (3), Steiger (2), Berry (2), Maj (3), Otten (3), Gröger (3), Ledock (3). *Zuschauer:* 5200. *Schiedsrichter:* Erhard (Hohenfurch). *Strafminuten:* Rosenheim 8, Köln 14. *Tore:* 1:0 (2.) Höfner (Kretschmer – 5:4), 1:1 (3.) Maj (Young/Berry – 5:4), 1:2 (25.) Steiger (Berry), 1:3 (35.) Maj (Denisiuk/Steiger), 2:3 (37.) Kammerer (Fischer – 5:4), 2:4 (47.) Kießling (Berry/Steiger), 2:5 (51.) Ledock.

SC Riessersee – Düsseldorfer EG 1:11
SC Riessersee: Englbrecht (2), ab 40. Stranka (3) – Farrish (4), Grzesiczek (4), Konstanzer (3), Glynne (3), Raubal (0) – Berndaner (4), Havlicek (3), Sterflinger (3), Schnöll (3), Preuß (3), Strodl (3), Obermeier (4), Wassermann (3), Kislinger (4), Reindl (4), Diepold (4). *Düsseldorfer EG:* Heiß (3) – Topolnisky (2), Schmidt (3), Niederberger (3), Lutz (3), Sterflinger (4), Klüh (0) – Lee (1), Valentine (1), Nentvich (2), Roedger (3), Wolf (3), Krueger (3), Brenner (3), Smicek (3), Hiemer (3). *Zuschauer:* 2300. *Schiedsrichter:* Böhm (Landshut). *Strafminuten:* Riessersee 8, Düsseldorf 12. *Tore:* 0:1 (6.) Lee (Valentine/Nentvich), 0:2 (7.) Hiemer (Smicek), 0:3 (12.) Lee (Valentine – 4:5), 1:3 (17.) Farrish (Berndaner/Havlicek – 5:4), 1:4 (21.) Lee (Valentine/Niederberger), 1:5 (23.) Valentine (Schmidt/Lee – 4:4), 1:6 (33.) Lee (Valentine/Nentvich), 1:7 (36.) Krueger, 1:8 (38.) Brenner (Nentvich/Hiemer), 1:9 (43.) Krueger (Roedger), 1:10 (44.) Valentine (Nentvich/Lee), 1:11 (59.) Lee (Schmidt/Valentine – 4:3).

ERC Schwenningen – EV Landshut 7:3
ERC Schwenningen: Hoppe (3) – Königer (3), Müller (2), Altmann (3), Tessier (4) – Benzing (3), Willmann (3), Fritz (3), Currie (3), Stejskal (3), Sulak (3), Deiter (3), Brousek (3), Pillmeier (0). *EV Landshut:* Kontny (3), ab 41. Meister (3) – Naud (3), Wagner (3), Auhuber (3), Schluttenhofer (4), Seyller (3), Weigl (3) – Poner (5), MacLeod (3), Truntschka (4), Brittig (4), Weiß (3), Lupzig (3), Brunner (3), Wasserek (3), E. Steiger (4). *Zuschauer:* 3900. *Schiedsrichter:* Tafertshofer (Peißenberg). *Strafminuten:* Schwenningen 18, Landshut 26 + 5 für Seyller + 10 Disziplinarstrafe für Poner. *Tore:* 1:0 (7.) Stejskal (Brousek/Müller), 2:0 (11.) Dietrich (Fritz/Currie), 3:0 (23.) Willmann (Deiter), 3:1 (24.) Wagner (MacLeod), 3:2 (27.) MacLeod (4:4), 4:2 (28.) Altmann (Currie/Stejskal – 4:4), 4:3 (36.) Wagner (MacLeod), 5:3 (46.) Dietrich (Deiter/Pillmeier), 6:3 (56.) Brousek (Stejskal – 5:4), 7:3 (60.) Fritz (Müller – 6:4).

12. Spieltag

ESV Kaufbeuren – Eintr. Frankfurt 5:3
ESV Kaufbeuren: Hegen (1) – Schuster (1), Dropmann (2), Medicus (3), Micheller (2), Koldas (3), Heckelsmüller (2), Riefler (2), Adam (2), Holy (2), Richter (2), Kauer (2), Mörz (2), Römer (3). *Eintracht Frankfurt:* Zankl (4), ab 20. Schmidt (3) – Forster (2), Potz (2), Mokros (2), Mucha (2) – K. Birk (3), Erhardt (2), Zimlich (2), Vorlicek (3), Groß (4), Bayer (2), Schaaf (2), H. Birk (3), Nocon (34). *Zuschauer:* 6000. *Schiedsrichter:* Barnet (Rosenheim). *Strafminuten:* Kaufbeuren 14, Frankfurt 19 +

127

5 für Erhardt. *Tore:* 1:0 (10.) Schuster (Medicus/Richter – 5:3), 2:0 (10.) Schuster (Mörz – 5:4), 3:0 (25.) Micheller (Mörz), 3:1 (27.) Erhardt (Forster – 4:3), 3:2 (39.) Erhardt (Potz/Forster – 5:4), 4:2 (47.) Adam (Richter/Medicus – 5:4), 5:2 (50.) Schuster (Holy/Richter – 5:4), 5:3 (55.) Mokros (Vorlicek/Forster).

Kölner EC – ERC Schwenningen 4:4

Kölner EC: Bornträger (3) – Kießling (2), Kühn (4), Young (3), Denisiuk (3), Pokorny (4) – Schmid (3), Truntschka (2), Meitinger (3), Steiger (2), Berry (2), Maj (2), Otten (0), Gröger (0), Ledock (0). *ERC Schwenningen:* Hoppe (2) – Dietrich (2), Königer (4), Altmann (3), Müller (2), Tessier (3) – Fritz (2), Currie (2), Stejskal (3), Willmann (3), Sulak (4), Brousek (4), Benzing (0), Deiter (0), Pillmeier (0). *Zuschauer:* 3500. *Schiedsrichter:* Lemmen (Krefeld). *Strafminuten:* Köln 14, Schwenningen 12. *Tore:* 0:1 (6.) Fritz (Currie/Stejskal), 0:2 (18.) Fritz (Currie), 1:2 (30.) Schmid (Berry/Meitinger), 1:3 (37.) Willmann (Eigentor Kießling), 2:3 (53.) Denisiuk (Berry), 3:3 (55.) Steiger (Berry/Maj), 3:4 (58.) Willmann (Brousek – 4:4), 4:4 (59.) Truntschka (Berry/Kießling – 4:5).

EV Landshut – SB Rosenheim 7:4

EV Landshut: Kontny (4) ab 47. Meister (0) – Naud (1), Wagner (2), Weigl (2), Auhuber (2), Seyller (0) – Poner (3), MacLeod (2), Lupzig (3), Brunner (2), Wasserek (3), Steiger (3), Brittig (3), Weiß (3), Truntschka (2), Feistl (0). *SB Rosenheim:* Merk (3) – Fischer (3), Scharf (4), Kretschmer (3), Schiffl (4), Maidl (3) – Lukac (3), Höfner (2), Franz (3), Ahne (3), Berwanger (3), Kammerer (3), Hilger (4), Kapella (4), Betz (4), Blum (0). *Zuschauer:* 3500. *Schiedsrichter:* Ondertoller (Geretsried). *Strafminuten:* Landshut 10 + 10 Disziplinarstrafe für Auhuber, Rosenheim 20. *Tore:* 1:0 (11.) Truntschka (Brunner/Wasserek), 2:0 (14.) MacLeod (Naud/Weigl – 4:4), 3:0 (32.) Truntschka (Brunner – 4:3), 4:0 (36.) MacLeod (Naud/Lupzig), 5:0 (39.) Brunner (Lupzig – 5:4), 5:1 (41.) Höfner (Lukac/Franz), 5:2 (43.) Franz (Höfner – 5:4), 5:3 (44.) Berwanger (Ahne/Merk – 5:4), 5:4 (47.) Ahne (Kammerer), 6:4 (54.) Lupzig (MacLeod), 7:4 (55.) Brittig (Feistl/Naud).

Mannheimer ERC – SC Riessersee 4:1

Mannheimer ERC: Schlickenrieder (1) – Kreis (2), Eggerbauer (3), Reuter (4), Oswald (4), Reil (2), Klaus (2) – Obresa (3), Holzmann (3), Messier (2), Kuhl (3), Silk (2), Jonkhans (3), Adams (2), Draisaitl (1), Schiller (2). *SC Riessersee:* Englbrecht (2) – Farrish (3), Grzesiczek (3), Berndaner (2), Glynne (3) – Th. Sterflinger (3), Havlicek (2), Diepold (4), Schnöll (3), Preuß (2), Strodl (3), Obermeier (4), Kislinger (3), Wassermann (2). *Zuschauer:* 5500. *Schiedsrichter:* Welles (Miesbach). *Strafminuten:* Mannheim 8, Riessersee 6. *Tore:* 0:1 (5.) Berndaner (Preuß/Strodl), 1:1 (24.) Schiller (Draisaitl/Reil), 2:1 (29.) Draisaitl (Schiller), 3:1 (43.) Klaus (Schiller/Reil), 4:1 (51.) Klaus (Draisaitl).

Düsseldorfer EG – ECD Iserlohn 9:2

Düsseldorfer EG: Heiß (2) – Topolnisky (2), Schmidt (2), Niederberger (1), Lutz (2) – Lee (2), Valentine (3), Nentvich (2), Roedger (2), Wolf (2), Krueger (3), Hiemer (2), Smicek (2), Brenner (2). *ECD Iserrlohn:* Fous (2) – Duris (3), Gailer (3), Pruden (3), Spry (3), Gentges (4) – Simon (2), Bruce (3), Sochatzky (3), Held (3), Nicholas (3), Jarkko (3), Hardy (3). *Zuschauer:* 10500. *Schiedsrichter:* Würth (Peiting). *Strafminuten:* Düsseldorf 10, Iserlohn 10. *Tore:* 0:1 (4.) Simon (Duris), 1:1 (6.) Roedger (Krueger), 2:1 (24.) Wolf (Roedger – 5:4), 2:2 (26.) Simon (Bruce), 3:2 (31.) Lee (Nentvich), 4:2 (33.) Brenner (Smicek/Hiemer), 5:2 (37.) Brenner (Smicek/Schmidt), 6:2 (41.) Nentvich (Lee/Valentine), 7:2 (42.) Lee (Nentvich/Valentine), 8:2 (51.) Valentine (Nentvich/Lee), 9:2 (59.) Valentine (Schmidt/Nentvich).

13. Spieltag

ESV Kaufbeuren – EV Landshut 4:4

ESV Kaufbeuren: Hegen (2) – Schuster (3), Dropmann (3), Medicus (3), Micheller (2), Hospodar (3) – Riefler (3), Heckelsmüller (3), Koldas (3), Adam (3), Holy (2), Richter (2), Römer (3), Mörz (2), Kauer (3). *EV Landshut:* Kontny (3), ab 7. Meister (2) – Naud (3), Wagner (3), Auhuber (3), Weigl (3), Seyller (3) – Poner (4), MacLeod (3), Lupzig (3), Brunner (3), Wasserek (3), Steiger (3), Brittig (3), Weiß (3), Feistl (4). *Zuschauer:* 6000. *Schiedsrichter:* Würth (Peiting). *Strafminuten:* Kaufbeuren 14 + 5 für Richter, Landshut 22 + 5 für Feistl. *Tore:* 1:0 (2.) Micheller (Adam), 2:0 (4.) Richter (Schuster/Holy), 3:0 (6.) Heckelsmüller (Riefler), 3:1 (8.) Naud (Steiger/Brittig), 3:2 (18.) Wasserek (Steiger), 4:2 (31.) Richter (Mörz – 5:4), 4:3 (31.) Weiß (Feistl/Auhuber), 4:4 (59.) MacLeod (Auhuber – 4:4).

Düsseldorfer EG – ERC Schwenningen 8:1

Düsseldorfer EG: Heiß (2) – Topolnisky (2), Schmidt (2), Niederberger (2), Lutz (2), Klüh (0) – Lee (1), Valentine (2), Nentvich (2), Roedger (2), Wolf (2), Krueger (2), Hiemer (0), Smicek (2), Brenner (2), Jilek (2). *ERC Schwenningen:* Hoppe (1) – Dietrich (4), Königer (4), Altmann (4), Müller (4) – Geiselmann (5), Currie (4), Fritz (4), Benzing (4), Deiter (4), Pillmeier (4), Willmann (4), Sulak (4), Brousek (4), Patrzek (0). *Zuschauer:* 10500 (ausverkauft). *Schiedsrichter:* Barnet (Rosenheim). *Strafminuten:* Düsseldorf 2, Schwenningen 4. *Tore:* 1:0 (18.) Brenner (Schmidt/Smicek), 2:0 (28.) Roedger (Wolf/Schmidt), 3:0 (29.) Valentine (Nentvich/Lee), 4:0 (33.) Lee (Valentine/Nentvich), 5:0 (33.) Lee (Nentvich/Schmidt), 6:0 (49.) Brenner (Lutz/Smicek), 7:0 (49.) Valentine (Lee/Topolnisky), 8:0 (51.) Smicek (Jilek/Brenner), 8:1 (57.) Currie (Fritz).

SC Riessersee – Eintracht Frankfurt 7:6

SC Riessersee: Englbrecht (4) – Farrish (3), Grzesiczek (3), Berndaner (2), Glynne (4), Konstanzer (0) – Sterflinger (3), Havlicek (1), Diepold (3), Schnöll (3), Preuß (2), Strodl (3), Obermeier (0), Wassermann (0), Kislinger (0). *Eintracht Frankfurt:* Zankl (3) – Forster (3), Potz (3), Mucha (3), Mokros (4), Schnürr (0) – K. Birk (2), Erhardt (1), Zimlich (3), H. Birk (3), Groß (3), Vorlicek (4), Krinner (4), Baier (4), Schaaf (4). *Zuschauer:* 1700. *Schiedsrichter:* Tafertshofer (Peißenberg). *Strafminuten:* Riessersee 22 + 5 für Englbrecht, Frankfurt 30 + 5 für K. Birk. *Tore:* 1:0 (2.) Diepold (Havlicek/Sterflinger), 1:1 (6.) Forster (Potz – 4:3), 1:2 (8.) H. Birk (Forster – 4:4), 2:2 (15.) Havlicek (Sterflinger/Farrish – 5:4), 3:2 (18.) Havlicek (Diepold/Berndaner – 5:4), 4:2 (23.) Farrish (Havlicek/Preuß – 4:3), 4:3 (24.) K. Birk (Groß), 4:4 (31.) Erhardt (Zimlich), 4:5 (39.) K. Birk (Groß/Vorlicek), 4:6. (47.) K. Birk (Zimlich/Erhardt), 5:6 (50) Diepold (Preuß/Grzesiczek), 6:6 (56.) Farrish (Havlicek/Berndaner), 7:6 (59.) Schnöll (Farrish/Preuß).

Mannheimer ERC – Kölner EC 2:4

Mannheimer ERC: Schlickenrieder (2) – Kreis (2), Eggerbauer (3), Reil (3), Klaus (3), Oswald (4), Reuter (4) – Obresa (4), Holzmann (3), Messier (3), Kuhl (4), Silk (2), Jonkhans (3), Schiller (2), Draisaitl (3), Adams (4). *Kölner EC:* de Raaf (1) – Kießling (1), Young (2), Kühn (3), Denisiuk (2), Pokorny (3) – Sikora (2), Truntschka (2), Meitinger (2), Steiger (1), Berry (1), Maj (2), Otten (2), Gröger (3), Schmid (3). *Zuschauer:* 9000 (ausverkauft). *Schiedsrichter:* Ondertoller (Geretsried). *Strafminuten:* Mannheim 10, Köln 14. *Tore:* 1:0 (8.) Eggerbauer (Holzmann/Messier – 5:4), 1:1 (15.) Steiger (Young/Berry), 1:2 (21.) Sikora (Truntschka), 1:3 (26.) Meitinger, 1:4 (50.) Steiger (Maj/Truntschka), 2:4 (53.) Schiller (Draisaitl).

ECD Iserlohn – SB Rosenheim 5:4

ECD Iserlohn: Fous (3) – Duris (3), Gailer (1), Gentges (3), Spry (3) – Nicholas (3), Jarkko (3), Hardy (2), Simon (3), Bruce (3), Romberg (3), Pflügl (3), Sochatzky (2), Held (3), Pouzar (2). *SB Rosenheim:* Kralik (4), ab 50. Merk (0) – Fischer (2), Scharf (2), Kretschmer (3), Schiffl (4), Maly (3), Maidl (4) – Kirchmaier (3), Höfner (2), Franz (3), Ahne (2), Berwanger (2), Kammerer (1), Betz (3), Pohl (3), Hilger (3). *Zuschauer:* 2958. *Schiedsrichter:* Vogt (Moers). *Strafminuten:* Iserlohn 8, Rosenheim 8. *Tore:* 0:1 (9.) Kammerer (Ahne/Berwanger), 1:1 (16.) Sochatzky (Held/Pflügl – 5:4), 2:1 (20.) Hardy (Jarkko/Nicholas), 3:1 (26.) Jarkko (Gentges /Hardy), 3:2 (27.) Scharf (Höfner/Franz), 3:3 (33.) Kammerer (Ahne/Kretschmer – 5:4), 4:3 (47.) Hardy (Nicholas/Gentges), 5:3 (50.) Pouzar (Gentges), 5:4 (59.) Höfner (Fischer/Kirchmaier).

14. Spieltag

Eintr. Frankfurt – Düsseldorfer EG 1:8

Eintracht Frankfurt: Zankl (3) – Forster (4), Potz (3), Mokros (4), Mucha (3), Schnürr (4) – Zimlich (4), Erhardt (3), K. Birk (4), Vorlicek (5), Groß (4), H. Birk (4), Schaaf (0), Baier (4), Nocon (4), Krinner (5). *Düsseldorfer EG:* Heiß (2) – Schmidt (2), Topolnisky (2), Niederberger (3), Lutz (2) – Lee (2), Valentine (2), Nentvich (3), Roedger (3), Wolf (3), Krueger (3), Smicek (3), Brenner (3), Jilek (2). *Zuschauer:* 6000 (ausverkauft). *Schiedsrichter:* Kompalla (Krefeld). *Strafminuten:* Frankfurt 12, Düsseldorf 12. *Tore:* 0:1 (14.) Valentine (Lutz/Nentvich – 4:4), 0:2 (19.) Jilek (Smicek/Brenner), 1:2 (23.) Erhardt (Potz – 5:4), 1:3 (37.) Valentine (Lee/Niederberger – 4:4), 1:4 (42.) Lee (Valentine/Nentvich), 1:5 (53.) Lee (Jilek), 1:6 (54.) Roedger (Wolf/Schmidt), 1:7 (54.) Nentvich (Jilek/Topolnisky – 4:4), 1:8 (58.) Krueger (Wolf/Lee – 5:4).

ERC Schwenningen – ECD Iserlohn 5:4

ERC Schwenningen: Hoppe (1) – Dietrich (1), Königer (3), Altmann (3), Müller (1) – Patrzek (4), Currie (1), Fritz (2), Geiselmann (0), Deiter (4), Pillmeier (4), Willmann (3), Sulak (3), Brousek (4), Benzing (5). *ECD Iserlohn:* Fous (3) – Duris (2), Gailer (2), Gentges (3), Spry (3) – Simon (4), Bruce (4), Pouzar (3), Pflügl (2), Sochatzky (3), Held (3), Nicholas (2), Jarkko (3), Hardy (2). *Zuschauer:* 4800. *Schiedsrichter:* Erhard (Hohenfurch). *Strafminuten:* Schwenningen 10, Iserlohn 18. *Tore:* 0:1 (6.) Nicholas (Duris), 0:2 (7.) Hardy (Gentges), 1:2 (21.) Dietrich (3:3), 2:2 (23.) Willmann (Müller – 4:4), 3:2 (26.) Fritz (Dietrich/Currie), 4:2 (39.) Currie (Fritz/Dietrich – 5:4), 4:3 (41.) Pouzar (Bruce/Duris), 5:3 (57.) Currie (Fritz/Dietrich – 5:4), 5:4 (59.) Hardy (Nicholas/Jarkko).

EV Landshut – SC Riessersee 8:2

EV Landshut: Meister (2) – Naud (1), Wagner (2), Auhuber (2), Weigl (2) – Poner (3), MacLeod (3), Lupzig (3), Brunner (2), Wasserek (2), Steiger (2), Brittig (3), Weiß (3), Feistl (3). *SC Riessersee:* Englbrecht (3) – Farrish (4), Grzesiczek (4), Berndaner (3), Glynne (4) – Diepold (4), Havlicek (3), Wassermann (4), Strodl (4), Preuß (3), Schnöll (4), Reindl (4), Pokorny (4), Obermeier (4), Kislinger (0). *Zuschauer:* 3500. *Schiedsrichter:* Schimki (Berlin). *Strafminuten:* Landshut 10, Riessersee 12 + 10 Disziplinarstrafe für Englbrecht. *Tore:* 1:0 (2.) Auhuber (Wasserek – 5:4), 2:0 (25.) Brunner (Auhuber – 5:4), 3:0 (33.) Wasserek (Weigl/Brunner), 3:1 (35.) Obermeier, 4:1 (35.) Naud (Wasserek/Brunner), 5:1 (38.) Naud (Brunner/Wasserek), 6:1 (46.) MacLeod (Weiß), 7:1 (51.) Wagner (Wasserek), 7:2 (51.) Wassermann, 8:2 (58.) Steiger (MacLeod/Naud – 5:3).

Kölner EC – ESV Kaufbeuren 9:0

Kölner EC: de Raaf (2) – Kießling (2), Pokorny (2), Young (2), Denisiuk (3), Kühn (3) – Sikora (2), Truntschka (2), Meitinger (2), Steiger (2), Berry (2), Maj (2), Schmid (2), Gröger (3), Ledock (3). *ESV Kaufbeuren:* G. Hegen (0), ab 17. Hölzel (3) – Hospodar (4), Schuster (3), Medicus (3), Micheller (0), Dropmann (4) – Koldas (4), Heckelsmüller (4), Erhart (4), Adam (4), Holy (3), Richter (3), Kauer (4), Mörz (3), Langer (4), Römer (4). *Zuschauer:* 5000. *Schiedsrichter:* Vogt (Moers). *Strafminuten:* Köln 12, Kaufbeuren 10. *Tore:* 1:0 (13.) Truntschka (Pokorny/Sikora – 4:4), 2:0 (13.) Steiger (Berry/Young – 4:4), 3:0 (17.) Meitinger, 4:0 (36.) Schmid (Gröger/Ledock), 5:0 (40.) Schmid (Berry), 6:0 (47.) Schmid (Maj – 4:5), 7:0 (50.) Steiger (Berry/Maj), 8:0 (51.) Steiger (Maj), 9:0 (55.) Berry (Schmid/Young – 4:4).

SB Rosenheim – Mannheimer ERC 7:5

SB Rosenheim: Merk (3) – Fischer (2), Scharf (2), Kretschmer (1), Schiffl (3), Maidl (3) – Lukac (3),

Höfner (1), Franz (3), Ahne (2), Berwanger (3), Kammerer (3), Trattner (3), Pohl (3), Betz (4). *Mannheimer ERC:* Schlickenrieder (3) – Kreis (2), Eggerbauer (3), Reil (3), Klaus (0), Oswald (2), Reuter (3) – Obresa (2), Holzmann (3), Messier (3), Adams (3), Draisaitl (2), Schiller (2), Kuhl (3), Silk (2), Jonkhans (3), Volland (0). *Zuschauer:* 3900. *Schiedsrichter:* Böhm (Landshut). *Strafminuten:* Rosenheim 6 + 5 für Schiffl, Mannheim 14. *Tore:* 1:0 (2.) Höfner (Ahne), 1:1 (12.) Obresa (Silk/Schiller – 5:4), 1:2 (13.) Kuhl (Schiller – 5:4), 1:3 (15.) Obresa (Messier – 5:4), 1:4 (21.) Messier (Holzmann/Obresa), 2:4 (25.) Höfner (Fischer/Lukac), 3:4 (26.) Trattner (Maidl/Pohl), 4:4 (26.) Lukac (Höfner/Franz), 5:4 (36.) Höfner (Lukac/Fischer), 5:5 (42.) Draisaitl (Adams/Volland), 6:5 (47.) Kretschmer (Ahne/Schiffl), 7:5 (50.) Ahne (Höfner – 4:5).

15. Spieltag

Düsseldorfer EG – SB Rosenheim 5:1

Düsseldorfer EG: Heiß (1) – Niederberger (2), Lutz (0), Topolnisky (2), Schmidt (2), Sterflinger (2) – Roedger (2), Wolf (2), Krueger (3), Lee (1), Jilek (2), Nentvich (2), Gelzinus (0), Smicek (2), Brenner (3), Scholz (0). *SB Rosenheim:* Merk (2) – Fischer (2), Scharf (3), Kretschmer (2), Schiffl (3), Blum (3), Maidl (3) – Lukac (3), Höfner (3), Franz (3), Ahne (2), Berwanger (3), Kammerer (3), Trattner (3), Pohl (3), Betz (3). *Zuschauer:* 10500 (ausverkauft). *Schiedsrichter:* Schnieder (Iserlohn). *Strafminuten:* Düsseldorf 16, Rosenheim 20. *Tore:* 1:0 (21.) Roedger (Wolf/Krueger – 5:4), 2:0 (23.) Lee (Niederberger/Schmidt – 4:4), 2:1 (23.) Höfner (Lukac/Scharf), 3:1 (29.) Wolf (Krueger), 4:1 (42.) Smicek (Lee/Roedger), 5:1 (60.) Lee.

SC Riessersee – ERC Schwenningen 5:3

SC Riessersee: Englbrecht (2) – Farrish (2), Grzesiczek (2), Berndaner (3), Glynne (3) – Wassermann (3), Havlicek (2), Diepold (3), Schnöll (3), Preuß (3), Strodl (3), Obermeier (3), Pokorny (3), Kislinger (3). *ERC Schwenningen:* Hoppe (3) – Dietrich (4), Königer (4), Müller (3), Altmann (3), Tessier (0) – Stejskal (4), Currie (4), Fritz (3), Willmann (3), Sulak (2), Brousek (4), Benzing (4), Deiter (4), Pillmeier (0), Geiselmann (3), Patrzek (2). *Zuschauer:* 1600. *Schiedsrichter:* Radosai (Landshut). *Strafminuten:* Riessersee 8 + 5 für Kislinger, Schwenningen 8. *Tore:* 1:0 (14.) Preuß (Strodl/Glynne – 4:5), 2:0 (19.) Schnöll (Preuß), 3:0 (30.) Pokorny (Schnöll), 4:0 (30.) Preuß (Strodl), 5:0 (33.) Grzesiczek (Havlicek), 5:1 (39.) Sulak, 5:2 (56.) Fritz, 5:3 (57.) Fritz.

ECD Iserlohn – Kölner EC 4:3

ECD Iserlohn: Fous (2) – Duris (3), Spry (3), Romberg (3), Gailer (3), Gentges (3) – Pflügl (4), Bruce (3), Pouzar (3), Nicholas (3), Jarkko (3), Hardy (2), Simon (3), Sochatzky (2), Held (2). *Kölner EC:* de Raaf (3) – Kießling (2), Kühn (4), Young (3), Denisiuk (3), Pokorny (4) – Sikora (3), Truntschka (2), Meitinger (3), Steiger (3), Berry (2), Maj (3), Schmid (3), Gröger (3), Otten (4). *Zuschauer:* 4358. *Schiedsrichter:* Schimki (Berlin). *Strafminuten:* Iserlohn 10 + 5 für Romberg, Köln 12 + 5 für Steiger. *Tore:* 1:0 (6.) Duris (Pouzar/Pflügl), 1:1 (9.) Sikora (Kühn), 2:1 (16.) Held (Simon), 2:2 (24.) Gröger, 2:3 (32.) Berry (Steiger), 3:3 (48.) Jarkko (Hardy/Nicholas), 4:3 (53.) Hardy (Nicholas/Gailer).

Eintracht Frankfurt – EV Landshut 5:3

Eintracht Frankfurt: Schmidt (4) – Potz (3), Forster (3), Mucha (3), Mokros (3), Schnürr (0) – Zimlich (4), Erhardt (4), K. Birk (3), H. Birk (3), Groß (3), Vorlicek (3), Baier (2), Krinner (3), Nocon (3), Hartfuß (3). *EV Landshut:* Meister (4) – Naud (3), Wagner (3), Auhuber (3), Weigl (3), Seyller (3) – Poner (3), MacLeod (3), Lupzig (3), Brunner (4), Wasserek (3), Steiger (4), Brittig (3), Weiß (3), Truntschka (3). *Zuschauer:* 5800. *Schiedsrichter:* Vogt (Moers). *Strafminuten:* Frankfurt 14 + 10 Disziplinarstrafe für Poner, Landshut 10 + Spieldauerdisziplinarstrafe für Poner. *Tore:* 0:1 (8.) Poner (Weigl/Lupzig – 5:4), 1:1 (34.) Nocon (Mokros/Baier), 1:2 (36.) Truntschka (Brittig), 1:3 (36.) Lupzig (Weigl), 2:3 (43.) H. Birk (K. Birk/Mokros – 4:5), 3:3 (51.) Baier (Nocon/Mucha), 4:3 (56.) Baier (Groß/Vorlicek), 5:4 (60.) Erhardt (Forster).

ESV Kaufbeuren – Mannheimer ERC 5:2

ESV Kaufbeuren: Hegen (2) – Hospodar (4), Schuster (1), Medicus (1), Dropmann (4) – Koldas (4), Heckelsmüller (4), Riefler (3), Adam (3), Holy (1), Richter (2), Kauer (3), Mörz (2), Römer (3). *Mannheimer ERC:* Schlickenrieder (2) – Kreis (2), Eggerbauer (3), Oswald (3), Klaus (2), Reil (3) – Kuhl (2), Draisaitl (3), Adams (3), Obresa (2), Holzmann (2), Messier (4), Flemming (4), Volland (4), Jonkhans (3). *Zuschauer:* 6000 (ausverkauft). *Schiedsrichter:* Erhard (Hohenfurch). *Strafminuten:* Kaufbeuren 8 + 5 für Richter, Mannheim 18. *Tore:* 1:0 (32.) Holzmann (Messier/Obresa), 1:1 (36.) Medicus (Mörz), 2:1 (38.) Richter (Mörz – 5:3), 3:1 (39.) Holy (Richter/Medicus – 5:4), 4:1 (45.) Holy (Schuster/Adam), 4:2 (48.) Klaus (Kuhl – 3:3), 5:2 (52.) Richter (Adam/Medicus).

16. Spieltag

Kölner EC – SC Riessersee 6:2

Kölner EC: de Raaf (2) – Kießling (2), Kühn (4), Young (0), Denisiuk (3), Pokorny (3) – Sikora (2), Truntschka (2), Meitinger (3), Steiger (3), Berry (2), Maj (3), Schmid (4), Gröger (3), Otten (4). *SC Riessersee:* Stranka (2) – Farrish (3), Grzesiczek (4), Berndaner (3), Glynne (3) – Wassermann (3), Havlicek (4), Diepold (4), Obermeier (3), T. Pokorny (3), Kislinger (0), Schnöll. (4), Preuß (3), Strodl (3), J. Reindl (4). *Zuschauer:* 3500. *Schiedsrichter:* Schlimme (Krefeld). *Strafminuten:* Köln 10, Riessersee 22. *Tore:* 1:0 (2.) Maj (Young/Steiger) 1:1 (5.) Obermeier (Pokorny), 1:2 (5.) Schnöll (Strodl/Berndaner), 2:2 (10.) Sikora (Young – 5:4), 3:2 (11.) Maj (Berry/Steiger), 4:2 (14.) Schmid (Otten/Kießling), 5:2 (53.) Kießling (Sikora/Berry – 5:4), 6:2 (59.) Sikora (Truntschka/Meitinger).

ERC Schwenningen – Eintr. Frankfurt 5:3

ERC Schwenningen: Hoppe (3) – Dietrich (2), Königer (3), Altmann (3), Müller (3), Tessier (0) – Stejskal (4), Currie (3), Fritz (3), Willmann (3), Sulak (3), Brousek (4), Geiselmann (3), Deiter (3), Patrzek (0), Pillmeier (0), Benzing (0). *Eintracht Frankfurt:* Schmidt (3) – Forster (3), Potz (3), Mucha (4), Mokros (3) – K. Birk (3), Zimlich (3), H. Birk (3), Groß (3), Vorlicek (3), Nocon (3), Hartfuß (3), Baier (2), Krinner (3). *Zuschauer:* 4800. *Schiedsrichter:* Böhm (Landshut). *Strafminuten:* Schwenningen 16, Frankfurt 18. *Tore:* 1:0 (10.) Brousek (Sulak), 1:1 (20.) (Erhardt/K. Birk), 1:2 (33.) H. Birk (Mucha – 3:3), 2:2 (36.) Willmann (Brousek), 2:3 (37.) Vorlicek (Groß/Mucha), 3:3 (38.) Sulak (Currie/Dietrich – 5:4), 4:3 (57.) Dietrich (Currie/Fritz), 5:3 (60.) Fritz (6:5).

EV Landshut – Düsseldorfer EG 2:7

EV Landshut: Meister (3), ab 41. Kontny (0) – Naud (3), Wagner (3), Auhuber (0), Weigl (3), Schluttenhofer (0) – Lupzig (3), MacLeod (5), Feistl (3), Brunner (4), Wasserek (4), Steiger (4), Brittig (4), Weiß (4), Truntschka (3). *Düsseldorfer EG:* Heiß (2) – Niederberger (2), Topolnisky (2), Schmidt (2), Sterflinger (2) – Roedger (2), Wolf (2), Krueger (2), Lee (2), Smicek (2), Nentvich (2), Brenner (3), Gelzinus (2), Scholz (2). *Zuschauer:* 3800. *Schiedsrichter:* Tafertshofer (Peißenberg). *Strafminuten:* Landshut 6 + 5 für Wagner, Düsseldorf 18 + 5 für Brenner. *Tore:* 1:0 (13.) Seyller (Schluttenhofer/Lupzig), 1:1 (16.) Lee (Nentvich), 1:2 (24.) Smicek (Nentvich/Lee – 5:4), 1:3 (33.) Lee (Nentvich/Smicek), 1:4 (33.) Brenner (Niederberger/Gelzinus), 1:5 (42.) Lee (Roedger/Wolf), 1:6 (44.) Wolf (Roedger/Krueger), 1:7 (60.) Krueger (Wolf/Roedger), 2:7 (60.) Truntschka (Brunner – 5:4).

Mannheimer ERC – ECD Iserlohn 7:3

Mannheimer ERC: Schlickenrieder (1) – Kreis (2), Eggerbauer (2), Klaus (2), Oswald (3), Reil (3), Reuter (0) – Kuhl (2), Draisaitl (1), Adams (2), Obresa (2), Holzmann (3), Messier (3), Flemming (3), Volland (2), Jonkhans (2). *ECD Iserlohn:* Fous (3) – Duris (3), Spry (3), Gailer (3), Romberg (3) – Pflügl (2), Bruce (2), Pouzar (1), Nicholas (3), Jarkko (3), Hardy (3), Simon (3), Sochatzky (3), Held (3). *Zuschauer:* 5000. *Schiedsrichter:* Barnet (Rosenheim). *Strafminuten:* Mannheim 4, Iserlohn 6. *Tore:* 0:1 (17.) Pflügl (Bruce/Duris), 1:1 (20.) Adams (Kuhl), 2:1 (26.) Draisaitl (Kuhl/Kreis), 3:1 (28.) Kuhl, 4:1 (30.) Obresa (Messier – 4:4), 5:1 (42.) Holzmann, 6:1 (46.) Volland, 6:2 (51.) Pouzar, 7:2 (53.) Messier (Holzmann/Kreis), 7:3 (56.) Pouzar (Pflügl).

SB Rosenheim – ESV Kaufbeuren 6:4

SB Rosenheim: Merk (2) – Fischer (2), Scharf (3), Kretschmer (3), Schiffl (3), Blum (3), Maidl (3) – Lukac (3), Höfner (3), Franz (3), Ahne (3), Berwanger (4), Kammerer (3), Trattner (4), Pohl (3), Betz (3). *ESV Kaufbeuren:* Hegen (3) – Hospodar (4), Schuster (3), Medicus (3), Dropmann (4) – Koldas (3), Heckelsmüller (3), Erhart (3), Adam (3), Holy (2), Richter (3), Kauer (3), Mörz (3), Römer (4). *Zuschauer:* 4600. *Schiedsrichter:* Ondertoller (Geretsried). *Strafminuten:* Rosenheim 14, Kaufbeuren 6. *Tore:* 1:0 (13.) Franz (Lukac/Fischer), 2:0 (20.) Betz (Trattner/Pohl), 3:0 (27.) Lukac (Pohl), 4:0 (32.) Ahne (Schiffl – 4:4), 4:1 (37.) Holy (Richter), 5:1 (39.) Scharf (Kretschmer/Ahne), 5:2 (42.) Adam (Richter/Holy), 5:3 (51.) Koldas (Richter/Holy), 6:3 (53.) Lukac (Solo), 6:4 (60.) Schuster (Mörz – 5:4).

17. Spieltag

Düsseldorfer EG – ESV Kaufbeuren 9:3

Düsseldorfer EG: Heiß (3) – Topolnisky (2), Schmidt (2), Niederberger (2), Lutz (2), Sterflinger (2) – Lee (1), Valentine (2), Nentvich (2), Roedger (2), Wolf (2), Krueger (2), Scholz (2), Smicek (2), Brenner (2). *ESV Kaufbeuren:* Hegen (2) – Hospodar (3), Schuster (3), Medicus (3), Dropmann (4) – Koldas (3), Heckelsmüller (3), Erhart (3), Adam (3), Holy (2), Richter (3), Kauer (3), Mörz (3), Römer (2). *Zuschauer:* 10500 (ausverkauft). *Schiedsrichter:* Schimki (Berlin). *Strafminuten:* Düsseldorf 18 + 5 für Schmidt und Smicek, Kaufbeuren 24 + 10 Disziplinarstraße für Mörz + je 5 für Medicus und Kauer. *Tore:* 1:0 (7.) Lee (Valentine/Schmidt – 5:4), 1:1 (13.) Medicus (Holy – 4:4), 1:2 (15.) Heckelsmüller (Richter/Medicus – 5:4), 2:2 (21.) Topolnisky (Valentin/Wolf – 5:4), 3:2 (26.) Lutz, 4:2 (33.) Brenner, 5:2 (37.) Brenner (Scholz), 5:3 (44.) Dropmann (Medicus – 4:5), 6:3 (47.) Lee (Nentvich – 4:4), 7:3 (53.) Lutz (5:3), 8:3 (54.) Krueger (Wolf), 9:3 (59.) Krueger (Wolf).

EV Landshut – Mannheimer ERC 3:5

EV Landshut: Meister (0), ab 21. Kontny (0) – Naud (3), Wagner (3), Auhuber (3), Weigl (3), Seyller (3) – Lupzig (4), MacLeod (3), Poner (3), Brunner (4), Wasserek (4), Steiger (4), Brittig (3), Weiß (3), Truntschka (3). *Mannheimer ERC:* Schlickenrieder (2) – Kreis (2), Eggerbauer (3), Reil (3), Reuter (3), Oswald (3), Klaus (3) – Obresa (3), Holzmann (3), Messier (1), Kuhl (3), Draisaitl (3), Adams (3), Flemming (3), Volland (3), Jonkhans (3). *Zuschauer:* 3000. *Schiedsrichter:* Würth (Peiting). *Strafminuten:* Landshut 18 + 10 Disziplinarstrafe für Auhuber, Mannheim 22. *Tore:* 0:1 (4.) Messier (Obresa/Holzmann), 0:2 (4.) Messier (Holzmann/Obresa), 0:3 (14.) Messier (Obresa – 4:5), 0:4 (16.) Adams (Kuhl/Draisaitl), 1:4 (34.) MacLeod, 2:4 (38.) Poner, 2:5 (44.) Messier (Holzmann/Kreis – 3:3), 3:5 (52.) MacLeod (Wagner/Wasserek).

ERC Schwenningen – SB Rosenheim 5:3

ERC Schwenningen: Hoppe (3) – Dietrich (4), Königer (3), Altmann (3), Müller (3), Tessier (0) – Stejskal (2), Currie (3), Fritz (3), Willmann (1), Sulak (2), Brousek (3), Benzing (3), Deiter (0), Patrzek (2), Geiselmann (3), Pillmeier (0). *SB Rosenheim:* Merk (2) – Fischer (3), Scharf (3), Kretschmer (3), Scharf (3), Maidl (3) – Lukac (3), Höfner (3), Franz (3), Ahne (3), Berwanger (3), Kammerer (3), Trattner (0), Hilger (3), Betz (0). *Zuschauer:* 4900. *Schiedsrichter:* Schnieder (Iserlohn). *Strafminuten:* Schwenningen 14 + 5 für Currie, Rosenheim 18 + 5 für Höfner + 10 Disziplinarstrafe für Kretschmer. *Tore:* 1:0 (5.) Currie (Fritz/Stejskal), 1:1 (8.) Lukac, 2:1 (9.) Willmann (Sulak/Brousek), 3:1 (12.) Müller (Willmann/Brousek), 4:1 (12.) Currie (Fritz), 4:2 (19.) Fischer (Betz/Höfner), 4:3 (25.) Fischer (Scharf), 5:3 (50.) Willmann (Sulak/Dietrich – 5:4).

Eintr. Frankfurt – Kölner EC 5:3
Eintracht Frankfurt: Zankl (2) – Forster (2), Potz (1), Mucha (3), Mokros (2) – K. Birk (1), Erhardt (2), Zimlich (2), H. Birk (2), Groß (3), Vorlicek (3), Baier (2), Nocon (1), Hartfuß (3). *Kölner EC:* de Raaf (4) – Kießling (2), Pokorny (4), Kühn (3), Denisiuk (3) – Steiger (3), Berry (4), Maj (3), Sikora (3), Truntschka (3), Meitinger (3), Schmid (4), Gröger (4), Ledock (4). *Zuschauer:* 6000. *Schiedsrichter:* Barnet (Rosenheim). *Strafminuten:* Frankfurt 14 + 2× 5 für Baier, Kölner EC 16 + 5 für Sikora + Matchstrafe für Berry. *Tore:* 0:1 (5.) Meitinger (Truntschka), 1:1 (6.) Nocon (Mucha), 2:1 (12.) Baier (Nocon/Hartfuß), 2:2 (34.) Meitinger (Pokorny/Kießling – 4:4), 3:2 (43.) Nocon (Forster), 4:2 (45.) Nocon (Mokros), 4:3 (50.) Steiger (Truntschka/Kießling), 5:3 (59.) K. Birk (H. Birk).

SC Riessersee – ECD Iserlohn 3:1
SC Riessersee: Englbrecht (2) – Farrish (1), Grzesiczek (3), Berndaner (3), Glynne (3) – Sterflinger (3), Wassermann (2), Diepold (2), Schnöll (3), Preuß (2), Strodl (3), Obermeier (3), Pokorny (3), Kislinger (3). *ECD Iserlohn:* Fous (2) – Duris (4), Pruden (3), Spry (3), Gailer – Pflügl (4), Bruce (4), Pouzar (3), Nicholas (2), Jarkko (4), Hardy (4), Simon (3), Sochatzky (3), Held (4). *Zuschauer:* 1700. *Schiedsrichter:* Ondertoller (Geretsried). *Strafminuten:* Riessersee 10 + 10 Disziplinarstrafe für Englbrecht, Iserlohn 14. *Tore:* 0:1 (39.) Hardy (Jarkko/Nicholas), 1:1 (41.) Diepold (Farrish/Wassermann), 2:1 (52.) Diepold (Wassermann/Berndaner – 5:4), 3:1 (55.) Sterflinger.

---

18. Spieltag

ESV Kaufbeuren – SC Riessersee 2:0
ESV Kaufbeuren: Hegen (2) – Schuster (3), Hospodar (3), Medicus (3), Dropmann (3), Micheller (3) – Riefler (3), Heckelsmüller (2), Koldas (3), Richter (2), Holy (2), Adam (3), Römer (3), Mörz (3), Kauer (3). *SC Riessersee:* Englbrecht (2) – Farrish (4), Grzesiczek (3), Berndaner (3), Glynne (3) – Diepold (3), Wassermann (3), Sterflinger (3), Strodl (3), Preuß (3), Schnöll (3), Kislinger (4), Pokorny (3), Obermeier (4). *Zuschauer:* 5700. *Schiedsrichter:* Böhm (Landshut). *Strafminuten:* Kaufbeuren 10, Riessersee 18. *Tore:* 1:0 (31.) Schuster (5:4), 2:0 (40.) Richter (Mörz).

SB Rosenheim – Eintracht Frankfurt 6:2
SB Rosenheim: Merk (3), ab 58. Dahlem (0) – Fischer (2), Scharf (3), Kretschmer (3), Schiffl (3), Maidl (3) – Lukac (3), Höfner (2), Franz (3), Ahne (2), Berwanger (3), Kammerer (3), Trattner (3), Hilger (3), Betz (3). *Eintracht Frankfurt:* Zankl (2) – Forster (2), Potz (2), Mokros (2), Mucha (3), Göbel (0), Fischer (0) – Zimlich (4), Erhardt (4), K. Birk (3), Vorlicek (4), H. Birk (3), Schnürr (4), Krinner (4), Hartfuß (4), Nocon (3). *Zuschauer:* 2500. *Schiedsrichter:* Penz (Kaufbeuren). *Strafminuten:* Rosenheim 14, Frankfurt 14. *Tore:* 1:0 (1.) Ahne (Berwanger), 1:1 (3.) Forster, 2:1 (13.) Kammerer (Höfner/Ahne – 5:4), 2:2 (13.) Nocon (Krinner/Hartfuß), 3:2 (35.) Berwanger (Kretschmer/Kammerer – 5:4), 4:2 (36.) Lukac (Höfner – 4:4), 5:2 (47.) Franz (4:5), 6:2 (59.) Fischer (4:4).

ECD Iserlohn – EV Landshut 5:4
ECD Iserlohn: Fous (2) – Duris (4), Spry (3), Romberg (3), Gailer (3) – Simon (3), Bruce (3), Pouzar (1), Nicholas (3), Jarkko (3), Hardy (3), McNeil (3), Sochatzky (4), Held (2). *EV Landshut:* Meister (3) – Naud (4), Wagner (3), Auhuber (3), Weigl (3), Seyller (3) – Poner (3), MacLeod (3), Lupzig (4), Brunner (3), Wasserek (4), Steiger (3), Brittig (4), Weiß (4), Truntschka (3). *Zuschauer:*

3700. *Schiedsrichter:* Altmann (Köln). *Strafminuten:* Iserlohn 4 + 5 für Sochatzky, Landshut 6 + 5 für Weiß. *Tore:* 0:1 (11.) MacLeod (Weiß/Naud – 5:4), 1:1 (20.) Romberg (Jarkko), 1:2 (23.) Brittig, 2:2 (39.) Jarkko (Spry/Held), 3:2 (47.) Pouzar (Bruce – 5:4), 4:2 (48.) Pouzar (Jarkko/Gailer – 5:4), 5:2 (49.) Held (5:4), 5:3 (51.) Poner (MacLeod), 5:4 (58.) Poner (Truntschka).

Mannheimer ERC – ERC Schwenningen 4:2
Mannheimer ERC: Schlickenrieder (2) – Kreis (1), Eggerbauer (2), Reil (3), Reuter (3), Oswald (3), Klaus (3) – Obresa (3), Holzmann (2), Messier (3), Kuhl (2), Draisaitl (2), Adams (3), Flemming (3), Volland (2), Jonkhans (2). *ERC Schwenningen:* Hoppe (2) – Dietrich (3), Königer (3), Maly (3), Altmann (3) – Fritz (3), Currie (3), Stejskal (3), Brousek (2), Sulak (3), Willmann (2), Benzing (0), Deiter (0), Patrzek (0). *Zuschauer:* 4500. *Schiedsrichter:* Tafertshofer (Peißenberg). *Strafminuten:* Mannheim 6 + 5 für Obresa + 10 Disziplinarstrafe für Draisaitl, Schwenningen 4 + 5 für Stejskal + 10 Disziplinarstrafe für Fritz. *Tore:* 1:0 (6.) Kreis (Messier/Holzmann), 2:0 (15.) Jonkhans (Flemming/Reil), 2:1 (18.) Willmann (Sulak/Brousek), 3:1 (22.) Obresa (Messier/Holzmann), 3:2 (30.) Fritz (Currie), 4:2 (37.) Adams (Kuhl/Draisaitl).

Kölner EC – Düsseldorfer EG 8:4
Kölner EC: Bornträger (2) – Kießling (1), Pokorny (3), Kühn (3), Denisiuk (3), Sikora (2), Truntschka (1), Ledock (3), Steiger (2), Maj (2), Otten (3), Schmid (3), Gröger (3), Meitinger (2). *Düsseldorfer EG:* Heiß (3) – Topolnisky (2), Schmidt (3), Niederberger (3), Lutz (3), Sterflinger (3) – Lee (3), Valentine (3), Nentvich (3), Roedger (3), Wolf (3), Krueger (3), Scholz (4), Smicek (4), Brenner (4). *Zuschauer:* 7000. *Schiedsrichter:* Kompalla (Krefeld). *Strafminuten:* Köln 14, Düsseldorf 12. *Tore:* 0:1 (1.) Valentine (Topolnisky), 1:1 (4.) Truntschka (Sikora/Bornträger), 1:2 (9.) Valentine (Lee/Krueger), 2:2 (21.) Maj (Kießling – 5:4), 3:2 (24.) Schmid, 4:2 (25.) Ledock (Truntschka/Sikora), 5:2 (27.) Ledock (Truntschka), 6:2 (43.) Maj (Otten/Steiger), 6:3 (47.) Wolf (Roedger/Lutz), 6:4 (48.) Wolf (Krueger/Sterflinger), 7:4 (55.) Meitinger (Sikora/Truntschka), 8:4 (57.) Truntschka (Meitinger/Sikora).

---

19. Spieltag

ECD Iserlohn – Düsseldorfer EG 4:6
ECD Iserlohn: Fous (2) – Duris (3), Spry (3), Gailer (2), Romberg (3) – Pouzar (3), Bruce (3), Held (3), Nicholas (3), Jarkko (3), Hardy (3) McNeil (3), Sochatzky (3), Simon (3). *Düsseldorfer EG:* Heiß (3) – Topolnisky (3), Schmidt (3), Niederberger (3), Lutz (3), Sterflinger (3) – Lee (3), Valentine (1), Nentvich (3), Roedger (3), Wolf (3), Krueger (3), Jilek (3), Simcek (3), Brenner (3). *Zuschauer:* 4800. *Schiedsrichter:* Böhm (Landshut). *Strafminuten:* Iserlohn 12, Düsseldorf 12. *Tore:* 0:1 (3.) Brenner (Jilek), 0:2 (8.) Valentine (Lee – 5:4), 1:2 (15.) Jarkko (Nicholas/Pouzar – 4:3), 2:2 (19.) Pouzar (Duris/Held – 5:4), 2:3 (23.) Pouzar (Nicholas – 5:4), 3:3 (35.) Nentvich, 3:4 (47.) Schmidt (Valentine/Lee), 3:5 (48.) Valentine (Schmidt), 4:5 (52.) Pouzar (McNeil), 4:6 (57.) Topolnisky (Lee/Valentine).

SB Rosenheim – EV Landshut 5:3
SB Rosenheim: Merk (2) – Fischer (2), Scharf (3), Kretschmer (3), Schiffl (3), Blum (3), Maidl (3) – Lukac (1), Höfner (3), Hilger (3), Ahne (2), Berwanger (2), Kammerer (4), Kirchmaier (4), Pohl (3), Franz (3). *EV Landshut:* Meister (3) – Naud (3), Wagner (3), Auhuber (0), Weigl (3), Seyller (3), Gandorfer (3) – Brunner (2), MacLeod (3), Steiger (3), Brittig (3), Poner (3), Truntschka (3), Lupzig (3), Wasserek (3), Feistl (3). *Zuschauer:* 3500. *Schiedsrichter:* Würth (Peiting). *Strafminuten:* Rosenheim 12 + 5 für Scharf, Landshut 16 + 5 für Brittig. *Tore:* 1:0 (3.) Brunner (MacLeod), 1:1 (23.) Hilger (Höfner), 2:1 (41.) Lukac (Blum), 1:3 (42.) Kretschmer (Kammerer/Schiffl), 4:1 (49.) Lukac (Höfner/Maidl – 4:4), 4:2 (54.) Truntschka (Steiger), 4:3 (57.) Wagner, 5:3 (59.) Lukac (Hilger/Höfner).

ERC Schwenningen – Kölner EC 6:2
ERC Schwenningen: Hoppe (2) – Dietrich (1), Maly (2), Altmann (2), Königer (3) – Stejskal (2), Currie (1), Fritz (1), Willmann (2), Brousek (3), Geiselmann (2), Deiter (2), Pillmeier (3). *Kölner EC:* de Raaf (3), ab 27. Bornträger (2) – Kießling (2), Pokorny (4), Kühn (3), Denisiuk (3) – Sikora (3), Truntschka (3), Otten (3), Steiger (3), Hegen (3), Maj (3), Schmid (3), Gröger (3), Meitinger (3). *Zuschauer:* 4865. *Schiedsrichter:* Tafertshofer (Peißenberg). *Strafminuten:* Schwenningen 12, Köln 12 + 5 für Meitinger. *Tore:* 1:0 (5.) Currie (Fritz – 5:4), 1:1 (18.) Meitinger (Hegen/Kießling), 2:1 (21.) Fritz (Currie), 3:1 (27.) Currie (Pillmeier), 4:1 (31.) Deiter (Dietrich/Fritz), 5:1 (31.) Maly (Currie/Stejskal), 5:2 (44.) Schmid (Pokorny), 6:2 (49.) Fritz (Currie/Willmann).

Eintracht Frankfurt – ESV Kaufbeuren 2:6
Eintracht Frankfurt: Schmidt (4) – Forster (4), Potz (3), Mucha (4), Mokros (3) – K. Birk (4), Erhardt (3), Zimlich (4), Nocon (3), Groß (4), Vorlicek (3), Pflügl (3), H. Birk (2), Baier (3). *ESV Kaufbeuren:* Hegen (2) – Medicus (3), Hospodar (3), Micheller (3), Dropmann (3), Koldas (3), Heckelsmüller (3), Langer (3), Adam (3), Holy (1), Richter (2), Mörz (3), Römer (3). *Zuschauer:* 6000 (ausverkauft). *Schiedsrichter:* Kompalla (Krefeld). *Strafminuten:* Frankfurt 14, Kaufbeuren 14. *Tore:* 1:0 (10.) Forster (Potz), 1:1 (17.) Adam (Holy), 1:2 (33.) Heckelsmüller, 2:2 (46.) Forster (Vorlicek), 2:3 (54.) Holy (Richter), 2:4 (57.) Richter (Heckelsmüller/Holy), 2:5 (59.) Adam (Holy/Hospodar), 2:6 (60.) Mörz (Solo).

SC Riessersee – Mannheimer ERC 4:1
SC Riessersee: Englbrecht (1) – Farrish (1), Grzesiczek (3), Berndaner (3), Glynne (3), Konstanzer (0) – Sterflinger (3), Wassermann (3), Diepold (4), Schnöll (1), Preuß (3), Strodl (3), Obermeier (3), Pokorny (3), Kislinger (3). *Mannheimer ERC:* Schlickenrieder (2) – Kreis (3), Eggerbauer (3), Reil (3), Klaus (4), Reuter (4), Oswald (3) – Obresa (3), Holzmann (3), Messier (3), Kuhl (3), Draisaitl (4), Schiller (3), Adams (4), Volland (4), Jonkhans (4). *Zuschauer:* 1700. *Schiedsrichter:* Barnet (Rosenheim). *Strafminuten:* Riessersee 2, Mannheim 10. *Tore:* 1:0 (12.) Schnöll (Preuß/Strodl), 2:0 (35.) Strodl (Schnöll/Farrish), 3:0 (46.) Schnöll (Strodl/Glynne), 3:1 (51.) Messier (Kreis/Holzmann), 4:1 (55.) Preuß (Berndaner/Schnöll).

---

20. Spieltag

Düsseldorfer EG – SC Riessersee 6:4
Düsseldorfer EG: Heiß (1) – Schmidt (3), Topolnisky (4), Niederberger (4), Lutz (3), Sterflinger (4) – Lee (3), Valentine (4), Nentvich (4), Roedger (3), Wolf (4), Krueger (4), Jilek (4), Smicek (2), Brenner (4). *SC Riessersee:* Englbrecht (1) – Farrish (3), Grzesiczek (3), Berndaner (3), Glynne (3), Konstanzer (0) – Sterflinger (3), Wassermann (3), Diepold (4), Schnöll (3), Preuß (3), Strodl (3), Obermeier (3), Pokorny (3), Kislinger (3). *Zuschauer:* 10500 (ausverkauft). *Schiedsrichter:* Schlimme (Krefeld). *Strafminuten:* Düsseldorf 4, Riessersee 12. *Tore:* 1:0 (4.) Lee (Valentine/Nentvich), 1:1 (5.) Wassermann (Sterflinger/Glynne), 2:1 (9.) Smicek (Brenner/Jilek), 3:1 (22.), Roedger (Krueger/Niederberger), 3:2 (24.) Sterflinger (Wassermann/Diepold), 3:3 (33.) Preuß (Penalty), 4:3 (43.) Smicek (Brenner), 5:3 (51.) Schmidt (Valentine/Lee – 5:4), 6:3 (56.) Roedger (Valentine/Schmidt), 6:4 (59.) Preuß (Glynne/Berndaner).

Kölner EC – SB Rosenheim 2:8
Kölner EC: Bornträger (3), ab 52. Lange (0) – Kießling (3), Pokorny (0), Thornbury (3), Denisiuk (4), Kühn (3) – Sikora (3), Truntschka (3), Meitinger (3), Schmid (3), Hegen (3), Maj (3), Otten (3), Gröger (4), Ledock (4). *SB Rosenheim:* Merk (2) – Fischer (2), Scharf (3), Kretschmer (3), Schiffl (3), Blum (3), Maidl (3) – Ahne (3), Berwanger (3), Kammerer (3), Kirchmaier (3), Pohl (3), Franz (3), Trattner (0), Betz (3).

Zuschauer: 4000. *Schiedsrichter:* Vogt (Moers). *Strafminuten:* Köln 22, Rosenheim 24 + 10 Disziplinarstrafe für Kretschmer. *Tore:* 1:0 (2.) Schmid (Hegen/Thornbury), 1:1 (10.) Lukac (Höfner – 4:5), 1:2 (24.) Kretschmer (Fischer – 5:4), 1:3 (40.) Berwanger (Schiffl), 1:4 (42.) Berwanger (Ahne/Kammerer – 5:4), 1:5 (45.) Hilger (Lukac), 1:6 (50.) Fischer (Höfner/Hilger – 5:4), 1:7 (52.) Kirchmaier (Blum), 2:7 (53.) Schmid (Meitinger – 4:5), 2:8 (55.) Hilger (Fischer/Höfner – 5:4).

Mannheimer ERC – Eintracht Frankfurt 9:1
Mannheimer ERC: Schlickenrieder (2) – Kreis (2), Eggerbauer (3), Reil (2), Klaus (3), Oswald (3), Reuter (3), Obresa (3), Holzmann (3), Messier (3), Kuhl (2), Draisaitl (2), Schiller (3), Jonkhans (3), Silk (2), Adams (3). *Eintracht Frankfurt:* Schmidt (3) – Potz (3), Forster (4), Mokros (4), Mucha (4) – K. Birk (4), Erhardt (4), Zimlich (4), Hartfuß (4), Vorlicek (3), Groß (4), Baier (4), H. Birk (3), Pflügl (4). Zuschauer: 6000. *Schiedsrichter:* Schnieder (Iserlohn). *Strafminuten:* Mannheim 10; Frankfurt 4. *Tore:* 1:0 (1.) Obresa (Holzmann/Eggerbauer), 2:0 (11.) Kuhl (Draisaitl/Reil), 3:0 (18.) Reil (Schiller/Kuhl), 4:0 (22.) Kuhl (Reil/Draisaitl), 5:0 (28.) Adams (Silk – 4:5), 6:0 (39.) Reil (Silk/Adams), 7:0 (46.) Obresa (Holzmann/Messier), 7:1 (49.) K. Birk (Forster), 8:1 (50.) Obresa (Holzmann/Messier), 9:1 (53.) Silk (Solo).

ESV Kaufbeuren – ECD Iserlohn 2:6
ESV Kaufbeuren: Hegen (2) – Medicus (3), Hospodar (4), Micheller (2), Dropmann (3) – Riefler (3), Heckelsmüller (3), Koldas (3), Adam (3), Holy (3), Richter (2), Römer (3), Mörz (3), Kauer (3). *ECD Iserlohn:* Fous (1) – Duris (3), Spry (3), Gailer (2), Romberg (2) – Nicholas (3), Jarkko (3), Hardy (3), Held (3), Bruce (3), Pouzar (3), McNeil (3), Sochatzky (2), Simon (3). Zuschauer: 4800. *Schiedsrichter:* Tafertshofer (Peißenberg). *Strafminuten:* Kaufbeuren 10, Iserlohn 22 + 10 Disziplinarstrafe für Nicholas. *Tore:* 0:1 (5.) Pouzar (Jarkko), 1:1 (20.) Richter (Holy – 5:3), 1:2 (22.) Romberg (Duris/Bruce – 4:5), 2:2 (25.) Micheller (Mörz/Medicus – 4:4), 2:3 (37.) Gailer (McNeil/Sochatzky), 2:4 (38.) Hardy (Jarkko/Geiler), 2:5 (53.) Sochatzky (Simon), 2:6 (55.) Pouzar (Bruce/Held – 5:4).

EV Landshut – ERC Schwenningen 3:4
EV Landshut: Meister (0), Suttner (3) – Naud (2), Schluttenhofer (0), Seyller (4), Gandorfer (4), Feistl (4), Wagner (4), Brunner (4), MacLeod (4), Steiger (4), Truntschka (4), Poner (4), Brittig (4), Eder (0), Wasserek (4), Lupzig (4). *ERC Schwenningen:* Hoppe (2) – Maly (3), Dietrich (4), Altmann (3), Königer (3) – Stejskal (3), Currie (3), Fritz (3), Willmann (3), Sulak (3), Brousek (3), Pillmeier (3), Deiter (3), Geiselmann (3). Zuschauer: 2000. *Schiedsrichter:* Ondertoller (Geretsried). *Strafminuten:* Landshut 4, Schwenningen 8. *Tore:* 1:0 (8.) Willmann (Fritz), 0:2 (15.) Fritz (Stejskal/Currie), 0:3 (23.) Stejskal (Dietrich/Fritz), 0:4 (40.) Dietrich (Currie – 4:4), 1:4 (41.) Naud (Poner), 2:4 (42.) Wasserek (Brunner), 3:4 (53.) Poner (MacLeod/Truntschka).

21. Spieltag

SC Riessersee – EV Landshut 2:4
SC Riessersee: Englbrecht (2) – Farrish (3), Grzesiczek (4), Berndaner (2), Glynne (4), Konstanzer (4) – Sterflinger (3), Wassermann (4), Diepold (3), Schnöll (3), Preuß (4), Strodl (4), Obermeier (4), Havlicek (4), Kislinger (4), Pokorny (4). *EV Landshut:* Suttner (3) – Meister (0) – Wagner (3), Naud (3), Seyller (3), Gandorfer (4), Auhuber (4), Weigl (4) – Brunner (3), Roulston (3), Steiger (3), Lupzig (3), Poner (3), Truntschka (3), Wasserek (4), Feistl (4), Brittig (4). Zuschauer: 2300. *Schiedsrichter:* Schnieder (Iserlohn). *Strafminuten:* Riessersee 2, Landshut 8. *Tore:* 1:0 (3.) Farrish (5:4), 1:1 (28.) Steiger, 1:2 (40.) Roulston (Poner), 1:3 (46.) Roulston (Naud), 2:3 (52.) Diepold (Farrish/Wassermann), 2:4 (56.) Roulston (Truntschka/Naud).

Mannheimer ERC – SB Rosenheim 3:5
Mannheimer ERC: Schlickenrieder (3) – Kreis (2), Eggerbauer (4), Reil (3), Klaus (4), Oswald (0), Reuter (0) – Obresa (3), Holzmann (3), Messier (4), Jonkhans (3), Kuhl (4), Adams (4), Draisaitl (4), Schiller (4). *SB Rosenheim:* Merk (1) – Fischer (2), Scharf (3), Kretschmer (2), Schiffl (3), Blum (3), Maidl (3) – Lukac (Höfner (1), Hilger (3), Ahne (2), Berwanger (3), Kammerer (3), Kirchmaier (3), Pohl (2), Franz (3). Zuschauer: 8000. *Schiedsrichter:* Böhm (Landshut). *Strafminuten:* Mannheim 18 + je 5 für Eggerbauer und Silk, Rosenheim 16 + 5 für Franz. *Tore:* 0:1 (9.) Kammerer (Ahne/Berwanger), 0:2 (12.), Hilger (Höfner/Fischer), 0:3 (14.) Pohl, 0:4 (31.) Franz (Pohl – 4:5), 1:4 (37.) Reil (Klaus – 4:4), 2:4 (42.) Holzmann (3:4), 3:4 (45.) Obresa (Silk – 4:4), 3:5 (56.) Lukac (Franz).

ESV Kaufbeuren – Kölner EC 3:4
ESV Kaufbeuren: G. Hegen (4), ab 38. Hölzel (0) – Steinecker (4), Schuster (4), Medicus (4), Micheller (3) – Koldas (4), Heckelsmüller (4), Riefler (3), Adam (3), Holy (3), Richter (3), Kauer (3), Mörz (3), Schneider (3), Römer (0). *Kölner EC:* de Raaf (2) – Kießling (2), Kühn (3), Thornbury (3), Denisiuk (3), Pokorny (3) – Sikora (2), Truntschka (3), D. Hegen (4), Steiger (2), Berry (2), Maj (3), Schmid (3), Gröger (3), Meitinger (3). Zuschauer: 6000. *Schiedsrichter:* Würth (Peiting). *Strafminuten:* Kaufbeuren 10, Köln 16 + 10 Disziplinarstrafe für Thornbury. *Tore:* 0:1 (5.) Steiger (Berry), 0:2 (9.) Pokorny (Sikora/Truntschka), 1:2 (16.) Medicus (Schuster/Richter – 5:4), 2:2 (8.) Holy (Richter – 4:4), 2:3 (36.) Steiger (Berry), 2:4 (38.) Sikora (Pokorny – 4:4), 3:4 (60.) Richter (Holy).

Düsseldorfer EG – Eintracht Frankfurt 12:1
Düsseldorfer EG: Heiß (2) – Topolnisky (2), Schmidt (3), Niederberger (2), Lutz (2), Sterflinger (2) – Lee (2), Valentine (2), Nentvich (2), Roedger (3), Wolf (1), Krueger (2), Jilek (3), Smicek (3), Brenner (3). *Eintracht Frankfurt:* Zankl (2) – Göbel (3), Potz (3), Forster (3), Mucha (3), Fischer (0) – Zimlich (4), Erhardt (4), K. Birk (3), Pflügl (3), Groß (4), Baier (4), Vorlicek (3), Nocon (3), Hartfuß (4). Zuschauer: 10500 (ausverkauft). *Schiedsrichter:* Vogt (Moers). *Strafminuten:* Düsseldorf 10, Frankfurt 8. *Tore:* 1:0 (10.) Krueger (Sterflinger/Roedger), 2:0 (11.) Krueger (Sterflinger/Roedger), 3:0 (19.) Pflügl (Groß/Mucha), 4:1 (23.) Smicek (Brenner/Schmidt), 5:1 (25.) Wolf (Roedger – 4:5), 6:1 (26.) Valentine (Lee – 3:5), 7:1 (30.) Roedger (Krueger/Wolf), 8:1 (37.) Wolf (Krueger/Lutz), 9:1 (41.) Nentvich (Lee/Valentine), 10:1 (42.) Wolf (Krueger/Roedger), 11:1 (48.) Brenner, 12:1 (52.) Lee (Niederberger/Topolnisky – 4:5).

ECD Iserlohn – ERC Schwenningen 13:2
ECD Iserlohn: Fous (2) – Duris (3), Spry (3), Romberg (2), Gailer (2) – Held (3), Bruce (3), Pouzar (2), Nicholas (2), Jarkko (3), Hardy (3), McNeil (3), Sochatzky (3), Simon (3). *ERC Schwenningen:* Hoppe (4), ab 46. Hipp (0) – Dietrich (3), Maly (3), Altmann (3), Königer (3) – Stejskal (3), Currie (3), Fritz (3), Willmann (3), Sulak (3), Brousek (3), Geiselmann (3), Deiter (3), Pillmeier (4), Patrzek (0). Zuschauer: 2376. *Schiedsrichter:* Kompalla (Krefeld). *Strafminuten:* Iserlohn 27 + Spieldauerdisziplinarstrafe für Nicholas, Schwenningen 31 + 10 Disziplinarstrafe für Altmann + Spieldauerdisziplinarstrafe für Königer. *Tore:* 1:0 (3.) Sochatzky (Gailer/Simon), 2:0 (8.) Held (Pouzar/Bruce – 5:4), 3:0 (11.) Held (Romberg/Pouzar), 4:0 (15.) McNeil (Sochatzky), 5:0 (30.) Romberg (Hardy), 6:0 (33.) Hardy (Nicholas/Jarkko – 5:4), 7:0 (35.) Duris (Nicholas – 4:5), 7:1 (41.) Currie, 8:1 (42.) McNeil, 8:2 (43.) Currie (Dietrich), 9:2 (45.) Nicholas (Spry/Jarkko), 10:2 (46.) Gailer (Sochatzky/McNeil), 11:2 (48.) Held (Pouzar/Duris – 4:3), 12:2 (59.) Hardy (Jarkko/McNeil), 13:2 (60.) Duris.

22. Spieltag

SB Rosenheim – ECD Iserlohn 5:2
SB Rosenheim: Merk (1) – Fischer (2), Scharf (2), Kretschmer (2), Schiffl (3), Blum (3), Maidl (3) – Lukac (3), Höfner (1), Hilger (3), Ahne (3), Berwanger (3), Kammerer (3), Kirchmaier (2), Pohl (3), Franz (1), Betz (3), Trattner (3). *ECD Iserlohn:* Fous (1) – Duris (3), Spry (2), Gailer (2), Romberg (3), Bruce (3) – Held (3), Jarkko (3), Pouzar (1), Hardy (3), McNeil (2), Simon (3), Sochatzky (3). Zuschauer: 4500. *Schiedsrichter:* Ondertoller (Geretsried). *Strafminuten:* Rosenheim 10, Iserlohn 14. *Tore:* 0:1 (2.) Pouzar (Duris/Bruce – 5:4), 0:2 (4.) Pouzar (Bruce), 1:2 (17.) Franz (Höfner – 4:5), 2:2 (20.) Kirchmaier (Franz/Höfner), 3:2 (25.) Höfner (Fischer/Betz), 4:2 (52.) Lukac (Fischer/Scharf – 4:3), 5:2 (56.) Kirchmaier (Kammerer/Pohl).

Kölner EC – Mannheimer ERC 2:1
Kölner EC: de Raaf (2) – Kießling (2), Pokorny (3), Thornbury (3), Denisiuk (2), Kühn (3) – Sikora (2), Truntschka (3), Hegen (3), Steiger (2), Berry (2), Maj (2), Schmid (3), Gröger (3), Meitinger (3). *Mannheimer ERC:* Schlickenrieder (2) – Kreis (2), Eggerbauer (3), Reil (3), Klaus (3), Oswald (3) – Obresa (3), Holzmann (3), Messier (3), Adams (3), Silk (3), Jonkhans (3), Kuhl (2), Draisaitl (3), Volland (3). Zuschauer: 5500. *Schiedsrichter:* Schimki (Berlin). *Strafminuten:* Köln 2, Mannheim 8. *Tore:* 1:0 (11.) Maj (Berry), 2:0 (38.) Sikora (Hegen), 2:1 (53.) Draisaitl (Kuhl).

EV Landshut – ESV Kaufbeuren 5:4
EV Landshut: Suttner (3) – Naud (3), Wagner (3), Seyller (3), Gandorfer (3), Auhuber (3), Weigl (4) – Poner (3), Roulston (3), Truntschka (3), Brunner (3), Wasserek (3), Steiger (3), Brittig (3), Weiß (3), Lupzig (3). *ESV Kaufbeuren:* Hegen (3) – Schuster (3), Steinecker (3), Medicus (3), Micheller (3) – Römer (3), Heckelsmüller (3), Riefler (3), Adam (3), Holy (3), Richter (3), Koldas (3), Mörz (3), Kauer (3), Schneider (0). Zuschauer: 3000. *Schiedsrichter:* Barnet (Rosenheim). *Strafminuten:* Landshut 24, Kaufbeuren 16. *Tore:* 0:1 (6.) Medicus (Heckelsmüller/Schuster – 5:3), 1:1 (13.) Wasserek (Auhuber/Brenner – 5:4), 1:2 (14.) Adam (Richter/Schuster), 2:2 (16.) Truntschka (Poner/Roulston), 3:2 (25.) Wasserek (Brunner/Weigl), 4:2 (30.) Seyller (Lupzig/Weiß), 5:2 (30.) Poner (Roulston/Truntschka), 5:3 (49.) Holy (Richter/Schuster – 5:4), 5:4 (50.) Mörz (Medicus).

Eintracht Frankfurt – SC Riessersee 4:1
Eintracht Frankfurt: Zankl (2) – Forster (2), Potz (2), Mokros (3), Mucha (4) – Zimlich (4), Pflügl (3), K. Birk (3), Baier (4), Groß (2), Pflügl (4), Vorlicek (4), Nocon (3), Hartfuß (4), H. Birk (3). *SC Riessersee:* Englbrecht (4) – Farrish (4), Grzesiczek (3), Berndaner (4), Glynne (3), Sterflinger (4), Wassermann (4), Diepold (4), Schnöll (4), Obermeier (4), Pokorny (4), Kislinger (4), Havlicek (4). Zuschauer: 6000 (ausverkauft). *Schiedsrichter:* Altmann (Köln). *Strafminuten:* Frankfurt 22 + 5 für Zimlich, Riessersee 32 + 5 für Berndaner + 10 Disziplinarstrafe für Farrish. *Tore:* 1:0 (11.) Forster (Groß), 1:1 (18.) Wassermann (Sterflinger/Diepold), 2:1 (19.) Potz (Erhardt), 3:1 (31.) Pflügl (Erhardt – 5:3), 4:1 (46.) Groß (Forster).

ERC Schwenningen – Düsseldorfer EG 2:4
ERC Schwenningen: Hoppe (3) – Dietrich (2), Maly (2), Altmann (2), Müller (0) – Patrzek (3), Sulak (3), Brousek (3), Willmann (3), Currie (3), Fritz (3), Geiselmann (3), Deiter (3), Pillmeier (3). *Düsseldorfer EG:* Heiß (2) – Topolnisky (2), Schmidt (2), Niederberger (2), Lutz (2), Sterflinger (2) – Lee (1), Valentine (2), Nentvich (2), Roedger (2), Wolf (2), Krueger (3), Jilek (3), Smicek (3), Brenner (3). Zuschauer: 4865 (ausverkauft). *Schiedsrichter:* H. Penz (Kaufbeuren). *Strafminuten:* Schwenningen 10, Düsseldorf 12. *Tore:* 0:1 (5.) Nentvich (Valentine), 0:2 (21.) Lee (Schmidt/Valentine – 5:4), 1:2 (24.) Currie (Dietrich/Willmann), 1:3 (42.) Lee (Niederberger), 1:4 (51.) Valentine (Nentvich), 2:4 (58.) Dietrich (Sulak/Brousek – 4:5).

23. Spieltag

Düsseldorfer EG – Mannheimer ERC 1:6
Düsseldorfer EG: Heiß (2) – Niederberger (2), Lutz

(3), Topolnisky (3), Schmidt (3), Sterflinger (3) – Lee (2), Valentine (3), Nentvich (3), Roedger (3), Wolf (3), Krueger (3), Jilek (3), Smicek (3), Brenner (3), Gelzinus (0), Scholz (0). *Mannheimer ERC:* Schlikkenrieder (2) – Kreis (2), Eggerbauer (3), Reil (3), Klaus (3), Oswald (2) – Kuhl (2), Silk (2), Jonkhans (3), Obresa (3), Holzmann (1), Messier (2), Adams (3), Draisaitl (3), Schiller (3), Flemming (0). *Zuschauer:* 10500 (ausverkauft). *Schiedsrichter:* Schnieder (Iserlohn). *Strafminuten:* Düsseldorf 34 + Spieldauerdisziplinarstrafe für Lee + je 10 Disziplinarstrafe für Krueger, Schmidt, Wolf, Sterflinger, Mannheim 32 + Spieldauerdisziplinarstrafe für Jonkhans + je 10 Disziplinarstrafe für Schiller, Oswald, Holzmann, Draisaitl + 5 für Silk. *Tore:* 1:0 (6.) Nentvich (Valentine/Lee – 5:4), 1:1 (41.) Holzmann (Reil/ Eggerbauer – 3:2), 1:2 (42.) Messier (Klaus/Reil – 3:3), 1:3 (46.) Messier (Silk) – 4:5), 1:4 (48.) Silk (Kuhl/Draisaitl), 1:5 (49.) Adams (Holzmann/Reil), 1:6 (51.) Kuhl.

EV Landshut – Kölner EC 0:6

EV Landshut: Suttner (2) – Naud (3), Wagner (3), Seyller (4), Gandorfer (4), Auhuber (4), Weigl (4) – Poner (4), Roulston (3), B. Truntschka (4), Brunner (4), Wasserek (4), E. Steiger (4), Brittig (4), Weiß (4), Lupzig (4). *Kölner EC:* de Raaf (2) – Kießling (2), Pokorny (2), Thornbury (2), Kühn (2), Denisiuk (2) – Sikora (2), G. Truntschka (2), Augsten (3), H. Steiger (2), Berry (2), Maj (2), Meitinger (2), Hegen (2), Schmid (2), Otten (0). *Zuschauer:* 4000. *Schiedsrichter:* Tafertshofer (Peißenberg). *Strafminuten:* Landshut 14, Köln 20. *Tore:* 0:1 (8.) Thornbury (G. Truntschka/Augsten – 5:4), 0:2 (16.) Hegen (Schmid/ Meitinger), 0:3 (26.) Maj (Kießling/Berry), 0:4 (27.) Meitinger (Hegen/Thornbury), 0:5 (38.) Berry (H. Steiger/Maj), 0:6 (48.) Hegen (Meitinger).

ERC Schwenningen – ESV Kaufbeuren 3:4

ERC Schwenningen: Hoppe (3) – Dietrich (1), Maly (3), Altmann (3), Königer (3) – Willmann (3), Currie (2), Fritz (3), Patrzek (4), Sulak (2), Brousek (3), Geiselmann (3), Deiter (3), Pillmeier (3). *ESV Kaufbeuren:* Hegen (2) – Schuster (2), Steinecker (3), Medicus (2), Micheller (3), Dropmann (3) – Adam (3), Holy (2), Richter (1), Riefler (3), Mörz (2), Kauer (3), Koldas (3), Heckelsmüller (3), Römer (3). *Zuschauer:* 2600. *Schiedsrichter:* Welles (Miesbach). *Strafminuten:* Schwenningen 22, Kaufbeuren 16. *Tore:* 1:0 (15.) Fritz (Currie – 5:4), 1:1 (16.) Riefler (5:4), 1:2 (22.) Richter (5:4), 2:2 (23.) Dietrich (3:3), 2:3 (25.) Richter, 3:3 (30.) Sulak, 3:4 (45.) Schuster.

SC Riessersee – SB Rosenheim 2:8

SC Riessersee: Englbrecht (2) – Farrish (4), Grzesiczek (3), Berndaner (2), Raubal (4) – Sterflinger (3), Wassermann (4), Diepold (4), Schnöll (3), Preuß (3), Strodl (3), Pokorny (4), Havlicek (3), Kislinger (4), J. Reindl (3). *SB Rosenheim:* Friesen (2) – Fischer (2), F. Reindl (3), Kretschmer (3), Schiffl (3), Blum (3), Maidl (3) – Lukac (2), Höfner (2), Hilger (4), Ahne (2), Berwanger (3), Kammerer (2), Kirchmaier (4), Pohl (3), Franz (3). *Zuschauer:* 1300. *Schiedsrichter:* Ondertoller (Geretsried). *Strafminuten:* Riessersee 10, Rosenheim 10. *Tore:* 0:1 (3.) Höfner (Lukac/ Fischer), 0:2 (9.) Lukac (Höfner/Hilger), 0:3 (9.) Schiffl (Berwanger), 1:3 (30.) Preuß (Raubal/Berndaner – 5:4), 1:4 (30.) Hilger (Lukac/Höfner), 1:5 (34.) Lukac (Hilger/Fischer), 1:6 (42.) Kammerer (Berwanger), 2:6 (53.) Farrish (Kislinger/Havlicek), 2:7 (57). Kammerer (Ahne/Schiffl – 5:4), 2:8 (57.) Kammerer (Kretschmer/Berwanger).

Eintracht Frankfurt – ECD Iserlohn 7:2

Eintracht Frankfurt: Zankl (1) – Forster (3), Potz (1), Mucha (2), Mokros (2) – Pflügl (2), Erhardt (1), Hartfuß (3), K. Birk (2), H. Birk (3), Baier (3), Nocon (3), Vorlicek (2), Groß (3). *ECD Iserlohn:* Fous (3) – Duris (3), Spry (3), Romberg (3), Gailer (4) – Held (3), Bruce (3), Pouzar (3), Nicholas (4), Jarkko (4), Hardy (3), Sochatzky (3), Lechl (3), McNeil (4), Simon (0). *Zuschauer:* 6000 (ausverkauft). *Schiedsrichter:* Schimki (Berlin). *Strafminuten:* Frankfurt 18, Iserlohn 12. *Tore:* 1:0 (8.) H. Birk (K. Birk), 2:0 (14.) Groß (Mokros/Mucha), 3:0 (20.) Erhardt (Potz – 4:4), 4:0 (28.) Vorlicek (Nocon/ Groß), 4:1 (34.) Sochatzky (Lechl/Duris), 5:1 (40.) Erhardt (Pflügl), 6:1 (41.) Erhardt (Potz/Hartfuß), 7:1 (49.) Baier (Mokros/H. Birk), 7:2 (52.) Held (Groß/Pouzar – 4:5).

24. Spieltag

ECD Iserlohn – SC Riessersee 6:2

ECD Iserlohn: Fous (2) – Duris (3), Spry (2), Gailer (3), Romberg (3) – Held (3), Bruce (3), Pouzar (2), Nicholas (3), Jarkko (3), Hardy (3), McNeil (3), Sochatzky (3), Lechl (3). *SC Riessersee:* Englbrecht (1), ab 37. Stranka (3) – Farrish (2), Grzesiczek (3), Berndaner (3), Glynne (4), Raubal (4), Konstanzer (4) – Diepold (3), Wassermann (3), Sterflinger (3), Schnöll (4), Preuß (3), Strodl (4), Pokorny (4), Havlicek (4), Reindl (4). *Zuschauer:* 2867. *Schiedsrichter:* Vogt (Moers). *Strafminuten:* Iserlohn 22, Riessersee 10. *Tore:* 1:0 (5.) Nicholas (4:5), 1:1 (27.) Wassermann (Sterflinger), 2:1 (30.) Bruce (Held/ Pouzar – 5:3), 3:1 (34.) Sochatzky (Pouzar/Held), 4:1 (41.) Pouzar (4:5), 5:1 (48.) McNeil (Lechl), 5:2 (49.), Sterflinger (Strodl/Wassermann), 6:2 (50.) Jarkko (Hardy/Romberg).

ESV Kaufbeuren – Düsseldorfer EG 3:2

ESV Kaufbeuren: Hegen (1) – Schuster (2), Medicus (2), Micheller (2), Steinecker (3) – Kauer (3), Mörz (2), Riefler (3), Adam (2), Holy (1), Richter (1), Heckelsmüller (3), Römer (2), Koldas (3). *Düsseldorfer EG:* Heiß (1) – Schmidt (3), Topolnisky (3), Niederberger (2), Lutz (3), Sterflinger (3) – Roedger (2), Wolf (2), Brenner (3), Nentvich (3), Valentine (3), Krueger (3), Gelzinus (4), Smicek (4), Jilek (3), Scholz (3). *Zuschauer:* 6000. *Schiedsrichter:* Böhm (Landshut). *Strafminuten:* Kaufbeuren 8, Düsseldorf 16 + 10 Disziplinarstrafe für Brenner. *Tore:* 1:0 (13.) Römer (Koldas), 1:1 (25.) Wolf (Roedger/Topolnisky – 4:4), 2:1 (36.) Schuster (Mörz), 3:1 (38.) Richter, 3:2 (46.) Niederberger (Roedger).

SB Rosenheim – ERC Schwenningen 3:1

SB Rosenheim: Friesen (2) – Fischer (2), Reindl (3), Kretschmer (2), Schiffl (3), Blum (3), Maidl (3) – Lukac (2), Höfner (2), Hilger (3), Ahne (3), Berwanger (3), Kammerer (3), Kirchmaier (3), Pohl (3), Franz (3). *ERC Schwenningen:* Hoppe (2) – Altmann (3), Königer (3), Dietrich (2), Maly (3) – Sulak (0), Brousek (0), Patrzek (4), Currie (2), Fritz (2), Willmann (3), Deiter (3), Pillmeier (3), Geiselmann (4). *Zuschauer:* 4300. *Schiedsrichter:* Radosai (Landshut). *Strafminuten:* Rosenheim 8 + 5 für Hilger, Schwenningen 8 + 5 für Altmann. *Tore:* 1:0 (8.) Berwanger (Kammerer/Ahne – 5:4), 2:0 (15.) Lukac (Höfner), 2:1 (18.) Currie (Willmann), 3:1 (28.) Höfner (Lukac/Reindl).

Kölner EC – Eintr. Frankfurt 5:0

Kölner EC: de Raaf (2) – Pokorny (3), Kießling (2), Thornbury (2), Denisiuk (3), Kühn (3) – Sikora (3), Truntschka (2), Augsten (3), Steiger (3), Berry (2), Maj (3), Schmid (3), Hegen (2), Meitinger (3). *Eintracht Frankfurt:* Zankl (2) – Forster (3), Fischer (4), Mucha (4), Mokros (4) – Pflügl (3), Erhardt (3), Hartfuß (3), K. Birk (4), Baier (4), H. Birk (3), Nocon (4), Groß (5), Vorlicek (4). *Zuschauer:* 5000. *Schiedsrichter:* Schnieder (Iserlohn). *Strafminuten:* Köln 6, Frankfurt 8. *Tore:* 1:0 (2.) Maj (Thornbury), 2:0 (8.) Truntschka (Pokorny/Augsten), 3:0 (40.) Meitinger (Hegen/Schmid), 4:0 (50.) Schmid (Hegen), 5:0 (60.) Steiger (Kießling/Augsten – 4:5).

Mannheimer ERC – EV Landshut 4:2

Mannheimer ERC: Schlickenrieder (1) – Klaus (2), Reil (2), Kreis (2), Eggerbauer (2), Oswald (2), Hanft (3) – Kuhl (2), Draisaitl (2), Schiller (3), Obresa (2), Holzmann (2), Messier (2), Flemming (3), Volland (3), Adams (3). *EV Landshut:* Suttner (2) – Auhuber (2), Weigl (3), Naud (2), Wagner (3), Seyller (3), Schluttenhofer (3) – E. Steiger (2), Wasserek (3), Brunner (3), B. Truntschka (3), Roulston (3), Poner (2), Lupzig (2), Weiß (3), Brittig (3). *Zuschauer:* 6500: *Schiedsrichter:* Würth (Peiting). *Strafminuten:* Mannheim 8, Landshut 10 + 10 Disziplinarstrafe für Wasserek + 5 für Lupzig. *Tore:* 0:1 (18.) E. Steiger, 1:1 (28.) Draisaitl (Kuhl/Reil – 5:4), 1:2 (35.) Poner, 2:2 (43.) Schiller (Draisaitl/Kuhl), 3:2 (45.) Holzmann (Schiller/Reisl), 4:2 (53.) Obresa (Messier/ Kreis).

25. Spieltag

Düsseldorfer EG – EV Landshut 9:4

Düsseldorfer EG: Heiß (2) – Topolnisky (3), Schmidt (3), Niederberger (2), Lutz (3), Sterflinger (3) – Lee (2), Valentine (3), Nentvich (3), Roedger (3), Wolf (3), Krueger (3), Jilek (3), Smicek (3), Brenner (2). *EV Landshut:* Suttner (2) – Auhuber (3), Weigl (3), Naud (2), Wagner (3), Seyller (3), Schluttenhofer (3) – Eder (3), Wasserek (3), Steiger (3), Lupzig (3), Poner (3), Roulston (2), Brittig (3), Weiß (3), Truntschka (3). *Zuschauer:* 10500 (ausverkauft). *Schiedsrichter:* Vogt (Moers). *Strafminuten:* Düsseldorf 6, Landshut 12. *Tore:* 1:0 (4.) Brenner (Jilek), 1:1 (15.) Lupzig (Roulston/Naud), 2:1 (16.) Jilek, 3:1 (18.) Krueger (Roedger/Schmidt), 4:1 (18.) Wolf (Krueger/Roedger), 5:1 (19.) Brenner (Smicek), 5:2 (21.) Steiger, 5:3 (23.) Eder (Naud), 5:4 (33.) Naud (Poner/Roulston), 6:4 (49.) Valentine (Schmidt), 7:4 (51.) Nentvich (Valentine/Lee), 8:4 (54.) Smicek (Jilek), 9:4 (58.) Roedger (Topolnisky – 4:4).

ESV Kaufbeuren – SB Rosenheim 1:4

ESV Kaufbeuren: Hegen (2) – Steinecker (4), Schuster (3), Medicus (3), Micheller (4) – Kauer (4), Mörz (2), Riefler (4), Adam (3), Holy (3), Richter (3), Koldas (4), Römer (3), Heckelsmüller (4). *SB Rosenheim:* Friesen (1) – Fischer (2), Scharf (2), Kretschmer (2), Schiffl (2), Blum (2), Maidl (2) – Reindl (3), Höfner (2), Hilger (2), Ahne (2), Berwanger (2), Kammerer (2), Kirchmaier (3), Pohl (3), Franz (2), Lukac (3), Trattner (2). *Zuschauer:* 6300 (ausverkauft). *Schiedsrichter:* Erhard (Hohenfurch). *Strafminuten:* Kaufbeuren 2, Rosenheim 8. *Tore:* 0:1 (13.) Hilger (Franz – 5:4), 0:2 (23.) Höfner (Fischer/ Trattner), 0:3 (24.) Hilger (Höfner), 1:3 (50.) Medicus (Schuster/Holy – 5:4), 1:4 (53.) Berwanger (Reindl/Fischer).

Eintr. Frankfurt – ERC Schwenningen 5:5

Eintracht Frankfurt: Zankl (2) – Forster (3), Mucha (3), Fischer (5), Potz (3), Schnürr (0) – Pflügl (4), Erhardt (2), Zimlich (3), K. Birk (4), H. Birk (4), Chr. Baier (4), Werner (4), Groß (3), Vorlicek (4). *ERC Schwenningen:* Hoppe (0) ab 5. Hipp (2) – Dietrich (2), Maly (2), Altmann (3), Königer (3) – Willmann (2), Currie (1), Fritz (1), Pillmeier (3), Deiter (3), Geiselmann (3). *Zuschauer:* 6000 (ausverkauft). *Schiedsrichter:* Ondertoller (Geretsried). *Strafminuten:* Frankfurt 12 + 10 Disziplinarstrafe für Zankl, Schwenningen 14. *Tore:* 1:0 (6.) Forster (Erhardt – 5:4), 1:1 (13.) Currie (Fritz/Willmann – 5:4), 1:2 (16.) Willmann (Fritz/Dietrich), 2:2 (26.) Werner (Vorlicek/Groß), 3:2 (26.) Erhardt (Mucha), 3:3 (34.) Fritz (Dietrich/Currie), 4:3 (46.) Groß (Werner/Potz), 4:4 (58.) Currie (Willmann), 4:5 (58.) Fritz (Dietrich/Willmann), 5:5 (59.) Vorlicek (Potz/ Forster – 5:4).

ECD Iserlohn – Mannheimer ERC 3:11

ECD Iserlohn: Fous (3) ab 28. Blanke (4) – Spry (4), Duris (3), Romberg (4), Gailer (3), Gentges (0) – Held (2), Bruce (3), Pouzar (2), Nicholas (4), Jarkko (4), Hardy (4), McNeil (4), Sochatzky (4), Lechl (4). *Mannheimer ERC:* Schlickenrieder (1) – Reil (2), Klaus (3), Kreis (2), Eggerbauer (3), Oswald (2), Hanft (3) – Jonkhans (2), Silk (2), Adams (3), Obresa (3), Holzmann (1), Messier (2), Kuhl (2), Draisaitl (2), Schiller (3). *Zuschauer:* 4100. *Schiedsrichter:* Kompalla (Krefeld). *Strafminuten:* Iserlohn 2, Mannheim 8. *Tore:* 1:0 (4.) Held, 1:1 (5.) Holzmann, 1:2 (9.) Holzmann (Messier), 1:3 (10.) Draisaitl (Oswald), 1:4 (15.) Holzmann (Messier), 1:5 (20.) Jonkhans (Kuhl), 1:6 (27.) Reil, 1:7 (34.) Messier (Holzmann/Eggerbauer), 1:8 (36.) Kuhl (Draisaitl), 1:9 (39.) Schiller (Kuhl/Draisaitl), 1:10 (51.) Kuhl (Oswald/Hanft), 2:10 (57.) Pouzar, 2:11 (59.) Hanft (Jonkhans/Silk), 3:11 (60.) Held (Pouzar).

SC Riessersee – Kölner EC 4:6

SC Riessersee: Englbrecht (2) – Farrish (3), Grzesiczek (2), Berndaner (3), Glynne (4), Raubal (3) –

Sterflinger (2), Wassermann (1), Diepold (3), Schnöll (4), Preuß (3), Kislinger (3), Hinterstocker (3), Havlicek (4), Reindl (3). *Kölner EC:* de Raaf (2) – Kießling (3), Pokorny (4), Thornbury (3), Denisiuk (4), Kühn (0) – Sikora (3), Truntschka (3), Augsten (4), Steiger (4), Berry (3), Maj (4), Schmid (4), Hegen (2), Meitinger (3). *Zuschauer:* 3600. *Schiedsrichter:* Würth (Peiting). *Strafminuten:* Riessersee 12, Köln 16. *Tore:* 0:1 (6.) Sikora (Augsten – 5:4), 0:2 (16.) Sikora (Truntschka), 1:2 (22.) Havlicek (Hinterstocker/Farrish), 1:3 (27.) Hegen (Schmid), 1:4 (30.) Hegen (Kießling/Meitinger), 1:5 (35.) Hegen (Kühn), 2:5 (45.) Wassermann (Sterflinger/Diepold), 3:5 (49.) Sterflinger (Diepold/Wassermann), 4:5 (55.) Wassermann (Reindl/Berndaner), 4:6 (60.) Steiger (4:5).

26. Spieltag

SB Rosenheim – Düsseldorfer EG 5:4

SB Rosenheim: Friesen (2) – Fischer (2), Scharf (3), Kretschmer (2), Schiffl (3), Blum (3), Maidl (3) – Reindl (2), Höfner (1), Hilger (3), Ahne (3), Berwanger (3), Kammerer (2), Kirchmaier (3), Pohl (3), Franz (3), Lukac (3), Trattner (3). *Düsseldorfer EG:* Heiß (2) – Schmidt (2), Sterflinger (3), Niederberger (2), Lutz (3), Topolnisky (3) – Lee (2), Valentine (1), Nentvich (2), Roedger (3), Wolf (3), Krueger (3), Hiemer (2), Smicek (3), Brenner (3), Jilek (3). *Zuschauer:* 7500. *Schiedsrichter:* Würth (Peiting). *Strafminuten:* Rosenheim 6, Düsseldorf 8. *Tore:* 0:1 (3.) Hiemer, 1:1 (9.) Reindl (Höfner/Hilger – 5:4), 2:1 (20.) Reindl (Höfner/Fischer – 4:5), 2:2 (30. Hiemer (Sterflinger), 2:3 (38.) Valentine (Niederberger – 5:4), 2:4 (48.) Lee (Valentine/Nentvich), 3:4 (55.) Franz (Scharf – 5:4), 4:4 (57.) Reindl (Fischer/Höfner), 5:4 (59.) Kammerer (Ahne/Blum).

Mannheimer ERC – ESV Kaufbeuren 6:0

Mannheimer ERC: Schlickenrieder (2) – Kreis (1), Eggerbauer (2), Reil (2), Klaus (2), Oswald (2), Hanft (3) – Obresa (2), Holzmann (2), Messier (1), Adams (2), Silk (1), Jonkhans (2), Kuhl (2), Draisaitl (2), Schiller (2). *ESV Kaufbeuren:* Hegen (1) – Schuster (2), Dropmann (3), Medicus (3), Micheller (3) – Riefler (2), Mörz (3), Kauer (3), Richter (2), Holy (3), Adam (2), Koldas (3), Römer (3), Heckelsmüller (3). *Zuschauer:* 7500. *Schiedsrichter:* Schnieder (Iserlohn). *Strafminuten:* Mannheim 16, Kaufbeuren 10. *Tore:* 1:0 (2.) Silk (Obresa/Reil – 5:4), 2:0 (22.) Adam (Jonkhans), 3:0 (25.) Silk (Jonkhans/Klaus), 4:0 (31.) Draisaitl (Kuhl), 5:0 (40.) Messier (4:5), 6:0 (49.) Messier (Holzmann/Kreis).

Kölner EC – ECD Iserlohn 3:6

Kölner EC: de Raaf (3) – Pokorny (3), Kießling (2), Thornbury (2), Kühn (4) – Sikora (5), Truntschka (3), Augsten (5), Steiger (3), Berry (3), Maj (4), Schmid (4), Hegen (4), Meitinger (5). *ECD Iserlohn:* Fous (2) – Duris (3), Spry (3), Romberg (2), Gailer (4) – McNeil (3), Lechl (3), Sochatzky (3), Held (2), Bruce (3), Pouzar (1), Nicholas (3), Jarkko (4), Hardy (4). *Zuschauer:* 6500. *Schiedsrichter:* Vogt (Moers). *Strafminuten:* Köln 8, Iserlohn 16. *Tore:* 0:1 (3.) Nicholas, 1:1 (7.) Thornbury (Schmid), 1:2 (8.) Romberg (Pouzar), 1:3 (38.) Pouzar (Bruce – 4:4), 1:4 (48.) Pouzar (Held/Romberg), 2:4 (51.) Hegen (Schmid/Meitinger), 3:4 (59.) Thornbury (Truntschka – 6:4), 3:5 (60.) Held (Bruce), 3:6 (60.) Held (Bruce).

ERC Schwenningen – SC Riessersee 7:4

ERC Schwenningen: Hipp (2) – Dietrich (1), Maly (2), Altmann (2), Königer (3) – Willmann (2), Currie (1), Fritz (1), Geiselmann (3), Deiter (3), Pillmeier (3). *SC Riessersee:* Englbrecht (3), ab 21. Stranka (2) – Farrish (2), Glynne (3), Berndaner (2), Grzesiczek (3), Raubal (0) – Sterflinger (3), Wassermann (2), Strodl (3), Hinterstocker (2), Havlicek (3), Schnöll (3), Diepold (0), Reindl (0), Pokorny (0). *Zuschauer:* 3000. *Schiedsrichter:* Tafertshofer (Peißenberg). *Strafminuten:* Schwenningen 14, Riessersee 20. *Tore:* 1:0 (1.) Pillmeier (Deiter), 2:0 (5.) Willmann (Dietrich/Currie – 5:4), 3:0 (6.) Currie (Fritz/Willmann), 3:1 (7.) Farrish (Havlicek), 4:1 (9.) Fritz (Dietrich/Currie – 4:3), 4:2 (16.) Hinterstocker, 4:3 (28.) Wassermann (Farrish), 5:3 (41.) Currie (Dietrich/Fritz – 5:4), 5:4 (46.) Strodl (Sterflinger/Wassermann), 6:4 (55.) Currie (Fritz/Willmann), 7:4 (58.) Fritz.

EV Landshut – Eintr. Frankfurt 4:2

EV Landshut: Suttner (2) – Feistl (2), Weigl (4), Naud (1), Wagner (3), Seyller (4), Schluttenhofer (3) – Brunner (3), Wasserek (3), Steiger (3), Poner (2), Kühnhackl (2), Roulston (3), Eder (3), Weiß (3), Truntschka (3). *Eintracht Frankfurt:* Zankl (2) – Mucha (2), Forster (2), Potz (2), Schnürr (3) – Erhardt (3), Pflügl (3), Vorlicek (3), H. Birk (2), K. Birk (2), Baier (2), Groß (3), Werner (3), Zimlich (3). *Zuschauer:* 6000. *Schiedsrichter:* Barnet (Rosenheim). *Strafminuten:* Landshut 10, Frankfurt 10 + 10 Disziplinarstrafe für Forster. *Tore:* 0:1 (18.) H. Birk (Mucha/K. Birk), 1:1 (32.) Poner (Steiger/Naud – 5:4), 2:1 (34.) Naud (Poner/Kühnhackl), 2:2 (38.) Forster (K. Birk/Pflügl – 5:4), 3:2 (54.) Naud (Kühnhackl/Truntschka), 4:2 (56.) Kühnhackl (Poner/Wagner).

27. Spieltag

Kölner EC – EV Landshut 10:4

Kölner EC: Bornträger (2) – Kießling (1), Pokorny (3), Thornbury (2), Ledock (3), Kühn (3) – Sikora (3), Truntschka (2), Augsten (3), H. Steiger (2), Berry (2), Maj (2), Schmid (3), Hegen (3), Meitinger (2). *EV Landshut:* Suttner (2), ab 27. Meister (2) – Auhuber (3), Weigl (4), Naud (3), Gandorfer (3), Seyller (3), Schluttenhofer (4), Wagner (0) – Brunner (3), Wasserek (4), E. Steiger (3), Poner (3), Kühnhackl (3), Roulston (3), Eder (4), Weiß (4), B. Truntschka (3), Lupzig (0). *Zuschauer:* 4000. *Schiedsrichter:* Schnieder (Iserlohn). *Strafminuten:* Köln 12, Landshut 14. *Tore:* 1:0 (4.) Hegen (Meitinger/Kießling), 2:0 (6.) H. Steiger (Berry), 2:1 (13.) Brunner (E. Steiger), 3:1 (17.) Ledock (Kießling/Berry), 4:1 (22.) Sikora (Truntschka/Kießling), 5:1 (26.) Berry (Maj), 6:1 (27.) Maj (H. Steiger/Ledock), 7:1 (27.) Meitinger (Kießling/Hegen), 8:1 (32.) Meitinger (Kießling/Schmid), 8:2 (37.) Naud (Kühnhackl/Roulston – 5:4), 8:3 (40.) E. Steiger (Brunner/Kühnhackl), 8:4 (42.) Poner (Roulston/Gandorfer), 9:4 (43.) Thornbury (Ledock/Berry), 10:4 (56.) Maj (Berry/H. Steiger).

SB Rosenheim – SC Riessersee 10:5

SB Rosenheim: Friesen (2) – Fischer (3), Scharf (3), Maidl (4), Blum (4), Kretschmer (3), Schiffl (4) – Reindl (3), Höfner (3), Hilger (3), Lukac (3), Berwanger (3), Kammerer (3), Ahne (3), Pohl (2), Franz (3). *SC Riessersee:* Englbrecht (2) – Berndaner (3), Hörl (4), Glynne (4), Grzesiczek (4) – Sterflinger (3), Wassermann (3), Diepold (3), Hinterstocker (3), Havlicek (2), J. Reindl (3), Schnöll (3), Prestidge (3), Strodl (3), de Nobili (3), Kislinger (3). *Zuschauer:* 3100. *Schiedsrichter:* Erhard (Hohenfurch). *Strafminuten:* Rosenheim 2, Riessersee 4. *Tore:* 1:0 (6.) Scharf (Hilger/F. Reindl), 2:0 (8.) Kammerer (Berwanger), 2:1 (21.) Wassermann (Grzesiczek), 2:2 (22.) Kislinger (deNobili/Sterflinger), 3:2 (26.) Pohl (Ahne/Franz), 3:3 (31.) de Nobili (Grzesiczek/Havlicek), 3:4 (32.) Strodl (Schnöll), 4:4 (42.) Lukac (Kammerer/Berwanger), 5:4 (42.) Pohl (Ahne/Schiffl), 5:5 (49.) Schnöll (Berndaner/Havlicek), 6:5 (50.) Franz (Pohl/Ahne), 7:5 (50.) F. Reindl (Höfner/Fischer), 8:5 (51.) Kammerer (Berwanger/Lukac), 9:5 (56.) Hilger (Fischer/Scharf), 10:5 (57.) Berwanger (Lukac/Kammerer).

Mannheimer ERC – Düsseldorfer EG 2:3

Mannheimer ERC: Schlickenrieder (3) – Klaus (2), Reil (2), Kreis (3), Eggerbauer (3), Oswald (3), Hanft (3) – Obresa (3), Holzmann (2), Messier (2), Adams (4), Silk (1), Jonkhans (2), Kuhl (2), Draisaitl (3), Schiller (3). *Düsseldorfer EG:* Heiß (2) – Schmidt (2), Sterflinger (2), Niederberger (2), Lutz (3), Topolnisky (3) – Lee (2), Valentine (2), Nentvich (3), Roedger (2), Wolf (1), Krueger (3), Hiemer (3), Smicek (3), Brenner (3), Jilek (4). *Zuschauer:* 9000 (ausverkauft). *Schiedsrichter:* Tafertshofer (Peißenberg). *Strafminuten:* Mannheim 8, Düsseldorf 12. *Tore:* 1:0 (13.) Kuhl (Schiller), 1:1 (42.) Wolf (Krueger/Roedger), 1:2 (44.) Lee (Nentvich), 2:2 (47.) Silk (Adams/Kreis), 2:3 (56.) Wolf (Roedger).

ESV Kaufbeuren – ERC Schwenningen 5:5

ESV Kaufbeuren: G. Hegen (3), ab 28. Hölzel (3) – Schuster (3), Hospodar (4), Medicus (2), Micheller (3), Dropmann (3), Reuter (4), Steinecker (3) – Riefler (3), Mörz (4), Kauer (2), Adam (3), Holy (2), Richter (1), Schneider (2), Römer (2), Koldas (3). *ERC Schwenningen:* Hoppe (2) – Dietrich (2), Maly (3), Müller (2), Altmann (3), Königer (3) – Fritz (3), Currie (2), Willmann (2), Brousek (3), Deiter (3), Stejskal (2), Pillmeier (2), Geiselmann (3), Patrzek (3). *Zuschauer:* 4500. *Schiedsrichter:* Böhm (Landshut). *Strafminuten:* Kaufbeuren 16, Schwenningen 26 + je 10 Disziplinarstrafe für Fritz und Maly. *Tore:* 1:0 (6.) Medicus (Holy/Richter – 5:4), 2:0 (10.) Schneider (Steinecker), 3:0 (13.) Riefler (Richter – 5:4), 3:1 (26.) Stejskal (Müller – 4:4), 3:2 (27.) Willmann (Dietrich/Fritz – 4:4), 3:3 (37.) Fritz (Dietrich – 4:4), 4:3 (43.) Holy, 4:4 (45.) Willmann (Currie – 4:5), 5:4 (48.) Richter, 5:5 (59.) Stejskal (Currie).

ECD Iserlohn – Eintr. Frankfurt 9:0

ECD Iserlohn: Fous (1) – Duris (2), Gentges (2), Romberg (1), Spry (2) – Bruce (2), Held (2), Pouzar (1), Hardy (2), Jarkko (1), Nicholas (3), McNeil (2), Sochatzky (2), Lechl (2), Simon (3). *Eintracht Frankfurt:* Zankl (3) – Forster (3), Potz (3), Mucha (3), Mokros (3) – Pflügl (4), Erhardt (4), Vorlicek (3), K. Birk (3), H. Birk (3), Krinner (4), Baier (4), Groß (4), Zimlich (4), Nocon (4), Werner (4). *Zuschauer:* 3300. *Schiedsrichter:* Schlimme (Krefeld). *Strafminuten:* Iserlohn 18, Frankfurt 14. *Tore:* 1:0 (3.) Pouzar (Held/Jarkko), 2:0 (13.) Hardy (Spry/Jarkko), 3:0 (27.) Held (Romberg), 4:0 (34.) Bruce (Pouzar/Spry), 5:0 (38.) Lechl (Sochatzky/McNeil), 6:0 (38.) McNeil (Sochatzky/Lechl), 7:0 (50.) Duris (McNeil/Gentges – 4:4), 8:0 (54.) Romberg (Spry/Sochatzky), 9:0 (57.) Pouzar (Spry/Held – 4:4).

28. Spieltag

EV Landshut – ECD Iserlohn 11:3

EV Landshut: Suttner (2) – Auhuber (2), Weigl (3), Naud (1), Wagner (2), Seyller (3), Gandorfer (3) – Brunner (3), Wasserek (3), Steiger (3), Poner (0), Kühnhackl (2), Roulston (2), Brittig (2), Lupzig (2), Truntschka (2), Eder (2). *ECD Iserlohn:* Fous (4), ab 34. Blanke (4) – Duris (4), Spry (4), Romberg (4) – McNeil (4), Lechl (4), Sochatzky (4), Held (4), Bruce (4), Pouzar (4), Hardy (4), Jarkko (4), Simon (4). *Zuschauer:* 2500. *Schiedsrichter:* Ondertoller (Geretsried). *Strafminuten:* Landshut 12, Iserlohn 6 + je 10 Disziplinarstrafe für Held und McNeil. *Tore:* 1:0 (1.) Kühnhackl (Roulston – 4:4), 1:1 (2.) Romberg (Hardy/Jarkko – 4:4), 2:1 (2.) Wagner (4:4), 3:1 (13.) Lupzig, 3:2 (16.) McNeil (Sochatzky), 4:2 (18.) Wasserek (Truntschka – 4:5), 5:2 (21.) Naud (Poner/Kühnhackl), 6:2 (23.) Brittig (Naud), 7:2 (30.) Steiger (Wasserek), 8:2 (31.) Auhuber (Steiger), 9:2 (32.) Lupzig (Naud/Truntschka), 10:2 (35.) Truntschka, 11:2 (53.) Brittig (Wasserek/Steiger), 11:3 (56.) Lechl (Pouzar/Duris).

Eintr. Frankfurt – SB Rosenheim 1:2

Eintracht Frankfurt: Zankl (1) – Potz (2), Forster (3), Mucha (4), Mokros (4) – Vorlicek (3), Erhardt (3), Pflügl (3), Krinner (4), H. Birk (3), K. Birk (4), Werner (4), Hartfuß (4), Nocon (3), Zimlich (4), Groß (4), Baier (3). *SB Rosenheim:* Friesen (1) – Fischer (1), Scharf (3), Maidl (3), Blum (4), Kretschmer (3), Schiffl (4) – Reindl (2), Höfner (2), Hilger (3), Lukac (2), Berwanger (3), Kammerer (4), Ahne (4), Pohl (3), Franz (4). *Zuschauer:* 6000. *Schiedsrichter:* Vogt (Moers). *Strafminuten:* Frankfurt 14 + 5 für Mokros, Rosenheim 20 + je 5 für Höfner und Scharf + 10 Disziplinarstrafe für Scharf. *Tore:* 0:1 (19.) Maidl (Lukac), 0:2 (38.) Lukac (Blum – 3:3), 1:2 (60.) Vorlicek (Mucha – 3:3).

Düsseldorfer EG – Kölner EC 5:4

Düsseldorfer EG: Heiß (2) – Niederberger (3), Lutz (3), Sterflinger (3), Schmidt (4), Topolnisky (4) – Lee (2), Valentine (3), Nentvich (3), Roedger (3), Wolf (2), Krueger (3), Hiemer (3), Smicek (3), Brenner

(3). *Kölner EC:* Bornträger (3) – Kießling (2), Pokorny (2), Thornbury (2), Ledock (3), Kühn (3) – Sikora (2), Truntschka (2), Augsten (3), Steiger (3), Berry (2), Maj (3), Schmid (3), Hegen (2), Meitinger (3). *Zuschauer:* 10500 (ausverkauft). *Schiedsrichter:* Kompalla (Krefeld). *Strafminuten:* Düsseldorf 10, Köln 16. *Tore:* 0:1 (11.) Sikora (Thornbury/Truntschka 5:4), 1:1 (22.) Roedger (Wolf), 2:1 (23.) Smicek (Hiemer/Schmidt), 2:2 (28.) Augsten, 2:3 (29.) Berry (Steiger), 2:4 Berry (Maj), 3:4 (53.) Valentine (Nentvich), 4:4 (56.) Krueger, 5:4 (57.) Nentvich.

ERC Schwenningen – Mannheimer ERC 3:1
ERC Schwenningen: Hoppe (2) – Dietrich (1), Königer (3), Altmann (2), Müller (2), Maly (4) – Willmann (2), Currie (1), Fritz (3), Stejskal (3), Brousek (3), Patrzek (4), Geiselmann (3), Deiter (3), Pillmeier (4). *Mannheimer ERC:* Schlickenrieder (3) – Reil (3), Klaus (3), Kreis (3), Eggerbauer (4), Oswald (3), Hanft (4) – Obresa (3), Holzmann (3), Messier (3), Kuhl (3), Draisaitl (3), Schiller (4), Adams (4), Silk (2), Jonkhans (4). *Zuschauer:* 4800. *Schiedsrichter:* Erhard (Hohenfurch). *Strafminuten:* Schwenningen 14 + je 5 für Stejskal und Maly, Mannheim 24 + je 5 für Hanft und Silk. *Tore:* 1:0 (6.) Königer (Geiselmann), 2:0 (33.) Currie (Fritz/Dietrich – 4:3), 2:1 (41.) Messier (Holzmann/Obresa), 3:1 (49.) Brousek (Stejskal).

SC Riessersee – ESV Kaufbeuren 2:3
SC Riessersee: Englbrecht (2) – Berndaner (2), Raubal (3), Grzesiczek (1), Glynne (3) – Sterflinger (2), Wassermann (2), Diepold (3), Hinterstocker (2), Havlicek (3), Reindl (3), Schnöll (3), Prestidge (3), Strodl (4). *ESV Kaufbeuren:* Hegen (2) – Reuter (3), Steinecker (4), Medicus (3), Micheller (3), Schuster (2), Hospodar (3) – Koldas (3), Römer (3), Heckelsmüller (4), Adam (3), Holy (2), Richter (3), Kauer (4), Mörz (3), Riefler (3), Schneider (0). *Zuschauer:* 3800. *Schiedsrichter:* Barnet (Rosenheim). *Strafminuten:* Riessersee 8, Kaufbeuren 8. *Tore:* 1:0 (16.) Reindl (Hinterstocker/Havlicek), 1:1 (40.) Römer (Koldas/Medicus), 1:2 (46.) Schneider (Römer/Koldas), 2:2 (48.) Havlicek (Hinterstocker/Berndaner), 2:3 (57.) Römer (Schuster/Mörz).

29. Spieltag

EV Landshut – SB Rosenheim 7:4
EV Landshut: Suttner (2) – Naud (2), Wagner (3), Auhuber (3), Weigl (3), Seyller (4), Gandorfer (3) – Poner (3), Kühnackl (1), Roulston (1), Brittig (2), Wasserek (3), Steiger (3), Eder (4), Lupzig (3), Truntschka (4). *SB Rosenheim:* Friesen (3) – Fischer (2), Scharf (4), Blum (3), Maidl (4), Kretschmer (3), Schiffl (2) – Kirchmaier (3), Reindl (3), Lukac (0), Berwanger (3), Kammerer (3), Ahne (2), Pohl (2), Franz (3), Betz (4). *Zuschauer:* 6000. *Schiedsrichter:* Kompalla (Krefeld). *Strafminuten:* Landshut 10, Rosenheim 16. *Tore:* 0:1 (19.) Pohl (Ahne), 1:1 (22.) Brittig (Steiger/Wasserek), 2:1 (25.) Wasserek, 3:1 (26.) Naud (Kühnhackl/Poner – 4:4), 4:1 (33.) Roulston (Kühnhackl/Poner – 5:4), 5:1 (44.) Brittig (Wasserek/Steiger – 5:4), 5:2 (49.) Hilger (Pohl), 5:3 (51.) Berwanger (Betz), 5:4 (51.) Ahne (Pohl), 6:4 (56.) Roulston (Kühnhackl), 7:4 (58.) Roulston (Wagner).

ESV Kaufbeuren – Eintr. Frankfurt 2:0
ESV Kaufbeuren: Hegen (1) – Schuster (3), Hospodar (4), Medicus (1), Micheller (3), Reuter (3), Steinecker (3) – Riefler (3), Mörz (3), Kauer (3), Adam (3), Holy (2), Richter (3), Schneider (3), Römer (2), Heckelsmüller (3). *Eintracht Frankfurt:* Zankl (4) – Potz (3), Forster (2), Mucha (3), Mokros (4) – Pflügl (4), Erhardt (4), Vorlicek (3), K. Birk (3), H. Birk (4), Krinner (4), Werner (3), Hartfuß (4), Nocon (4), Groß (3). *Zuschauer:* 3500. *Schiedsrichter:* Barnet (Rosenheim). *Strafminuten:* Kaufbeuren 10, Frankfurt 16 + 10 Disziplinarstrafe für Mokros. *Tore:* 1:0 (6.) Medicus (Richter/Holy), 2:0 (40.) Medicus (Kauer/Mörz – 4:4).

Mannheimer ERC – SC Riessersee 6:1
Mannheimer ERC: Schlickenrieder (1) – Kreis (2), Eggerbauer (4), Klaus (3), Hanft (4), Reil (4), Oswald (3) – Obresa (3), Holzmann (2), Messier (2), Kuhl (2), Silk (1), Jonkhans (3), Adams (4), Schiller (3), Flemming (3), Volland (3). *SC Riessersee:* Englbrecht (3) – Berndaner (3), Burkhard (3), Grzesiczek (3) – Sterflinger (3), Wassermann (3), Diepold (3), Hinterstocker (2), Havlicek (3), Prestidge (3), Schnöll (3), Strodl (3), De Nobili (0), Kislinger (0). *Zuschauer:* 3500. *Schiedsrichter:* Radosai (Landshut). *Strafminuten:* Mannheim 4, Riessersee 4. *Tore:* 1:0 (17.) Messier (Holzmann), 2:0 (20.) Messier (Holzmann/Obresa), 3:0 (25.) Holzmann (Obresa), 4:0 (35.) Obresa (Holzmann/Messier), 5:0 (54.) Silk (Kuhl), 5:0 (55.) Kuhl (Silk/Hanft – 4:4), 6:1 (60.) Berndaner ((Wassermann/de Nobili).

Düsseldorfer EG – ECD Iserlohn 6:4
Düsseldorfer EG: Heiß (2) – Topolnisky (3), Niederberger (1), Lutz (3), Sterflinger (3) – Lee (3), Valentine (3), Nentvich (3), Roedger (3), Wolf (3), Krueger (3), Hiemer (3), Smicek (3), Brenner (3), Jilek (3). *ECD Iserlohn:* Fous (2) – Duris (3), Spry (3), Romberg (3), Gailer (3), Held (2), Bruce (3), Pouzar (3), McNeil (3), Sochatzky (3), Lechl (3), Simon (3), Jarkko (3), Hardy (3). *Zuschauer:* 10500 (ausverkauft). *Schiedsrichter:* Erhard (Hohenfurch). *Strafminuten:* Düsseldorf 2, Iserlohn 6. *Tore:* 0:1 (7.) Bruce (Held/Pouzar), 1:1 (12.) Roedger (Wolf/Niederberger), 2:1 (19.) Wolf, 3:1 (24.) Jilek (Brenner), 3:2 (28.) Held (Bruce/Pouzar), 3:3 (29.) Sochatzky (Spry), 4:3 (31.) Wolf (Niederberger), 5:3 (38.) Krueger (Wolf), 6:3 (45.) Roedger (Schmidt), 6:4 (49.) Held (Duris/Pouzar).

Kölner EC – ERC Schwenningen 10:2
Kölner EC: de Raaf (3) – Kießling (2), Pokorny (3), Thornbury (2), Ledock (3), Kühn (3) – Steiger (1), Truntschka (2), Gröger (3), Sikora (3), Berry (3), Maj (3), Augsten (3), Hegen (3), Meitinger (3). *ERC Schwenningen:* Hoppe (2) – Altmann (2), Müller (2), Königer – Willmann (2), Currie (2), Fritz (0), Stejskal (3), Brousek (4), Patrzek (3), Geiselmann (4), Pillmeier (4), Deiter (4), Geisler. *Zuschauer:* 3500. *Schiedsrichter:* Lemmen (Krefeld). *Strafminuten:* Köln 16 + 5 für Truntschka + 10 Disziplinarstrafe für Meitinger, Schwenningen 22. *Tore:* 1:0 (1.) Steiger (Truntschka), 2:0 (4.) Gröger (Truntschka/Steiger), 2:1 (4.) Müller (Currie/Fritz), 3:1 (16.) Kießling (Steiger/Steiger – 5:4), 4:1 (30.) Ledock (Maj), 5:1 (38.) Steiger (Truntschka/Gröger – 5:4), 5:2 (39.) Deiter (Willmann/Currie), 6:2 (47.) Maj (Steiger – 4:4), 7:2 (49.) Gröger (Truntschka – 5:3), 8:2 (51.) Steiger (5:4), 9:2 (56.) Sikora (Berry), 10:2 (60.) Sikora (Berry).

30. Spieltag

SC Riessersee – Düsseldorfer EG 2:4
SC Riessersee: Englbrecht (1) – Berndaner (2), Burkhard (3), Grzesiczek (2), Glynne (3) – T. Sterflinger (2), Wassermann (2), de Nobili (2), Hinterstocker (2), Havlicek (2), Prestidge (2), Schnöll (2), Preuss (2), Strodl (4). *Düsseldorfer EG:* Heiß (2) – R. Sterflinger (2), Schmidt (3), Lutz (2), Topolnisky (3), Niederberger (2), Lee (3), Valentine (3), Nentvich (3), Roedger (2), Krueger (3), Wolf (3), Hiemer (3), Jilek (4), Brenner (4). *Zuschauer:* 2900. *Schiedsrichter:* Kompalla (Krefeld). *Strafminuten:* Riessersee 4, Düsseldorf 6. *Tore:* 0:1 (8.) Roedger (Schmidt), 1:1 (24.) Prestidge (Glynne), 1:2 (41.) Roedger (Lutz), 2:2 (49.) Hinterstocker (Havlicek), 2:3 (52.) Wolf (Roedger/Niederberger), 2:4 (60.) R. Sterflinger (Heiß – 4:6, Eigentor Schnöll).

ECD Iserlohn – ESV Kaufbeuren 5:3
ECD Iserlohn: Fous (2) – Duris (3), Spry (3), Gailer (2), Romberg (1) – Hardy (3), McNeil (2), Sochatzky (2), Held (2), Bruce (3), Pouzar (3), Simon (3), Jarkko (1), Lechl (2). *ESV Kaufbeuren:* Hegen (3) – Schuster (4), Hospodar (4), Medicus (2), Micheller (3), Reuter (4), Steinecker (4) – Schneider (4), Mörz (2), Kauer (4), Adam (3), Holy (3), Richter (3), Riefler (4), Römer (4), Heckelsmüller (3). *Zuschauer:* 3000. *Schiedsrichter:* Vogt (Moers). *Strafminuten:* Iserlohn 20 + 5 für McNeil und Sochatzky, Kaufbeuren 22 + 5 für Holy. *Tore:* 1:0 (7.) Pouzar (Held – 4:4), 2:0 (20.) Jarkko, 3:0 (25.) McNeil (Lechl), 4:0 (26.) Jarkko (Simon), 4:1 (34.) Mörz (Hospodar – 4:5), 4:2 (38.) Richter (Holy/Medicus), 5:2 (47.) Lechl (Duris/Held), 5:3 (52.) Medicus (Mörz – 4:3).

ERC Schwenningen – EV Landshut 7:2
ERC Schwenningen: Hoppe (1) – Dietrich (2), Maly (2), Altmann (3), Müller (3), Königer (0) – Willmann (2), Currie (4), Deiter (3), Stejskal (3), Brousek (3), Patrzek (3), Pillmeier (3), Sulak (3), Geiselmann (3). *EV Landshut:* Suttner (3), ab 21. Meister (2) – Auhuber (3), Weigl (3), Naud (3), Wagner (3), Seyller (3), Gandorfer (3), Brittig (4), Wasserek (3), Steiger (3), Poner (3), Kühnhackl (3), Roulston (2), Eder (3), Lupzig (3), Truntschka (3), Weiß (0). *Zuschauer:* 3000. *Schiedsrichter:* Würth (Peiting). *Strafminuten:* Schwenningen 10, Landshut 14 + 10 Disziplinarstrafe für Poner. *Tore:* 1:0 (8.) Currie (Dietrich/Willmann – 4:4), 2:0 (9.) Pillmeier (Sulak/Maly), 3:0 (10.) Currie (Willmann/Müller), 4:0 (12.) Currie (Deiter/Willmann), 4:1 (20.) Poner (5:4), 5:1 (35.) Stejskal (Willmann/Currie – 5:3), 6:1 (48.) Müller (Pillmeier), 7:1 (51.) Sulak (Willmann/Deiter), 7:2 (59.) Roulston (Poner/Kühnhackl).

Eintracht Frankfurt – Mannheimer ERC 2:6
Eintracht Frankfurt: Zankl (4) – Potz (3), Forster (4), Mucha (4), Mokros (2) – Vorlicek (4), Erhardt (4), Pflügl (4), Krinner (4), H. Birk (3), K. Birk (3), Werner (3), Hartfuß (4), Nocon (4), Zimlich (4), Groß (4). *Mannheimer ERC:* Schlickenrieder (2) – Kreis (3), Eggerbauer (3), Klaus (3), Hanft (3), Reil (2), Oswald (4) – Obresa (3), Holzmann (1), Messier (1), Kuhl (2), Silk (3), Jonkhans (3), Adams (2), Draisaitl (3), Schiller (3). *Zuschauer:* 6000 (ausverkauft). *Schiedsrichter:* Erhard (Hohenfurch). *Strafminuten:* Frankfurt 12, Mannheim 14. *Tore:* 0:1 (1.) Obresa (Messier), 1:1 (20.) Erhardt (Forster), 1:2 (22.) Jonkhans (Kuhl/Silk – 5:4), 1:3 (30.) Kreis (Messier), 1:4 (36.) Kuhl (Hanft), 1:5 (37.) Adams (Draisaitl/Schiller), 1:6 (37.) Draisaitl (Adams/Schiller), 2:6 (44.) Erhardt (Vorlicek/Mucha).

SB Rosenheim – Kölner EC 2:2
SB Rosenheim: Friesen (2) – Fischer (2), Scharf (3), Kretschmer (2), Schiffl (2), Blum (2) – Reindl (3), Höfner (3), Hilger (3), Lukac (3), Berwanger (3), Kammerer (3), Ahne (3), Pohl (3), Franz (2). *Kölner EC:* de Raaf (2) – Kießling (2), Pokorny (3), Thornbury (2), Kühn (3), Ledock (3) – Steiger (2), Truntschka (3), Gröger (3), Sikora (3), Berry (3), Maj (2), Augsten (3), Hegen (3), Meitinger (3). *Zuschauer:* 6000. *Schiedsrichter:* Böhm (Landshut). *Strafminuten:* Rosenheim 10, Köln 6. *Tore:* 1:0 (20.) Lukac (Fischer), 1:1 (28.) Meitinger, 2:1 (33.) Hilger, 2:2 (52.) Sikora.

31. Spieltag

EV Landshut – SC Riessersee 5:2
EV Landshut: Suttner (0), ab 14. Meister (3) – Auhuber (3), Weigl (3), Naud (3), Wagner (3), Seyller (4), Gandorfer (4), Schluttenhofer (0) – Weiß (3), Wasserek (3), Brittig (3), Kühnhackl (3), Roulston (1), Eder (3), Lupzig (3), Truntschka (4). *SC Riessersee:* Englbrecht (2) – Berndaner (3), Konstanzer (3), Glynne (3), Grzesiczek (3) – Hinterstocker (3), Strodl (3), Sterflinger (3), Wassermann (3), Prestidge (3), Schnöll (4), Preuß (3), de Nobili (3), Reindl (3). *Zuschauer:* 2500. *Schiedsrichter:* Penz (Kaufbeuren). *Strafminuten:* Landshut 10 + 5 für Auhuber, Riessersee 6 + 5 für Havlicek. *Tore:* 0:1 (2.) Sterflinger (Prestidge/Glynne), 1:1 (5.) Roulston (19.) Sterflinger (Berndaner/Englbrecht – 4:4), 2:2 (21.) Prestidge (Berndaner/Englbrecht – 4:4), 3:2 (35.) Auhuber (Steiger/Weigl), 4:2 (38.) Roulston (Kühnhackl/Naud – 5:4), 5:2 (57.) Wasserek (Steiger/Brittig).

Eintracht Frankfurt – Düsseldorfer EG 1:4
Eintracht Frankfurt: Zankl (2) – Potz (3), Forster (3), Mucha (3), Mokros (3) – Pflügl (4), Erhardt (3),

Werner (3), Vorlicek (4), Groß (4), Nocon (4), Zimlich (4), H. Birk (4), K. Birk (3), Krinner (0). *Düsseldorfer EG:* Heiß (2) – Schmidt (2), Topolnisky (2), Lutz (3), Niederberger (2), Sterflinger (3) – Lee (1), Valentine (2), Nentvich (2), Krueger (3), Wolf (2), Brenner (3), J. Hiemer (2), Smicek (2), Jilek (3). *Zuschauer:* 6000 (ausverkauft). *Schiedsrichter:* Schimki (Berlin). *Strafminuten:* Frankfurt 8, Düsseldorf 14. *Tore:* 0:1 (15.) Lee (Nentvich), 0:2 (27.) Hiemer (Jilek/Smicek), 0:3 (47.) Lee (Valentine/Niederberger), 0:4 (50.) Valentine (Nentvich), 1:4 (60.) Vorlicek (Groß).

Kölner EC – ESV Kaufbeuren 3:1
Kölner EC: de Raaf (2) – Kießling (2), Pokorny (3), Thornbury (3), Ledock (3), Kühn (4) – Steiger (1), Truntschka (2), Schmid (0), Sikora (2), Berry (2), Maj (3), Augsten (3), D. Hegen (1), Meitinger (3). *ESV Kaufbeuren:* G. Hegen (2) – Medicus (2), Micheller (3), Hospodar (0), Schuster (2), Reuter (3), Steinecker (3), Dropmann (0) – Adam (3), Holy (2), Richter (2), Kauer (3), Mörz (2), Römer (3), Riefler (3), Heckelsmüller (3), Schneider (3). *Zuschauer:* 6000. *Schiedsrichter:* Ondertoller (Geretsried). *Strafminuten:* Köln 14 + 5 für Kühn, Kaufbeuren 12. *Tore:* 0:1 (26.) Holy (Richter/Adam), 1:1 (31.) D. Hegen (5:4), 2:1 (40.) D. Hegen (Meitinger/Kießling), 3:1 (45.) Meitinger (D. Hegen/Steiger).

ERC Schwenningen – ECD Iserlohn 4:3
ERC Schwenningen: Hoppe (1) – Dietrich (2), Königer (3), Altmann (1), Müller (3), Maly (3) – Willmann (2), Currie (3), Deiter (3), Stejskal (3), Brousek (3), Patrzek (3), Geiselmann (3), Sulak (2), Pillmeier (3). *ECD Iserlohn:* Fous (2) – Duris (3), Spry (3), Romberg (2), Gailer (3) – Held (3), Bruce (3), Pouzar (1), McNeil (4), Sochatzky (3), Hardy (4), Nicholas (2), Jarkko (1), Lechl (3). *Zuschauer:* 2900. *Schiedsrichter:* Barnet (Rosenheim). *Strafminuten:* Schwenningen 2 + 10 Disziplinarstrafe für Currie, Iserlohn 6. *Tore:* 1:0 (9.) Sulak, 2:0 (33.) Stejskal (Dietrich/Brousek – 5:4), 2:1 (35.) Held (Nicholas), 2:2 (36.) Romberg (Pouzar/Bruce), 2:3 (38.) Jarkko (Nicholas/Romberg), 3:3 (50.) Sulak (Pillmeier/Königer), 4:3 (58.) Willmann (Currie/Dietrich).

SB Rosenheim – Mannheimer ERC 5:3
SB Rosenheim: Friesen (1) – Fischer (2), Scharf (2), Kretschmer (3), Schiffl (3), Blum (3), Maidl (3) – Reindl (2), Höfner (2), Hilger (3), Lukac (2), Berwanger (3), Kammerer (3), Ahne (3), Franz (2). *Mannheimer ERC:* Schlickenrieder (3) – Kreis (3), Eggerbauer (3), Hanft (2), Klaus (3), Oswald (3), Reil (3) – Obresa (3), Holzmann (2), Messier (3), Kuhl (3), Silk (3), Jonkhans (3), Adams (3), Draisaitl (3), Schiller (3). *Zuschauer:* 5000. *Schiedsrichter:* Schnieder (Iserlohn). *Strafminuten:* Rosenheim 20, Mannheim 28. *Tore:* 1:0 (10.) Reindl (Scharf/Fischer – 4:3), 2:0 (11.) Blum (Lukac/Kammerer), 3:0 (36.) Kretschmer (Fischer/Lukac – 4:3), 3:1 (37.) Silk (Kuhl – 4:4), 3:2 (40.) Messier (Obresa/Holzmann), 3:3 (40.) Kuhl (Schiller/Reil), 4:3 (47.) Kammerer (Lukac/Berwanger), 5:3 (56.) Lukac (Kammerer/Berwanger – 5:4).

32. Spieltag

ESV Kaufbeuren – EV Landshut 8:4
ESV Kaufbeuren: Hegen (2) – Schuster (2), Steinekker (3), Medicus (1), Micheller (3), Reuter (0), Dropmann (3) – Römer (3), Mörz (3), Kauer (3), Adam (2), Holy (2), Richter (2), Heckelsmüller (3), Schneider (3). *EV Landshut:* Meister (2) – Naud (3), Wagner (3), Auhuber (3), Weigl (2), Seyller (3), Schluttenhofer (2) – Poner (3), Kühnhackl (1), Roulston (3), Steiger (3), Wasserek (3), Lupzig (3), Brittig (3), Weiß (3), Truntschka (3). *Zuschauer:* 4500. *Schiedsrichter:* Tafertshofer (Peißenberg). *Strafminuten:* Kaufbeuren 20 + je 5 für Holy, Adam und Micheller + 2 × 5 + 10 Disziplinarstrafe für Richter, Landshut 40 + je 5 für Weigl, Poner und Kühnhackl + 10 Disziplinarstrafe für Naud. *Tore:* 0:1 (6.) Kühnhackl (Wagner/Naud), 1:1 (8.) Richter (Adam/Holy – 5:4), 2:1 (25.) Richter (Schuster/Holy – 5:4), 2:2 (26.) Naud (Roulston), 3:2 (27.) Adam (Richter/Holy – 5:4), 4:2 (34.) Mörz (Richter/Schuster – 4:4), 4:3 (41.) Roulston (Poner), 5:3 (42.) Medicus (Heckelsmüller), 5:4 (48.) Weigl (Poner), 6:4 (51.) Medicus (Schuster/Holy – 5:3), 7:4 (52.) Holy (Schuster – 5:3), 8:4 (53.) Schneider (Riefler/Schuster – 5:4).

SC Riessersee – Eintracht Frankfurt 4:5
SC Riessersee: Englbrecht (3) – Konstanzer (3), Berndaner (3), Grzesiczek (3),Glynne (4), Hörl (3), Burkhard (3) – Hinterstocker (2), Havlicek (3),Strodl (3), Sterflinger (3), Wassermann (3), Prestidge (3), Schnöll (4), Preuß (3), de Nobili (4), Reindl (0). *Eintracht Frankfurt:* Zankl (2) – Forster (2), Potz (3), Mucha (3), Mokros (3) – Pflügl (3), Erhardt (3), Werner (4), Nocon (4), Groß (3), Vorlicek (3), K. Birk (3), H. Birk (3), Zimlich (4), Krinner (0), Göbel (0). *Zuschauer:* 1500. *Schiedsrichter:* Schnieder (Iserlohn). *Strafminuten:* Riessersee 14, Frankfurt 16 + 10 Disziplinarstrafe für Mokros. *Tore:* 1:0 (7.) Havlicek (Hinterstocker/Prestidge – 5:4), 1:1 (18.) Forster (Erhardt), 1:2 (20.) Vorlicek (Forster/Groß – 5:4), 2:2 (25.) Hinterstocker (Englbrecht), 3:2 (48.) Hinterstocker (Preuß/Berndaner – 5:4), 3:3 (55.) Forster (Potz/Mucha), 3:5 (57.) Mucha (Vorlicek/Groß), 4:5 (59.) Berndaner (Preuß – 5:4).

Düsseldorfer EG – ERC Schwenningen 6:3
Düsseldorfer EG: Heiß (2) – Topolnisky (3), Schmidt (2), Niederberger (2), Lutz (3), Sterflinger (3) – Lee (3), Valentine (2), Roedger (3), Wolf (3), Krueger (3), Hiemer (3), Jilek (3), Brenner (3). *ERC Schwenningen:* Hoppe (2) – Dietrich (1), Königer (3), Altmann (3), Müller (3), Maly (3) – Willmann (3), Currie (3), Deiter (3), Stejskal (3), Brousek (3), Patrzek (3), Pillmeier (3), Sulak (3), Geiselmann (3). *Zuschauer:* 10500 (ausverkauft). *Schiedsrichter:* Vogt (Moers). *Strafminuten:* Düsseldorf 4, Schwenningen 6. *Tore:* 1:0 (9.) Valentine (Topolnisky/Schmidt – 4:5), 1:1 (13.) Currie (Willmann), 1:2 (26.) Willmann (Deiter), 2:2 (26.) Krueger (Wolf/Roedger – 5:4), 3:2 (43.) Krueger (Wolf/Roedger), 4:2 (44.) Nentvich (Niederberger), 4:3 (46.) Sulak (Brousek), 5:3 (54.) Jilek (Hiemer), 6:3 (55.) Valentine (Lee/Brenner).

ECD Iserlohn – SB Rosenheim 2:2
ECD Iserlohn: Fous (2) – Duris (3), Spry (3), Gailer (2), Romberg (2) – Held (3), Bruce (3), Pouzar (3), Hardy (3), McNeil (3), Sochatzky (3), Nicholas (3), Jarkko (3), Lechl (3). *SB Rosenheim:* Friesen (2) – Blum (3), Scharf (3), Maidl (3), Kretschmer (3), Schiffl (3) – Reindl (3), Höfner (3), Hilger (3), Lukac (3), Berwanger (3), Kammerer (3), Ahne (3), Pohl (3), Franz (3), Kirchmaier (3), Betz (3). *Zuschauer:* 2831. *Schiedsrichter:* Schimki (Berlin). *Strafminuten:* Iserlohn 6, Rosenheim 8. *Tore:* 1:0 (12.) Duris, 2:0 (20.) Lechl (Jarkko), 2:1 (21.) Hilger, 2:2 (47.) Lukac (Kammerer/Berwanger).

Mannheimer ERC – Kölner EC 0:3
Mannheimer ERC: Schlickenrieder (3) – Kreis (3), Eggerbauer (3), Klaus (3), Hanft (2), Oswald (4), Reil (3) – Obresa (3), Holzmann (3), Messier (3), Kuhl (3), Silk (3), Jonkhans (3), Adams (4), Draisaitl (4), Schiller (4). *Kölner EC:* de Raaf (1) – Kießling (2), Pokorny (3), Thornbury (3), Kühn (3), Ledock (3) – Steiger (3), Truntschka (3), Schmidt (3), Sikora (3), Berry (1), Maj (2), Augsten (3), Hegen (2), Meitinger (2). *Zuschauer:* 7500. *Schiedsrichter:* Barnet (Rosenheim). *Strafminuten:* Mannheim 2, Köln 4. *Tore:* 0:1 (30.) Berry (Sikora/Maj), 0:2 (37.) Schmid (Steiger/Kießling), 0:3 (60.) Hegen (Thornbury).

33. Spieltag

EV Landshut – Düsseldorfer EG 5:4
EV Landshut: Suttner (1) – Auhuber (3), Weigl (4), Naud (3), Wagner (3), Seyller (3), Gandorfer (3) – Brittig (2), Wasserek (3), Steiger (3), Poner (3), Kühnhackl (3), Roulston (3), Eder (3), Weiß (3), Truntschka (3), Lupzig (0). *Düsseldorfer EG:* Heiß (2) – Topolnisky (3), Schmidt (3), Niederberger (3), Lutz (3), Sterflinger (3) – Lee (3), Valentine (5), Nentvich (3), Roedger (2), Wolf (2), Krueger (3), Hiemer (3), Smicek (3), Jilek (3). *Zuschauer:* 3800. *Schiedsrichter:* Barnet (Rosenheim). *Strafminuten:* Landshut 0 + 10 Disziplinarstrafe für Poner, Düsseldorf 8. *Tore:* 1:0 (4.) Brittig, 2:0 (10.) Steiger (Wasserek/Brittig), 3:0 (21.) Roulston (Kühnhackl/Naud – 5:4), 3:1 (32.) Niederberger (Valentine/Nentvich), 3:2 (42.) Wolf (Roedger/Niederberger – 4:5), 4:2 (44.) Brittig (Auhuber), 5:2 (48.) Roulston (Naud/Kühnhackl), 5:3 (52.) Lee (Nentvich/Valentine), 5:4 (53.) Jilek (Niederberger/Hiemer).

ERC Schwenningen – Eintracht Frankfurt 4:1
ERC Schwenningen: Hoppe (2) – Dietrich (2), Maly (3), Altmann (3), Müller (3), Königer (3) – Willmann (2), Currie (3), Deiter (3), Stejskal (3), Brousek (3), Patrzek (3), Geiselmann (3), Sulak (3), Pillmeier (3). *Eintracht Frankfurt:* Zankl (3) – Forster (3), Potz (3), Mucha (3), Mokros (3) – Werner (4), Erhardt (3), Pflügl (3), Nocon (3), Groß (3), Vorlicek (3), K. Birk (4), H. Birk (3), Krinner (5), Hartfuß (0). *Zuschauer:* 2400. *Schiedsrichter:* Welles (Miesbach). *Strafminuten:* Schwenningen 10 + je 5 für Geiselmann, Frankfurt 14 + je 5 für Krinner und Hartfuß. *Tore:* 1:0 (11.) Willmann (Currie), 2:0 (50.) Brousek (Sulak/Willmann), 3:0 (55.) Currie (Müller – 4:3), 4:0 (57.) Sulak, 4:1 (58.) Erhardt (Potz/Groß).

Mannheimer ERC – ECD Iserlohn 6:2
Mannheimer ERC: Schlickenrieder (1) – Kreis (2), Eggerbauer (3), Reil (1), Klaus (3), Hanft (2) – Kuhl (0), Silk (1), Jonkhans (3), Obresa (3), Holzmann (3), Messier (3), Flemming (3), Draisaitl (3), Adams (3). *ECD Iserlohn:* Fous (4) – Duris (3), Spry (3), Romberg (3), Gailer (2) – Held (3), Bruce (3), Pouzar (3), Sochatzky (3), McNeil (3), Hardy (3), Lechl (3), Jarkko (3), Nicholas (3). *Zuschauer:* 4000. *Schiedsrichter:* Böhm (Landshut). *Strafminuten:* Mannheim 10, Iserlohn 8. *Tore:* 0:1 (11.) Pouzar (Held), 1:1 (11.) Jonkhans (Eggerbauer/Silk), 1:2 (16.) Held, 2:2 (18.) Obresa (Reil/Holzmann), 3:2 (25.) Silk (Jonkhans/Reil), 4:2 (31.) Silk (Kuhl), 5:2 (33.) Silk (Messier/Kreis – 5:4), 6:2 (51.) Jonkhans (Silk – 5:4).

Kölner EC – SC Riessersee 9:3
Kölner EC: Bornträger (2) – Kießling (2), Pokorny (3), Kühn (3), Ledock (3), Steiger (2), Truntschka (3), Schmid (3), Sikora (3), Berry (3), Maj (3), Augsten (3), Hegen (3), Meitinger (0), Gröger (3). *SC Riessersee:* Englbrecht (2) – Konstanzer (4), Berndaner (3), Grzesiczek (3), Glynne (3), Burkhard (3), Hörl (3) – Hinterstocker (3), Havlicek (3), Strodl (4), Sterflinger (3), Wassermann (3), de Nobili (4), Prestidge (3), Preuß (3), Schnöll (4), Reindl (0), Kislinger (0). *Zuschauer:* 4000. *Schiedsrichter:* Schlimme (Krefeld). *Strafminuten:* Köln 6, Riessersee 4 + 5 für Grzesiczek. *Tore:* 1:0 (22.) Sikora (Maj/Ledock – 5:4), 2:0 (24.) Augsten (Schmidt/Hegen – 5:4), 3:0 (25.) Gröger (Steiger/Truntschka), 4:0 (26.) Maj (Pokorny/Berry), 4:1 (27.) Havlicek (Hinterstocker/Berndaner – 5:4), 5:1 (28.) Truntschka (Pokorny/Steiger), 5:2 (29.) Preuß (Schnöll/Prestidge), 6:2 (31.) Gröger (Steiger/Truntschka), 7:2 (35.) Sikora (Maj/Ledock), 8:2 (36.) Gröger (Sikora/Berry), 8:3 (45.) Hinterstocker (Berndaner), 9:3 (57.) Steiger (Truntschka/Kießling).

SB Rosenheim – ESV Kaufbeuren 8:2
SB Rosenheim: Friesen (2) – Fischer (2), Blum (2), Maidl (3), Kretschmer (3), Schiffl (3) – Reindl (3), Höfner (3), Hilger (3), Lukac (3), Berwanger (3), Kammerer (3), Ahne (3), Pohl (3), Franz (3). *ESV Kaufbeuren:* G. Hegen (2) – Schuster (2), Steinecker (4), Medicus (3), Micheller (3), Reuter (3), Dropmann (4) – Mörz (3), Römer (3), Kauer (3), Langer (4), Holy (4), Koldas (4), Riefler (4), Heckelsmüller (3). *Zuschauer:* 3200. *Schiedsrichter:* Erhard (Hohenfurch). *Strafminuten:* Rosenheim 10 + 5 für Blum, Kaufbeuren 8. *Tore:* 1:0 (2.) Berwanger (Lukac/Blum), 1:1 (9.) Schuster (Mörz/Heckelsmüller), 2:1 (34.) Hilger (Reindl/Höfner), 3:1 (46.) Pohl (Kretschmer/Schiffl – 4:4), 4:1 (40.) Reindl (Höfner), 5:1 (48.) Kretschmer (Höfner/Reindl), 5:2 (51.) Schneider (Heckelsmüller/Reuter), 6:2 (53.) Hilger (Fischer), 7:2 (55.) Ahne (Pohl), 8:2 (58.) Reindl (Höfner/Kretschmer).

135

34. Spieltag

ECD Iserlohn – Kölner EC 3:2

ECD Iserlohn: Fous (1) – Duris (3), Spry (4), Romberg (2), Gailer (3) – McNeil (3), Sochatzky (4), Hardy (4), Held (3), Bruce (3), Pouzar (2), Nicholas (3), Jarkko (2), Lechl (2), Simon (3). *Kölner EC:* de Raaf (1) – Kießling (2), Pokorny (3), Thornbury (2), Kühn (3) – Steiger (3), Truntschka (2), Gröger (3), Sikora (2), Berry (2), Maj (3), Schmid (4), Hegen (0), Augsten (4), Ledock (4). *Zuschauer:* 4800. *Schiedsrichter:* Schimki (Berlin). *Strafminuten:* Iserlohn 14, Köln 10. *Tore:* 1:0 (1.) Pouzar (Bruce), 2:0 (2.) Jarkko (Lechl), 3:0 (8.) Held (Jarkko/Duris – 5:3), 3:1 (17.) Gröger (Kießling/Berry), 3:2 (35.) Maj (Sikora/Berry).

ESV Kaufbeuren – Mannheimer ERC 5:3

ESV Kaufbeuren: G. Hegen (1) – Schuster (2), Steinecker (3), Medicus (2), Micheller (2), Reuter (3), Dropmann (3) – Kauer (3), Römer (3), Mörz (3), Koldas (3), Holy (1), Richter (2), Schneider (3), Heckelsmüller (3), Riefler (3). *Mannheimer ERC:* Schlickenrieder (3) – Kreis (2), Eggerbauer (2), Hanft (3), Klaus (4), Reil (4), Oswald (0) – Obresa (2), Holzmann (3), Messier (3), Jonkhans (4), Silk (3), Draisaitl (3), Adams (4), Volland (2), Flemming (3). *Zuschauer:* 4500. *Schiedsrichter:* Würth (Peiting). *Strafminuten:* Kaufbeuren 6, Mannheim 14. *Tore:* 1:0 (22.) Koldas (Micheller/Holy), 1:1 (23.) Holzmann (Messier), 2:1 (26.) Schneider (Riefler/Heckelsmüller), 3:1 (27.) Richter (Micheller/Holy), 3:2 (34.) Messier (Kreis/Obresa – 5:4), 4:2 (42.) Medicus (Koldas/Holy), 4:3 (52.) Eggerbauer (Draisaitl/Silk), 5:3 (59.) Kauer (Riefler/Mörz).

SC Riessersee – ERC Schwenningen 2:4

SC Riessersee: Englbrecht (3) – Konstanzer (3), Berndaner (2), Grzesiczek (3), Glynne (3), Burkhard (0), Hörl (0) – Hinterstocker (2), Havlicek (2), Strodl (3), Sterflinger (3), Wassermann (3), Reindl (3), Prestidge (4), Preuß (3), Schnöll (3). *ERC Schwenningen:* Hoppe (3) – Dietrich (3), Königer (4), Altmann (4), Müller (3), Maly (4) – Willmann (3), Currie (4), Deiter (4), Stejskal (3), Brousek (3), Patrzek (4), Pillmeier (4), Sulak (3), Geiselmann (4). *Zuschauer:* 1100. *Schiedsrichter:* Tafertshofer (Peißenberg). *Strafminuten:* Riessersee 8 + 5 für Grzesiczek + 10 Disziplinarstrafe für Sterflinger, Schwenningen 14 + 5 für Currie. *Tore:* 0:1 (4.) Brousek (Dietrich/Stejskal), 0:2 (8.) Deiter (Willmann/Currie), 1:2 (12.) Havlicek (Berndaner/Prestidge), 2:2 (31.) Havlicek (Hinterstocker), 2:3 (40.) Dietrich (Willmann/Currie – 5:4), 2:4 (48.) Dietrich (Willmann/Sulak – 4:3).

Eintracht Frankfurt – EV Landshut 8:4

Eintracht Frankfurt: Zankl (2) – Mucha (2), Mokros (3), Potz (3), Schnürr (0), Forster (1), Göbel (0) – Pflügl (4), Erhardt (4), Werner (3), Vorlicek (3), Groß (3), K. Birk (2), Baier (3), Hartfuß (4), Nocon (3), Krinner (3), Zimlich (3). *EV Landshut:* Finsterhölzl (1) – Auhuber (3), Weigl (4), Naud (3), Wagner (3), Seyller (3), Gandorfer (3) – Steiger (3), Wasserek (4), Brittig (4), Poner (3), Kühnhackl (2), Roulston (2), Schluttenhofer (4), Weiß (3, 4), Lupzig (4). *Zuschauer:* 6000 (ausverkauft). *Schiedsrichter:* Schnieder (Iserlohn). *Strafminuten:* Frankfurt 12 + 10 Disziplinarstrafe für Mokros, Landshut 16. *Tore:* 0:1 (10.) Roulston (Kühnhackl), 0:2 (26.) Kühnhackl (Roulston), 1:2 (26.) K. Birk (Mucha), 2:2 (29.) Forster, 3:2 (36.) Erhardt (Pflügl/Werner), 4:2 (37.) Groß (Vorlicek/Forster), 5:2 (38.) Forster (Erhardt/Werner), 6:2 (42.) Pflügl (Potz), 7:2 (46.) Erhardt (Pflügl/Mucha), 7:3 (52.) Roulston (Kühnhackl – 5:4), 8:3 (53.) Werner (Forster/Erhardt – 5:4), 8:4 (60.) Wagner (Roulston/Kühnhackl – 5:4).

Düsseldorfer EG – SB Rosenheim 7:3

Düsseldorfer EG: Heiß (1) – Topolnisky (2), Schmidt (2), Niederberger (2), Lutz (2), Sterflinger (3) – Lee (3), Valentine (2), Nentvich (2), Roedger (2), Wolf (2), Krueger (2), Hiemer (2), Smicek (2), Jilek (2). *SB Rosenheim:* Friesen (2) – Fischer (3), Scharf (3), Blum (2), Maidl (3), Kretschmer (3), Schiffl (2) – Reindl (2), Höfner (2), Hilger (3), Lukac (2), Berwanger (2), Kammerer (2), Ahne (2), Pohl (3), Franz (3). *Zuschauer:* 10500 (ausverkauft). *Schiedsrichter:* Vogt (Moers). *Strafminuten:* Düsseldorf 15 + 5 für Roedger, Rosenheim 16 + 5 für Maidl. *Tore:* 1:0 (15.) Schmidt (Krueger/Lutz – 5:4), 2:0 (16.) Hiemer (Jilek/Smicek), 3:0 (19.) Nentvich, 4:0 (20.) Wolf (4:5), 4:1 (25.) Scharf (Reindl/Fischer), 5:1 (33.) Lee (Valentine/Nentvich), 6:1 (42.) Krueger (Lee/Schmidt – 5:4), 6:2 (43.) Berwanger, 6:3 (46.) Höfner (Hilger/Reindl), 7:3 (56.) Roedger (Krueger/Niederberger).

35. Spieltag

SB Rosenheim – Eintracht Frankfurt 3:2

SB Rosenheim: Friesen (3) – Fischer (3), Kretschmer (3), Blum (4), Maidl (4), Schiffl (3) – Reindl (3), Höfner (3), Hilger (3), Lukac (3), Berwanger (3), Kammerer (4), Ahne (3), Pohl (3), Franz (4). *Eintracht Frankfurt:* Zankl (2) – Mucha (4), Fischer (3), Schnürr (3), Forster (3), Göbel (3) – Erhardt (3), Pflügl (4), Werner (4), Vorlicek (4), Groß (3), H. Birk (4), K. Birk (3), Baier (3), Krinner (3), Hartfuß (4), Nocon (4), Pohl (3), Franz (4), Zimlich (4). *Zuschauer:* 2700. *Schiedsrichter:* Radosai (Landshut). *Strafminuten:* Rosenheim 6 + 5 für Hilger, Frankfurt 6 + 5 für Mucha + 10 Disziplinarstrafe für Forster. *Tore:* 1:0 (14.) Höfner (Reindl/Kretschmer), 2:0 (36.) Ahne (Franz), 2:1 (37.) Mucha (Forster/Vorlicek – 5:4), 2:2 (40.) H. Birk, 3:2 (48.) Reindl (Hilger/Höfner).

ESV Kaufbeuren – SC Riessersee 7:5

ESV Kaufbeuren: G. Hegen (2) – Schuster (3), Steinecker (3), Medicus (3), Micheller (3), Reuter (3), Dropmann (3) – Mörz (2), Koldas (3), Kauer (3), Richter (0), Holy (0), Adam (3), Riefler (3), Heckelsmüller (3), Schneider (2), Langer (3), Sevjda (3). *SC Riessersee:* Englbrecht (3) – Berndaner (3), Konstanzer (3), Glynne (4), Grzesiczek (3), Burkhardt (4) – de Nobili (3), Havlicek (3), Strodl (3), Sterflinger (3), Prestidge (4), Wassermann (3), Reindl (3), Preuß (2), Schnöll (3). *Zuschauer:* 3500. *Schiedsrichter:* Ondertoller (Geretsried). *Strafminuten:* Kaufbeuren 16, Riessersee 6 + 10 Disziplinarstrafe für Konstanzer. *Tore:* 1:0 (3.) Riefler (Heckelsmüller), 1:1 (5.) Havlicek (Schnöll/Berndaner – 4:4), 2:1 (6.) Schuster (Koldas), 2:2 (9.) Reindl (Schnöll/Preuß), 3:2 (19.) Sevjda, 3:3 (31.) Prestidge (Preuß/Havlicek – 5:4), 3:4 (37.) Schnöll (Preuß – 4:4), 4:4 (39.) Micheller (Medicus/Heckelsmüller – 5:4), 5:4 (40.) Mörz (Koldas/Adam), 6:4 (47.) Heckelsmüller (Schuster/Riefler), 6:5 (47.) Preuß (Reindl/Schnöll), 7:5 (59.) Adam (Kauer).

Mannheimer ERC – ERC Schwenningen 4:1

Mannheimer ERC: Schlickenrieder (2) – Kreis (3), Eggerbauer (3), Reil (4), Hanft (1), Oswald (3), Klaus (3) – Obresa (3), Draisaitl (3), Messier (3), Kuhl (1), Silk (2), Jonkhans (1), Schiller (3), Holzmann (3), Adams (4). *ERC Schwenningen:* Hoppe (1) – Dietrich (2), Königer (3), Altmann (4), Müller (2), Maly (4) – Deiter (4), Brousek (4), Stejskal (3), Willmann (4), Sulak (4), Pillmeier (4), Patrzek (3), Geiselmann (3). *Zuschauer:* 5000. *Schiedsrichter:* Altmann (Köln). *Strafminuten:* Mannheim 8, Schwenningen 14. *Tore:* 1:0 (8.) Jonkhans (Silk), 1:1 (13.) Brousek (Dietrich), 2:1 (24.) Messier (Draisaitl/Kreis – 4:3), 3:1 (42.) Silk (4:3), 4:1 (58.) Jonkhans (Kuhl).

ECD Iserlohn – EV Landshut 7:4

ECD Iserlohn: Fous (2) – Duris (3), Spry (3), Romberg (2), Gailer (2) – Held (1), Bruce (3), Pouzar (3), Nicholas (3), Jarkko (3), Lechl (3), Simon (3), McNeil (3), Hardy (2). *EV Landshut:* Suttner (2) – Naud (3), Wagner (3), Seyller (3), Gandorfer (3), Auhuber (3), Weigl (4), Poner (3), Kühnhackl (3), Roulston (3), Wolf (3), Weiß (3), Lupzig (5), Brittig (5), Wasserek (3), Steiger (3). *Zuschauer:* 3274. *Schiedsrichter:* Kompalla (Krefeld). *Strafminuten:* keine. *Tore:* 1:0 (7.) Held, 2:0 (9.) Jarkko (Nicholas), 3:0 (13.) Held (Pouzar), 3:1 (13.) Roulston (Kühnhackl), 4:1 (20.) Held (Pouzar/Bruce), 4:2 (23.) Poner (Naud), 5:2 (33.) Nicholas (Jarkko/Lechl), 6:2 (34.) Held (Bruce/Romberg), 6:3 (38.) Roulston (Poner), 7:3 (42.) McNeil (Simon/Hardy), 7:4 (57.) Auhuber.

Kölner EC – Düsseldorfer EG 5:1

Kölner EC: de Raaf (1) – Kießling (1), Pokorny (3), Thornbury (2), Kühn (3), Ledock (3) – Steiger (3), Truntschka (1), Gröger (3), Sikora (2), Berry (1), Maj (2), Schmid (3), Augsten (2). *Düsseldorfer EG:* Heiß (1) – Sterflinger (3), Schmidt (3), Niederberger (2), Lutz (3), Topolnisky (4) – Lee (4), Valentine (3), Nentvich (3), Roedger (3), Wolf (2), Krueger (4), Hiemer (3), Smicek (3), Jilek (4), Brenner (4). *Zuschauer:* 7500 (ausverkauft). *Schiedsrichter:* Schnieder (Iserlohn). *Strafminuten:* Köln 14 + 5 für Gröger, Düsseldorf 20 + 5 für Lee. *Tore:* 1:0 (1.) Thornbury (Schmidt/Truntschka), 2:0 (15.) Steiger (Truntschka), 3:0 (22.) Sikora (Maj/Thornbury), 4:0 (27.) Thornbury (Truntschka/Kießling), 4:1 (54.) Hiemer (Krueger/Smicek), 5:1 (57.) Augsten (Truntschka).

36. Spieltag

EV Landshut – Mannheimer ERC 7:6

EV Landshut: Suttner (2) – Naud (2), Wagner (2), Seyller (4), Gandorfer (4), Feistl (5), Weigl (4) – Poner (3), Kühnhackl (3), Roulston (3), Lupzig (3), Weiß (3), Truntschka (4), Steiger (4), Wasserek (4), Brittig (3). *Mannheimer ERC:* Schlickenrieder (3) – Reil (3), Hanft (3), Kreis (4), Eggerbauer (4), Oswald (3), Klaus (4) – Kuhl (3), Silk (2), Jonkhans (4), Obresa (3), Draisaitl (3), Messier (3), Adam (3), Holzmann (3), Schiller (3). *Zuschauer:* 2500. *Schiedsrichter:* Tafertshofer (Peißenberg). *Strafminuten:* Landshut 10, Mannheim 14. *Tore:* 0:1 (1.) Kuhl (Silk/Jonkhans), 1:1 (2.) Brittig (Steiger/Wasserek), 1:2 (5.) Schiller (Holzmann/Adams), 2:2 (9.) Roulston (Kühnhackl/Poner), 2:3 (9.) Jonkhans (Silk/Kuhl), 2:4 (26.) Messier (Adams), 3:4 (27.) Kühnhackl (Steiger/Feistl), 4:4 (40.) Poner (Roulston/Naud – 5:4), 4:5 (40.) Oswald (Holzmann), 5:5 (44.) Roulston (Wagner/Naud), 6:5 (46.) Kühnhackl (Wagner/Roulston – 5:4), 6:6 (47.) Adams (Schiller/Holzmann), 7:6 (59.) Roulston (Poner/Kühnhackl).

Düsseldorfer EG – ESV Kaufbeuren 13:4

Düsseldorfer EG: Heiß (2) – Sterflinger (3), Schmidt (2), Niederberger (1), Lutz (3), Grefges (3) – Lee (2), Valentine (3), Nentvich (3), Roedger (2), Wolf (2), Krueger (1), Hiemer (3), Smicek (3), Jilek (4), Brenner (3). *ESV Kaufbeuren:* Hegen (3), ab 24.–31. Hölzel (0) – Steinecker (3), Schuster (2), Medicus (3), Micheller (3), Reuter (3), Dropmann (3) – Adam (3), Mörz (3), Richter (3), Riefler (4), Heckelsmüller (4), Koldas (3), Schneider (3), Langer (2). *Zuschauer:* 10500 (ausverkauft). *Schiedsrichter:* Kompalla (Krefeld). *Strafminuten:* Düsseldorf 10, Kaufbeuren 4. *Tore:* 0:1 (4.) Medicus (Mörz), 1:1 (10.) Roedger (Wolf), 2:1 (11.) Krueger (Roedger/Wolf), 2:2 (12.) Mörz (Medicus/Richter), 2:3 (15.) Richter (Micheller), 3:3 (20.) Roedger, 4:3 (21.) Lee (Nentvich/Valentine), 5:3 (22.) Krueger, 5:4 (24.) Richter (Adam), 6:4 (24.) Nentvich (Lutz/Lee), 7:4 (27.) Hiemer (Smicek/Niederberger), 8:4 (29.) Niederberger, 9:4 (30.) Krueger (Wolf), 10:4 (35.) Lee (Valentine/Schmidt), 11:4 (39.) Brenner (Sterflinger), 12:4 (59.) Valentine (Hiemer), 13:4 (60.) Krueger (Wolf – 4:5).

SC Riessersee – ECD Iserlohn 3:4

SC Riessersee: Englbrecht (3) – Raubal (3), Berndaner (2), Konstanzer (3), Grzesiczek (3) – de Nobili (4), Havlicek (2), Strodl (3), Sterflinger (2), Prestidge (3), Wassermann (3), Schnöll (3), Preuß (3), Kislinger (3), Reindl (0). *ECD Iserlohn:* Fous (1) – Duris (3), Spry (3), Romberg (4), Gailer (3) – Held (4), Bruce (3), Pouzar (3), Nicholas (3), Jarkko (3), Lechl (3), Simon (3), McNeil (3), Hardy (3). *Zuschauer:* 1400. *Schiedsrichter:* Erhard (Hohenfurch). *Strafminuten:* Riessersee 12, Iserlohn 18. *Tore:* 1:0 (3.) Havlicek (Berndaner/Preuß – 5:4), 2:0 (20.) Prestidge (Berndaner/Havlicek – 5:4), 2:1 (27.) Duris (Bruce/Pouzar), 2:2 (28.) Lechl (Held), 3:2 Prestidge (Havlicek/Grzesiczek – 5:4), 3:3 (37.) Lechl (Nicholas/Jarkko), 4:4 (54.) Pouzar (Held).

Eintracht Frankfurt – Kölner EC 1:5
Eintracht Frankfurt: Zankl (2) – Mucha (3), Fischer (3), Potz (3), Schnürr (3), Mokros (3), Göbel (3) – Pflügl (3), Erhardt (3), Werner (3), Vorlicek (4), Groß (4), K. Birk (3), Baier (4), H. Birk (3), Nocon (3), Krinner (4), Hartfuß (4). *Kölner EC:* de Raaf (1) – Kießling (2), Pokorny (3), Thornbury (3), Kühn (4) – Steiger (2), Truntschka (2), Schmid (3), Sikora (3), Berry (2), Maj (4), Augsten (3), Gröger (3), Ledock (3). *Zuschauer:* 6000 (ausverkauft). *Schiedsrichter:* Lemmen (Krefeld). *Strafminuten:* Frankfurt 8, Köln 16. *Tore:* 0:1 (7.) Schmid (Steiger), 0:2 (14.) Thornbury (5:4), 0:3 (14.) Berry (Sikora), 0:4 (18.) Kießling (Augsten), 0:5 (26.) Ledock (Thornbury), 1:5 (40.) Pflügel (Potz).

ERC Schwenningen – SB Rosenheim 0:4
ERC Schwenningen: Hoppe (1) – Dietrich (2), Maly (3), Altmann (3), Müller (2), Königer (3) – Stejskal (3), Brousek (3), Deiter (3), Willmann (3), Sulak (4), Pillmeier (4), Geiselmann (3), Patrzek (3). *SB Rosenheim:* Friesen (1) – Fischer (2), Kretschmer (3), Blum (4), Maidl (3), Schiffl (3) – Reindl (3), Höfner (3), Hilger (3), Lukac (3), Berwanger (3), Kammerer (3), Ahne (3), Pohl (2), Franz (2). *Zuschauer:* 4800. *Schiedsrichter:* Würth (Peiting). *Strafminuten:* Schwenningen 6, Rosenheim 8. *Tore:* 0:1 (34.) Franz (Fischer), 0:2 (44.) Höfner (Hilger), 0:3 (57.) Kretschmer (Berwanger/Kammerer), 0:4 (58.) Franz (Pohl).

Play-Off-Runde
■ Viertelfinale, 1. Runde
Kölner EC – ERC Schwenningen 8:3
Kölner EC: de Raaf (2) – Kießling (2), Pokorny (3), Thornbury (2), Kühn (3) – Steiger (3), Truntschka (2), Schmid (3), Sikora (3), Berry (3), Maj (3), Augsten (3), Gröger (3), Ledock (3), Otten (0). *ERC Schwenningen:* Hoppe (3), ab 36. Hipp (3) – Altmann (3), Müller (3), Dietrich (3), Königer (3), Maly (3) – Willmann (3), Currie (3), Fritz (3), Stejskal (4), Brousek (3), Sulak (4), Pillmeier (4), Geiselmann (4). *Zuschauer:* 4000. *Schiedsrichter:* Vogt (Moers). *Strafminuten:* Köln 22, Schwenningen 26. *Tore:* 1:0 (6.) Kießling (5:4), 2:0 (22.) Maj (Ledock), 2:1 (26.) Willmann (Fritz/Currie), 3:1 (27.) Sikora (Berry/Maj), 4:1 (32.) Berry (Sikora/Thornbury – 4:3), 5:1 (35.) Augsten (Truntschka/Thornbury – 5:4), 6:1 (36.) Maj, 7:1 (39.) Sikora (Maj/Truntschka), 8:1 (49.) Berry, 8:2 (50.) Brousek (Sulak/Stejskal), 8:3 (50.) Dietrich (Willmann/Fritz).

Düsseldorfer EG – ECD Iserlohn 4:3
Düsseldorfer EG: Heiß (1) – Sterflinger (3), Schmidt (2), Niederberger (3), Lutz (3), Topolnisky (3) – Lee (2), Valentine (2), Nentvich (2), Roedger (3), Wolf (2), Krueger (2), Hiemer (3), Smicek (2), Jilek (3), Brenner (0). *ECD Iserlohn:* Fous (1) – Duris (3), Spry (3), Romberg (3), Gailer (2) – Held (3), Bruce (3), Pouzar (2), Nicholas (2), Jarkko (3), Lechl (3), Simon (3), Hardy (3), McNeil (2). *Zuschauer:* 10500 (ausverkauft). *Schiedsrichter:* Böhm (Landshut). *Strafminuten:* Düsseldorf 10, Iserlohn 16. *Tore:* 0:1 (7.) Nicholas (Duris/Lechl), 1:1 (15.) Wolf (Lee/Schmidt – 4:3), 2:1 (25.) Nentvich (Lee/Valentine), 2:2 (44.) Held (Pouzar), 3:2 (45.) Nentvich (Valentine), 4:2 (45.) Krueger (Sterflinger), 4:3 (51.) Hardy (Pouzar).

Mannheimer ERC – ESV Kaufbeuren 4:0
Mannheimer ERC: Schlickenrieder (2) – Kreis (1), Eggerbauer (2), Reil (1), Hanft (2), Klaus (0) – Kuhl (2), Silk (2), Jonkhans (2), Obresa (3), Holzmann (2), Messier (0), Adams (3), Draisaitl (2), Schiller (3), Flemming (0). *ESV Kaufbeuren:* Hegen (2) – Medicus (3), Micheller (3), Schuster (2), Steinecker (3), Dropmann (3) – Adam (3), Holy (3), Richter (1), Schneider (3), Mörz (3), Kauer (2), Riefler (3), Römer (2), Heckelsmüller (4). *Zuschauer:* 7000. *Schiedsrichter:* Barnet (Rosenheim). *Strafminuten:* Mannheim 16 + 5 für Hanft, Kaufbeuren 18. *Tore:* 1:0 (9.) Jonkhans (Silk), 2:0 (17.) Kreis (Schiller), 3:0 (44.) Kreis, 4:0 (53.) Holzmann (Kuhl/Hanft – 4:5).

SB Rosenheim – EV Landshut 3:1
SB Rosenheim: Friesen (2) – Fischer (1), Scharf (3), Blum (3), Maidl (3), Kretschmer (4), Schiffl (3) – Reindl (3), Höfner (3), Hilger (3), Berwanger (3), Kammerer (2), Ahne (2), Pohl (3), Franz (3), Kirchmaier (0). *EV Landshut:* Suttner (2) – Auhuber (4), Weigl (3), Naud (3), Wagner (3), Seyller (3), Gandorfer (3) – Brittig (3), Wasserek (3), Steiger (4), Poner (4), Kühnackl (2), Roulston (1), Lupzig (3), Weiß (3), Truntschka (3). *Zuschauer:* 6000. *Schiedsrichter:* Erhard (Hohenfurch). *Strafminuten:* Rosenheim 6, Landshut 6. *Tore:* 1:0 (5.) Lukac (Maidl – 5:4), 2:0 (30.) Blum (Lukac/Berwanger), 2:1 (39.) Poner (Naud – 5:4), 3:1 (55.) Ahne (Franz).

■ Viertelfinale, 2. Runde
EV Landshut – SB Rosenheim 4:2
EV Landshut: Suttner (1) – Auhuber (3), Weigl (2), Naud (1), Wagner (2), Seyller (2), Gandorfer (2) – Brittig (3), Wasserek (3), Steiger (3), Poner (2), Kühnackl (2), Roulston (1), Lupzig (3), Weiß (3), Truntschka (3). *SB Rosenheim:* Friesen (2) – Fischer (2), Scharf (3), Blum (3), Maidl (3), Kretschmer (4), Schiffl (3) – Reindl (4), Höfner (3), Hilger (4), Lukac (3), Berwanger (3), Kammerer (3), Ahne (3), Pohl (4), Franz (4). *Zuschauer:* 6500. *Schiedsrichter:* Erhard (Hohenfurch). *Strafminuten:* Landshut 20, Rosenheim 18 + 5 für Ahne. *Tore:* 1:0 (3.) Naud (Kühnackl/Roulston – 5:4), 2:0 (23.) Roulston (Kühnackl/Poner), 3:0 (28.) Poner (Kühnackl/Naud – 5:3), 4:0 (28.) Kühnackl (Naud/Wagner – 4:4), 4:1 (32.) Kretschmer (Franz/Fischer), 4:2 (60.) Maidl (Höfner/Reindl).

ERC Schwenningen – Kölner EC 3:4 n. V.
ERC Schwenningen: Hoppe (2) – Dietrich (3), Maly (2), Altmann (3), Müller (2), Königer (0) – Willmann (2), Currie (2), Fritz (3), Stejskal (3), Brousek (3), Deiter (3), Geiselmann (3), Sulak (4), Pillmeier (4). *Kölner EC:* de Raaf (1) – Kießling (1), Kühn (3), Thornbury (3), Pokorny (3), Ledock (3) – Augsten (3), Hegen (3), Meitinger (3), Steiger (2), Truntschka (3), Schmid (2), Sikora (3), Berry (3), Maj (3). *Zuschauer:* 4500. *Schiedsrichter:* Schnieder (Iserlohn). *Strafminuten:* Schwenningen 8, Köln 12. *Tore:* 0:1 (5.) Sikora (Berry – 4:5), 1:1 (12.) Müller (Currie), 1:2 (15.) Steiger (Truntschka/Schmid), 1:3 (34.) Kießling (Hegen/Meitinger), 2:3 (56.) Müller (Brousek/Stejskal), 3:3 (57.) Fritz (Willmann/Dietrich), 3:4 (63.) Berry.

ECD Iserlohn – Düsseldorfer EG 7:8 n. V.
ECD Iserlohn: Fous (2) – Duris (2), Spry (3), Romberg (3), Gailer (2) – Held (1), Bruce (3), Pouzar (1), Nicholas (2), Jarkko (3), Lechl (3), Simon (3), McNeil (3), Hardy (3). *Düsseldorfer EG:* Heiß (2) – Niederberger (1), Sterflinger (3), Lutz (3), Topolnisky (3), Lee (3), Valentine (2), Nentvich (2), Roedger (3), Wolf (3), Krueger (3), Hiemer (3), Smicek (3), Jilek (3). *Zuschauer:* 5000 (ausverkauft). *Schiedsrichter:* Böhm (Landshut). *Strafminuten:* Iserlohn 12, Düsseldorf 12. *Tore:* 1:0 (1.) Held (Bruce/Spry), 2:0 (7.) Hardy (Jarkko/Romberg), 2:1 (20.) Lee (Valentine/Wolf – 5:4), 2:2 (22.) Lutz (Wolf), 2:3 (24.) Lee (Valentine), 2:4 (32.) Lee (Valentine), 3:4 (37.) Pouzar (Held/Bruce), 4:4 (41.) Duris (Held/Pouzar), 4:5 (44.) Roedger (Krueger/Wolf – 5:4), 5:5 (45.) Held (Pouzar/Bruce), 6:5 (46.) Pouzar (McNeil/Romberg), 6:6 (50.) Lee (Valentine/Niederberger), 7:6 (51.) McNeil (Pouzar), 7:7 (57.) Roedger (Krueger/Wolf), 7:8 (62.) Nentvich (Lee/Valentine).

ESV Kaufbeuren – Mannheimer ERC 4:5
ESV Kaufbeuren: Hegen (1) – Medicus (3), Micheller (3), Schuster (3), Steinecker (4), Reuter (0), Dropmann (0) – Adam (3), Holy (3), Richter (3), Riefler (3), Heckelsmüller (4), Schneider (3), Mörz (2), Römer (3), Kauer (2). *Mannheimer ERC:* Schlickenrieder (2) – Kreis (2), Eggerbauer (2), Reil (2), Hanft (2), Klaus (0), Oswald (0) – Kuhl (2), Silk (2), Jonkhans (3), Obresa (3), Holzmann (2), Messier (2), Adams (3), Draisaitl (3), Schiller (3). *Zuschauer:* 5000. *Schiedsrichter:* Barnet (Rosenheim). *Strafminuten:* Kaufbeuren 8, Mannheim 12 + je 10 Disziplinarstrafe für Schlickenrieder und Reil. *Tore:* 1:0 (16.) Adam (Holy/Richter – 5:4), 2:0 (27.) Römer (Mörz/Kauer), 2:1 (34.) Jonkhans (Silk/Kuhl), 3:1 (36.) Heckelsmüller (Medicus/Mörz), 3:2 (42.) Messier (Silk/Kreis – 5:4), 3:3 (48.) Silk, 3:4 (51.) Kuhl, 4:4 (56.) Holy (Adam/Richter), 4:5 (57.) Messier (Obresa/Holzmann).

■ Viertelfinale, 3. Runde
SB Rosenheim – EV Landshut 8:2
SB Rosenheim: Friesen (1) – Fischer (1), Kretschmer (2), Blum (2), Maidl (2), Scharf (0), Schiffl (0) – Reindl (2), Höfner (2), Hilger (2), Lukac (2), Berwanger (2), Kammerer (2), Ahne (2), Pohl (2), Franz (2). *EV Landshut:* Suttner (2), ab 48. Kontny (0) – Feistl (3), Weigl (3), Seyller (3), Gandorfer (3), Naud (2), Wagner (3) – Brittig (3), Wasserek (3), Steiger (3), Lupzig (2), Weiß (4), Truntschka (3), Roulston (3), Kühnhackl (2), Poner (3), Eder (3). *Zuschauer:* 6200. *Schiedsrichter:* Würth (Peiting). *Strafminuten:* Rosenheim 14, Landshut 14. *Tore:* 1:0 (6.) Kretschmer (Fischer/Lukac – 5:4), 2:0 (11.) Höfner (Blum/Reindl), 3:0 (23.) Fischer (Ahne), 4:0 (30.) Franz (Lukac/Reindl), 4:1 (32.) Brittig (Wasserek/Steiger), 5:1 (33.) Franz (Pohl/Blum), 6:1 (43.) Kammerer (Berwanger), 7:1 (57.) Lukac (Kammerer/Berwanger), 7:2 (57.) Eder (Lupzig), 8:2 (57.) Reindl (Höfner).

Düsseldorfer EG – ECD Iserlohn 9:5
Düsseldorfer EG: Heiß (3) – Niederberger (3), Sterflinger (3), Lutz (3), Topolnisky (3), Grefges (0) – Lee (1), Valentine (2), Nentvich (2), Roedger (3), Wolf (3), Krueger (3), Hiemer (3), Smicek (3), Jilek (3), Brenner (3). *ECD Iserlohn:* Fous (2) – Duris (2), Spry (2), Romberg (2), Gailer (3) – Held (3), Bruce (3), Pouzar (3), Kleinendorst (4), Hardy (3), McNeil (3), Nicholas (4), Sochatzky (3), Lechl (3). *Zuschauer:* 10500 (ausverkauft). *Schiedsrichter:* Kompalla (Krefeld). *Strafminuten:* Düsseldorf 10, Iserlohn 12. *Tore:* 1:0 (4.) Nentvich (Lee/Valentine), 2:0 (4.) Roedger (Wolf), 2:1 (11.) McNeil (Hardy/Held), 3:1 (12.) Wolf (Lutz), 4:1 (22.) Roedger, 4:2 (26.) Krueger (Lee – 5:4), 5:2 (29.) Duris (Nicholas – 4:5), 5:3 (34.) Kleinendorst (Hardy), 6:3 (35.) Smicek (Hiemer), 7:3 (41.) Lee (Valentine/Topolnisky – 5:4), 7:4 (48.) Pouzar (Lechl/Duris), 7:5 (50.) Duris (Pouzar/Held), 8:5 (53.) Valentine (Nentvich/Niederberger), 9:5 (55.) Wolf (Schmidt/Niederberger – 4:3).

Mannheimer ERC – Kaufbeuren 4:5 n. V.
Mannheimer ERC: Schlickenrieder (2) – Kreis (2), Eggerbauer (2), Reil (2), Klaus (3) – Kuhl (2), Silk (2), Jonkhans (3), Obresa (1), Holzmann (2), Messier (1), Adams (3), Draisaitl (4), Schiller (4). *ESV Kaufbeuren:* Hegen (2) – Medicus (3), Micheller (1), Schuster (3), Steinecker (3), Reuter (0), Dropmann (3) – Adam (3), Holy (3), Richter (1), Mörz (3), Römer (3), Kauer (2), Riefler (3), Schneider (3), Heckelsmüller (3). *Zuschauer:* 6500. *Schiedsrichter:* Böhm (Landshut). *Strafminuten:* Mannheim 8, Kaufbeuren 6. *Tore:* 1:0 (5.) Obresa (Messier), 2:0 (14.) Holzmann (Obresa), 2:1 (19.) Kauer, 2:2 (23.) Riefler (Heckelsmüller), 3:2 (39.) Messier (Obresa), 3:3 (39.) Adam (Holy/Richter), 4:3 (49.) Obresa (Messier), 4:4 (53.) Steinecker (Holy), 4:5 (66.) Richter.

Kölner EC – ERC Schwenningen 9:0
Kölner EC: de Raaf (2) – Kießling (2), Pokorny (3), Thornbury (3), Ledock (3), Kühn (3) – Steiger (2), Truntschka (1), Schmid (2), Sikora (3), Berry (3), Maj (3), Augsten (3), Hegen (2), Meitinger (3). *ERC Schwenningen:* Hoppe (3) – Dietrich (3), Maly (3), Altmann (3), Müller (3), Königer (4) – Willmann (3), Currie (3), Fritz (3), Stejskal (4), Brousek (3), Deiter

(4), Pillmeier (4), Sulak (4), Geiselmann (4). *Zuschauer:* 5500. *Schiedsrichter:* Schnieder (Iserlohn). *Strafminuten:* Köln 12, Schwenningen 18. *Tore:* 1:0 (11.) Kießling (Meitinger/Hegen), 2:0 (16.) Truntschka (Pokorny/Schmid – 4:5), 3:0 (35.) Truntschka (Steiger/Meitinger – 5:4), 4:0 (37.) Schmid (Hegen/Kießling), 5:0 (40.) Hegen (Penalty), 6:0 (43.) Thornbury (Maj/Sikora), 7:0 (46.) Berry (Ledock/Sikora), 8:0 (55.) Schmid (Thornbury – 4:5), 9:0 (56.) Schmid (Hegen/Kühn).

■ **Viertelfinale, 4. Runde**
EV Landshut – SB Rosenheim 2:8
EV Landshut: Suttner (3) – Seyller (4), Gandorfer (4), Naud (3), Wagner (4), Feistl (3), Weigl (3) – Eder (4), Lupzig (3), Truntschka (4), Poner (3), Kühnhackl (3), Roulston (3), Brittig (4), Wasserek (4), Steiger (4). *SB Rosenheim:* Friesen (2) – Fischer (2), Kretschmer (3), Blum (2), Maidl (2), Scharf (0) – Reindl (1), Höfner (2), Hilger (3), Lukac (2), Berwanger (3), Kammerer (3), Ahne (3), Pohl (3), Franz (3). *Zuschauer:* 6000. *Schiedsrichter:* Würth (Peiting). *Strafminuten:* Landshut 14, Rosenheim 12. *Tore:* 1:0 (30.) Wasserek (Brittig/Steiger), 1:1 (31.) Höfner (Blum/Reindl), 1:2 (38.) Reindl (Höfner/Hilger), 1:3 (44.) Reindl (Blum), 2:3 (48.) Roulston (Kühnhackl/Naud – 4:4), 2:4 (52.) Reindl (Höfner/Hilger – 5:4), 2:5 (53.) Kammerer (Lukac/Fischer), 2:6 (56.) Kretschmer (Ahne/Fischer – 4:4), 2:7 (57.) Kammerer (Lukac/Berwanger), 2:8 (58.) Reindl (Fischer).

ESV Kaufbeuren – Mannheimer ERC 1:5
ESV Kaufbeuren: Hegen (2) – Medicus (3), Micheller (3), Schuster (3), Steinecker (3), Reuter (0), Dropmann (0) – Adam (3), Holy (2), Richter (2), Mörz (2), Römer (3), Kauer (3), Riefler (3), Heckelsmüller (3), Schneider (3). *Mannheimer ERC:* Schlickenrieder (2) – Kreis (2), Eggerbauer (3), Hanft (2), Reil (2) – Kuhl (2), Silk (2), Jonkhans (2), Obresa (2), Holzmann (3), Messier (2), Flemming (2), Draisaitl (2), Volland (1). *Zuschauer:* 5500. *Schiedsrichter:* Böhm (Landshut). *Strafminuten:* Kaufbeuren 2, Mannheim 12. *Tore:* 1:0 (24.) Holy (Richter/Medicus – 4:4), 1:1 (26.) Volland (Eggerbauer), 1:2 (46.) Draisaitl, 1:3 (52.) Silk (Kuhl – 4:5), 1:4 (54.) Kuhl (Silk), 1:5 (54.) Hanft (Holzmann).

■ **Halbfinale, 1. Runde**
SB Rosenheim – Mannheimer ERC 2:3 n. V.
SB Rosenheim: Friesen (2) – Fischer (2), Kretschmer (2), Blum (2), Maidl (3) – Reindl (3), Höfner (2), Hilger (3), Lukac (4), Berwanger (4), Kammerer (2), Ahne (2), Pohl (2), Franz (3). *Mannheimer ERC:* Schlickenrieder (1) – Kreis (2), Eggerbauer (3), Reil (2), Hanft (3) – Kuhl (2), Silk (2), Jonkhans (3), Obresa (2), Holzmann (2), Messier (2), Flemming (3), Draisaitl (2), Volland (2). *Zuschauer:* 6500. *Schiedsrichter:* Böhm (Landshut). *Strafminuten:* Rosenheim 12, Mannheim 18. *Tore:* 1:0 (14.) Pohl (Franz), 1:1 (24.) Messier (Kuhl – 5:4), 1:2 (26.) Holzmann (4:4), 2:2 (34.) Höfner (Fischer – 5:4), 2:3 (64.) Messier (Holzmann).

Kölner EC – Düsseldorfer EG 8:1
Kölner EC: de Raaf (2) – Kießling (1), Pokorny (2), Thornbury (2), Ledock (3), Kühn (3) – Steiger (2), Truntschka (1), Augsten (3), Sikora (2), Berry (2), Maj (3), Schmid (2), Hegen (2), Meitinger (2). *Düsseldorfer EG:* Heiß (4) – Niederberger (4), Lutz (3), Sterflinger (3), Schmidt (4), Topolnisky (4) – Lee (3), Valentine (3), Nentvich (3), Roedger (3), Wolf (3), Krueger (3), Hiemer (3), Smicek (4), Jilek (4), Brenner (4). *Zuschauer:* 7500 (ausverkauft). *Schiedsrichter:* Kompalla (Krefeld). *Strafminuten:* Köln 10, Düsseldorf 12. *Tore:* 1:0 (18.) Sikora (Maj/Kuhl), 2:0 (20.) Truntschka (Berry/Kießling – 5:4), 3:0 (39.) Schmid, 4:0 (42.) Kießling (Berry – 5:4), 5:0 (43.) Hegen (Thornbury), 6:0 (52.) Truntschka (Kießling – 4:5), 7:0 (56.) Truntschka (Steiger/Augsten), 8:0 (57.) Schmid (Meitinger/Kießling), 8:1 (60.) Nentvich (Roedger/Lee – 5:4).

■ **Halbfinale, 2. Runde**
Mannheimer ERC – SB Rosenheim 3:1
Mannheimer ERC: Schlickenrieder (2) – Kreis (1), Eggerbauer (2), Reil (2), Hanft (2) – Kuhl (2), Silk (1), Jonkhans (3), Obresa (2), Holzmann (2), Messier (1), Volland (2), Draisaitl (2), Flemming (2). *SB Rosenheim:* Friesen (2) – Fischer (2), Kretschmer (3), Blum (2), Maidl (2) – Reindl (3), Höfner (2), Hilger (2), Lukac (3), Berwanger (2), Kammerer (2), Ahne (3), Pohl (2), Franz (3). *Zuschauer:* 9000. *Schiedsrichter:* Schnieder (Iserlohn). *Strafminuten:* Mannheim 8, Rosenheim 12 + 5 für Reindl. *Tore:* 1:0 (21.) Messier (Kreis – 5:4), 2:0 (26.) Flemming (Silk), 2:1 (31.) Hilger (Höfner/Maidl), 3:1 (60.) Messier (Silk – 5:4).

Düsseldorfer EG – Kölner EC 1:9
Düsseldorfer EG: Heiß (3), ab 30. Beeck (0) – Sterflinger (4), Schmidt (4), Niederberger (4), Lutz (4), Topolnisky (5) – Lee (4), Valentine (5), Nentvich (4), Roedger (4), Wolf (4), Krueger (4), Hiemer (4), Jilek (4), Brenner (4), Smicek (4). *Kölner EC:* de Raaf (2) – Kießling (2), Pokorny (2), Thornbury (2), Ledock (3), Kühn (3) – Steiger (1), Truntschka (1), Augsten (2), Sikora (2), Berry (2), Maj (2), Schmid (2), Hegen (2), Meitinger (2). *Zuschauer:* 10500 (ausverkauft). *Schiedsrichter:* Würth (Peiting). *Strafminuten:* Düsseldorf 12 + 5 für Valentine, Köln 12. *Tore:* 0:1 (7.) Steiger (Truntschka/Augsten), 0:2 (8.) Sikora (Berry), 0:3 (9.) Truntschka (Steiger/Thornbury – 5:4), 0:4 (17.) Schmid (Hegen/Meitinger), 0:5 (24.) Hegen (Meitinger/Schmid), 0:6 (26.) Maj (Kießling/Berry), 0:7 (27.) Meitinger (Hegen), 0:8 (29.) Pokorny (Augsten/Truntschka), 1:8 (47.) Brenner (Smicek/Hiemer), 1:9 (52.) Steiger (Kießling).

■ **Halbfinale, 3. Runde**
SB Rosenheim – Mannheimer ERC 3:4
SB Rosenheim: Friesen (3) – Fischer (2), Kretschmer (2), Blum (2), Maidl (2) – Reindl (2), Höfner (2), Hilger (3), Lukac (3), Berwanger (4), Kammerer (2), Ahne (2), Pohl (3), Franz (2). *Mannheimer ERC:* Schlickenrieder (2) – Kreis (1), Hanft (2), Reil (2), Obresa (3), Holzmann (1), Messier (1), Kuhl (1), Silk (1), Jonkhans (3), Draisaitl (3), Volland (3). *Zuschauer:* 6500. *Schiedsrichter:* Kompalla (Krefeld). *Strafminuten:* Rosenheim 4, Mannheim 8. *Tore:* 1:0 (3.) Messier, 0:2 (29.) Volland (Flemming), 0:3 (31.) Flemming (Volland), 1:3 (35.) Lukac (Nachschuß), 2:3 (37.) Blum, 2:4 (37.) Messier, 3:4 (49.) Kammerer (Höfner).

Kölner EC – Düsseldorfer EG 7:3
Kölner EC: de Raaf (2) – Kießling (2), Pokorny (3), Thornbury (2), Ledock (3), Kühn (3) – Steiger (2), Truntschka (1), Augsten (3), Sikora (2), Berry (1), Maj (2), Schmid (3), Hegen (2), Meitinger (3). *Düsseldorfer EG:* Heiß (3) – Sterflinger (4), Schmidt (4), Niederberger (4), Lutz (4), Topolnisky (4), Grefges (0) – Krueger (4), Valentine (3), Lee (3), Roedger (2), Wolf (2), Brenner (3), Hiemer (3), Jilek (3), Nentvich (3). *Zuschauer:* 7000. *Schiedsrichter:* Schimki (Berlin). *Strafminuten:* Köln 16, Düsseldorf 26 + 10 Disziplinarstrafe für Schmidt. *Tore:* 1:0 (6.) Maj (Kühn – 5:4), 2:0 (9.) Sikora (4:5), 2:1 (15.) Brenner (Roedger), 3:1 (17.) Meitinger (Thornbury/Berry – 5:4), 4:1 (18.) Berry (Truntschka/Kießling – 5:4), 5:1 (19.) Augsten (Truntschka/Steiger), 6:1 (26.) Ledock (Maj – 4:5), 6:2 (31.) Roedger (Topolnisky), 6:3 (48.) Niederberger (Hiemer/Jilek), 7:3 (55.) Sikora (Thornbury).

■ **Finale**
Kölner EC – Mannheimer ERC 5:0
Kölner EC: de Raaf (2) – Kießling (2), Pokorny (2), Thornbury (2), Ledock (2), Kühn (3) – Steiger (1), Truntschka (1), Augsten (2), Sikora (2), Berry (2), Maj (2), Schmid (2), Hegen (2), Meitinger (2). *Mannheimer ERC:* Schlickenrieder (2) – Kreis (2), Eggerbauer (2), Reil (3), Hanft (2) – Kuhl (2), Silk (3), Jonkhans (4), Obresa (3), Holzmann (3), Messier (2), Flemming (4), Draisaitl (3), Volland (4). *Zuschauer:* 7500 (ausverkauft). *Schiedsrichter:* Schnieder (Iserlohn). *Strafminuten:* Köln 16 + 5 für Meitinger, Mannheim 16 + 5 für Schlickenrieder. *Tore:* 1:0 (13.) Maj (Sikora), 2:0 (28.) Steiger, 3:0 (31.) Steiger (Truntschka/Thornbury – 5:4), 4:0 (53.) Berry (Sikora/Maj), 5:0 (59.) Kühn (Schmid/Meitinger).

Mannheimer ERC – Kölner EC 2:6
Mannheimer ERC: Schlickenrieder (3) – Kreis (3), Eggerbauer (5), Reil (3), Hanft (4), Klaus (0) – Kuhl (2), Jonkhans (3), Obresa (3), Holzmann (3), Silk (4), Messier (3), Draisaitl (3), Volland (4). *Kölner EC:* de Raaf (1) – Kießling (1), Pokorny (3), Thornbury (2), Kühn (3), Ledock (3) – Steiger (2), Truntschka (2), Augsten (3), Sikora (2), Berry (2), Maj (2), Schmid (3), Hegen (2), Meitinger (3). *Zuschauer:* 9000 (ausverkauft). *Schiedsrichter:* Erhard (Hohenfurch). *Strafminuten:* Mannheim 12 + 10 Disziplinarstrafe für Holzmann, Köln 12. *Tore:* 0:1 (3.) Sikora (Maj/Ledock), 0:2 (6.) Meitinger (Hegen), 0:3 (16.) Berry (Maj/Sikora), 0:4 (30.) Thornbury (Truntschka – 5:4), 0:5 (38.) Truntschka (Kießling/Berry), 1:5 (50.) Messier (Obresa), 1:6 (53.) Maj (Ledock/Thornbury – 5:4), 2:6 (59.) Kuhl (Silk – 4:3).

Kölner EC – Mannheimer ERC 9:2
Kölner EC: de Raaf (2) – Kießling (2), Pokorny (2), Thornbury (2), Kühn (3), Ledock (3) – Steiger (2), Truntschka (2), Augsten (3), Sikora (1), Berry (2), Maj (1), Schmid (3), Hegen (3), Meitinger (2). *Mannheimer ERC:* Schlickenrieder (3) – Kreis (3), Eggerbauer (4), Reil (3), Hanft (4), Klaus (4) – Kuhl (2), Silk (4), Jonkhans (4), Obresa (4), Draisaitl (3), Messier (2), Adams (4), Volland (4), Flemming (4). *Zuschauer:* 8000 (ausverkauft). *Schiedsrichter:* Kompalla (Krefeld). *Strafminuten:* Köln 6, Mannheim 14. *Tore:* 1:0 (4.) Meitinger (Kießling), 2:0 (9.) Truntschka (Steiger), 2:1 (13.) Flemming (Silk), 3:1 (16.) Berry, 4:1 (18.) Augsten (Truntschka/Steiger), 4:2 (26.) Draisaitl (Obresa), 5:2 (34.) Maj (Berry/Sikora), 6:2 (48.) Steiger (Truntschka/Kühn – 4:4), 7:2 (52.) Sikora (Maj/Berry), 8:2 (55.) Sikora (Maj), 9:2 (59.) Maj (Kießling/Sikora).

■ **Spiele um Platz 3**
Düsseldorfer EG – SB Rosenheim 5:5
Düsseldorfer EG: Heiß (3) – Niederberger (3), Lutz (3), Sterflinger (3), Topolnisky (3) – Lee (3), Valentine (3), Nentvich (2), Roedger (3), Wolf (3), Krueger (3), Hiemer (3), Jilek (3), Brenner (3). *SB Rosenheim:* Merk (2) – Kretschmer (3), Schiffl (3), Blum (3), Maidl (3) – Reindl (3), Höfner (3), Hilger (3), Lukac (3), Berwanger (3), Kammerer (3), Ahne (3), Pohl (3), Franz (3), Kirchmaier (3), Betz (3). *Zuschauer:* 10250. *Schiedsrichter:* Kompalla (Krefeld). *Strafminuten:* Düsseldorf 10, Rosenheim 4. *Tore:* 1:0 (6.) Nentvich (Lee), 1:1 (12.) Berwanger (Kammerer/Blum – 5:4), 1:2 (14.) Reindl (Höfner), 2:2 (16.) Krueger, 3:2 (19.) Lee (Valentine/Niederberger), 4:2 (24.) Lee (Valentine), 4:3 (29.) Lukac (Kammerer/Berwanger – 5:4), 5:3 (32.) Valentine (Lee/Nentvich), 5:4 (34.) Kammerer (Lukac), 5:5 (45.) Reindl (Höfner – 5:4).

SB Rosenheim – Düsseldorfer EG 5:7
SB Rosenheim: Merk (3) – Kretschmer (3), Schiffl (3), Blum (3), Maidl (3) – Reindl (3), Höfner (3), Hilger (4), Lukac (3), Berwanger (3), Kammerer (4), Ahne (3), Franz (3), Kirchmaier (3), Betz (3). *Düsseldorfer EG:* Heiß (3) – Sterflinger (3), Schmidt (3), Niederberger (3), Lutz (3), Topolnisky (3) – Lee (3), Valentine (2), Nentvich (3), Roedger (3), Wolf (3), Krueger (3), Hiemer (3), Brenner (3). *Zuschauer:* 2300. *Schiedsrichter:* Böhm (Landshut). *Strafminuten:* Rosenheim 12, Düsseldorf 14. *Tore:* 1:0 (2.) Franz (Ahne), 2:0 (10.) Ahne (Franz/Berwanger), 2:1 (16.) Lee (Nentvich/Valentine), 3:1 (19.) Kretschmer (Hilger/Betz), 3:2 (27.) Wolf, 4:2 (28.) Reindl (Kretschmer), 4:3 (33.) Brenner, 4:4 (52.) Valentine (3:3), 4:5 (53.) Lutz (Lee/Valentine – 3:3), 4:6 (53.) Wolf (Schmidt – 3:3), 4:7 (59.) Nentvich (Brenner), 5:7 (60.) Kammerer (Ahne).

Ergebnisse Doppelrunde auf einen Blick

Bundesliga 1986/87		Düsseldorfer EG	Eintracht Frankfurt	ECD Iserlohn	ESV Kaufbeuren	Kölner EC	EV Landshut	Mannheimer ERC	SC Riessersee	SB Rosenheim	ERC Schwenningen
Düsseldorfer EG	H		3:6/12:1	9:2/6:4	9:3/13:4	3:2/5:4	6:4/9:4	2:2/1:6	6:2/6:4	5:1/7:3	8:1/6:3
	A		8:1/4:1	5:7/6:4	3:3/2:3	4:8/1:5	7:2/4:5	2:6/3:2	11:1/4:2	4:7/4:5	0:3/4:2
Eintracht Frankfurt	H	1:8/1:4		3:3/7:2	4:5/2:6	5:3/1:5	5:3/8:4	4:7/2:6	6:0/4:1	4:8/1:2	5:2/5:5
	A	6:3/1:12		5:6/0:9	3:5/0:2	1:6/0:5	0:2/2:4	1:3/1:9	6:7/5:4	2:6/2:3	3:5/1:4
ECD Iserlohn	H	7:5/4:6	6:5/9:0		2:3/5:3	4:3/3:2	5:4/7:4	5:4/3:11	7:2/6:2	5:4/2:2	6:1/13:2
	A	2:9/4:6	3:3/2:7		2:5/6:2	3:4/6:3	5:6/3:11	3:7/2:6	1:3/4:3	4:4/2:5	4:5/3:4
ESV Kaufbeuren	H	3:3/3:2	5:3/2:0	5:2/2:6		5:1/3:4	4:4/8:4	5:2/5:3	2:0/7:5	4:1/1:4	4:1/5:5
	A	3:9/4:13	5:4/6:2	3:2/3:5		0:9/1:3	5:2/4:5	0:5/0:6	6:3/3:2	4:6/2:8	2:6/4:3
Kölner EC	H	8:4/5:1	6:1/5:0	4:3/3:6	9:0/3:1		7:0/10:4	3:2/2:1	6:2/9:3	3:0/2:8	4:4/10:2
	A	2:3/4:5	3:5/5:1	3:4/2:3	1:5/4:3		6:3/6:0	4:2/3:0	4:7/6:4	5:2/2:2	3:4/2:6
EV Landshut	H	2:7/5:4	2:0/4:2	6:5/11:3	2:5/5:4	3:6/0:6		3:5/7:6	8:2/5:2	7:4/7:4	10:1/3:4
	A	4:6/4:9	3:5/4:8	4:5/4:7	4:4/4:8	0:7/4:10		0:5/2:4	4:4/4:2	1:4/3:5	3:7/2:7
Mannheimer ERC	H	6:2/2:3	3:1/9:1	7:3/6:2	5:0/6:0	2:4/0:3	5:0/4:2		4:1/6:1	5:0/3:5	4:2/4:1
	A	2:2/6:1	7:4/6:2	4:5/11:3	2:5/3:5	2:3/1:2	5:3/6:7		6:3/1:4	5:7/3:5	6:2/1:3
SC Riessersee	H	1:11/2:4	7:6/4:5	3:1/3:4	3:6/2:3	7:4/4:6	4:4/2:4	3:6/4:1		3:5/2:8	5:3/2:4
	A	2:6/4:6	0:6/1:4	2:7/2:6	0:2/5:7	2:6/3:9	2:8/2:5	1:4/1:6		1:6/5:10	2:5/4:7
SB Rosenheim	H	7:4/5:4	6:2/3:2	4:4/5:2	6:4/8:2	2:5/2:2	4:1/5:3	7:5/5:3	6:1/10:5		4:2/3:1
	A	1:5/3:7	8:4/2:1	4:5/2:2	1:4/4:1	0:3/8:2	4:7/4:7	0:5/5:3	5:3/8:2		3:5/4:0
ERC Schwenningen	H	3:0/2:4	5:3/4:1	5:4/4:3	6:2/3:4	4:3/6:2	7:3/7:2	2:6/3:1	5:2/7:4	5:3/0:4	
	A	1:8/3:6	2:5/5:5	1:6/2:13	1:4/5:5	4:4/2:10	1:10/4:3	2:4/1:4	3:5/4:2	2:4/1:3	

Abschlußtabelle Doppelrunde

	S	g.	u.	v.	Tore	Punkte	zu Hause Tore	Punkte	auswärts Tore	Punkte
1. SB Rosenheim	36	23	3	10	158:118	49:23	92:52	32:4	66:66	17:19
2. Kölner EC	36	23	2	11	164:101	48:24	99:42	31:5	65:59	17:19
3. Düsseldorfer EG	36	23	2	11	192:123	48:24	116:56	31:5	76:67	17:19
4. Mannheimer ERC	36	21	1	14	158:97	43:29	81:31	28:8	77:66	15:21
5. ESV Kaufbeuren	36	19	3	14	128:143	41:31	73:50	27:9	55:93	14:22
6. ECD Iserlohn	36	17	3	16	158:156	37:35	99:63	29:7	59:93	8:28
7. ERC Schwenningen	36	16	3	17	122:152	35:37	78:51	28:8	44:101	7:29
8. EV Landshut	36	13	2	21	144:177	28:44	90:70	24:12	54:107	4:32
9. Eintracht Frankfurt	36	9	2	25	107:169	20:52	68:74	16:20	39:95	4:32
10. SC Riessersee	36	5	1	30	100:195	11:61	61:85	11:25	39:110	0:36

Play-Off-Runde

Viertelfinale (Best of five)
SB Rosenheim – EV Landshut	3:1
Kölner EC – ERC Schwenningen	8:3
Düsseldorfer EG – ECD Iserlohn	4:3
Mannheimer ERC – ESV Kaufbeuren	4:0
EV Landshut – SB Rosenheim	4:2
ERC Schwenningen – Kölner EC	n. V. 3:4
ECD Iserlohn – Düsseldorfer EG	n. V. 7:8
ESV Kaufbeuren – Mannheimer ERC	4:5
SB Rosenheim – EV Landshut	8:2
Kölner EC – ERC Schwenningen	9:0
Düsseldorfer EG – ECD Iserlohn	9:5
Mannheimer ERC – ESV Kaufbeuren	n. V. 4:5
EV Landshut – SB Rosenheim	2:8
ESV Kaufbeuren – Mannheimer ERC	1:5

Halbfinale (Best of five)
SB Rosenheim – Mannheimer ERC	n. V. 2:3
Kölner EC – Düsseldorfer EG	8:1
Mannheimer ERC – SB Rosenheim	3:1
Düsseldorfer EG – Kölner EC	1:9
SB Rosenheim – Mannheimer ERC	3:4
Kölner EC – Düsseldorfer EG	7:3

Spiele um Platz drei (nur zwei Spiele)
Düsseldorfer EG – SB Rosenheim	5:5
SB Rosenheim – Düsseldorfer EG	5:7

Finale (Best of five)
Kölner EC – Mannheimer ERC	5:0
Mannheimer ERC – Kölner EC	2:6
Kölner EC – Mannheimer ERC	9:2

Offizielle DEB-Statistik der Saison (Doppelrunde + Play-Offs)

Die besten Skorer

Tore + Assists = Punkte

1. Chris Valentine (DEG) — 28 + 50 = 78
2. Peter John Lee (DEG) — 40 + 35 = 75
3. Paul Messier (Mannheim) — 42 + 29 = 71
4. Pavel Richter (ESVK) — 29 + 42 = 71
5. Jaroslav Pouzar (ECD) — 32 + 38 = 70
6. Ernst Höfner (SBR) — 26 + 43 = 69
7. Doug Berry (Köln) — 19 + 50 = 69
8. Gerd Truntschka (Köln) — 16 + 49 = 65
9. Manfred Wolf (DEG) — 29 + 35 = 64
10. Helmut Steiger (Köln) — 28 + 34 = 62

Fair-Play-Cup

	Spiele	Strafminuten	Schnitt
1. ESV Kaufbeuren	40	523	13,1
2. Kölner EC	45	605	13,4
3. Düsseldorfer EG	44	605	13,8
4. SC Riessersee	36	496	13,8
5. ECD Iserlohn	39	570	14,6
6. SB Rosenheim	45	666	14,8
7. Mannheimer ERC	46	713	15,5
8. ERC Schwenningen	39	616	15,8
9. EV Landshut	40	646	16,2
10. Eintracht Frankfurt	36	625	17,4

Die Strafbankkönige

Str. + D = Ges.

1. Jiri Poner (Landshut) — 64 + 60 = 124
2. Michael Schmidt (DEG) — 89 + 30 = 119
3. Horst-Peter Kretschmer (SBR) — 70 + 20 = 90
4. Tony Currie (SERC) — 66 + 20 = 86
5. Klaus Auhuber (EVL) — 65 + 20 = 85
6. Georg Holzmann (MERC) — 53 + 30 = 83
7. Miroslav Maly (SERC) — 71 + 10 = 81
8. Peter John Lee (DEG) — 67 + 10 = 77
9. Milan Mokros (Frankfurt) — 47 + 30 = 77
10. Daniel Held (Iserlohn) — 65 + 10 = 75

Die Zuschauer-Tabelle

	Heimspiele	Gesamt	Schnitt
1. Düsseldorfer EG	22	229 100	10414
2. Mannheimer ERC	22	136 900	6223
3. Eintracht Frankfurt	18	97 800	5433
4. Kölner EC	24	118 234	4926
5. ESV Kaufbeuren	20	96 360	4818
6. SB Rosenheim	23	97 647	4246
7. ERC Schwenningen	19	73 480	3867
8. ECD Iserlohn	19	69 460	3656
9. EV Landshut	20	73 100	3655
10. SC Riessersee	18	38 200	2122

Die »ewige« Bundesliga-Tabelle

Saison 1958/59 – 1986/87

Eine Statistik von Willibald Fischl

Altmeister EV Füssen (18 Deutsche Meisterschaften) ist in der »ewigen Bundesliga-Tabelle« weiter abgerutscht (von Rang zwei auf vier). Die Allgäuer sind vom SC Riessersee und der Düsseldorfer EG überholt worden. Die Werdenfelser mußten als »Dienstälteste« (28 Spieljahre) jetzt aber ebenfalls absteigen. Die großen Drei (EV Füssen, SC Riessersee, EC Bad Tölz) müssen ihr weiteres Dasein in der II. Bundesliga Süd fristen, wobei sich für das Trio kein Weg zurück in die Erstklassigkeit abzeichnet. In der Wertung nach Punkten pro Spiel liegt das Trio EV Landshut, EV Füssen und Kölner EC gemeinsam mit je 1,20 vorne. Dichtauf folgt das Duo EC Bad Tölz und SB Rosenheim (je 1,19). Der Kölner EC dürfte in der kommenden Saison die alleinige Führung übernehmen. In die »ewige Bundesliga-Tabelle« eingerechnet sind alle Spiele der Vorrunden, der Meisterrunden, Play-Off-Runden und die Qualifikationsspiele der Erstligisten. Deshalb ergeben sich bei den Toren geringfügige Abweichungen (42 660:42 405). Die Punkte in Soll und Haben stimmen ebenfalls nicht überein (10 152:10 036), ergeben aber zusammen die Punkte aus inzwischen 10 094 durchgeführten Bundesligaspielen.

	Spiel-Jahre	Spiele	Tore	Punkte	Punkte je Spiel
1. EV Landshut	24	890	4101:3273	1070:710	1,20
2. SC Riessersee	28	983	4207:3792	1021:945	1,04
3. Düsseldorfer EG	23	884	4088:3441	1017:751	1,15
4. EV Füssen	25	836	3939:3128	1006:666	1,20
5. Kölner EC	17	655	3313:2467	786:524	1,20
6. Mannheimer ERC	22	732	3199:2816	778:686	1,06
7. EC Bad Tölz	18	498	2090:1586	593:403	1,19
8. VfL Bad Nauheim	18	644	2522:3170	530:758	0,82
9. ESV Kaufbeuren	19	644	2355:3176	522:766	0,81
10. Berliner SC	11	454	2030:1766	517:391	1,14
11. SB Rosenheim	9	422	1862:1500	503:341	1,19
12. Krefelder EV	20	550	2294:2494	503:597	0,91
13. ECD Iserlohn	8	357	1358:1786	275:439	0,77
14. ERC Schwenningen	6	261	973:1103	240:282	0,92
15. Augsburger EV	8	310	1127:1527	235:385	0,76
16. Preußen Krefeld	10	196	678:995	133:259	0,68
17. EV Rosenheim	4	172	579:924	97:247	0,56
18. ERC Freiburg	3	136	429:768	76:196	0,56
19. Eintracht Frankfurt	3	86	305:462	56:116	0,65
20. Duisburger SC	2	98	312:621	47:149	0,48
21. Eintracht Dortmund	4	88	229:466	42:134	0,31
22. EHC 70 München	1	50	180:235	36:64	0,72
23. SV Bayreuth	1	54	200:298	31:77	0,57
24. EHC Essen-West	1	54	193:337	28:80	0,52
25. FC Bayern München	2	18	52:96	8:28	0,44
26. SC Weßling	1	14	34:117	2:26	0,14
27. SG Oberstdorf/Sonthofen	1	8	11:61	0:16	0,00

Mit einer Eis-Gala in Berlin verabschiedete sich Lorenz Funk als Spieler. Standesgemäß fuhr er im Rolls-Royce ein, die »Eishäschen« Diana und Janine verwöhnten ihn mit Champagner. Als Trainer durfte er dann auch gleich feiern: Er führte den Berliner SC Preussen in die I. Bundesliga.

Saison 1986/87: Namen, Daten, Fakten

Wir wissen, Eishockey-Fans lieben die Statistik, und da sollen Sie auch im Jahrbuch 1987 nicht zu kurz kommen. Auf diesen zwei Seiten finden Sie alle Einzelheiten über alle in der Saison 1986/87 in der I. Bundesliga eingesetzten Spieler. Willi Penz (Kaufbeuren) hat die offizielle DEB-Statistik zusammengestellt. Das bedeuten die Abkürzungen: Wie oft war ein Spieler im Einsatz, und zwar laut Angabe auf dem Spielberichtsbogen (Sp.), wie viele Tore hat er geschossen (T.), wie viele Vorlagen gab er zu den Toren (A.), die dabei erzielten Skorerpunkte (P.), Strafminuten (Str.), Disziplinarstrafen (D.) und die Gesamtstrafminuten (Ges.). Wer die Statistik liebt, kann sich natürlich noch auf manche Spielereien anhand der Zahlen einlassen. Zwar gab es zum Beispiel viel Kritik in Düsseldorf an den Stars Chris Valentine und Peter John Lee, doch sie trumpften erneut auf und waren zusammen mit Miroslav Nentvich wieder die erfolgreichste Sturmreihe der Bundesliga (209 Skorerpunkte). Über die Gegentreffer wird allerdings nichts ausgesagt! Die weiteren Sieger: Chris Valentine war der Skorerkönig (78 Punkte gegenüber 103 im Vorjahr!), Jiri Poner der »böse Bube« der Bundesliga (124 Strafminuten), Paul Messier der erfolgreichste Torjäger (42 Treffer) und Ron Fischer (50 Punkte) diesmal vor Michael Schmidt (48) der beste Verteidiger. Im Vorjahr war es genau umgekehrt!

Eintr. Frankfurt

	Sp.	T.	A.	P.	Str.	D.	Ges.
Trevor Erhardt	52	47	35	82	120	0	120
Anton Forster	53	23	35	58	58	40	98
Alexander Groß	53	15	33	48	32	0	32
Elias Vorlicek	54	19	28	47	40	0	40
Jaroslav Mucha	54	15	32	47	67	10	77
Harald Birk	50	18	25	43	73	0	73
Jerzey Potz	51	5	38	43	16	0	16
Klaus Birk	53	12	25	37	95	0	95
Harry Pflügl	36	13	14	27	43	20	63
Milan Mokros	50	6	17	23	73	30	103
Christian Baier	49	12	7	19	32	20	52
Andreas Nocon	40	6	9	15	34	0	34
Anton Krinner	47	4	8	12	22	0	22
Thomas Werner	19	5	6	11	14	0	14
Stefan Zimlich	37	3	5	8	39	0	39
Christian Ziesch	17	2	3	5	4	0	4
Ralf Hartfuß	51	0	4	4	17	0	17
Gerhard Schaaf	9	1	1	2	6	0	6
Jürgen Storz	14	0	2	2	2	0	2
Peter Zankl	52	0	0	0	12	10	22
Jens Fischer	41	0	0	0	8	0	8
Wolfram Schnürr	44	0	0	0	4	0	4
Guido Göbel	41	0	0	0	2	0	2
Oliver Schulz	3	0	0	0	0	0	0
Michael Schmidt	53	0	0	0	0	0	0
Peter Gehrmann	2	0	0	0	0	0	0
Klaus Guggemoos	8	0	0	0	0	0	0

Düsseldorfer EG

	Sp.	T.	A.	P.	Str.	D.	G
Chris Valentine	42	28	50	78	71	0	
Peter John Lee	43	40	35	75	67	10	
Manfred Wolf	44	29	35	64	20	10	
Miroslav Nentvich	42	22	34	56	8	0	
Ralph Krueger	44	26	24	50	40	10	
Roy Roedger	43	23	27	50	56	0	
Michael Schmidt	43	5	43	48	89	30	1
Anton Brenner	44	18	12	30	37	10	
Andreas Niederberger	44	6	23	29	30	0	
Jiri Smicek	40	10	18	28	11	0	
Jörg Hiemer	33	8	14	22	10	0	
Martin Jilek	40	7	12	19	0	0	
Craig Topolnisky	39	2	11	13	26	0	
Rainer Lutz	43	4	8	12	22	0	
Robert Sterflinger	41	2	8	10	38	10	
Olaf Scholz	20	0	2	2	2	0	
Josef Heiß	44	0	1	1	4	0	
Thomas Grefges	12	0	1	1	2	0	
Christoph Gelzinus	22	0	1	1	0	0	
Roger Klüh	20	0	0	0	2	0	
Christian Betz	3	0	0	0	0	0	
Christoph Kreutzer	19	0	0	0	0	0	
Markus Beeck	41	0	0	0	0	0	

ECD Iserlohn

	Sp.	T.	A.	P.	Str.	D.	G
Jaroslav Pouzar	38	32	38	70	30	0	
Daniel Held	39	34	23	57	65	10	
Vitezslav Duris	39	15	27	42	37	0	
Michael Bruce	39	8	28	36	20	0	
Roger Nicholas	35	12	23	35	35	20	
Martti Jarkko	32	13	18	31	20	0	
Mark Sochatzky	39	7	24	31	54	0	
Bruce Hardy	39	14	15	29	24	0	
Steve McNeil	28	10	10	20	20	10	
Peter Romberg	39	8	10	18	73	0	
Harry Pflügl	18	2	13	15	20	0	
Peter Gailer	37	6	8	14	58	0	
Jürgen Lechl	17	6	8	14	8	0	
Earl Spry	39	0	13	13	24	0	
Robert Simon	37	5	7	12	26	0	
Frank Gentges	32	0	8	8	8	0	
Cestmir Fous	38	0	1	1	6	0	
Kurt Kleinendorst	1	1	0	1	0	0	
Greg Pruden	14	0	0	0	2	0	
Olaf Grundmann	1	0	0	0	0	0	
Antonio Fonso	3	0	0	0	0	0	
Frank Blanke	39	0	0	0	0	0	

ESV Kaufbeuren

	Sp.	T.	A.	P.	Str.	D.	G
Pavel Richter	39	29	42	71	54	10	
Karel Holy	39	14	38	52	46	0	
Jochen Mörz	40	16	27	43	42	10	
Dieter Medicus	40	17	20	37	51	0	
Manfred Schuster	38	13	20	33	28	0	
Dietrich Adam	38	13	14	27	39	0	
Horst Heckelsmüller	40	8	12	20	12	0	
Josef Riefler	33	5	6	11	29	0	
Klaus Micheller	37	5	4	9	39	0	
Armin Kauer	40	4	4	8	31	0	
Dieter Koldas	40	2	6	8	8	0	
Rochus Schneider	20	5	1	6	20	0	
Heinrich Römer	39	4	2	6	12	0	
Ladislav Hospodar	31	0	3	3	28	10	
Stefan Steinecker	20	1	1	2	4	0	
Thomas Dropmann	39	1	0	1	12	0	
Christian Reuter	14	0	1	1	6	0	
Martin Svejda	1	1	0	1	0	0	
Sven Erhart	11	0	0	0	12	0	
Christian Langer	37	0	0	0	8	0	
Gerhard Hegen	40	0	0	0	4	0	
Jürgen Karg	17	0	0	0	2	0	
Hans-Peter Götzfried	13	0	0	0	0	0	
Thomas Hölzel	39	0	0	0	0	0	
Dieter Blum	1	0	0	0	0	0	
Robert Hammer	1	0	0	0	0	0	
Gert-Dieter Woll	17	0	0	0	0	0	

Kölner EC

Name	Sp.	T.	A.	P.	Str.	D.	Ges.
...uglas Berry	42	19	50	69	38	0	38
...rd Truntschka	45	16	49	65	53	0	53
...lmut Steiger	44	28	34	62	23	0	23
...ro Sikora	43	31	29	60	33	0	33
...guslaw Maj	45	28	29	57	32	0	32
...lger Meitinger	41	21	24	45	44	10	54
...do Kießling	42	10	34	44	70	0	70
...do Schmid	43	24	15	39	24	10	34
...eter Hegen	33	14	19	33	18	0	18
...omas Thornbury	26	10	16	26	30	10	40
...né Ledock	42	8	8	16	31	0	31
...ristoph Augsten	23	6	7	13	32	0	32
...ian Young	16	1	12	13	32	0	32
...dreas Pokorny	45	2	9	11	16	0	16
...erner Kühn	45	2	8	10	23	0	23
...omas Gröger	45	6	3	9	19	0	19
...styn Denisiuk	26	3	1	4	21	0	21
...arc Otten	35	0	3	3	16	0	16
...omas Bornträger	45	0	1	1	4	0	4
...elmut de Raaf	44	0	0	0	16	0	16
...exander Lange	1	0	0	0	0	0	0

EV Landshut

Name	Sp.	T.	A.	P.	Str.	D.	Ges.
...niel Naud	40	15	31	46	16	10	26
...i Poner	38	19	23	42	64	60	124
...omas Roulston	20	23	12	35	25	0	25
...e Wasserek	40	10	21	31	20	10	30
...vald Steiger	40	10	18	28	33	0	33
...ich Kühnhackl	15	7	20	27	20	0	20
...rnd Truntschka	36	15	11	26	22	0	22
...ristian Brittig	39	13	9	22	19	0	19
...ott MacLeod	18	9	13	22	18	0	18
...itz Brunner	23	5	12	17	14	0	14
...rnd Wagner	38	5	11	16	51	0	51
...dreas Lupzig	39	6	8	14	39	0	39
...aus Auhuber	36	4	6	10	65	20	85
...ter Weigl	40	2	7	9	43	10	53
...aus Gotsch	8	3	4	7	0	0	0
...fred Weiß	37	1	6	7	9	0	9
...rnhard Seyller	40	4	0	4	23	0	23
...aus Feistl	33	0	3	3	15	0	15
...fan Eder	28	2	0	2	4	0	4
...mar Schluttenhofer	35	0	1	1	14	0	14
...omas Gandorfer	26	0	1	1	10	0	10
...mund Suttner	21	0	0	0	6	0	6
...pert Meister	32	0	0	0	6	0	6
...nk Hirtreiter	14	0	0	0	0	0	0
...sef Kontny	24	0	0	0	0	0	0
...rgen Finsterhölzl	3	0	0	0	0	0	0

Mannheimer ERC

Name	Sp.	T.	A.	P.	Str.	D.	Ges.
...ul Messier	46	42	29	71	60	0	60
...org Holzmann	45	20	35	55	53	30	83
...arcus Kuhl	44	18	31	49	12	0	12
...vid Silk	36	15	31	46	68	0	68
...ter Obresa	46	19	26	45	34	0	34
...ter Draisaitl	45	16	23	39	36	20	56
...rold Kreis	46	5	24	29	14	0	14
...n Jonkhans	45	14	10	24	46	10	56
...ter Schiller	32	9	13	22	38	10	48
...chim Reil	43	5	16	21	37	10	47
...rgen Adams	46	9	9	18	24	0	24
...sef Klaus	46	4	12	16	34	0	34
...chael Eggerbauer	46	3	8	11	35	0	35
...olfgang Oswald	46	3	3	6	28	10	38
...chael Flemming	46	3	3	6	32	0	32
...rg Hanft	23	2	4	6	28	0	28
...dreas Volland	46	3	2	5	4	0	4
...ristian Reuter	25	0	1	1	6	0	6
...sef Schlickenrieder	46	0	0	0	24	10	34
...chim Casper	46	0	0	0	0	0	0

SC Riessersee

Name	Sp.	T.	A.	P.	Str.	D.	Ges.
Libor Havlicek	49	26	45	71	31	0	31
Günther Preuß	51	25	31	56	14	0	14
Ignaz Berndaner	54	9	46	55	41	0	41
Josef Wassermann	54	20	23	43	54	0	54
Michael Prestidge	28	13	27	40	6	0	6
Martin Hinterstocker	28	16	15	31	6	0	6
Thomas Sterflinger	47	12	16	28	42	10	52
Johann Diepold	41	9	16	25	26	0	26
Ferdinand Strodl	54	8	16	24	41	0	41
Alexander Schnöll	39	10	12	22	22	0	22
Engelbert Grzesiczek	54	9	11	20	64	0	64
Dave Farrish	26	7	10	17	64	10	74
John Glynne	45	3	10	13	44	0	44
Anton Raubal	40	6	3	9	22	0	22
Jürgen Reindl	50	4	4	8	20	10	30
Johann Konstanzer	41	0	7	7	24	20	44
Wolfgang Obermeier	43	3	2	5	12	0	12
Georg Kislinger	50	2	2	4	23	0	23
Thomas Pokorny	25	1	1	2	6	0	6
Frank de Nobili	23	2	2	4	20	10	30
Robert Hörl	24	0	1	1	2	0	2
Willi Bindl	2	0	1	1	0	0	0
Bernd Englbrecht	55	0	0	0	30	20	50
Alfred Burkhard	21	0	0	0	8	0	8
Christian Seemüller	1	0	0	0	0	0	0
Gerhard Stranka	54	0	0	0	0	0	0

SB Rosenheim

Name	Sp.	T.	A.	P.	Str.	D.	Ges.
Ernst Höfner	44	26	43	69	45	0	45
Vincent Lukac	38	23	29	52	2	0	2
Axel Kammerer	45	27	24	51	18	0	18
Ron Fischer	41	5	45	50	56	0	56
Manfred Ahne	45	17	22	39	45	10	55
Markus Berwanger	45	11	28	39	49	0	49
Raimond Hilger	43	16	15	31	32	0	32
Georg Franz	44	15	15	30	29	0	29
Franz Reindl	25	16	13	29	25	0	25
Horst-Peter Kretschmer	44	12	14	26	70	20	90
Michael Pohl	32	7	10	17	21	0	21
Rainer Blum	41	3	11	14	57	0	57
Peter Scharf	36	4	8	12	38	10	48
Walter Kirchmaier	45	4	5	9	18	0	18
Michael Betz	42	5	3	8	10	0	10
Anton Maidl	44	2	6	8	47	0	47
Heinrich Schiffl	42	1	6	7	29	0	29
Jürgen Trattner	13	1	2	3	12	0	12
Klaus Merk	45	0	1	1	4	0	4
Miroslav Maly	17	0	0	0	15	0	15
Jiri Kralik	7	0	0	0	2	0	2
Olaf Kapella	2	0	0	0	2	0	2
Karl Friesen	25	0	0	0	0	0	0
Peter Heinold	4	0	0	0	0	0	0
Thomas Schädler	4	0	0	0	0	0	0
Thomas Dahlem	13	0	0	0	0	0	0
Andreas Keiler	22	0	0	0	0	0	0
Robert Eyllert	4	0	0	0	0	0	0

ERC Schwenningen

Name	Sp.	T.	A.	P.	Str.	D.	Ges.
Tony Currie	37	28	32	60	66	20	86
George Fritz	33	22	27	49	50	20	70
Don Dietrich	38	15	30	45	24	10	34
Dieter Willmann	39	19	25	44	32	0	32
Michael Stejskal	33	11	13	24	36	0	36
Alexej Sulak	34	11	12	23	24	10	34
Jiri Brousek	37	9	12	21	10	0	10
Franz-Xaver Müller	30	5	10	15	54	0	54
Thomas Deiter	39	2	9	11	31	0	31
Klaus Pillmeier	39	3	4	7	14	0	14
Stefan Königer	38	1	2	3	45	10	55
Raynold Tessier	12	0	3	3	6	0	6
Miroslav Maly	37	1	1	2	71	10	81
Karl Altmann	39	1	1	2	53	10	63
Uwe Geiselmann	39	0	1	1	11	0	11
Christian Benzing	18	0	1	1	4	0	4
Thomas Patzrek	39	0	1	1	2	0	2
Matthias Hoppe	39	0	0	0	8	0	8
Rudolf Hipp	39	0	0	0	0	0	0

Rangliste der I. Bundesliga

Mit der Bestnote meldete sich Karl Friesen zurück

Die Eishockey-Bundesliga hat wieder ihre Aushängeschilder. Karl Friesen und Erich Kühnhackl kehrten zurück. Aber nur der Rosenheimer Torhüter fand noch Aufnahme in die Rangliste, denn 18 absolvierte Spiele sind dazu notwendig. Der »Lange« war in Landshut nur 15mal dabei, sorgte aber für einen Aufschwung bei seinem alten Verein und brachte ihn zusammen mit Tom Roulston noch in die Play-Off-Runde. Die Dezember-Wechselfrist machte dies möglich, und vor allem der EV Landshut profitierte. Auch Torhüter Sigi Suttner schloß bei den Niederbayern eine Lücke.

Die Rangliste des SPORT-Kurier wurde aber einmal mehr gegenüber dem Vorjahr ganz gehörig durcheinander gewirbelt. Nur einer konnte seinen »Platz an der Sonne« erfolgreich verteidigen: Mittelstürmer Gerd Truntschka. Für ihn war es eine besonders glückliche Saison. Mit dem KEC wurde er wieder Meister, in der Rangliste des SPORT-Kurier lag er erneut vorn, bei der Weltmeisterschaft in Wien wurde er ins All-Star-Team gewählt und dann machten ihn die Leser des SPORT-Kurier auch noch zum »Spieler des Jahres«. Na ja, von ungefähr kommen diese Auszeichnungen nicht.

Karl Friesen kehrte mit einer gehörigen Portion Vorschußlorbeeren ins Tor des SB Rosenheim zurück. Dort hatte der Junior Klaus Merk inzwischen dem Weltmeister Jiri Kralik den Rang abgelaufen. Nach Monaten der Experimente hatte man sich beim SBR für Lukac und gegen Kralik entschieden. Aber so recht wollte es nicht laufen. Dann kam Friesen, und der SB Rosenheim siegte wieder. Die Herzen flogen dem Torhüter wie früher zu, obwohl viele Beobachter konstatierten, daß Friesen die Sicherheit wie vor seinem Gastspiel in der NHL nicht wieder zeigen würde. In der Nationalmannschaft lief ihm auch Helmut de Raaf noch den Rang ab. In der Bundesliga blieb der Kölner Dritter, hinter Friesen und Gerhard Hegen, der lange Zeit die Nummer 1 gewesen war. Der Kaufbeurer legte eine erstaunlich konstante Form an den Tag.

Bei den Verteidigern wurde das Feld ganz schön gemischt. Auf Platz eins sprang Ron Fischer. Der bullige Rosenheimer Verteidiger lenkt die Aufmerksamkeit natürlich auf sich, wenn er nach vorne prescht. Denker und Lenker in ihren Mannschaften sind Harold Kreis und Udo Kießling. Sie lassen auch die Sicherheit nicht aus den Augen, und Glanznoten sind für sie besonders schwer, denn gute Leistungen gehören zur Gewohnheit!

Das alte und ewig junge Duell der beiden besten deutschen Mittelstürmer fand seine Neuauflage. Gerd Truntschka und Ernst Höfner buhlten um Platz eins. Die Rangfolge Truntschka vor Höfner fand bei der Weltmeisterschaft ihre Bestätigung. Der Kölner ist in der letzten Zeit gegenüber seinem Konkurrenten vor allem läuferisch weitergekommen.

Die Ausländer dominierten bei den Außenstürmern. Der ehemalige CSSR-Nationalspieler Jaroslav Pouzar schaffte den Durchbruch. Anfangs war er ja in Iserlohn verkannt worden, doch bei ihm stimmt eigentlich alles: Er ist eine Arbeitsbiene, aber auch torgefährlich. Tom Roulston tauchte wie ein Komet am Bundesliga-Himmel auf und verdrängte noch Peter John Lee und Pavel Richter, Kaufbeurens neuen Star. Bester Nationalstürmer war Helmut Steiger als Fünfter. Die Dominanz der Ausländer ist bezeichnend. Bei der WM hatte Bundestrainer Xaver Unsinn entsprechend Probleme mit seinen Außenstürmern! *Klaus-Peter Knospe*

Der beste Torhüter:
Karl Friesen

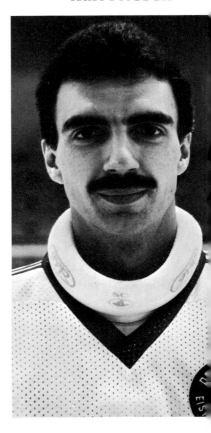

Torhüter

1. Karl Friesen (Rosenheim)
2. Gerhard Hegen (Kaufbeuren)
3. Helmut de Raaf (Köln)
4. Josef Schlickenrieder (MERC)
5. Matthias Hoppe (SERC)
   Cestmir Fous (Iserlohn)
7. Sigmund Suttner (Landshut)
8. Bernd Englbrecht (SCR)
9. Josef Heiß (Düsseldorf)
10. Peter Zankl (Frankfurt)

Rangliste der I. Bundesliga

Die Besten der Saison

Der beste Verteidiger:
Ron Fischer

Der beste Mittelstürmer:
Gerd Truntschka

Der beste Außenstürmer:
Jaroslav Pouzar

Verteidiger

1. Ron Fischer (Rosenheim) 1,93
2. Harold Kreis (Mannheim) 1,98
3. Udo Kießling (Köln) 2,00
4. Don Dietrich (SERC) 2,11
5. Andreas Niederberger (DEG) 2,14
6. Tom Thornbury (Köln) 2,16
7. Daniel Naud (Landshut) 2,23
8. Franz-Xaver Müller (SERC) 2,41
9. Manfred Schuster (ESVK) 2,42
10. Dieter Medicus (ESVK) 2,43

Mittelstürmer

1. Gerd Truntschka (Köln) 2,00
2. Ernst Höfner (Rosenheim) 2,02
3. Doug Berry (Köln) 2,07
4. Karel Holy (Kaufbeuren) 2,11
5. David Silk (Mannheim) 2,17
6. Georg Holzmann (Mannheim) 2,20
7. Tony Currie (SERC) 2,27
8. Günther Preuß (Riessersee) 2,39
9. Manfred Wolf (Düsseldorf) 2,41
10. Jochen Mörz (Kaufbeuren) 2,47

Außenstürmer

1. Jaroslav Pouzar (ECD) 2,00
2. Tom Roulston (Landshut) 2,05
3. Peter John Lee (Düsseldorf) 2,16
   Pavel Richter (Kaufbeuren) 2,16
5. Helmut Steiger (Köln) 2,18
6. Paul Messier (Mannheim) 2,20
7. Marcus Kuhl (Mannheim) 2,31
8. Miro Sikora (Köln) 2,36
9. Roy Roedger (Düsseldorf) 2,44
10. Manfred Ahne (Rosenheim) 2,47

Rangliste der I. Bundesliga

Die Stars der Vereine

Aufgeführt sind alle Spieler, die in d[er] Doppelrunde und den Play-Offs mi[n]destens 18 Spiele absolviert haben. A[n]gegeben ist der Notenschnitt aus alle[n] Begegnungen. In Klammern die Po[si]tion des Spielers: T = Torhüter, V [=] Verteidiger, S = Stürmer.

Düsseldorfer EG
1. Andreas Niederberger (V) 2,
2. Peter John Lee (S) 2,
3. Josef Heiß (T) 2,
4. Manfred Wolf (S) 2,
5. Roy Roedger (S) 2,
6. Michael Schmidt (V) 2,
7. Miroslav Nentvich (S) 2,
8. Chris Valentine (S) 2,
9. Rainer Lutz (V) 2,
10. Jörg Hiemer (S) 2,
11. Craig Topolnisky (V) 2,
12. Robert Sterflinger (V) 2,
13. Ralph Krueger (S) 2,
14. Jiri Smicek (S) 3,
15. Toni Brenner (S) 3,
16. Martin Jilek (S) 3,

Tom Roulston war ein Komet am »Himmel der Bundesliga«. Der Kanadier, der aus Salzburg kam, beeindruckte beim EV Landshut. Seine Tore machten ihn für die Niederbayern aber auch unbezahlbar, so wanderte er zum SB Rosenheim ab.

Noten wie in der Schule vergeben die Mitarbeiter des SPORT-Kurier während der Saison. Hier wieder ein Überblick über die Rangliste der zehn Bundesligisten. Die Torhüter bleiben dominierend, wie im Vorjahr stehen sechs von ihnen in ihren Vereinen auf Platz eins! Sie rücken halt immer wieder in den Blickpunkt. Die Stürmer haben diesmal einen Coup mehr gelandet und teilen sich mit den Verteidigern die restlichen vier ersten Plätze. Pouzar in Iserlohn und Roulston in Landshut sowie Niederberger in Düsseldorf und Kreis in Mannheim durchbrachen die Vorherrschaft der Torhüter.

Rangliste der I. Bundesliga

Eintracht Frankfurt
1. Peter Zankl (T) — 2,28
2. Trevor Erhardt (S) — 2,50
3. Toni Forster (V) — 2,72
4. Jerzey Potz (V) — 2,73
5. Harald Birk (S) — 3,03
6. Klaus Birk (S) — 3,06
7. Jaroslav Mucha (V) — 3,08
8. Elias Vorlicek (S) — 3,11
9. Milan Mokros (V) — 3,16
10. Harry Pflügl (S) — 3,17
11. Alexander Groß (S) — 3,23
12. Stefan Zimlich (S) — 3,48
13. Christian Baier (S) — 3,50
14. Andreas Nocon (S) — 3,52
15. Toni Krinner (S) — 3,84

ECD Iserlohn
1. Jaroslav Pouzar (S) — 2,00
2. Cestmir Fous (T) — 2,05
3. Peter Gailer (V) — 2,49
4. Daniel Held (S) — 2,54
5. Mike Bruce (S) — 2,62
   Vitezslav Duris (V) — 2,62
7. Roger Nicholas (S) — 2,83
   Mark Sochatzky (S) — 2,83
9. Martti Jarkko (S) — 2,87
10. Peter Romberg (V) — 2,88
11. Earl Spry (V) — 2,95
12. Steve McNeil (S) — 2,96
13. Bruce Hardy (S) — 3,10
    Robert Simon (S) — 3,10

ESV Kaufbeuren
1. Gerhard Hegen (T) — 1,92
2. Karel Holy (S) — 2,11
3. Pavel Richter (S) — 2,16
4. Manfred Schuster (V) — 2,42
5. Dieter Medicus (V) — 2,43
6. Jochen Mörz (S) — 2,47
7. Dietrich Adam (S) — 2,84
8. Klaus Micheller (V) — 2,86
9. Arnim Kauer (S) — 2,90
10. Josef Riefler (S) — 2,97
11. Heinrich Römer (S) — 3,03
12. Thomas Dropmann (V) — 3,04
13. Christian Reuter (V) — 3,13
14. Horst Heckelsmüller (S) — 3,18
15. Stefan Steinecker (V) — 3,26

Kölner EC
1. Helmut de Raaf (T) — 1,94
2. Udo Kießling (V) — 2,00
   Gerd Truntschka (S) — 2,00
4. Doug Berry (S) — 2,07
5. Tom Thornbury (V) — 2,16
6. Helmut Steiger (S) — 2,18
7. Miro Sikora (S) — 2,36
8. Boguslaw Maj (S) — 2,64
9. Dieter Hegen (S) — 2,75
   Holger Meitinger (S) — 2,75
11. Justyn Denisiuk (V) — 2,88
12. Udo Schmid (S) — 2,93
    Andreas Pokorny (V) — 2,93
14. René Ledock (S/V) — 3,07
15. Christoph Augsten (S) — 3,09
16. Werner Kühn (V) — 3,12
17. Thomas Gröger (S) — 3,29

EV Landshut
1. Tom Roulston (S) — 2,05
2. Sigi Suttner (T) — 2,11
3. Daniel Naud (V) — 2,23
4. Bernd Wagner (V) — 2,76
5. Klaus Auhuber (V) — 2,85
6. Jiri Poner (S) — 2,86
7. Bernd Truntschka (S) — 3,00
8. Christian Brittig (S) — 3,13
9. Ewald Steiger (S) — 3,15
10. Thomas Gandorfer (V) — 3,16
11. Joe Wasserek (S) — 3,23
12. Andreas Lupzig (S) — 3,24
    Peter Weigl (V) — 3,24
14. Alfred Weiß (S) — 3,26
15. Bernd Seyller (V) — 3,37

Mannheimer ERC
1. Harold Kreis (V) — 1,98
2. Josef Schlickenrieder (T) — 2,04
3. David Silk (S) — 2,17
4. Georg Holzmann (S) — 2,20
   Paul Messier (S) — 2,20
6. Marcus Kuhl (S) — 2,31
7. Jörg Hanft (V) — 2,50
8. Joachim Reil (V) — 2,52
9. Peter Obresa (S) — 2,57
10. Peter Draisaitl (S) — 2,67
11. Michael Eggerbauer (V) — 2,74
12. Peter Schiller (S) — 2,75
13. Andreas Volland (S) — 2,85
14. Josef Klaus (V) — 2,87
15. Ron Jonkhans (S) — 2,89
16. Michael Flemming (S) — 3,10
17. Jürgen Adams (S) — 3,11

SC Riessersee
1. Bernd Englbrecht (T) — 2,14
2. Günther Preuß (S) — 2,39
3. Ignaz Berndaner (V) — 2,53
4. Libor Havlicek (S) — 2,63
5. Dave Farrish (V) — 2,73
6. Thomas Sterflinger (S) — 2,94
7. Josef Wassermann (S) — 3,00
8. Engelbert Grzesiczek (V) — 3,09
9. Hans Diepold (S) — 3,29
10. Alexander Schnöll (S) — 3,31
11. Ferdinand Strodl (S) — 3,34
12. John Glynne (V) — 3,42
13. Georg Kislinger (S) — 3,53

SB Rosenheim
1. Karl Friesen (T) — 1,90
2. Ron Fischer (V) — 1,93
3. Ernst Höfner (S) — 2,02
4. Manfred Ahne (S) — 2,47
5. Vincent Lukac (S) — 2,49
6. Horst-Peter Kretschmer (V) — 2,58
7. Axel Kammerer (S) — 2,60
8. Rainer Blum (V) — 2,70
9. Franz Reindl (S) — 2,72
10. Michael Pohl (S) — 2,78
11. Peter Scharf (V) — 2,82
    Georg Franz (S) — 2,82
13. Markus Berwanger (S) — 2,91
14. Raimond Hilger (S) — 3,03
15. Toni Maidl (V) — 3,05
16. Heinz Schiffl (V) — 3,07
17. Walter Kirchmaier (S) — 3,17
18. Michael Betz (S) — 3,33

ERC Schwenningen
1. Matthias Hoppe (T) — 2,05
2. Don Dietrich (V) — 2,11
3. Tony Currie (S) — 2,27
4. Franz-Xaver Müller (V) — 2,41
5. Dieter Willmann (S) — 2,59
6. George Fritz (S) — 2,61
7. Karl Altmann (V) — 2,85
8. Michael Stejskal (S) — 2,88
9. Miroslav Maly (V) — 2,92
10. Jiri Brousek (S) — 3,03
11. Alexej Sulak (S) — 3,09
12. Thomas Deiter (S) — 3,14
13. Stefan Königer (V) — 3,26
14. Klaus Pillmeier (S) — 3,28
15. Uwe Geiselmann (S) — 3,50

Spieler des Monats

OKTOBER:
Georg Holzmann

Eine »Experten-Jury« des SPORT-Kurier wählt von Oktober bis März jeden Monat einen »Spieler des Monats«. Jeweils drei Leser, vier Kapitäne der Bundesligisten, Bundestrainer Xaver Unsinn und die Redaktion stimmen ab. Drei Spieler können genannt werden, wobei es drei, zwei und einen Punkt zu verteilen gibt.
Der Oktober gehörte dem Mannheimer ERC und ESV Kaufbeuren. Beide Mannschaften trumpften in der Bundesliga auf, wobei die Neuzugänge Georg Holzmann und Pavel Richter im Blickpunkt standen. Der Mannheimer machte knapp das Rennen vor dem ČSSR-Torjäger. Das einstige Rauhbein präsentierte sich diesmal auch ganz zahm!

Die Wahl im Oktober:
1. Georg Holzmann (Mannheim) 13
2. Pavel Richter (Kaufbeuren) 12
3. Thomas Bornträger (Köln) 6
4. Jochen Mörz (Kaufbeuren) 5
5. Peter John Lee (Düsseldorf) 3
   Bernd Englbrecht (Riessersee) 3
   Josef Schlickenrieder (MERC) 3
8. Harold Kreis (Mannheim) 2
   Ron Fischer (Rosenheim) 2
10. Gerhard Hegen (Kaufbeuren) 1
    Peter Zankl (Frankfurt) 1
    Manfred Schuster (Kaufbeuren) 1
    Tony Currie (Schwenningen) 1

NOVEMBER:
Peter John Lee

Zwiespältig waren die Gefühle der Düsseldorfer Fans in der vergangenen Saison, wenn es um »ihre« Kanadier ging. Peter John Lee und Chris Valentine machten nicht nur Freude.
Dem Torjäger flogen die Herzen zunächst jedoch wie gewohnt zu, und frühzeitig band die DEG Lee weiter an den Verein. Der November war »sein« Monat, er trumpfte derart auf, daß ihn die Experten-Jury auch mit weitem Abstand vor der Konkurrenz auf Platz eins wählte. Und eine schwache Anfangsphase nach einem »faulen Sommer« soll es auch nicht mehr geben. »Wenn ich aus Kanada komme, stelle ich mich jedem Test«, versprach Peter John Lee. »Meine Werte sind in Ordnung, sonst zahle ich freiwillig eine Geldstrafe.«

Die Wahl im November:
1. Peter John Lee (Düsseldorf) 18
2. Harold Kreis (Mannheim) 7
   Jaroslav Pouzar (Iserlohn) 7
4. Gerd Truntschka (Köln) 5
5. Karel Holy (Kaufbeuren) 4
6. Udo Kießling (Köln) 3
   Paul Messier (Mannheim) 3
8. Bernd Englbrecht (Riessersee) 2
   Ernst Höfner (Rosenheim) 2
10. Jochen Mörz (Kaufbeuren) 1
    Pavel Richter (Kaufbeuren) 1
    Josef Heiß (Düsseldorf) 1

DEZEMBER:
Ernst Höfner

An einer Superserie des SB Rosenheim mit acht Siegen hintereinander hatte er besonderen Anteil: Ernst Höfner führte gleich zwei Sturmreihen und sorgte so dafür, daß das Experiment mit vier Linien bei den Oberbayern gelang. Der gebürtige Augsburger feierte dabei noch einen besonderen Triumph: Er erreichte das beste Monats-Ergebnis der Saison 1986/87!
Die Rosenheimer wissen, was sie an dem großen Kämpfer haben. Der Sportlehrer gilt nicht umsonst als einer der besten Mittelstürmer Deutschlands. Über die Zukunft hat er sich auch schon Gedanken gemacht. Er will Trainer werden! Den B-Schein hat er schon, die A-Lizenz soll 1988 folgen.

Die Wahl im Dezember:
1. Ernst Höfner (Rosenheim) 21
2. Jaroslav Pouzar (Iserlohn) 8
3. Pavel Richter (Kaufbeuren) 4
4. Klaus Merk (Rosenheim) 3
   Josef Schlickenrieder (MERC) 3
   Tom Thornbury (Köln) 3
   Peter John Lee (Düsseldorf) 3
8. Harold Kreis (Mannheim) 2
   Paul Messier (Mannheim) 2
   Josef Heiß (Düsseldorf) 2
11. Dieter Hegen (Köln) 1
    Helmut de Raaf (Köln) 1
    Udo Kießling (Köln) 1

Spieler des Monats

JANUAR:
Jaroslav Pouzar

Es gibt Spieler die werden zunächst einmal verkannt. Vielleicht auch, weil die Vorschußlorbeeren einfach zu groß sind. So erging es Jaroslav Pouzar in Iserlohn. Voller Erwartungen sahen die Fans seinen Leistungen entgegen, kam er doch aus der NHL, hatte sogar den legendären Stanley-Cup in den Händen gehalten und 176 Länderspiele für die ČSSR absolviert.
Pouzar entpuppte sich von Anfang an als fleißiger Arbeiter, für viele aber als zu biederer Arbeiter. Nach und nach kamen seine echten Qualitäten erst zum Vorschein, und in der letzten Saison »explodierte« er plötzlich, war Arbeiter, Spielmacher und Torjäger in einem. Da verwies er sogar Rückkehrer Karl Friesen auf Platz zwei!

Die Wahl im Januar:

1.	Jaroslav Pouzar (Iserlohn)	12
2.	Karl Friesen (Rosenheim)	10
3.	Tony Currie (Schwenningen)	7
4.	Helmut Steiger (Köln)	6
5.	Erich Kühnhackl (Landshut)	4
6.	Josef Schlickenrieder (MERC)	3
	Paul Messier (Mannheim)	3
	Josef Heiß (Düsseldorf)	3
9.	Ron Fischer (Rosenheim)	2
	Manfred Wolf (Düsseldorf)	2
11.	Helmut de Raaf (Köln)	1
	Edwin Mattern (Bad Nauheim)	1

FEBRUAR:
Erich Kühnhackl

Er hatte sich in die Schweiz verabschiedet, um noch ein paar »Fränkli« zu verdienen. Im Dezember kehrte er überraschend nach Landshut zurück: Sein Verein in Olten war finanziell ins Schlingern gekommen, und sportlich war nichts mehr zu retten. Erich Kühnhackl entschied sich dann für die Heimat und gegen Mitbewerber Köln. Es war ein Votum für die Familie.
Was er in Olten im zweiten Jahr nicht mehr schaffte, nämlich die Rettung, vollzog er in Landshut. Auf Anhieb verstand er sich glänzend mit dem neuen Kanadier Tom Roulston und wirbelte die Bundesliga durcheinander. Landshut schaffte den Sprung in die Play-Offs – dank Erich Kühnhackl.

Die Wahl im Februar:

1.	Erich Kühnhackl (Landshut)	20
2.	Ron Fischer (Rosenheim)	12
3.	Andreas Niederberger (DEG)	4
4.	Manfred Wolf (Düsseldorf)	3
	Harold Kreis (Mannheim)	3
	David Silk (Mannheim)	3
7.	Ernst Köpf (Augsburg)	2
	Gerhard Hegen (Kaufbeuren)	2
9.	Pierre Rioux (Krefeld)	1
	Jaroslav Pouzar (Iserlohn)	1
	Dave Morrison (Stuttgart)	1
	Franz Reindl (Rosenheim)	1
	Uli Egen (Berlin)	1

MÄRZ:
Gerd Truntschka

Der März war der Monat des Kölner EC. Die Rheinländer holten sich erneut den Titel und bannten den alten Fluch der Meister. Beeindruckend, wie der KEC in den Play-Offs durchmarschierte, und so war es kein Wunder, daß die Kölner Spieler auch bei der SPORT-Kurier-Wahl zum »Spieler des Monats« dominierten.
Gerd Truntschka setzte dabei noch ein Glanzlicht. Mit einer »Truntschka-Pirouette« hat er sich verewigt. Die Fernsehkameras waren zum Glück dabei, und nicht nur die Fachwelt staunte, als Truntschka gegen Düsseldorf den Verteidiger mit einer Pirouette düpierte und den Puck ins Netz setzte. Der Spieler selbst wunderte sich: »Ich habe noch nie so viel Resonanz gehabt, wie nach diesem Tor.«

Die Wahl im März:

1.	Gerd Truntschka (Köln)	15
2.	Udo Kießling (Köln)	10
3.	Helmut de Raaf (Köln)	7
	Paul Messier (Mannheim)	7
5.	Helmut Steiger (Köln)	5
6.	Boguslaw Maj (Köln)	3
7.	Doug Berry (Köln)	2
	Josef Schlickenrieder (MERC)	2
9.	Georg Holzmann (Mannheim)	1
	Art Rutland (Selb)	1
	Harald Birk (Frankfurt)	1

Spieler des Jahres

Bundesliga hat neue Vorbilder!

Spieler des Jahres

1. Gerd Truntschka (Köln) 5905
2. Udo Kießling (Köln) 4930
3. Helmut de Raaf (Köln) 2172
4. Miro Sikora (Köln) 2047
5. Andreas Niederberger (DEG) 1201
6. Daniel Held (Iserlohn) 855
7. Helmut Steiger (Köln) 673
8. Harold Kreis (Mannheim) 550
9. Ernst Höfner (Rosenheim) 316
10. Erich Kühnhackl (Landshut) 314
11. Josef Schlickenrieder (MERC) 3(
12. Karl Friesen (Rosenheim) 2(
13. Gerhard Hegen (Kaufbeuren) 2:
14. Jörg Hanft (Mannheim) 2(
15. Roy Roedger (Düsseldorf) 1¦
16. Georg Holzmann (Mannheim) 1¦
17. Manfred Wolf (Düsseldorf) 1¦
18. Toni Forster (Frankfurt) 1·
19. Dieter Medicus (Kaufbeuren) 1·
20. Manfred Schuster (Kaufb.) 1:

Vor einem Jahr beklagten wir noch den Abgang der großen Persönlichkeiten im deutschen Eishockey – jetzt sind sie plötzlich wieder da. Karl Friesen kehrte aus der NHL zurück, Erich Kühnhackl fand wieder den Weg von Olten nach Landshut. Die Fans haben ihre Rückkehr gefeiert, doch in der Wahl zum »Spieler des Jahres« schlug sich dies nicht nieder. Die Eishockey-Bundesliga 1987 hat neue Vorbilder gefunden. Udo Kießling stand als solches parat, doch ein anderer schiebt sich immer mehr in den Vordergrund: Gerd Truntschka.

Udo Kießling vor Gerd Truntschka, so war es 1986 gewesen. Truntschka vor Kießling, so war es diesmal. Die Leser des SPORT-Kurier wählten erneut die beiden Spieler an die Spitze, die auch im DEB-Team bei der Weltmeisterschaft den Ton angaben und mit der Wahl ins All-Star-Team der WM einen persönlichen Triumph erlebten, aber auch viel Aufmerksamkeit für das deutsche Eishockey erreichten.

Doch nicht die Weltmeisterschaft zählt in erster Linie, sondern vor allem die Bundesliga. Wien rundete das Bild ab. Deutlich wurde aber der Triumph des Kölner EC in der Bundesliga. Und so sahnte der Meister auch bei der Wahl ab. Noch mehr als im Vorjahr! 1986 waren drei Kölner an der Spitze, fünf unter den ersten acht. Diesmal wurde vorne aus dem Trio ein Quartett (Truntschka, Kießling, de Raaf, Sikora), und Helmut Steiger als Siebter gesellte sich dazu. Da bleibt der Konkurrenz nur das Staunen.

Gerd Truntschka ist eher einer der Stillen im Land. Nur 174 cm ist er groß, mit 75 kg fehlt ihm eigentlich das richtige »Gewicht« auf dem Eis. Doch der kleine Kämpfer ist gefürchtet. Sein Durchsetzungsvermögen ist enorm, sein Überblick frappierend, oft holt er sich die Scheibe in ausweglosen Situationen. Immer mehr wuchs Truntschka auch in eine Führungsrolle hinein. In Köln, als auch in der Nationalmannschaft. Er weiß, was er will, hat sich beruflich abgesichert und jetzt endgültig für Köln und gegen seine bayerische Heimat entschieden. Manchesmal schien ihm seine Familie wichtiger als der Sport zu sein, doch der gebürtige Landshuter, der 1988 30 Jahre alt wird, hat noch Ehrgeiz: Bei den Olympischen Spielen in Calgary (13. – 28. Februar 1988) will er mit dem DEB-Team ei[ne] gute Rolle spielen.

Doch die Kölner standen nicht allein i[m] Blickpunkt. Jedes Jahr gibt es ein[e] »Shooting-Star«. Diesmal war es d[er] Iserlohner Daniel Held, seines Ze[i]chens der beste deutsche Torjäger der Bundesliga. Immer stärker in de[n] Vordergrund schiebt sich auch der Dü[s]seldorfer Verteidiger Andreas Niede[r]berger, und auf sich aufmerksam mac[h]te der Selber Jörg Hanft, der in Man[n]heim schon auf dem Sprung in de[n] WM-Kader stand. Kann er halten, w[as] vor Jahresfrist der Düsseldorfer Mich[a]el Schmidt versprach?

Überhaupt die Düsseldorfer. Schw[er] geschlagen in der Meisterschaft, san[g] und klanglos im Play-Off-Halbfina[le] gegen Köln ausgeschieden, jetzt au[ch] Verlierer bei der Wahl. Die Fans entz[o]gen Peter John Lee und vor allem Ch[ris] Valentine ihre Gunst. So wurde Pa[t] Messier vom Mannheimer ERC belie[b]tester Ausländer. Für ihn ein klein[er] Trost für die entgangene Meisterschaf[t.] Und in der Familie hat er so auch etw[as] vorzuweisen. Bruder Mark wurde m[it] den Edmonton Oilers sogar Stanle[y] Cup-Sieger.

Klaus-Peter Knos[t]

Spieler des Jahres

Die beliebtesten Ausländer
1. Paul Messier (Mannheim) 600
2. Doug Berry (Köln) 485
3. Peter John Lee (Düsseldorf) 444
4. Jaroslav Pouzar (Iserlohn) 362
5. Pavel Richter (Kaufbeuren) 298
6. Trevor Erhardt (Frankfurt) 297
7. Tom Thornbury (Köln) 223
8. Ron Fischer (Rosenheim) 218
9. Tony Currie (Schwenningen) 202
10. David Silk (Mannheim) 119

Erschöpft kniet er am Boden. Ein Bild, das man von Gerd Truntschka kennt, weil er als Kämpfer immer ein Vorbild ist. Seine Leistungen finden bei den Fans offensichtlich immer mehr Anerkennung, wie die Wahl zeigt.

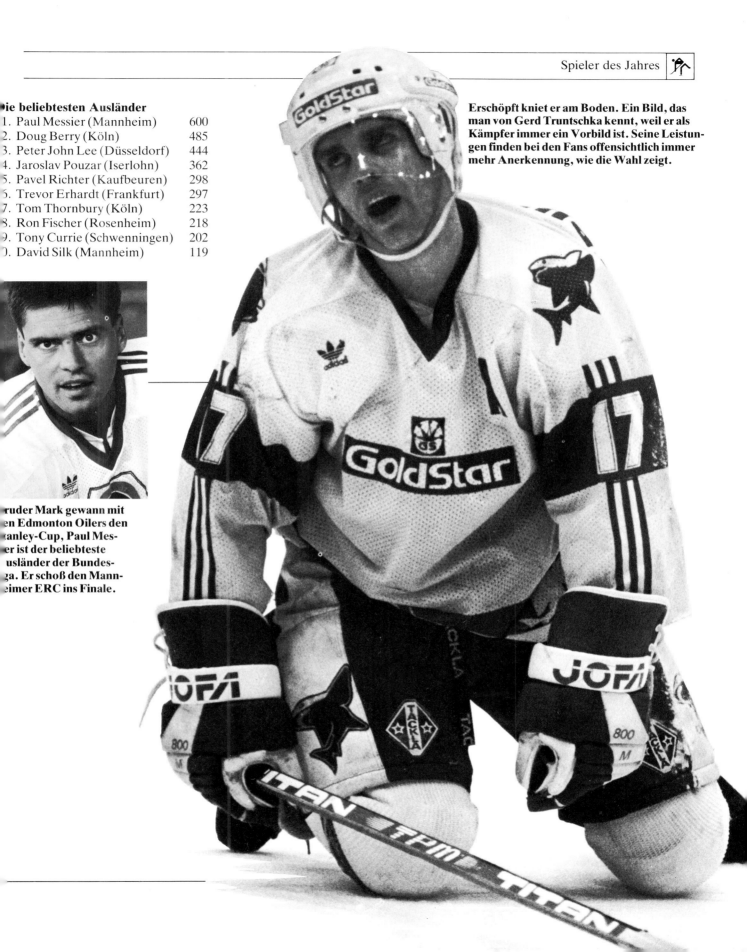

Bruder Mark gewann mit den Edmonton Oilers den Stanley-Cup, Paul Messier ist der beliebteste Ausländer der Bundesliga. Er schoß den Mannheimer ERC ins Finale.

Abschlußtabellen der Saison 1986/87

Das bedeuten die Zahlen:
Bei allen Tabellen in dieser Reihenfolge:
Anzahl der Spiele, Siege, Unentschieden, Niederlagen, Tore, Punkte.
Skorerwertung: Tore + Assists = Skorerpunkte.
Strafen der Spieler: Strafminuten + Disziplinarstrafen = Gesamtstrafminuten.

Bundesliga siehe Seite 139!

Qualifikation zur Bundesliga I

1.	Berlin. SC Preussen	18	13	3	2	87:53	29:7
2.	Eintr. Frankfurt	18	13	2	3	99:55	28:8
3.	EHC Freiburg	18	12	3	3	119:56	27:9
4.	SV Bayreuth	18	9	2	7	76:89	20:16
5.	Krefelder EV	18	9	1	8	107:98	19:17
6.	SC Riessersee	18	8	1	9	85:75	17:19
7.	ESG Kassel	18	8	1	9	87:108	17:19
8.	EC Bad Nauheim	18	5	1	12	103:118	11:25
9.	Augsburger EV	18	3	2	13	92:139	8:28
10.	EV Füssen	18	2	0	16	69:133	4:32

Berlin steigt auf, Frankfurt bleibt in der Bundesliga I (Absteiger SC Riessersee).

Skorerwertung
1. John Markell (Bad Nauheim)   24 + 33 = 57
2. Pierre Rioux (Krefeld)   23 + 31 = 54
3. Scott MacLeod (Augsburg)   23 + 24 = 47
4. Jim Hoffmann (Krefeld)   20 + 24 = 44
5. Dave Hatheway (Krefeld)   13 + 31 = 44
6. Trevor Erhardt (Frankfurt)   22 + 22 = 44
7. Peter Stankovic (Augsburg)   21 + 18 = 39
8. Vic Stanfield (Krefeld)   8 + 31 = 39
9. Michael Heidt (Bayreuth)   17 + 21 = 38
   Rick Laycock (Freiburg)   17 + 21 = 38

Strafen der Spieler
1. Bernhard Kaminski (Bayreuth)   63 + 10 = 73
2. Franz Ibelherr (Augsburg)   54 + 0 = 54
3. Jim Hoffmann (Krefeld)   47 + 0 = 47
   Trevor Erhardt (Frankfurt)   47 + 0 = 47
4. Fred Carroll (Bad Nauheim)   26 + 20 = 46
   Harry Pflügl (Frankfurt)   26 + 20 = 46
7. Kenneth Karpuk (Krefeld)   44 + 0 = 44
8. Florian Jäger (Augsburg)   33 + 10 = 43
9. Anton Doll (Bayreuth)   41 + 0 = 41
10. Greg Pruden (Bad Nauheim)   39 + 0 = 39

Mal etwas anderes: Eistennis präsentiert der Mannheimer Marcus Kuhl.

Bundesliga II Nord

1.	Berlin. SC Preussen	40	33	1	6	324:128	67:13
2.	ESG Kassel	40	23	6	11	211:172	52:28
3.	Krefelder EV	40	25	1	14	245:179	51:29
4.	EC Bad Nauheim	40	21	6	13	213:150	48:32
5.	Duisburger SC	40	21	6	13	242:191	48:32
6.	Neusser SC	40	15	8	17	181:210	38:42
7.	Herner EV	40	13	3	24	135:202	29:51
8.	SC Solingen	40	8	5	27	144:225	21:59
9.	Hamburger SV	40	2	2	36	161:399	6:74

(ESV Schalker Haie während der Saison ausgeschieden.)

Skorerwertung
1. Pierre Rioux (Krefeld)   72 + 73 = 145
2. Uli Egen (Berlin)   44 + 75 = 119
3. Wieslaw Jobczyk (Duisburg)   65 + 53 = 118
4. John Markell (Bad Nauheim)   52 + 58 = 110
5. Dave Hatheway (Krefeld)   42 + 63 = 105
6. Dave O'Brien (Kassel)   50 + 54 = 104
7. Oliver Kasper (Duisburg)   57 + 46 = 103
8. Vic Stanfield (Krefeld)   30 + 70 = 100
9. Marc MacKay (Neuss)   56 + 41 = 97
10. Andrew Browne (Hamburg)   49 + 39 = 88

Strafen der Spieler
1. Dave O'Brien (Kassel)   92 + 30 = 122
2. Fred Carroll (Bad Nauheim)   98 + 0 = 98
3. Robert Sullivan (Berlin)   91 + 0 = 91
4. Oliver Kasper (Duisburg)   76 + 10 = 86
5. Wolfgang Fischer (Krefeld)   85 + 0 = 85
6. Uwe Fabig (Krefeld)   83 + 0 = 83
7. Uli Egen (Berlin)   41 + 40 = 81
   Christian Kokoschka (Hamburg)   41 + 40 = 81
9. Dieter Reiss (Hamburg)   70 + 10 = 80
10. Dirk Rabenschlag (B. Nauheim) 67 + 10 = 77

Qualifikation zur Bundesliga II Nord

1.	Duisburger SC	18	15	2	1	133:74	32:4
2.	Herner EV	18	13	0	5	101:66	26:10
3.	Neusser SC	18	11	2	5	115:77	24:12
4.	SC Solingen	18	9	1	8	98:75	19:17
5.	EHC Essen West	18	9	1	8	96:88	19:17
6.	EC Ratingen	18	6	3	9	75:101	15:21
7.	ESC Wolfsburg	18	6	3	9	72:94	15:21
8.	EC Hannover	18	6	3	9	67:77	15:21
9.	Dinslakener EC	18	4	1	13	95:146	9:27
10.	ESC Ahaus	18	2	2	14	93:147	6:30

Duisburg, Herne, Neuss, Solingen, Essen, Ratingen und Wolfsburg für die Bundesliga II Nord qualifiziert.

Skorerwertung
1. Wieslaw Jobczyk (Duisburg)   50 + 37 + 87
2. Marc MacKay (Neuss)   22 + 32 = 54
3. Damian Steiert (Ahaus)   23 + 23 = 46
4. Ivan Krook (Solingen)   21 + 24 = 45
5. Leszek Kokoszka (Dinslaken)   12 + 32 = 44
6. Brad Bennet (Neuss)   26 + 16 = 42
   Robert Wensley (Herne)   26 + 16 = 42
8. Brian Williams (Solingen)   19 + 23 = 42
9. Oliver Kasper (Duisburg)   16 + 26 = 42
10. Mike Wehrmann (Neuss)   14 + 28 = 42

Strafen der Spieler
1. Oliver Kasper (Duisburg)   53 + 20 = 73
2. Ralf Hoffmann (Duisburg)   43 + 10 = 53
3. Damian Steiert (Ahaus)   41 + 10 = 51
4. Alwin Wever (Ahaus)   18 + 30 = 48
5. Frank Antrecht (Dinslaken)   37 + 10 = 47
6. Thomas Reichel (Ahaus)   44 + 0 = 44
   Armin Schnitzler (Duisburg)   44 + 0 = 44
8. Brad Bennet (Neuss)   40 + 0 = 40
9. Peter Willmann (Hannover)   30 + 10 = 40
10. Frank Dückerhoff (Neuss)   36 + 0 = 36

Bundesliga II Süd

1.	EHC Freiburg	36	26	4	6	182:98	56:16
2.	Augsburger EV	36	23	3	10	224:151	49:23
3.	SV Bayreuth	36	21	6	9	173:109	48:24
4.	EV Füssen	36	23	1	12	195:159	47:25
5.	EC Bad Tölz	36	20	2	14	200:168	42:30
6.	VERE Selb	36	17	3	16	197:186	37:35
7.	EV Landsberg	36	14	2	20	156:178	30:42
8.	EA Kempten	36	10	6	20	137:173	26:46
9.	ERC Sonthofen	36	6	3	27	117:222	15:57
10.	EHC Klostersee	36	3	4	29	124:261	10:62

Skorerwertung
1. Art Rutland (Selb)   62 + 75 = 137
2. James MacRae (Selb)   56 + 49 = 105
3. Robert Crawford (Bad Tölz)   43 + 53 = 96
4. Douglas Moffatt (Bayreuth)   40 + 48 = 88
5. Michael Heidt (Bayreuth)   24 + 63 = 87
6. Walter Chapman (Landsberg)   40 + 31 = 71
7. Ken Petrash (Kempten)   40 + 28 = 68
8. Thomas Brandl (Bad Tölz)   33 + 34 = 67
9. Winfried Winofsky (Bayreuth)   30 + 36 = 66
10. Tim Dunlop (Bad Tölz)   17 + 43 = 60

Strafen der Spieler
1. Bernhard Kaminski (Bayreuth)   95 + 10 = 105
2. Michael Komma (Bad Tölz)   64 + 40 = 104
3. Andreas Römer (Augsburg)   75 + 20 = 95
4. Udo Ried (Sonthofen)   64 + 20 = 84
5. James MacRae (Selb)   71 + 10 = 81
6. Alexander Berchthold (Kempten) 76 + 0 = 76
7. Art Rutland (Selb)   55 + 20 = 75
8. Thomas Brandl (Bad Tölz)   62 + 10 = 72
9. Franz Ibelherr (Augsburg)   51 + 20 = 71
10. Florian Jäger (Augsburg)   60 + 10 = 70

Qualifikation zur Bundesliga II Süd
GRUPPE A

1.	EC Bad Tölz	14	11	2	1	100:54	24:4
2.	EV Stuttgart	14	10	0	4	103:60	20:8
3.	ERC Sonthofen	14	8	1	5	76:59	17:11
4.	EHC 80 Nürnberg	14	8	1	5	65:70	17:11
5.	EV Dingolfing	14	7	1	6	66:58	15:13
6.	TEV Miesbach	14	4	1	9	62:103	9:19
7.	EV Ravensburg	14	2	2	10	59:98	6:22
8.	EA Kempten	14	1	2	11	50:79	4:24

Bad Tölz und Stuttgart für die Bundesliga II Süd qualifiziert.

Skorerwertung
1. John Samanski (Stuttgart)   29 + 38 = 67
2. David Morrison (Stuttgart)   32 + 27 = 59
3. Robert Crawford (Bad Tölz)   24 + 17 = 41
4. Michael Harvey (Sonthofen)   20 + 19 = 39
5. Jeffrey Vaive (Miesbach)   17 + 20 = 37
6. Richard Gal (Sonthofen)   21 + 15 = 36
7. Andrew Browne (Bad Tölz)   19 + 15 = 34
   Jan Piecko (Ravensburg)   19 + 15 = 34
9. Michael Komma (Bad Tölz)   12 + 18 = 30
10. Hans Meister (Bad Tölz)   10 + 18 = 28

Strafen der Spieler
1. Christian Eibl (Miesbach)   34 + 20 = 54
2. Manfred Pikl (Miesbach)   27 + 10 = 37
3. Garry Slesak (Nürnberg)   34 + 0 = 34
4. Klaus Kariegus (Stuttgart)   22 + 10 = 32
   Michael Metsch (Ravensburg)   22 + 10 = 32
6. Jeffrey Vaive (Miesbach)   20 + 10 = 30
7. Krzystof Kruczek (Kempten)   28 + 0 = 28
8. Gerald Riedl (Dingolfing)   14 + 10 = 24
9. Thomas Brandl (Bad Tölz)   23 + 0 = 23
10. Anton Paulus (Bad Tölz)   12 + 10 = 22

Die Nummer 1 im Süden: Art Rutland.

Die Nummer 1 im Norden: Pierre Rioux.

GRUPPE B

1.	VERE Selb	14	11	1	2	98:63	23:5
2.	EV Landsberg	14	9	3	2	77:53	21:7
3.	EC Heilbronn	14	8	0	6	83:67	16:12
4.	EC Hedos München	14	7	0	7	74:74	14:14
5.	EHC Klostersee	14	6	1	7	58:60	13:15
6.	EC Peiting	14	5	1	8	59:74	11:17
7.	ERC Ingolstadt	14	3	2	9	66:90	8:20
8.	EV Regensburg	14	1	4	9	54:88	6:22

Selb, Landsberg und Heilbronn für die Bundesliga II Süd qualifiziert. Heilbronn gewann die Entscheidungsspiele gegen Sonthofen.

Skorerwertung

1. Art Rutland (Selb)	36 + 25 =	61
2. James MacRae (Selb)	22 + 28 =	50
3. Steve Pepin (Heilbronn)	28 + 19 =	47
4. Robert Gaele (Heilbronn)	16 + 25 =	41
5. Walter Chapman (Landsberg)	20 + 20 =	40
6. Ken Latta (Peiting)	17 + 16 =	33
7. Mark Edwards (Regensburg)	18 + 11 =	29
8. Bernhard Retzer (Ingolstadt)	10 + 19 =	29
9. Phil Mills (Ingolstadt)	20 + 8 =	28
10. Richard Nasheim (Klostersee)	17 + 11 =	28

Strafen der Spieler

1. Steve Pepin (Heilbronn)	38 + 10 =	48
2. Michael Bender (Regensburg)	36 + 10 =	46
3. Art Rutland (Selb)	38 + 0 =	38
Vaclav Drobny (Selb)	38 + 0 =	38
5. Ken Latta (Peiting)	37 + 0 =	37
6. Sascha Käfer (Klostersee)	16 + 20 =	36
7. Rainer Gück (Regensburg)	14 + 20 =	34
8. Gerhard Graf (München)	33 + 0 =	33
9. Phil Mills (Ingolstadt)	23 + 10 =	33
10. Alois Stauder (München)	32 + 0 =	32

Oberliga Nord

1.	EC Ratingen	36	27	1	8	265:205	55:17
2.	Dinslakener EC	36	24	3	9	323:188	51:21
3.	ESC Wolfsburg	36	25	1	10	268:152	51:21
4.	EC Hannover	36	24	0	12	234:150	48:24
5.	EHC Essen-West	36	21	4	11	310:202	46:26
6.	ESC Ahaus	36	20	2	14	261:230	42:30
7.	1. EHC Hamburg	36	13	4	19	243:294	30:42
8.	Berliner SC	36	8	0	28	189:330	16:56
9.	EHC Unna	36	6	1	29	164:331	13:59
10.	EC Nordhorn	36	3	2	31	137:312	8:64

Skorerwertung

1. Henry Marcoux (Essen)	94 + 69 =	163
2. Oleg Islamow (Hamburg)	69 + 78 =	147
3. Leszek Kokoszka (Dinslaken)	54 + 67 =	121
4. Damian Steiert (Ahaus)	68 + 52 =	120
5. Henryk Pytel (Wolfsburg)	65 + 55 =	120
6. Stefan Chowaniec (Dinslaken)	52 + 67 =	119
7. Stanislaw Klocek (Wolfsburg)	61 + 53 =	114
8. Bruce Keller (Hannover)	68 + 41 =	109
9. Hans Zach (Ratingen)	47 + 60 =	107
10. Frantisek Chlpac (Hannover)	51 + 53 =	104

Strafen der Spieler

1. Frantisek Chlpac (Hamburg)	133 + 30 =	163
2. Damian Steiert (Ahaus)	133 + 20 =	153
3. Michael Römer (Nordhorn)	87 + 40 =	127
4. Thomas Reichel (Ahaus)	108 + 0 =	108
5. Dirk Reuter (Nordhorn)	86 + 20 =	106
6. Oleg Islamow (Hamburg)	87 + 10 =	97
7. Frank Prezel (Nordhorn)	81 + 10 =	91
8. Jörg Böhme (Dinslaken)	89 + 0 =	89
9. Bruce Keller (Hannover)	79 + 10 =	89
10. Brian Jokat (Essen)	63 + 20 =	83

Qualifikation zur Oberliga Nord

GRUPPE I

1.	1. EHC Hamburg	10	8	1	1	117:47	17:3
2.	EC Nordhorn	10	7	0	3	69:48	14:6
3.	Herforder EG	10	6	1	3	84:66	13:7
4.	EC Braunlage	10	3	2	5	54:61	8:12
5.	REV Bremerhaven	10	2	1	7	52:111	5:15
6.	EHV Wesel	10	1	1	8	47:90	3:17

Hamburg, Nordhorn, Herford und Braunlage für die Oberliga Nord qualifiziert.

Skorerwertung

1. Oleg Islamow (Hamburg)	26 + 36 =	62
2. Frantisek Chlpac (Hamburg)	24 + 26 =	50
3. Gerd Peckart (Hamburg)	19 + 26 =	45
4. Jeff Job (Herford)	28 + 16 =	44
5. Pat Brodeur (Herford)	16 + 28 =	44
6. Michael Wanner (Herford)	14 + 24 =	38
7. Ted Materi (Hamburg)	20 + 14 =	34
8. Pekka Stenfors (Nordhorn)	12 + 19 =	31
9. Marek Adamec (Braunlage)	12 + 13 =	25
10. Oliver Küpper (Wesel)	11 + 10 +	21

Strafen der Spieler

1. Markus Wendel (Braunlage)	27 + 20 =	47
2. Charlie Perperides (Bremerh.)	43 + 0 =	43
3. Ted Materi (Hamburg)	33 + 10 =	43
4. Michael Ludwig (Wesel)	40 + 0 =	40
5. Michael Friedrichsen (Bremerh.)	20 + 20 =	40
6. Dirk Reuter (Nordhorn)	28 + 10 =	38
7. Frank Prezel (Nordhorn)	34 + 0 =	34
8. Oleg Islamow (Hamburg)	23 + 10 =	33
9. Thorsten Funke (Hamburg)	21 + 10 =	31
10. Helge Pycka (Bremerhaven)	30 + 0 =	30

GRUPPE II

1.	Westf. Dortmund	8	7	0	1	85:41	14:2
2.	Berliner SC	8	6	0	2	55:39	12:4
3.	EHC Unna	8	5	0	3	59:50	10:6
4.	BSC Preussen Ib	8	2	0	6	28:52	4:12
5.	ERB Bremen	8	0	0	8	29:74	0:16

Dortmund, Berliner SC und Unna für die Oberliga Nord qualifiziert.

Skorerwertung

1. Michael Goldmann (Dortmund)	16 + 26 =	42
2. Martin Ebel (Dortmund)	19 + 19 =	38
3. Raymond Guay (BSC)	9 + 23 =	32
4. Alan Duncan (Dortmund)	14 + 17 =	31
5. Gerald Morrissey (BSC)	22 + 8 =	30
6. Bodo Mischer (Dortmund)	9 + 14 =	23
7. Francis Matechuk (Unna)	14 + 7 =	21
8. Erich Pinsker (Unna)	13 + 5 =	18
9. Michael Muus (Dortmund)	11 + 7 =	18
10. Igor Kalavski (Unna)	8 + 8 =	16

Strafen der Spieler

1. Volker Loschek (Unna)	20 + 20 =	40
2. Stefan Hartmann (BSC)	26 + 10 =	36
3. Francis Matechuk (Unna)	14 + 20 =	34
4. Raymond Guay (BSC)	33 + 0 =	33
5. Erich Pinsker (Unna)	10 + 20 =	30
6. Michael Muus (Dortmund)	28 + 0 =	28
Thomas Finke (Preussen Ib)	28 + 0 =	28
Michael Müller (BSC)	28 + 0 =	28
9. Martin Ebel (Dortmund)	18 + 10 =	28
10. Jörg Loschek (Unna)	17 + 10 =	27

Oberliga Mitte

1.	EV Stuttgart	28	27	0	1	350:55	54:2
2.	EC Heilbronn	28	24	0	4	296:60	48:8
3.	EHC Bad Liebenzell	28	18	0	10	196:133	36:20
4.	ERC Rödermark	28	15	1	12	170:143	31:25
5.	ERC Schwenning. Ib	28	8	1	19	113:222	17:39
6.	ESG Esslingen	28	8	0	20	84:224	16:40
7.	VERC Lauterbach	28	5	2	21	107:243	12:44
8.	ERSC Karben	28	5	0	23	75:311	10:46

Skorerwertung

1. David Morrison (Stuttgart)	95 + 85 =	180
2. John Samanski (Stuttgart)	74 + 92 =	166
3. Steve Pepin (Heilbronn)	71 + 67 =	138
4. Robert Geale (Heilbronn)	60 + 77 =	137
5. Thomas Merkel (Heilbronn)	45 + 41 =	86
6. Peter Schuster (Bad Liebenzell)	29 + 50 =	79
7. Jaroslav Maly (Stuttgart)	15 + 45 =	60
8. James Münch (Heilbronn)	30 + 29 =	59
9. Dwight Ebel (Bad Liebenzell)	34 + 23 =	57
10. Christian Spreigl (Stuttgart)	27 + 30 =	57

Strafen der Spieler

1. Ole Geelhaar (Lauterbach)	74 + 30 =	104
2. Christian Schlenker (SERC Ib)	54 + 20 =	74
3. Dale Reinig (Bad Liebenzell)	69 + 0 =	69
4. Georg Meister (Rödermark)	48 + 20 =	68
5. Oliver Würthner (SERC Ib)	37 + 30 =	67
6. Dwight Ebel (Bad Liebenzell)	51 + 10 =	61
7. Klaus Kariegus (Stuttgart)	47 + 10 =	57
8. Jacek Liszkowski (Karben)	44 + 10 =	54
9. Dietmar Kohn (SERC Ib)	30 + 20 =	50
10. Stefan Deuring (SERC Ib)	18 + 30 =	48

Qualifikation zur Oberliga Mitte

GRUPPE A

1.	EHC Bad Liebenzell	8	7	0	1	68:31	14:2
2.	ERC Schwenning. Ib	8	5	0	3	64:33	10:6
3.	ESG Esslingen	8	5	0	3	40:35	10:6
4.	EHC Freiburg Ib	8	3	0	5	33:41	6:10
5.	ESV Hügelsheim	8	0	0	8	20:85	0:16

Bad Liebenzell und Schwenningen für die Oberliga Mitte qualifiziert, die Liga wurde allerdings aufgelöst.

Skorerwertung

1. Markus Menschig (SERC Ib)	23 + 10 =	33
2. Werner Jablonka (Bad Liebenz.)	14 + 12 =	26
3. Mathew Kabayama (Bad Liebenz.)	11 + 15 =	26
4. Jasek Piechutta (Bad Liebenzell)	8 + 14 =	22
5. Frank Landerer (SERC Ib)	7 + 13 =	20
6. Richard Kanc (Bad Liebenzell)	8 + 11 =	19
7. Kordian Jajsczok (Esslingen)	6 + 12 =	18
8. Sammy Ostertag (SERC Ib)	6 + 9 =	15
9. Dwight Ebel (Bad Liebenzell)	8 + 5 =	13
10. Rayn Zilla (Bad Liebenzell)	6 + 7 =	13

Strafen der Spieler

1. Bruce Bonner (Hügelsheim) 32 + 10 = 42
2. Wayne Fehr (Hügelsheim) 30 + 0 = 30
3. Harald Modjesch (Freiburg Ib) 24 + 0 = 24
4. Michael Schüßler (Freiburg Ib) 14 + 10 = 24
5. Bernhard Fink (Esslingen) 22 + 0 = 22
   Andreas Schäfer (Bad Liebenzell) 22 + 0 = 22
7. Michael Blümchen (Esslingen) 18 + 0 = 18
8. Markus Menschig (SERC Ib) 6 + 10 = 16
   Rayn Zilla (Bad Liebenzell) 6 + 10 = 16
10. Josef Batkiewicz (Esslingen) 14 + 0 = 14

GRUPPE B

1. ERSC Karben	6	6	0	0	60:18	12:0
2. VERC Lauterbach	6	4	0	2	51:32	8:4
3. ESV Trier	6	1	0	5	35:67	2:10
4. EC Dillingen	6	1	0	5	22:51	2:10

Aus finanziellen und sportlichen Gründen gibt es im kommenden Jahr keine Oberliga Mitte. Karben und Lauterbach hatten sich für die Oberliga Mitte qualifiziert.

Skorerwertung

1. Ole Geelhaar (Lauterbach) 16 + 10 = 26
2. Steven Tschipper (Karben) 12 + 14 = 26
3. Andrej Rybski (Trier) 16 + 9 = 25
4. Bohumil Lorenc (Karben) 13 + 8 = 21
5. Jürgen Gehrmann (Karben) 6 + 11 = 17
6. Jörg Mudra (Trier) 3 + 14 = 17
7. Armin Reuel (Lauterbach) 3 + 13 = 16
8. Martin Mohler (Lauterbach) 11 + 4 = 15
9. Andreas Wilhelm (Karben) 7 + 6 = 13
10. Matthias Wurtinger (Lauterbach) 3 + 10 = 13

Strafen der Spieler

1. Jörg Willems (Dillingen) 58 + 0 = 58
2. Oliver Bongard (Lauterbach) 21 + 20 = 41
3. Jürgen Gehrmann (Karben) 29 + 10 = 39
4. Ole Geelhaar (Lauterbach) 34 + 0 = 34
5. Michael Schäfer (Karben) 12 + 20 = 32
6. Udo Schön (Dillingen) 19 + 10 = 29
7. Steven Cherrier (Dillingen) 18 + 10 = 28
8. Robert Balwin (Dillingen) 17 + 10 = 27
9. Karel Warweda (Karben) 22 + 0 = 22
10. Hans-Jürgen Lay (Dillingen) 10 + 10 = 20

Oberliga Süd

1. ERC Ingolstadt	26	20	3	3	186:96	43:9
2. EV Dingolfing	26	18	2	6	160:96	38:14
3. EHC Nürnberg 80	26	18	0	8	175:93	36:16
4. EC Peiting	26	14	7	5	128:108	35:17
5. EC Hedos München	26	15	3	8	113:82	33:19
6. EV Ravensburg	26	13	4	9	132:115	30:22
7. TEV Miesbach	26	13	2	11	151:131	28:24
8. EV Regensburg	26	11	5	10	119:122	27:25
9. Deggendorfer EC	26	13	1	12	140:133	27:25
10. SC Memmingen	26	7	4	15	111:152	18:34
11. TSV Peißenberg	26	6	5	15	92:130	17:35
12. EV Moosburg	26	4	4	18	85:171	12:40
13. EA Schongau	26	5	2	19	107:177	12:40
14. EV Pfronten	26	4	0	22	92:185	8:44

Skorerwertung

1. Darrel Stanwood (Ingolstadt) 39 + 39 = 78
2. Garry Slesak (Nürnberg) 49 + 26 = 75
3. Martin Müller (Nürnberg) 38 + 36 = 74
4. Phil Mills (Ingolstadt) 41 + 32 = 73
5. Jeffrey Vaive (Miesbach) 37 + 35 = 72
6. Jan Piecko (Ravensburg) 48 + 20 = 68
7. Bernhard Retzer (Ingolstadt) 30 + 38 = 68
8. Dave Mogush (Dingolfing) 33 + 27 = 60
9. Max Ostermeier (Miesbach) 25 + 30 = 55
10. Daryl Coldwell (Nürnberg) 18 + 37 = 55

Strafen der Spieler

1. Christian Eibl (Miesbach) 63 + 20 = 83
2. Herbert Gmeinder (Pfronten) 57 + 20 = 77
3. Garry Slesak (Nürnberg) 75 + 0 = 75
4. Trav Gibson (Schongau) 63 + 10 = 73
5. Michael Metsch (Ravensburg) 55 + 10 = 65
6. Daniel Burns (Memmingen) 54 + 10 = 64
7. Alois Stauder (München) 49 + 10 = 59
8. Max Ostermeier (Miesbach) 48 + 10 = 58
9. Brent Gropp (Memmingen) 47 + 10 = 57
   Ralph Sprenzel (Schongau) 47 + 10 = 57

Den Fair-Play-Pokal der Fans gewann die ESG Esslingen. Reinhard Hintermayr (rechts) überreichte den Riesen-Pott.

Qualifikation zur Oberliga Süd

GRUPPE A

1. Deggendorfer EC	10	8	1	1	95:38	17:3
2. EA Schongau	10	6	0	4	57:53	12:8
3. TSV Königsbrunn	10	6	0	4	49:35	12:8
4. EV Moosburg	10	6	0	4	50:42	12:8
5. TSV Erding	10	2	1	7	46:72	5:15
6. Fürstenfeldbruck	10	1	0	9	27:84	2:18

Deggendorf, Schongau und Königsbrunn für die Oberliga Süd qualifiziert.

Skorerwertung

1. Rick Bourbonnais (Deggendorf) 20 + 23 = 43
2. Andrzey Novak (Deggendorf) 16 + 23 = 39
3. Eric Stokes (Moosburg) 23 + 10 = 33
4. Trav Gibson (Schongau) 13 + 14 = 27
5. Peter Stern (Deggendorf) 11 + 14 = 25
6. Christoph Brem (Deggendorf) 8 + 16 = 24
7. Norbert Loth (Schongau) 13 + 10 = 23
8. Roland Althammer (Königsbrunn) 10 + 12 = 22
9. Georg Buzas (Königsbrunn) 9 + 13 = 22
10. Michael Newman (Schongau) 10 + 7 = 17

Strafen der Spieler

1. Trav Gibson (Schongau) 37 + 20 = 57
2. Daniel Cvach (Erding) 39 + 10 = 49
3. Michael Newman (Schongau) 31 + 0 = 31
4. Ralph Sprenzel (Schongau) 28 + 0 = 28
   Milan Sako (Königsbrunn) 28 + 0 = 28
6. Manfred Schrader (Erding) 8 + 20 = 28
7. Günther Dehmel (Deggendorf) 25 + 0 = 25
8. Günther Eisenhut (Deggendorf) 14 + 10 = 24
9. Franz Hämmerle (Erding) 4 + 20 = 24
10. Andrzey Novak (Deggendorf) 11 + 10 = 21

GRUPPE B

1. TSV Peißenberg	10	8	0	2	64:44	16:4
2. TuS Geretsried	10	7	0	3	60:44	14:6
3. EHC Straubing	10	7	0	3	89:39	14:6
4. EV Pfronten	10	6	0	4	59:59	12:8
5. SC Memmingen	10	1	0	9	37:72	2:18
6. DEC Frill./Inzell	10	1	0	9	23:74	2:18

Peißenberg, Geretsried und Straubing für die Oberliga Süd qualifiziert.

Skorerwertung

1. Günther Lupzig (Straubing) 15 + 15 = 30
   Troy Thrun (Geretsried) 15 + 15 = 30
3. Leszek Tokarz (Peißenberg) 14 + 16 = 30
4. Jim Dokter (Straubing) 15 + 13 = 28
5. Robert Dobberthien (Straubing) 19 + 6 = 25
6. Wieslaw Tokarz (Peißenberg) 13 + 12 = 25
7. Peter Lupzig (Straubing) 6 + 19 = 25
8. Steve Driscoll (Pfronten) 7 + 15 = 22
9. Johann Fesenmayr (Peißenberg) 7 + 13 = 20
10. Ralf Zimlich (Geretsried) 12 + 6 = 18

Strafen der Spieler

1. Brent Gropp (Memmingen) 31 + 10 = 41
2. Rudolf Kreiner (Inzell) 32 + 0 = 32
3. Harald Wiederer (Geretsried) 31 + 0 = 31
4. Günther Lupzig (Straubing) 21 + 10 = 31
5. Robert Dobberthien (Straubing) 27 + 0 = 27
6. Edgar Lill (Memmingen) 6 + 20 = 26
7. Josef Jäger (Geretsried) 25 + 0 = 25
8. Gerhard Kubak (Pfronten) 15 + 10 = 25
9. Ignaz Engel (Peißenberg) 24 + 0 = 24
   Hans-Joachim Köstler (Pfronten) 24 + 0 = 24

Regionalliga Nord

1. ERB Bremen	16	15	0	1	147:64	30:2
2. EC Braunlage	16	12	2	2	173:37	26:6
3. REV Bremerhaven	16	11	1	4	138:79	23:9
4. BSC Preussen Ib	16	10	1	5	137:75	21:11
5. ESC Wedemark	16	9	1	6	86:90	19:13
6. Hamburger SV Ib	16	5	0	11	47:124	10:22
7. FASS Berlin	16	3	1	12	56:147	7:25
8. TuS Harsefeld	16	2	1	13	52:151	5:27
9. TSV Salzgitter	16	1	1	14	66:135	3:29

Qualifikation zur Regionalliga Nord
GRUPPE I

1. 1. EHC Hamburg Ib	6	4	1	1	38:28	9:3
2. TSV Salzgitter	6	3	1	2	44:33	7:5
3. TuS Harsefeld	6	3	1	2	30:33	7:5
4. REV Bremerhav. Ib	6	0	1	5	24:42	1:11

Hamburg, Salzgitter und Harsefeld für die Regionalliga Nord qualifiziert.

GRUPPE II

1. ESC Wedemark	6	5	0	1	84:15	10:2
2. FASS Berlin	6	5	0	1	48:23	10:2
3. TSV Adendorf	6	2	0	4	25:45	4:8
4. OSC Berlin	6	0	0	6	9:83	0:12

Wedemark und FASS Berlin für die Regionalliga Nord qualifiziert.

Regionalliga West

1. Westf. Dortmund	24	21	0	3	214:93	42:6
2. Herforder EG	24	15	3	6	209:112	33:15
3. EHV Wesel	24	15	1	8	195:144	31:17
4. Grefrather EC	24	12	3	9	166:176	27:21
5. GSC Moers	24	8	4	12	159:181	20:28
6. SV Brackwede	24	5	3	16	121:182	13:35
7. EC Bergkamen	24	1	0	23	95:271	2:46

Qualifikation zur Regionalliga West

1. GSC Moers	14	11	0	3	114:62	22:6
2. Grefrather EC	14	8	3	3	104:78	19:9
3. SV Brackwede	14	8	3	3	110:73	19:9
4. TuS Wiehl	14	7	3	4	76:55	17:11
5. EC Bergkamen	14	6	2	6	90:71	14:14
6. 1. Hennefer EC	14	6	0	8	87:89	12:16
7. EHC Netphen	14	3	0	11	52:94	6:22
8. Herner EV Ib	14	1	1	12	43:154	3:25

Bis auf Herne alle für die Regionalliga West qualifiziert.

Regionalliga Süd/West

1. EHC Freiburg Ib	12	11	0	1	110:40	22:2
2. Eintr. Frankfurt Ib	12	7	1	4	92:69	15:9
3. EC Konstanz	12	7	0	5	75:63	14:10
4. EC Dillingen	12	6	1	5	79:75	13:11
5. ESV Hügelsheim	12	5	2	5	77:64	12:12
6. ESV Trier	12	2	1	9	64:132	5:19
7. ERC Ludwigshafen	12	1	1	10	61:115	3:21

Qualifikation zur Regionalliga Süd/West

1. Mannheim. ERC Ib	10	7	0	3	64:31	14:6
2. ERC Waldbronn	10	6	1	3	48:34	13:7
3. EV Ravensburg Ib	10	6	0	4	44:45	12:8
4. EC Konstanz	10	5	0	5	42:51	10:10
5. EC Eppelheim	10	3	0	7	29:49	6:14
6. EV Stuttgart Ib	10	2	1	7	36:53	5:15

Mannheim, Waldbronn und Ravensburg für die Regionalliga Süd/West qualifiziert.

Qualifikation zur Regionalliga Mitte

1. Eintr. Frankfurt Ib	10	8	1	1	101:42	17:3
2. ERC Ludwigshafen	10	6	0	4	75:64	12:8
3. EC Bad Nauheim Ib	10	6	0	4	71:64	12:8
4. ESV Kaiserslautern	10	5	0	5	57:60	10:10
5. EC Darmstadt	10	4	1	5	75:71	9:11
6. EHC Neuwied	10	0	0	10	42:120	0:20

Frankfurt, Ludwigshafen, Bad Nauheim und Darmstadt (nach Verzicht von Kaiserslautern) für die Regionalliga Mitte qualifiziert.

Regionalliga Süd

1. EHC Straubing	22	19	1	2	207:65	39:5
2. TSV Königsbrunn	22	18	1	3	157:93	37:7
3. EV Fürst'feldbruck	22	12	2	8	122:116	26:18
4. DEC Frillens./Inzell	22	11	4	7	87:81	26:18
5. TuS Geretsried	22	13	0	9	130:80	26:18
6. TSV Erding	22	11	1	10	122:100	23:21
7. ESC Dorfen	22	9	2	11	130:140	20:24
8. ERC Lechbruck	22	8	0	14	72:133	16:28
9. TSV Schliersee	22	6	3	13	75:141	15:29
10. SC Reichersbeuern	22	6	2	14	105:149	14:30
11. EV Bad Wörishofen	22	5	2	15	76:128	12:32
12. EC Oberstdorf	22	5	0	17	70:127	10:34

Qualifikation zur Regionalliga Süd
GRUPPE A

1. Bad Reichenhall	10	7	2	1	68:37	16:4
2. SC Reichersbeuern	10	7	0	3	74:57	14:6
3. ESC Dorfen	10	6	0	4	71:44	12:8
4. EV Bad Wörishofen	10	5	1	4	76:55	11:9
5. SV Gendorf	10	3	1	6	50:59	7:13
6. ESV Burgau	10	0	0	10	26:102	0:20

Bad Reichenhall und Reichersbeuern für die Regionalliga Süd qualifiziert.

GRUPPE B

1. EV Pegnitz	10	9	0	1	85:28	18:2
2. TSV Schliersee	10	6	1	3	53:41	13:7
3. EC Oberstdorf	10	6	1	3	60:51	13:7
4. EV Germering	10	3	2	5	56:58	8:12
5. ERC Lechbruck	10	3	1	6	47:57	7:13
6. EHC Bad Aibling	10	0	1	9	30:96	1:19

Pegnitz und Schliersee für die Regionalliga Süd qualifiziert.

Nationalspieler Roy Roedger kümmert sich liebevoll um den Eishockey-Nachwuchs.

Beim Sommerfest des Mannheimer ERC zeigten einmal die Damen, was ein Eishockeyspieler »drunter« trägt.

Deutsche Meisterschaft Nachwuchs

Endrunde Junioren

1. Düsseldorfer EG	14	11	2	1	78:42	24:4
2. SB Rosenheim	14	9	1	4	76:42	19:9
3. EV Landshut	14	7	3	4	74:60	17:11
4. ESV Kaufbeuren	14	7	3	4	73:51	17:11
5. EV Füssen	14	5	4	5	55:61	14:14
6. Krefelder EV	14	3	7	4	55:61	11:17
7. EC Bad Tölz	14	4	1	9	59:82	9:19
8. ECD Iserlohn	14	0	1	13	35:106	1:27

Finalturnier Jugend

1. SB Rosenheim	3	17:6	5:1
2. EV Landshut	3	14:4	5:1
3. ECD Iserlohn	3	6:22	2:4
4. Düsseldorfer EG	3	7:12	0:6

Finalturnier Schüler

1. SC Riessersee	3	28:9	6:0
2. ESV Kaufbeuren	3	16:7	4:2
3. Neusser SC	3	16:23	2:4
4. ECD Iserlohn	3	7:28	0:6

Knaben-Pokal, Endrunde

1. SB Rosenheim	3	20:8	5:1
2. Neusser SC	3	15:4	5:1
3. EV Ravensburg	3	11:10	2:4
4. ERSC Ottobrunn	3	2:26	0:6

Damen-Meisterschaft

Qualifikationsspiele

ESV Kaufbeuren – ERC Mannheim 1:3, ERC Mannheim – ESV Kaufbeuren 7:0; ERC Mannheim – EC Darmstadt 3:0, EC Darmstadt – ERC Mannheim 2:4; EDM Köln – SC Berlin 1:2, SC Berlin – EDM Köln 1:3.

Finalturnier in Düsseldorf
GRUPPE A

1. ESG Esslingen	2	9:6	2:2
2. EV Düsseldorf	2	4:2	2:2
3. EDM Köln	2	4:9	2:2

GRUPPE B

1. EHC Eisbären Düsseldorf	2	6:1	3:1
2. ERC Mannheim	2	1:5	2:2
3. EC Bergkamen	2	1:2	1:3

Halbfinale: ESG Esslingen – ERC Mannheim 0:0 (Penaltysch. 1:0), EHC Eisbären Düsseldorf – EV Füssen 5:2.

Spiel um Platz 5: EDM Köln – EC Bergkamen 5:2.

Spiel um Platz 3: ERC Mannheim – EV Füssen 2:2 (Penaltysch. 0:1).

Platz 1: ESG Esslingen – EHC Eisbären Düsseldorf 1:3.

Baden-Württemberg
Baden-Württemberg-Liga

1.	ERC Waldbronn	14	105:46	23:5
2.	EV Lindau	14	90:53	22:6
3.	ERC Mannheim Ib	14	83:48	19:9
4.	EV Ravensburg Ib	14	80:77	16:12
5.	EV Stuttgart Ib	14	58:57	13:15
6.	EC Eppelheim	14	43:66	9:19
7.	TSV Adelberg	14	43:101	6:22
8.	ESV Balingen	14	33:87	4:24

Landesliga

1.	EC Ulm/Neu-Ulm	14	156:40	26:2
2.	ESF Neckarsulm	14	74:45	17:11
3.	TSV Plattenhardt	14	92:73	17:11
4.	EHC Wernau	14	103:52	16:12
5.	USV Urach	14	78:68	14:14
6.	SC Kornwestheim	14	66:65	12:16
7.	EHC Schwenningen	14	27:118	8:20
8.	TSV Adelberg Ib	14	18:153	2:26

Aufstiegsrunde zur Baden-Württemberg-Liga
GRUPPE A

1.	EHC Wernau	8	101:19	14:2
2.	EC Ulm/Neu-Ulm	8	91:47	14:2
3.	TSV Adelberg	8	45:76	7:9
4.	ESV Urach	8	35:65	4:12
5.	TSV Plattenhardt	8	23:88	1:15

GRUPPE B

1.	EV Lindau	6	46:9	12:0
2.	ESF Neckarsulm	6	16:20	5:7
3.	ESV Balingen	6	18:31	4:8
4.	SC Kornwestheim	6	18:38	3:9

Damen-Meisterschaft

1.	ESG Esslingen	8	111:13	15:1
2.	ERC Mannheim	8	67:22	9:7
3.	EHC Schwenningen	8	2:145	0:16

Bayern
Kunsteis-Bayernliga

1.	EV Pegnitz	18	191:44	32:4
2.	EHC Bad Reichenhall	18	131:61	29:7
3.	SV Gendorf	18	114:73	25:11
4.	EHC Bad Aibling	18	93:112	19:17
5.	EV Germering	18	79:122	15:21
6.	ESV Burgau	18	88:115	13:23
7.	ESV Buchloe	18	78:119	12:24
8.	ERC Regen	18	69:128	12:24
9.	TSV Trostberg	18	69:99	12:24
10.	ESC Holzkirchen	18	90:129	11:25

Kunsteis-Bayernliga, Abstiegsrunde

1.	TSV Trostberg	6	23:19	8:4
2.	ESV Buchloe	6	35:31	7:5
3.	ESC Holzkirchen	6	28:27	6:6
4.	ERC Regen	6	25:34	3:9

ERC Regen steigt in die Landesliga Gruppe II ab.

Landesliga
GRUPPE I

1.	EC Kulmbach	16	183:53	28:4
2.	ERSC Amberg	16	142:59	24:8
3.	SC Bad Kissingen	16	116:59	22:10
4.	ERC Haßfurt	16	112:92	18:14
5.	EC Erkersreuth	16	110:86	17:15
6.	EuRV Schweinfurt	16	101:83	16:16
7.	ESC Höchstadt	16	104:104	15:17
8.	SV Hof	16	37:147	3:29
9.	ESV Würzburg	16	41:263	1:31

GRUPPE II

1.	EC Pfaffenhofen	14	93:33	26:2
2.	EV Regensburg Ib	14	79:49	22:6
3.	ESC Vilshofen	14	70:50	19:9
4.	ESV Gebensbach	14	78:57	16:12
5.	SC Ergolding	14	65:74	13:15
6.	EV Bruckberg	14	47:81	9:19
7.	USC München	14	39:84	4:24
8.	EV Aich	14	53:96	3:25

GRUPPE III

1.	VfL Waldkraiburg	18	145:39	31:5
2.	EV Berchtesgaden	18	127:79	28:8
3.	ETC Höhenk.-Siegertsbrunn	18	116:62	25:11
4.	TC 60 Rosenheim	18	120:88	25:11
5.	EC Schwaig	18	86:79	19:17
6.	EV Fürstenfeldbruck Ib	18	82:135	14:22
7.	ERSC Ottobrunn	18	80:106	13:23
8.	EG Geisenbrunn-Planegg	18	75:107	12:24
9.	TSV Dietramszell	18	52:123	7:29
10.	ASV Dachau	18	49:114	6:30

GRUPPE IV

1.	SV Hohenfurch	18	126:79	27:9
2.	EV Füssen Ib	18	121:69	24:12
3.	SV Cambodunum Kempten	18	88:70	24:12
4.	ESV Marktoberdorf	18	88:93	22:14
5.	TSV Hopferau-Eisenberg	18	81:70	21:15
6.	EV Mittenwald	18	102:106	18:18
7.	SC Forst	18	81:97	16:20
8.	ESV Türkheim	18	68:99	11:25
9.	TSV Oberbeuren	18	66:109	10:26
10.	VfL Denklingen	18	69:98	7:29

Landesliga-Meisterschaft

1.	EC Kulmbach	6	48:30	10:2
2.	EV Füssen Ib	6	47:31	8:4
3.	VfL Waldkraiburg	6	31:30	4:8
4.	EC Pfaffenhofen	6	10:45	2:10

EC Kulmbach, EV Füssen Ib und VfL Waldkraiburg steigen in die Kunsteis-Bayernliga auf.

Qualifikationsrunde der Landesligazweiten

1.	ERSC Amberg	6	51:16	11:1
2.	EV Berchtesgaden	6	29:20	8:4
3.	EV Regensburg Ib	6	25:37	3:9
4.	SV Cambodunum Kempten	6	18:50	2:10

Kreisliga-Meisterschaft

1.	TSV Kottern	8	86:20	16:0
2.	SC Memmingen Ib	8	49:20	12:4
3.	ASV Hirschzell	8	34:51	8:8
4.	SV Apfeldorf	8	23:43	4:12
5.	TSV Haunstetten	8	16:74	0:16

Natureis-Bayernliga

1.	MTV Dießen	10	57:32	15:5
2.	SC Eibsee-Grainau	10	51:28	15:5
3.	ESV Bayersoien	10	57:36	14:6
4.	SC Gaißach	10	52:41	10:10
5.	EC Thanning	10	38:48	6:14
6.	EC Tegernsee	10	27:97	0:20

Natureis-Bayernpokal

1.	MTV Dießen	2	10:4	4:0
2.	ESV Bayersoien	2	5:3	2:2
3.	SC Eibsee-Grainau	2	8:6	2:2
4.	EC Thanning	2	5:15	0:4

Damen-Meisterschaft

1.	EV Füssen	12	102:12	24:0
2.	ESV Kaufbeuren	12	52:28	15:9
3.	ERC Sonthofen	12	34:32	9:15
4.	TuS Geretsried	12	9:125	0:24

Berlin
Landesliga

1.	OSC Berlin	6	41:10	10:2
2.	SC Berlin Ib	6	46:25	6:6
3.	FASS Berlin Ib	6	35:25	6:6
4.	DEC Eishasen Berlin	6	16:78	2:10

Damen-Meisterschaft

1.	DEC Eishasen Berlin	4	15:6	6:2
2.	SC Berlin	4	6:15	2:6

Strafen der Mannschaften

Liga	Spiele	Sp. Str.	Dis. Str.	Gesamt	Durchschnitt je Spiel
Bundesliga I	249	5 869	720	6 589	26,5
Bundesliga II Nord	263	6 718	930	7 648	29,1
Bundesliga II Süd	258	6 784	930	7 714	29,9
Oberliga Mitte	145	3 347	520	3 867	26,7
Oberliga Nord	253	7 215	1270	8 485	33,5
Oberliga Süd	268	6 846	1110	7 956	29,7
Regionalliga Nord	114	3 668	680	4 348	38,1
Regionalliga Süd	212	5 849	1070	6 919	32,6
Regionalliga Süd/West u. Mitte	116	3 190	550	3 740	32,2
Regionalliga West	147	5 282	1050	6 332	43,1
Gesamt	2035	54 568	8830	63 598	31,3

Eishockeyvereine der Bundesrepublik Deutschland seit 1977/78

a) Zahlenmäßige Erfassung:

LEV Saison	77/78	78/79	79/80	80/81	81/82	82/83	83/84	84/85	85/86	86/87
Baden-Württ.	13	16	17	18	22	27	25	28	28	30
Bayern	93	94	103	105	105	107	102	102	105	107
Berlin	6	5	4	6	6	6	6	6	6	6
Hamburg	3	3	3	4	4	4	3	5	5	5
Hessen	4	4	4	4	7	6	8	9	10	10
Niedersachsen	9	12	12	16	18	18	17	18	18	18
Nordrhein-Westf.	16	19	26	27	30	35	44	47	46	49
Rheinland-Pfalz	3	3	5	7	8	7	7	8	8	8
Bremen	3	3	3	4	4	4	2	2	3	3
Saarland	–	2	2	2	2	2	1	1	1	1
Schlesw.-Holstein	–	–	–	–	–	–	–	–	2	2
Gesamt	150	161	179	193	206	216	215	226	232	239

b) Prozentuale Erfassung:

LEV Saison	77/78	78/79	79/80	80/81	81/82	82/83	83/84	84/85	85/86	86/87
Baden-Württ.	8,7	9,9	9,5	9,3	10,7	12,5	11,6	12,4	12,1	12,6
Bayern	62,0	58,4	57,5	54,4	51,0	49,5	47,4	45,1	45,3	44,8
Berlin	4,0	3,1	2,2	3,1	2,9	2,8	2,8	2,7	2,6	2,5
Hamburg	2,0	1,9	1,7	2,1	1,9	1,9	1,4	2,2	2,2	2,1
Hessen	2,7	2,5	2,2	2,1	3,4	2,8	3,7	4,0	4,3	4,2
Niedersachsen	6,0	7,5	6,7	8,3	8,7	8,3	7,9	8,0	7,8	7,5
Nordrhein-Westf.	10,7	11,8	14,5	14,0	14,6	16,2	20,5	20,8	19,9	20,5
Rheinland-Pfalz	2,0	1,9	2,8	3,6	3,9	3,2	3,3	3,5	3,5	3,4
Bremen	2,0	1,9	1,7	2,1	2,0	1,9	0,9	0,9	1,3	1,3
Saarland	0,0	1,2	1,1	1,0	1,0	0,9	0,5	0,4	0,4	0,4
Schlesw.-Holstein	0,0	0,0	0,0	0,0	0,0	0,0	0,0	0,0	0,9	0,8

Zuschauer (einschließlich der Qualifikationsspiele)

Liga	Spiele	Gesamt	Durchschnitt je Spiel
Bundesliga I	249	1 253 951	5036
Bundesliga II Nord	263	428 321	1629
Bundesliga II Süd	258	398 424	1544
Oberliga Mitte	145	83 314	575
Oberliga Nord	253	254 142	1005
Oberliga Süd	268	274 339	1024
Regionalliga Nord	114	20 192	177
Regionalliga Süd	212	68 200	322
Regionalliga Süd/West u. Mitte	116	14 645	126
Regionalliga West	147	62 878	428
Gesamt	2035	2 858 406	1405

Hamburg/Schleswig-Holstein
Landesliga

1. EHC Hamburg Ib	11	103:14	21:1
2. ETC Timmendorfer Strand	11	124:33	19:3
3. SV Altona 93	11	75:39	12:10
4. EC Flensburg-Harrislee	11	72:70	9:13
5. ETC Timmend. Strand Ib	11	31:75	6:16
6. ETC Hamburg Ic	11	31:93	5:17
7. EC Flensb.-Harrislee Ib	6	2:114	0:12

Hessen
Landesliga

1. EC Bad Nauheim Ib	14	157:38	28:0
2. EC Bad Nauheim Jun.*	14	147:31	24:4
3. ERC Viernheim	14	102:56	16:12
4. EC Darmstadt	14	59:79	14:14
5. EV Wiesbaden	14	64:88	12:16
6. EC Dietz/Limburg	14	59:86	10:18
7. SGE Frankfurt Ic	14	54:90	8:20
8. EC Eisteufel Frankfurt	14	33:207	0:28

* außer Konkurrenz.

Berlin/Hamburg/Hessen
Damen-Nordliga

1. EC Darmstadt	8	41:9	16:0
2. SC Berlin	8	31:12	11:5
3. DEC Eishasen Berlin	8	29:21	9:7
4. SGE Frankfurt	8	21:31	4:12
5. DEC Hamburg	8	5:54	0:16

Niedersachsen
Landesliga
GRUPPE A

1. REV Bremerhaven Ib	10	101:36	18:2
2. TSV Adendorf	10	71:38	18:2
3. EHC Bremerhaven	10	85:49	12:8
4. ESC Wedemark Ib	10	40:61	7:13
5. ERB Bremen Ib	10	36:78	4:16
6. TuS Harsefeld Ib	10	24:95	1:19

GRUPPE B

1. ESV Wolfsburg Ib	12	147:31	24:0
2. EC Hannover Ib	12	127:51	20:4
3. ESG Braunschweig	12	79:50	14:10
4. EHG Bad Lauterberg	12	97:65	12:12
5. USC Clausthal-Zellerfeld	12	63:85	9:15
6. ESG Vienenburg/Wiedelah	12	42:177	3:21
7. EHC Osterode	12	38:134	2:22

Niedersachsen-Pokal
GRUPPE A

1. EHC Bremerhaven	4	53:10	6:2
2. EC Hannover Ib	4	51:14	6:2
3. EHC Osterode	4	4:84	0:8

GRUPPE B

1. ESC Wedemark Ib	4	17:13	5:3
2. ESG Braunschweig	4	17:14	5:3
3. TuS Harsefeld Ib	4	11:18	2:6

Niedersachsen-Pokal, Finale:
EHC Bremerhaven – ESV Wedemark Ib 6:4.

Nordrhein-Westfalen
NRW-Liga

1. TuS Wiehl	12	118:24	22:2
2. EV Herne Ibf	12	79:43	16:8
3. EHC Netphen	12	88:48	16:8
4. EC Hennef	12	70:50	16:8
5. ESC Soest	12	57:62	8:16
6. GSC Moers Ib	12	40:97	4:20
7. SC Solingen Ib	12	22:150	2:22

NRW-Liga-Pokal

1. EC Eschweiler	10	110:45	20:0
2. GSC Moers Ib	10	77:63	13:7
3. ESC Ahaus Jun.*	10	65:58	12:8
4. ESC Soest	10	66:45	9:11
5. EHC Grizzlies Köln	10	44:115	4:16
6. SC Solingen Ib	10	32:68	2:18

* außer Konkurrenz.

Bezirksliga
GRUPPE I

1. EHV Wesel Ib	8	46:23	14:2
2. EC Duisburg	8	55:44	10:6
3. Eisbären Duisburg	8	59:59	7:9
4. EHC Mülheim	8	44:53	5:11
5. CT Dellwig	8	33:58	4:12

GRUPPE II

1. ESC Ahaus Ib	8	76:33	14:2
2. ECL Rheine	8	77:37	12:4
3. EHC Seilersee	8	36:51	8:8
4. EC Bergkamen Ib	8	17:52	4:12
5. EC Dorsten	8	25:58	2:14

GRUPPE III

1. EC Eschweiler	8	72:27	14:2
2. EHC Bergisch Gladbach	8	32:27	10:6
3. EHC Wuppertal	8	31:26	10:6
4. EHC Eisbären Düsseldorf	8	38:45	6:10
5. Joggers 83 Essen	8	18:66	0:16

ENDRUNDE

1. EC Duisburg	10	54:41	15:5
2. ESC Ahaus Ib	10	72:40	14:6
3. ECL Rheine	10	63:50	12:8
4. EHC Bergisch Gladbach	10	43:31	10:10
5. EHC Wuppertal	10	36:59	9:11
6. EHC Wesel Ib	10	32:79	0:20

Bezirksliga-Pokal
GRUPPE I

1. Joggers 83 Essen	6	52:14	10:2
2. EHC Eisbären Düsseldorf	6	29:19	7:5
3. Eisbären Duisburg	6	17:45	5:7
4. EC Dorsten	6	9:29	2:10

GRUPPE II

1. EHC Mülheim	6	51:26	10:2
2. EHC Seilersee	6	40:37	7:5
3. EC Bergkamen Ib	6	24:38	4:8
4. CT Dellwig	6	27:41	3:9

Finale: Joggers 83 Essen – EHC Mülheim 3:3 + 8:4.

Damen-NRW-Liga

1. EHC Eisbären Düsseldorf	16	117:25	30:2
2. EC Bergkamen	16	63:37	22:10
3. EDM Köln	16	49:82	13:19
4. ERC Westfalen Dortmund	16	29:64	8:24
5. EHC Unna	16	39:80	7:25

Aufstieg

1. EHC Unna	4	10:3	6:2
2. ERC Westfalen Dortmund	4	4:7	5:3
3. EC Grefrath	4	5:9	1:7

Damen-Landesliga

1. EF Netphen	10	31:10	15:5
2. EC Grefrath	10	33:11	14:6
3. GSC Moers	10	29:13	13:7
4. SC Neuss	10	26:17	12:8
5. EV Herne	10	13:42	4:15
6. SC Solingen	10	7:46	1:19

Damen-Landesliga-Pokal

1. GSC Moers	6	23:2	12:0
2. SC Neuss	6	17:17	7:5
3. SC Solingen	6	5:16	4:8
4. EV Herne	6	6:16	1:11

Rheinland-Pfalz
Landesliga

1. Tornado Luxemburg	10	103:38	19:1
2. ESV Kaiserslautern	10	91:41	14:6
3. EHC Neuwied	10	90:54	13:7
4. ESV Trier Ib	10	54:72	8:12
5. ESV Bitburg	10	42:91	5:15
6. EC Dillingen Ib	10	38:122	1:19

Aktive im DEB

Spielberechtigte Spieler nach Altersgruppen

Landesverband	Senioren	Junioren	Jugend	Schüler	Knaben	Klein-schüler	Kleinstschüler	Damen	Gesamt	Prozent
Baden-Württemb.	825	176	107	106	93	92	84	38	1521	9,5
Bayern	3455	928	777	735	666	645	528	41	7776	48,5
Berlin	415	27	47	31	43	44	61	24	692	4,3
Hamburg	200	46	22	13	18	9	7	8	323	2,0
Hessen	519	113	78	58	58	61	43	27	957	6,0
Niedersachsen	525	143	80	61	37	27	14	3	890	5,6
Nordrhein-Westf.	1600	388	242	198	218	206	198	112	3163	19,7
Rheinland-Pfalz	246	62	36	12	10	3	3	–	372	2,3
Bremen	101	42	17	5	4	8	7	–	184	1,1
Saarland	41	12	8	3	–	2	1	–	67	0,4
Schleswig-Holst.	72	15	2	10	1	–	–	–	100	0,6
Gesamt	7999	1952	1416	1232	1149	1098	946	253	16045	

Aufstellung der Vereine nach Landessportverbänden

Landesverband	Bundesliga I	Bundesliga II	Oberliga	Regionalliga	Untere Klassen	Gesamt	Prozent
Baden-Württemb.	2	1	6	3	24	36	13,0
Bayern	4	9	13	12	75	113	40,8
Berlin	–	1	1	2	5	9	3,2
Hamburg	–	–	1	1	4	6	2,1
Hessen	1	2	3	1	6	13	4,7
Niedersachsen	–	–	3	4	14	21	7,6
Nordrhein-Westf.	3	5	5	7	44	64	23,1
Rheinland-Pfalz	–	–	–	2	7	9	3,3
Bremen	–	–	–	2	1	3	1,1
Saarland	–	–	–	1	–	1	0,4
Schleswig-Holstein	–	–	–	–	2	2	0,7
Gesamt 86/87	10	18	32	35	182	277	
85/86	10	20	32	36	173	271	

Internationale Turniere

Weltmeisterschaft

GRUPPE A
17. April bis 3. Mai in Wien

Vorrunde: UdSSR – Schweiz 13:5, Schweden – Deutschland 3:0, Finnland – CSSR 2:5, Kanada – USA 3:1, Finnland – Schweiz 3:2, USA – Schweden 2:6, Deutschland – UdSSR 0:7, CSSR – Kanada 1:1, Finnland – Deutschland 1:3, UdSSR – USA 11:2, Kanada – Schweiz 6:1, Schweden – CSSR 2:3, Deutschland – Kanada 5:3, Schweden – Schweiz 12:1, USA – Finnland 2:5, CSSR – UdSSR 1:6, UdSSR – Finnland 4:0, USA – Deutschland 6:4, Schweiz – CSSR 2:5, Schweden – Kanada 4:3, Finnland – Schweden 4:1, Kanada – UdSSR 2:3, Schweiz – USA 3:6, Deutschland – CSSR 2:5, Kanada – Finnland 7:2, UdSSR – Schweden 4:2, Schweiz – Deutschland 3:4, CSSR – USA 4:2 (4:0 gewertet, wegen Dopings eines USA-Spielers).

1. UdSSR	7	7	0	0	48:12	14: 0
2. CSSR	7	5	1	1	24:15	11: 3
3. Schweden	7	4	0	3	30:17	8: 6
4. Kanada	7	3	1	3	25:17	7: 7
5. Deutschland	7	3	0	4	18:28	6: 8
6. Finnland	7	3	0	4	17:24	6: 8
7. USA	7	2	0	5	19:36	4:10
8. Schweiz	7	0	0	7	17:49	0:14

Europameisterschaft

(wird bei der WM ausgespielt, es zählen die Spiele der Vorrunde)

1. UdSSR	5	5	0	0	34: 8	10: 0
2. CSSR	5	4	0	1	19:14	8: 2
3. Finnland	5	2	0	3	10:15	4: 6
4. Schweden	5	2	0	3	20:12	4: 6
5. Deutschland	5	2	0	3	9:19	4: 6
6. Schweiz	5	0	0	5	13:37	0:10

Finalrunde (ohne Übernahme der Punkte aus der Vorrunde): UdSSR – Kanada 0:0, CSSR – Schweden 3:3, CSSR – Kanada 4:2, Schweden – UdSSR 2:2, Kanada – Schweden 0:9, UdSSR – CSSR 2:1.

1. Schweden	3	1	2	0	14: 5	4: 2
2. UdSSR	3	1	2	0	4: 3	4: 2
3. CSSR	3	1	1	1	8: 7	3: 3
4. Kanada	3	0	1	2	2:13	1: 5

Abstiegsrunde (mit Übernahme der Punkte aus der Vorrunde): Deutschland – Schweiz 8:1, Finnland – USA 6:4, Finnland – Schweiz 7:4, USA – Deutschland 6:3, Schweiz – USA 4:7, Deutschland – Finnland 2:2.

5. Finnland	10	5	1	4	32:34	11: 9
6. Deutschland	10	4	1	5	31:37	9:11
7. USA	10	4	0	6	36:49	8:12
8. Schweiz	10	0	0	10	26:71	0:20

Die Schweiz steigt in die Gruppe B ab.

Skorerwertung
1. Wladimir Krutow (UdSSR)	11 + 4	= 15
2. Sergej Makarow (UdSSR)	4 + 10	= 14
3. Igor Larionow (UdSSR)	4 + 8	= 12
4. Aaron Broten (USA)	5 + 6	= 11
Wjatsch. Bykow (UdSSR)	5 + 6	= 11
6. Gerd Truntschka (Deutschland)	3 + 8	= 11
Bengt-Ake Gustafsson (Schweden)	3 + 8	= 11
8. Thomas Steiger (Deutschland)	5 + 5	= 10
9. Thomas Sandström (Schweden)	4 + 6	= 10
10. Wjatsch. Fetisow (UdSSR)	2 + 8	= 10

Fair-Play-Cup: 1. Schweiz 109 Strafminuten, 2. UdSSR 125, 3. Deutschland 129, 4. Finnland 133, 5. CSSR 141, 6. Schweden 152, 7. Kanada 178, 8. USA 208.

Strafbankkönige: 1. Mike Foligno (Kanada) 34 Strafminuten, 2. Gord Roberts (USA) 33, 3. Craig Wolanin (USA) 32, 4. Jim Johnson (USA) 28, 5. Kevin Dineen (Kanada) 20, 6. Udo Kießling (Köln) 18.

GRUPPE B
26. März bis 5. April in Canazei

Frankreich – Norwegen 5:5, Italien – China 7:3, Österreich – Frankreich 6:5, Polen – China 14:0, DDR – Holland 6:5, Norwegen – DDR 6:2, Holland – Italien 6:8, Polen – Norwegen 5:1, China – Österreich 3:11, Frankreich – Italien 3:1, Österreich – Holland 6:4, DDR – Polen 2:1, China – Norwegen 2:4, Holland – Frankreich 3:5, Italien – DDR 5:5, Frankreich 6:2, Österreich – Norwegen 3:5, Holland – Polen 0:3, DDR – China 5:1, Italien – Österreich 1:4, Frankreich – Polen 2:5, Norwegen – Holland 7:4, Frankreich – China 12:3, Polen – Österreich 6:4, Norwegen – Italien 5:4, China – Holland 2:7, Österreich – DDR 7:3, Italien – Polen 2:4.

1. Polen	7	6	0	1	39:11	12: 2
2. Norwegen	7	5	1	1	33:25	11: 3
3. Österreich	7	5	0	2	41:27	10: 4
4. Frankreich	7	4	1	2	37:26	9: 5
5. DDR	7	2	2	3	25:31	6: 8
6. Italien	7	2	1	4	28:30	5: 9
7. Holland	7	1	1	5	30:37	3:11
8. China	7	0	0	7	14:60	0:14

Polen steigt in die Gruppe A auf, Holland und China steigen in die Gruppe C ab.

Skorerwertung
1. Jan Stopczyk (Polen)	9 + 9	= 18
2. Paulin Bordeleau (Frankreich)	9 + 6	= 15
3. Ed Lebler (Österreich)	8 + 4	= 12
4. Örjan Lövdal (Norwegen)	5 + 7	= 12
Thomas Cijan (Österreich)	5 + 7	= 12
6. Piotr Kwasigroch (Polen)	8 + 3	= 11
7. Derek Haas (Frankreich)	7 + 3	= 10
Rudolf König (Österreich)	7 + 3	= 10
9. Leo Koopmans (Holland)	5 + 5	= 10
Ron Berteling (Holland)	5 + 5	= 10
Jerzy Christ (Polen)	5 + 5	= 10

GRUPPE C
20. bis 29. März in Kopenhagen

Bulgarien – Rumänien 3:7, Japan – Belgien 24:0, Jugoslawien – Ungarn 6:2, Dänemark – Nordkorea 9:1, Japan – Bulgarien 11:2, Rumänien – Belgien 19:1, Nordkorea – Jugoslawien 4:6, Ungarn – Dänemark 4:6, Ungarn – Rumänien 1:6, Bulgarien – Nordkorea 7:1, Bulgarien – Jugoslawien 3:3, Japan – Ungarn 3:1, Belgien – Dänemark 1:8, Jugoslawien – Japan 5:5, Ungarn – Belgien 9:4, Nordkorea – Bulgarien 3:2, Rumänien – Dänemark 2:8, Rumänien – Jugoslawien 4:1, Belgien – Jugoslawien 1:28, Japan – Nordkorea 9:0, Bulgarien – Dänemark 3:10, Nordkorea – Belgien 3:1, Jugoslawien – Rumänien 4:4, Ungarn – Bulgarien 6:2, Dänemark – Japan 0:6.

1. Japan	7	5	1	1	61:13	11: 3
2. Dänemark	7	5	1	1	47:23	11: 3
3. Rumänien	7	5	1	1	48:22	11: 3
4. Jugoslawien	7	4	2	1	60:23	10: 4
5. Ungarn	7	3	0	4	33:28	6: 8
6. Nordkorea	7	2	0	5	13:45	4:10
7. Bulgarien	7	1	1	5	21:40	3:11
8. Belgien	7	0	0	7	8:97	0:14

Bei Punktgleichheit zählt der direkte Vergleich. Japan und Dänemark steigen in die Gruppe B auf, Belgien steigt in die Gruppe D ab.

GRUPPE D
14. bis 21. März in Perth (Australien)

Australien – Hongkong 37:0, Südkorea – Neuseeland 35:2, Australien – Neuseeland 58:0 (!), Südkorea – Hongkong 44:0, Neuseeland – Hongkong 19:0, Australien – Südkorea 7:2, Australien – Hongkong 42:0, Neuseeland – Hongkong 21:2, Australien – Südkorea 4:4, Neuseeland – Hongkong 19:0.

1. Australien	6	5	1	0	177: 6	11: 1
2. Südkorea	6	4	1	1	130:16	9: 3
3. Neuseeland	6	2	0	4	42:143	4: 8
4. Hongkong	6	0	0	6	1:185	0:12

Australien steigt in die Gruppe C auf.

Olympia-Qualifikation

Ratingen: Frankreich – Japan 7:4 und 2:3.

Junioren-Weltmeisterschaft

GRUPPE A
26. Dezember 1986 bis 4. Januar 1987 in der CSSR

Schweden – CSSR 3:4, USA – Finnland 1:4, UdSSR – Polen 7:3, Kanada – Schweiz 6:4, CSSR – USA 2:8, Schweiz – UdSSR 0:8, Finnland – Kanada 6:6, Schweden – Polen 15:0, Kanada – CSSR 1:5, Schweden – Schweiz 8:0, USA – Polen 15:2, UdSSR – Finnland 4:5, Kanada – Polen 18:3, Finnland – Schweden 12:1, Polen – CSSR 2:9, Polen – Schweiz 13:3, Schweiz – CSSR 1:8, Schweden – Kanada 3:4, USA – UdSSR 4:2, CSSR – Finnland 3:5, USA – Schweden 0:8, Polen – Schweiz 8:3, UdSSR – Kanada 2:4 abgebrochen, beide Mannschaften wurden disqualifiziert.

1. Finnland	7	5	1	1	45:23	11: 3
2. CSSR	7	5	0	2	36:23	10: 4
3. Schweden	7	4	1	2	45:11	9: 5
4. USA	7	4	0	3	42:30	8: 6
5. Polen	7	1	0	6	21:80	2:12
6. Schweiz	7	0	0	7	15:62	0:14

Kanada und UdSSR disqualifiziert!

Die Schweiz steigt in die Gruppe B ab.

GRUPPE B
15. bis 21. März in Rouen (Frankreich)

Vorrunde, Gruppe A: Deutschland – Frankreich 2:2, Rumänien – Japan 7:11, Japan – Deutschland 3:6, Frankreich – Rumänien 3:4, Deutschland – Rumänien 16:3, Frankreich – Japan 1:3.

1. Deutschland	3	2	1	0	24: 8	5: 1
2. Japan	3	2	0	1	17:14	4: 2
3. Frankreich	3	1	1	1	7:18	3: 3
4. Rumänien	3	0	0	3	13:31	0: 6

Vorrunde, Gruppe B: Norwegen – Italien 12:1, Österreich – Holland 6:4, Norwegen – Holland 5:5, Österreich – Italien 4:4, Italien – Holland 5:7, Norwegen – Österreich 11:1.

1. Norwegen	3	2	1	0	28: 7	5: 1
2. Österreich	3	1	1	1	11:19	3: 3
3. Holland	3	1	1	1	16:16	3: 3
4. Italien	3	0	1	2	10:23	1: 5

Bei Punktgleichheit zählt der direkte Vergleich!

Finalrunde: Deutschland – Japan 6:3, Norwegen – Österreich 11:1 (jeweils aus der Vorrunde übernommen), Norwegen – Japan 7:5, Deutschland – Österreich 11:0, Österreich – Japan 3:6, Deutschland – Norwegen 13:3.

1. Deutschland	3	3	0	0	30: 6	6:0
2. Norwegen	3	2	0	1	21:19	4:2
3. Japan	3	1	0	2	14:16	2:4
4. Österreich	3	0	0	3	4:28	0:6

Deutschland steigt in die Gruppe A auf.

Abstiegsrunde: Frankreich – Rumänien 4:3, Holland – Italien 7:5 (jeweils aus der Vorrunde übernommen), Holland – Rumänien 4:7, Frankreich – Italien 7:3, Rumänien – Italien 5:1, Frankreich – Holland 7:5.

5. Frankreich	3	3	0	0	18:11	6:0
6. Rumänien	3	2	0	1	15: 9	4:2
7. Holland	3	1	0	2	16:19	2:4
8. Italien	3	0	0	3	9:19	0:6

Italien steigt in die Gruppe C ab, Jugoslawien steigt aus der Gruppe C auf.

Junioren-Europameisterschaft

GRUPPE A
3. bis 12. April in Finnland

CSSR – Schweiz 13:3, UdSSR – Deutschland 5:2, Schweden – Norwegen 6:0, Finnland – Polen 9:0, Schweiz – Schweden 1:14, UdSSR – Polen 11:1, Deutschland – CSSR 0:5, Norwegen – Finnland 1:5, CSSR – Polen 11:0, UdSSR – Norwegen 9:3, Schweden – Deutschland 9:0, Finnland – Schweiz 4:0, Deutschland – Finnland 2:7, Norwegen – CSSR 1:5, Schweiz – UdSSR 0:8, Schweden – Polen 13:0, Polen – Deutschland 4:4, Schweiz – Norwegen 1:1, Finnland – UdSSR 5:6, Schweden – CSSR 4:1, UdSSR – Schweden 1:0, Polen – Schweiz 5:5, CSSR – Finnland 8:5, Norwegen – Deutschland 6:4, CSSR – UdSSR 5:3, Polen – Norwegen 3:2, Finnland – Schweden 2:5, Deutschland – Schweiz 1:4.

1. Schweden	7	6	0	1	51: 5	12: 2
2. CSSR	7	6	0	1	48:16	12: 2
3. UdSSR	7	6	0	1	43:16	12: 2
4. Finnland	7	4	0	3	41:21	8: 6
5. Schweiz	7	1	2	4	14:46	4:10
6. Polen	7	1	2	4	13:55	4:10
7. Norwegen	7	1	1	5	13:37	3:11
8. Deutschland	7	0	1	6	13:40	1:13

Deutschland steigt in die Gruppe B ab, Rumänien steigt aus der Gruppe B in die Gruppe A auf.

Iswestija-Cup

16. bis 21. Dezember in Moskau

Schweden – CSSR 2:1, Kanada – UdSSR 1:5, Finnland – UdSSR 3:2, Schweden – Kanada 4:6, CSSR – Finnland 5:5, Kanada – CSSR 1:4, UdSSR – Schweden 6:0, Schweden – Finnland 2:0, Kanada – Finnland 3:2, UdSSR – CSSR 1:0.

1. UdSSR	4	3	0	1	14: 4	6: 2
2. Kanada	4	2	0	2	11:15	4: 4
3. Schweden	4	2	0	2	8:13	4: 4
4. CSSR	4	1	1	2	10: 9	3: 5
5. Finnland	4	1	1	2	10:12	3: 5

Calgary-Cup

27. Dezember 1986 bis 3. Januar 1987 in Calgary

USA – Kanada 5:3, CSSR – UdSSR 0:4, CSSR – Kanada 6:3, UdSSR – Kanada 4:1, CSSR – USA 11:2, UdSSR – USA 10:1.

1. UdSSR	3	3	0	0	18: 2	6: 0
2. CSSR	3	2	0	1	17: 9	4: 2
3. USA	3	1	0	2	8:24	2: 4
4. Kanada	3	0	0	3	7:15	0: 6

Endspiele: Platz 1: CSSR – UdSSR 3:2, Platz 3: Kanada – USA 6:1.

Rendezvous von Quebec

11. und 13. Februar in Quebec

NHL-All-Stars – UdSSR 4:3
NHL-All-Stars – UdSSR 3:5

Spengler-Cup

26. bis 31. Dezember in Davos

1. Sokol Kiew	4	4	0	0	32:15	8: 0
2. Team Canada	4	3	0	1	28:16	6: 2
3. Davos Selection	4	2	0	2	21:21	4: 4
4. VSZ Kosice	4	1	0	3	16:16	2: 6
5. Düsseldorfer EG	4	0	0	4	15:44	0: 8

Finalspiel 1–2: Sokol Kiew – Team Canada 6:9.

Europacup

Finalrunde 1985/86 (24. bis 30. August 1986 in Rosenheim):

Södertälje SK (Schweden) – SB Rosenheim 3:1, HC St. Gervais (Frankreich) – Dukla Iglau (CSSR) 2:10, ZSKA Moskau (UdSSR) – Södertälje 10:2, Rosenheim – St. Gervais 9:4, St. Gervais – Moskau 1:19, Rosenheim – Iglau 6:4, Iglau – Moskau 3:9, Södertälje – St. Gervais 11:0, Moskau – Rosenheim 8:0, Iglau – Södertälje 4:5.

1. ZSKA Moskau	4	4	0	0	46: 6	8: 0
2. Södertälje SK	4	3	0	1	21:15	6: 2
3. SB Rosenheim	4	2	0	2	16:19	4: 4
4. Dukla Iglau	4	1	0	3	21:22	2: 6
5. HC St. Gervais	4	0	0	4	7:49	0: 8

Wettbewerb 1986/87: 1. Runde: Steaua Bukarest (Rumänien) – ZSKA Sofia (Bulgarien) 14:0, 6:2.
2. Runde: Stjernen Frederikstad (Norwegen) – WASPS Durham (Großbritannien) 14:3, 9:4, GS Groningen (Holland) – Dynamo Ostberlin 2:2, 3:6, Bukarest – Partizan Belgrad (Jugoslawien) 2:2, 4:5, HC Mont Blanc – HC Meran 9:1 (0:5 gewertet wegen eines nicht spielberechtigten Spielers bei Mont Blanc), 3:3.
3. Runde: Frederikstad – Tappara Tampere (Finnland) 0:10, 0:13, Ostberlin – HC Lugano (Schweiz) 2:5, 1,1, Belgrad – Polonia Bytom (Polen) 2:5, 1:9, HC Meran – Klagenfurter AC 9:11, 4:8.
4. Runde: Tampere – Moskau 2:8, 5:7, Lugano – Kölner EC 4:2, 4:5, Bytom – VSZ Kosice (CSSR) 1:4, 2:3, Klagenfurt – Färjestad BK (Schweden) 6:5, 4:6.

Das Finalturnier in Lugano mit Moskau, Färjestad, Kosice und Lugano fand erst nach Redaktionsschluß statt.

Endlich einmal gegen die Sowjets bei der Jagd nach dem Puck erfolgreich. Den 28. März 1987 wird man sich merken: Erstmals gelang der deutschen Nationalmannschaft ein Sieg gegen eine UdSSR-Auswahl.

Nationale Meisterschaften Europas

Erklärung: Tabellen-Schema wie üblich, Reihenfolge: Spiele, Siege, Unentschieden, Niederlagen, Tore, Punkte. Die Skorerwertung beinhaltet Tore + Assists = Skorerpunkte.

UdSSR

Vorrunde

1.	ZSKA Moskau	22	20	1	1	122:44	41:3
2.	Dynamo Moskau	22	15	2	5	104:62	32:12
3.	Krilija Moskau	22	11	4	7	75:60	26:18
4.	SKA Leningrad	22	10	5	7	81:69	25:19
5.	Ch. Woskresensk	22	9	5	8	77:80	23:21
6.	Spartak Moskau	22	9	4	9	74:62	22:22
7.	Dynamo Riga	22	8	4	10	61:74	20:24
8.	Sokol Kiew	22	9	1	12	79:91	19:25
9.	Tscheljabinsk	22	6	5	11	52:72	17:27
10.	Torpedo Gorki	22	6	4	12	66:85	16:28
11.	Salavat Ufa	22	5	3	14	47:93	13:31
12.	Aut. Swerdlowsk	22	3	4	15	57:103	10:34

Meisterrunde

1.	ZSKA Moskau	40	36	2	2	223:80	74:6
2.	Dynamo Moskau	40	28	4	8	174:107	60:20
3.	SKA Leningrad	40	21	7	12	154:134	49:31
4.	Krilija Moskau	40	17	8	15	126:118	42:38
5.	Ch. Woskresensk	40	16	9	15	142:154	41:39
6.	Spartak Moskau	40	16	8	16	131:120	40:40
7.	Dynamo Riga	40	14	5	21	117:132	33:47
8.	Torpedo Gorki	40	12	7	21	118:155	31:49
9.	Sokol Kiew	40	12	2	26	130:175	26:54
10.	Tscheljabinsk	40	9	7	24	84:132	25:55

Skorerwertung

1. Sergej Makarow (ZSKA)   21 + 32 = 53
2. Wladimir Krutow (ZSKA)   26 + 24 = 50
3. Igor Larionow (ZSKA)   20 + 26 = 46
4. Sergej Swetlow (Dynamo)   20 + 19 = 39
5. Wjat. Bykow (ZSKA)   18 + 15 = 33
6. Alex Lomakin (Dynamo)   15 + 14 = 29
7. Alex Semak (Kiew)   20 + 8 = 28
8. W. Krawetz (Leningrad)   16 + 11 = 27
9. Wjat. Wasow (Leningrad)   18 + 8 = 26
10. Solomatin (Spartak)   17 + 4 = 21

Auf- und Abstiegsrunde

1.	Torpedo Jaroslawl	28	18	3	7	117:74	39:17
2.	Ishstal Ustinow	28	18	1	9	124:115	37:19
3.	Aut. Swerdlowsk	28	13	6	9	113:97	32:24
4.	Ust-Kamenogorsk	28	12	7	9	133:133	31:25
5.	Urizki Kasan	28	12	4	12	105:93	28:28
6.	Dynamo Charkow	28	12	3	13	116:105	27:29
7.	Salavat Ufa	28	8	4	16	92:116	20:36
8.	Torp. Togliatti	28	2	6	20	84:152	10:46

Automobilst Swerdlowsk und Salavat Ufa steigen ab, Torpedo Jaroslawl und Ishstal Ustinow steigen auf.

CSSR

Vorrunde

1.	Tesla Pardubitz	22	14	2	6	95:50	30:14
2.	Sparta Prag	22	11	5	6	72:58	27:17
3.	Dukla Iglau	22	10	4	8	85:63	24:20
4.	VSZ Kosice	22	9	5	8	70:69	23:21
5.	Zetor Brünn	22	9	5	8	59:65	23:21
6.	TJ Gottwaldov	22	10	2	10	82:70	22:22
7.	Skoda Pilsen	22	9	4	9	82:80	22:22
8.	Motor Budweis	22	7	8	7	57:58	22:22
9.	VZKG Vitkovice	22	9	4	9	68:73	22:22
10.	Slovan Preßburg	22	10	1	11	72:92	21:23
11.	Dukla Trencin	22	6	4	12	59:88	16:28
12.	TJ Litvinov	22	5	2	15	67:102	12:32

Endstand

1.	Tesla Pardubitz	34	22	2	10	143:87	46:22
2.	Sparta Prag	34	17	7	10	115:95	41:27
3.	Dukla Iglau	34	17	5	12	132:99	39:29
4.	VSZ Kosice	34	15	7	12	117:107	37:31
5.	Zetor Brünn	34	15	6	13	94:107	36:32
6.	Motor Budweis	34	13	9	12	98:90	35:33
7.	Slovan Preßburg	34	17	1	16	126:140	35:33
8.	TJ Gottwaldov	34	14	5	15	114:107	33:35
9.	TJ Litvinov	34	12	5	17	129:135	29:39
10.	Skoda Pilsen	34	11	6	17	109:129	28:40
11.	Dukla Trencin	34	8	10	16	91:124	26:42
12.	VZKG Vitkovice	34	9	5	20	104:152	23:45

Play-Off-Runde

Viertelfinale: Pardubitz – Gottwaldov 2:0 Siege (6:2, 4:2), Prag – Preßburg 2:0 (7:1, 3:2), Iglau – Budweis 2:0 (9:3, 2:1), Kosice – Brünn 2:1 (8:1, 2:3, 4:0).
Halbfinale: Pardubitz – Kosice 2:0 (7:1, 6:4), Prag – Iglau 2:0 (3:4, 2:4).
Finale: Pardubitz – Iglau 3:2 (6:1, 1:6, 1:0, 2:3, 3:2).
Um Platz 3: Prag – Kosice 2:0 (4:2, 5:1).
Runde um Platz 5–8: Gottwaldov – Brünn 2:0 (7:3, 4:3), Preßburg – Budweis 2:1 (5:4, 4:5, 3:2).
Um Platz 5: Preßburg – Gottwaldov 2:1 (4:1, 3:9, 7:4).
Um Platz 7: Brünn – Budweis 2:1 (3:1, 3:7, 6:3).

Skorerwertung

1. David Volek (Prag)   27 + 25 = 52
2. Jan Vodila (Kosice)   22 + 21 = 43
3. Jiří Hrdina (Prag)   20 + 23 = 43
4. Rost. Vlach (Gottwaldov)   27 + 15 = 42
5. Jiri Sejba (Pardubitz)   25 + 17 = 42
6. Jan Jasko (Preßburg)   33 + 8 = 41
7. Jiri Janecky (Pardubitz)   17 + 23 = 40
8. Frant. Cech (Pardubitz)   18 + 21 = 39
9. Petr Rosol (Litvinov)   20 + 18 = 38
10. Jiri Dolezal (Prag)   19 + 15 = 34

Abstiegsrunde

1.	TJ Litvinov	12	6	1	5	57:56	16	(Bonus 3)
2.	Dukla Trencin	12	4	5	3	42:37	14	(Bonus 1)
3.	Skoda Pilsen	12	5	1	6	50:53	13	(Bonus 2)
4.	VZKG Vitkovice	12	4	3	5	49:52	11	(Bonus 0)

Aufstiegsspiele: Poldi Kladno – Plastika Nitra 5:3, 4:1, 8:3.
Vitkovice steigt ab, Poldi Kladno steigt auf.

Schweden

1.	Färjestads BK	36	22	5	9	160:118	49:23
2.	IF Björklöven	36	21	5	10	158:103	47:25
3.	Luleå HF	36	17	7	12	148:133	41:31
4.	Djurgårdens IF	36	17	5	14	137:119	39:33
5.	HV 71 Jönköping	36	16	5	15	103:115	37:35
6.	Brynäs IF Gävle	36	14	4	18	112:121	32:40
7.	Södertälje SK	36	13	6	17	123:133	32:40
8.	Leksands IF	36	12	6	18	128:162	30:42
9.	Skellefteå AIK	36	12	4	20	112:146	28:44
10.	MoDo AIK	36	8	9	19	129:160	25:47

Skorerwertung

1. Glenn Johansson (Södertälje)   10 + 33 = 43
2. Lars-G. Pettersson (Björkl.)   28 + 13 = 41
3. Peter Sundström (Björklöven)   22 + 16 = 38
4. Erkki Laine (Färjestad)   26 + 10 = 36
5. Robert Burakovsky (Leksand)   21 + 15 = 36
6. Jens Hellgren (Luleå)   18 + 17 = 35
7. Mikael Andersson (Björklöven)   14 + 21 = 35
8. Heinz Ehlers (Leksand)   15 + 17 = 32
9. Thomas Rundqvist (Färjestad)   13 + 22 = 35
10. Tom Eklund (Södertälje)   21 + 13 = 34

Play-Off-Runde

Halbfinale: Björklöven – Djurgården 2:0 Siege (7:3, 5:3), Färjestad – Luleå 2:1 (4:6, 5:3, 4:3).
Finale: Färjestad – Björklöven 1:3 (2:1, 5:8, 4:5, 1:6).

Finnland

1.	Kärpät Oulu	44	25	4	15	209:161	54:34
2.	Tappara Tampere	44	24	4	16	203:148	52:36
3.	TPS Turku	44	22	6	16	198:194	50:38
4.	IFK Helsinki	44	21	5	18	193:168	47:41
5.	Ilves Tampere	44	19	5	20	195:169	47:41
6.	Ässät Pori	44	19	5	20	167:191	43:45
7.	Jyp HT Jyväskylä	44	17	7	20	165:179	41:47
8.	Lukko Rauma	44	16	8	20	158:179	40:48
9.	Kalpa Kuopio	44	17	5	22	174:208	39:49
10.	Jokerit Helsinki	44	12	3	29	161:226	27:61

Skorerwertung

1. Kari Jalonen (Kärpät)   29 + 64 = 93
2. Pekka Järvelä (Jyp HT)   17 + 54 = 71
3. Matti Hagman (IFK)   17 + 51 = 68
4. Arto Javanainen (Ässät)   37 + 24 = 61
5. Esa Keskinen (Turku)   25 + 36 = 61
6. Risto Kurkinen (Jyp HT)   41 + 19 = 60
7. Dale Derkatch (Ilves)   24 + 31 = 55
8. Risto Jalo (Ilves)   23 + 31 = 54
9. Iiro Järvi (IFK)   23 + 30 = 53
10. Wayne Thompson (Kalpa)   22 + 30 = 52

Play-Off-Runde

Halbfinale: Kärpät – IFK 3:0 Siege (3:2, 8:4, 4:2), Tappara – Turku 3:0 (6:5, 6:0, 5:3).
Finale: Kärpät – Tappara 1:4 (3:5, 4:6, 5:1, 1:3, 2:5).

Schweiz

1.	HC Lugano	36	24	3	9	198:125	51:21
2.	HC Kloten	36	22	5	9	194:126	49:23
3.	HC Davos	36	21	3	12	165:132	45:27
4.	HC Ambri-Piotta	36	19	5	12	207:167	43:29
5.	SC Bern	36	16	5	15	188:178	37:35
6.	EHC Biel	36	17	2	17	156:194	36:36
7.	HC Fribourg	36	13	4	19	170:205	30:42
8.	HC Sierre	36	13	3	20	155:185	29:43
9.	EHC Chur	36	10	2	24	139:170	22:50
10.	EHC Olten	36	8	2	26	119:209	18:54

Chur und Olten steigen ab, der EV Zug und HC Langnau steigen auf.

Skorerwertung

1. Sauvé (Fribourg)   33 + 58 = 91
2. Johannson (Lugano)   33 + 44 = 77
3. Bowman (Bern)   30 + 45 = 75
4. Yates (Kloten)   35 + 39 = 74
5. Dupont (Biel)   30 + 40 = 70
6. Glowa (Sierre)   37 + 27 = 64
7. Jaks (Ambri-Piotta)   39 + 23 = 62
8. Hotz (Bern)   35 + 26 = 61
9. Montandon (Fribourg)   34 + 21 = 55
10. Wäger (Kloten)   31 + 23 = 54

Play-Off-Runde

Halbfinale: Lugano – Ambri 3:0 Siege (5:4, 4:1, 7:1), Kloten – Davos 3:2 (3:7, 2:5, 3:2, 5:1, 7:4).
Finale: Lugano – Kloten 3:0 (6:2, 3:1, 4:0).

Österreich

Grunddurchgang

1.	Klagenfurt	24	16	3	5	129:79	35:13	(4)*
2.	Feldkirch	24	17	0	7	111:83	34:14	(3)
3.	Innsbruck	24	14	2	8	126:99	30:18	(2)

4. Villach	24	10	3	11	101:96	23:25 (1)
5. Wiener EV	24	8	6	10	108:114	22:26 (0)
6. Lustenau	24	10	0	14	138:130	20:28 (0)
7. Salzburg	24	0	4	20	65:177	4:44

* Bonuspunkte für Meisterrunde. Salzburg ausgeschieden, aber kein Absteiger wegen beabsichtigter Aufstockung auf acht Vereine.

Endstand Meisterrunde

1. Innsbruck	10	9	1	0	61:28	21:1 (2)
2. Klagenfurt	10	7	1	2	49:31	19:5 (4)
3. Feldkirch	10	2	4	4	39:40	11:12 (3)
4. Wiener EV	10	4	2	4	34:32	10:10 (0)
5. Villach	10	3	0	7	36:51	7:14 (1)
6. Lustenau	10	0	2	8	33:70	2:18 (0)

Villach und Lustenau ausgeschieden.

Play-Off-Runde

Halbfinale: Wien – Innsbruck 3:1 Siege (3:6, 4:3 n. V., 4:2, 3:1), Klagenfurt – Feldkirchen 3:0 (6:3, 5:1, 5:2).
Finale: Klagenfurt – Wien 3:0 (4:2, 4:4 n. V. [Penaltyschießen 1:0], 5:4).
Um Platz 3: Innsbruck – Feldkirch 1:1 (9:10, 13:4, Innsbruck Dritter).

Skorerwertung

1. Schalimow (Innsbruck)	43 + 41 =	84
2. Lefebvre (Villach)	36 + 42 =	78
3. Holst (Innsbruck)	39 + 36 =	75
4. Bissett (Lustenau)	26 + 48 =	74
5. Stockman (Lustenau)	47 + 22 =	69
6. Cijan (Klagenfurt)	33 + 35 =	68
7. Lebler (Klagenfurt)	36 + 30 =	66
8. Kapustin (Innsbruck)	33 + 32 =	65
9. Shea (Lustenau/bester Vert.)	14 + 47 =	61
10. Cernik (Feldkirch)	23 + 37 =	60

Die Spieler schreien ihren Jubel hinaus: Lugano blieb in den Play-Offs erneut ungeschlagen und wurde wieder Schweizer Meister.

Italien

Vorrunde

1. HC Bozen	18	12	1	5	114:72	25
2. HC Fassa-Canazei	18	11	2	5	96:80	24
3. HC Varese	18	10	3	5	78:55	23
4. HC Meran	18	10	0	8	88:89	20
5. SG Cortina	18	8	2	8	75:69	18
6. HC Asiago	18	7	3	8	105:100	17
7. HC Alleghe	18	7	3	8	76:79	17
8. SG Bruneck	18	5	5	8	63:71	15
9. SG Ritten	18	7	0	11	85:117	14
10. HC Auronzo	18	3	1	14	67:115	7

Zwischenrunde, Gruppe A

1. HC Bozen	10	9	0	1	65:37	23 (5)
2. HC Varese	10	5	4	1	47:35	14 (3)
3. HC Meran	10	5	1	4	39:46	13 (2)
4. SG Cortina	10	4	0	6	39:40	9 (1)
5. HC Alleghe	10	4	0	6	46:49	8 (0)
6. Fassa-Canazei	10	2	0	8	45:74	8 (4)

Gruppe B

1. HC Asiago	12	7	2	3	58:45	10 (3)
2. SG Bruneck	12	6	2	4	38:32	16 (2)
3. SG Ritten	12	5	1	6	52:54	12 (1)
4. HC Auronzo	12	3	1	8	44:61	7 (0)

(in Klammern Bonuspunkte)

Play-Off-Runde

Viertelfinale: Bozen – Bruneck 2:0 Siege (5:1, 7:4), Varese – Asiago 2:0 Siege (4:1, 4:3), Meran – Fassa 2:0 (9:4, 10:4), Cortina – Alleghe 0:2 (2:5, 0:5).
Halbfinale: Bozen – Alleghe 3:1 (7:5, 4:7, 9:6, 6:5), Varese – Meran 3:0 (5:0, 2:1, 5:2).
Finale: Varese – Bozen 3:0 (4:2, 5:2, 4:1).
Um Platz 3: Meran – Alleghe 0:3 (5:8, 5:8, 4:8).

Trostrunde

1. SG Bruneck	10	6	1	3	44:34	13
2. HC Asiago	10	5	1	4	54:51	11
3. SG Cortina	10	5	1	4	41:38	11
4. SG Ritten	10	4	2	4	38:43	10
5. HC Fassa-Canazei	10	2	4	4	49:52	8
6. HC Auronzo	10	3	1	6	42:50	7

Endstand: 1. Varese (Meister), 2. Bozen, 3. Alleghe, 4. Meran, 5. Bruneck, 6. Asiago, 7. Cortina, 8. Ritten, 9. Fassa, 10. Auronzo (Absteiger in die Serie B, Aufsteiger Cavalese).

Skorerwertung

1. Mustafa Besic (Fassa)	47 + 69 =	116
2. Santino Pellegrino (Asiago)	52 + 52 =	104
3. Len Hadborn (Bozen)	36 + 67 =	103
4. Mario Simioni (Asiago)	62 + 39 =	101
5. Mario Cerri (Ritten)	45 + 54 =	99
6. Mark Stuckey (Fassa)	34 + 63 =	97
7. Steve Smith (Ritten)	49 + 45 =	94
8. Bruno Baseotto (Bozen)	58 + 33 =	91
9. Tony Fiore (Alleghe)	41 + 50 =	91
10. Frank Nigro (Meran)	36 + 51 =	87
11. Errol Rausse (Alleghe)	37 + 47 =	84

DDR

1. Dynamo Berlin	12	8	0	4	69:47	16:8
2. Dynamo Weißwasser	12	4	0	8	47:69	8:16

Polen

Vorrunde

1. Zaglebie Sosnowiec	18	14	1	3	100:52	29:7
2. Podhale Nowy Targ	18	12	4	2	96:43	28:8
3. Polonia Bytom	18	14	0	4	95:45	28:8
4. Naprzod Janow	18	13	0	5	95:64	26:10
5. GKS Tychy	18	8	2	8	79:68	18:18
6. Cracovia Krakow	18	6	6	6	61:66	18:18
7. LKS Lodz	18	5	2	11	68:105	12:24
8. Stocznow. Gdansk	18	4	1	13	47:92	9:27
9. Gornik Katowice	18	2	2	14	59:104	6:30
10. Polonia Bydgoszcz	18	1	4	13	41:100	6:30

Zwischenrunde

1. Podhale Nowy Targ	28	19	6	3	135:71	44:12
2. Naprzod Janow	28	20	2	6	143:89	42:14
3. Polonia Bytom	28	19	1	8	132:75	39:17
4. Zaglebie Sosnowiec	28	16	1	11	123:91	33:23
5. GKS Tychy	28	10	5	13	106:107	25:31
6. Gracovia Krakow	28	8	8	12	95:115	24:32
7. LKS Lodz	30	11	4	15	120:152	26:34
8. Stocznow. Gdansk	30	10	3	17	92:133	23:37
9. Gornik Katowice	30	7	4	19	112:154	18:42
10. Polonia Bydgoszcz	30	4	6	20	81:152	14:46

Play-Off-Runde

Viertelfinale: Nowy Targ – Gdansk 2:0 Siege (11:2, 9:3), Janow – Lodz 2:0 (6:3, 8:4), Bytom – Krakow 2:0 (12:1, 6:3), Sosnowiec – Tychy 2:1 (3:6, 6:3, 3:1).
Halbfinale: Nowy Targ – Sosnowiec 2:1 (3:5, 3:2, 4:4 – 2:1 Penaltyschießen), Janow – Bytom 0:2 (1:3, 5:6).
Finale: Nowy Targ – Bytom 2:1 (4:3, 3:4, 6:2).
Um Platz 3: Janow – Sosnowiec 2:1 (4:6, 11:3, 4:2).
Runde um Plätze 5–8: Krakow – Lodz 2:1 (3:1, 3:3 – 1:2 Penaltyschießen, 3:1), Tychy – Gdansk 2:1 (7:4, 3:3 – 0:2 Penaltyschießen, 8:2).
Um Platz 5: Krakow – Tychy 2:1 (4:3, 6:8, 5:1).
Um Platz 7: Lodz – Gdansk 2:0 (8:6, 6:4).
Um Platz 9 (Abstiegsspiel): Katowice – Bydgoszcz 2:0 (4:3, 4:2).

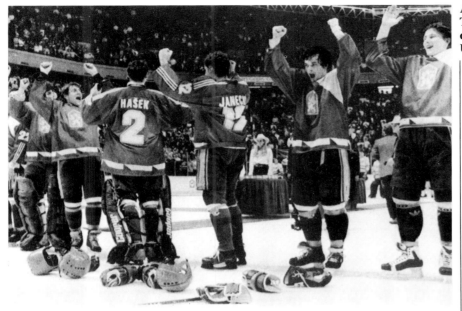

Auch die Spieler der CSSR feierten ihren Triumph: Sie gewannen Anfang Januar den Calgary-Cup. Im Endspiel wurde die UdSSR geschlagen.

Zwei sind am Ziel ihrer Wünsche: Den Titelgewinn in der CSSR mit Tesla Pardubitz feiern Teamleiter Bohuslav Stastny (früher Kaufbeuren) und der überragende Torhüter Dominik Hasek.

Holland

Vorrunde

1. Pandas Rotterdam	28	18	3	7	162:106	39:17
2. Smoke E. Geleen	28	15	4	9	157:138	34:22
3. Front. Amsterdam	28	14	3	11	171:141	31:25
4. Trappers Tilburg	28	12	6	10	147:156	30:26
5. NS Groningen	28	12	3	13	151:142	27:29
6. Spitman Nijmegen	28	10	5	13	116:118	25:31
7. Fly. Heerenveen	28	8	7	13	119:155	23:33
8. Kemph. Eindhoven	28	6	3	19	114:181	15:41

Meisterrunde: 1. Pandas Rotterdam 24 Punkte (18 + 6 Bonus), 2. Geleen 19 (14 + 5), 3. Amsterdam 12 (8 + 4), 4. Groningen 12 (10 + 2), 5. Nijmegen 9 (8 + 1), 6. Tilburg 5 (2 + 3).

Play-Off-Runde:
Halbfinale: Rotterdam – Groningen 2:0 Siege (4:2, 5:3), Geleen – Amsterdam 2:1 (5:2, 7:8, 5:1).
Finale: Rotterdam – Geleen 2:0 (8:0, 4:2).

Frankreich

1. HC Montblanc	36	32	2	2	66:6	
2. Français Paris	36	23	4	9	50:22	
3. HC Gap	36	21	6	9	48:24	
4. HC Amiens	36	19	4	13	42:30	
5. HC Villard-de-Lans	36	17	5	14	39:33	
6. CSG Grenoble	36	11	4	21	26:46	
7. HC Chamonix	36	11	2	23	24:48	
8. HC Briançon	36	10	3	23	23:49	
9. HC Rouen	36	9	4	23	22:50	
10. OHC Viry-Essonne	36	9	2	25	20:52	

Norwegen

1. Stjernen Frederikstad	36	225:139	51:21
2. Valerengen Oslo	36	228:150	49:23
3. Sparta Sarpsborg	36	167:144	46:26
4. Frisk Asker	36	172:122	41:31
5. Sorhamar Hamar	36	181:157	36:36
6. Furuset Oslo	36	177:136	34:38
7. Manglerud Star Oslo	36	164:159	34:38
8. Djerv Bergen	36	178:229	33:39
9. Viking Stavanger	36	162:242	19:53
10. Hasle Lören Oslo	36	144:292	17:55

Finale: Frederikstad – Valerengen Oslo 1:3 Siege (2:4, 5:8, 3:2, 2:5).

Dänemark

Vorrunde

1. Herning IK	24	128:89	30:18 (3)
2. Aalborg BK	24	103:94	30:18 (2)
3. Rödovre SIK	24	89:84	29:19 (1)
4. Frederikshavn IK	24	111:91	28:20 (0)
5. Esbjerg IK	24	116:105	26:22
6. Herlev IK	24	81:115	16:32
7. Vojens IK	24	78:128	9:39

(in Klammern Bonuspunkte)

Meisterrunde

1. Herning IK	6	29:16	10:2 (13)
2. Aalborg BK	6	29:22	8:4 (10)
3. Rödovre SIK	6	15:30	3:9 (4)
4. Frederikshavn IK	6	17:22	3:9 (3)

(in Klammern einschließlich Bonuspunkte)

Jugoslawien

Meisterrunde

1. Partizan Belgrad	20	16	1	3	108:33	38 (5)
2. HC Jesenice	20	16	0	4	139:66	36 (4)
3. Olympia Ljubljana	20	15	0	5	141:45	36 (6)
4. Crv. Z. Belgrad	20	6	3	11	75:83	18 (3)
5. Bosna Sarajevo	20	3	1	16	54:193	8 (1)
6. Kranjska Gora	20	1	1	18	58:151	5 (2)

(in Klammern Bonuspunkte aus der Vorrunde)
Finale: Belgrad – Jesenice 0:3 (3:5, 3:5, 3:5).

Abstiegsrunde

1. Medvescak Zagreb	8	7	0	1	73:45	18 (4)
2. Vardar Skoplje	8	4	0	4	62:51	11 (3)
3. Vojvodina Novisad	8	1	0	7	36:75	4 (2)

(in Klammern Bonuspunkte)

Ungarn

Meisterrunde

1. Ujpest Dozsa Budapest	24	94:38	47:1
2. Ferencvaros Budapest	24	48:43	33:15
3. Volan Szekesfehervar	24	63:50	28:20
4. Kinizsi Miskolc	24	26:100	12:36

Bulgarien

Meisterrunde

1. Slavia Sofia	20	15	3	2	113:36	33:7
2. ZSKA Sofia	20	13	3	4	107:46	29:11
3. Lewski/Sp. Sofia	20	13	2	5	95:49	28:12
4. Akademik Sofia	20	5	0	15	60:117	10:30
5. Metallurg Pernik	20	0	0	20	31:158	0:40

Belgien

Meisterrunde

1. Olympia Heist	16	13	2	1	118:46	28:4
2. Phantoms Deurne	16	11	1	4	120:76	23:9
3. HYC Herentals	16	7	3	6	84:78	17:15
4. Griffioens Geel	16	4	1	11	73:108	9:23
5. CPL Lüttich	16	1	1	14	73:160	3:29

Großbritannien

Meisterrunde

1. Murrayfield Racers	36	29	2	5	414:218	60:12
2. Dundee Rockets	36	26	1	9	324:203	53:19
3. Durham Wasps	36	22	3	11	335:214	47:25
4. Fife Flyers	36	23	1	12	317:215	47:25
5. Notting. Panthers	36	23	1	12	286:227	47:25
6. Ayr Bruins	36	17	2	17	186:261	36:36
7. Whitley Warriors	36	14	2	20	298:321	30:42
8. Streatham Redskins	36	10	2	24	212:332	22:50
9. Solihull Barons	36	4	2	30	178:368	10:62
10. Cleveland Bombers	36	3	2	31	178:369	8:64

Play-Off-Runde
Halbfinale: Durham – Fife 7:5, Murrayfield – Dundee 9:6.
Finale: Durham – Murrayfield 9:5.

Bundesliga I, Doppelrunde 1987/88

Freitag, 18. September
19.30: BSC Preussen – SB Rosenheim
19.30: Eintr. Frankfurt – Kölner EC
19.30: Schwenninger ERC – ECD Iserlohn
19.30: ESV Kaufbeuren – Mannheimer ERC
19.30: Düsseldorfer EG – EV Landshut

Sonntag, 20. September
15.30: ECD Iserlohn – BSC Preussen
17.00: Kölner EC – Schwenninger ERC
18.30: EV Landshut – ESV Kaufbeuren
19.00: Mannheimer ERC – Düsseldorfer EG
19.00: SB Rosenheim – Eintr. Frankfurt

Freitag, 25. September
19.30: Kölner EC – BSC Preussen
19.30: Eintr. Frankfurt – Düsseldorfer EG
19.30: Schwenninger ERC – Mannheimer ERC
19.30: ECD Iserlohn – ESV Kaufbeuren
19.30: SB Rosenheim – EV Landshut

Sonntag, 27. September
15.30: BSC Preussen – Schwenninger ERC
18.30: EV Landshut – ECD Iserlohn
19.00: Düsseldorfer EG – Kölner EC
19.00: Mannheimer ERC – SB Rosenheim
19.00: ESV Kaufbeuren – Eintr. Frankfurt

Freitag, 2. Oktober
19.30: BSC Preussen – Eintr. Frankfurt
19.30: Schwenninger ERC – ESV Kaufbeuren
19.30: Düsseldorfer EG – SB Rosenheim
19.30: Kölner EC – ECD Iserlohn
19.30: Mannheimer ERC – EV Landshut

Sonntag, 4. Oktober
15.30: EV Landshut – BSC Preussen
19.00: ESV Kaufbeuren – Düsseldorfer EG
19.00: Eintr. Frankfurt – Schwenninger ERC
19.00: ECD Iserlohn – Mannheimer ERC
19.00: SB Rosenheim – Kölner EC

Dienstag, 6. Oktober
19.30: BSC Preussen – ESV Kaufbeuren
19.30: Schwenninger ERC – SB Rosenheim
19.30: Düsseldorfer EG – ECD Iserlohn
19.30: Mannheimer ERC – Eintr. Frankfurt
19.30: Kölner EC – EV Landshut

Freitag, 9. Oktober
19.30: BSC Preussen – Düsseldorfer EG
19.30: Kölner EC – Mannheimer ERC
19.30: SB Rosenheim – ESV Kaufbeuren
19.30: Eintr. Frankfurt – ECD Iserlohn
19.30: Schwenninger ERC – EV Landshut

Sonntag, 11. Oktober
15.30: Mannheimer ERC – BSC Preussen
18.30: EV Landshut – Eintr. Frankfurt
19.00: ESV Kaufbeuren – Kölner EC
19.00: ECD Iserlohn – SB Rosenheim
19.00: Düsseldorfer EG – Schwenninger ERC

Freitag, 16. Oktober
19.30: SB Rosenheim – BSC Preussen
19.30: Kölner EC – Eintr. Frankfurt
19.30: ECD Iserlohn – Schwenninger ERC
19.30: Mannheimer ERC – ESV Kaufbeuren
19.30: EV Landshut – Düsseldorfer EG

Sonntag, 18. Oktober
15.30: BSC Preussen – ECD Iserlohn
18.00: Schwenninger ERC – Kölner EC
19.00: Eintr. Frankfurt – SB Rosenheim
19.00: Düsseldorfer EG – Mannheimer ERC
19.00: ESV Kaufbeuren – EV Landshut

Freitag, 23. Oktober
19.30: BSC Preussen – Kölner EC
19.30: Düsseldorfer EG – Eintr. Frankfurt
19.30: Mannheimer ERC – Schwenninger ERC
19.30: ESV Kaufbeuren – ECD Iserlohn
19.30: EV Landshut – SB Rosenheim

Sonntag, 25. Oktober
15.30: Kölner EC – Düsseldorfer EG
15.30: Schwenninger ERC – BSC Preussen
19.00: Eintr. Frankfurt – ESV Kaufbeuren
19.00: SB Rosenheim – Mannheimer ERC
19.00: ECD Iserlohn – EV Landshut

Freitag, 30. Oktober
19.30: Düsseldorfer EG – BSC Preussen
19.30: Mannheimer ERC – Kölner EC
19.30: ESV Kaufbeuren – SB Rosenheim
19.30: ECD Iserlohn – Eintr. Frankfurt
19.30: EV Landshut – Schwenninger ERC

Sonntag, 1. November
15.30: BSC Preussen – Mannheimer ERC
17.00: Kölner EC – ESV Kaufbeuren
18.00: Schwenninger ERC – Düsseldorfer EG
19.00: SB Rosenheim – ECD Iserlohn
19.00: Eintr. Frankfurt – EV Landshut

Freitag, 6. November
19.30: Eintr. Frankfurt – BSC Preussen
19.30: ESV Kaufbeuren – Schwenninger ERC
19.30: SB Rosenheim – Düsseldorfer EG
19.30: ECD Iserlohn – Kölner EC
19.30: EV Landshut – Mannheimer ERC

Sonntag, 8. November
15.30: BSC Preussen – EV Landshut
17.00: Kölner EC – SB Rosenheim
18.00: Schwenninger ERC – Eintr. Frankfurt
19.00: Düsseldorfer EG – ESV Kaufbeuren
19.00: Mannheimer ERC – ECD Iserlohn

Dienstag, 10. November
19.30: ESV Kaufbeuren – BSC Preussen
19.30: SB Rosenheim – Schwenninger ERC
19.30: ECD Iserlohn – Düsseldorfer EG
19.30: Eintr. Frankfurt – Mannheimer ERC
19.30: EV Landshut – Kölner EC

Freitag, 13. November
19.30: SB Rosenheim – Eintr. Frankfurt
19.30: Kölner EC – Schwenninger ERC
19.30: ECD Iserlohn – BSC Preussen
19.30: Mannheimer ERC – Düsseldorfer EG
19.30: EV Landshut – ESV Kaufbeuren

Sonntag, 15. November
15.30: BSC Preussen – SB Rosenheim
18.00: Schwenninger ERC – ECD Iserlohn
19.00: Eintr. Frankfurt – Kölner EC
19.00: ESV Kaufbeuren – Mannheimer ERC
19.00: Düsseldorfer EG – EV Landshut

Dienstag, 17. November
19.30: Düsseldorfer EG – Kölner EC

Freitag, 20. November
19.30: ESV Kaufbeuren – Eintr. Frankfurt
19.30: BSC Preussen – Schwenninger ERC
19.30: Mannheimer ERC – SB Rosenheim
19.30: EV Landshut – ECD Iserlohn

Sonntag, 22. November
18.00: Schwenninger ERC – Mannheimer ERC
19.00: ECD Iserlohn – ESV Kaufbeuren
19.00: SB Rosenheim – EV Landshut

Dienstag, 24. November
19.30: Eintr. Frankfurt – Düsseldorfer EG

Freitag, 27. November
19.30: Eintr. Frankfurt – Schwenninger ERC
19.30: SB Rosenheim – Kölner EC
19.30: ESV Kaufbeuren – Düsseldorfer EG
19.30: EV Landshut – BSC Preussen
19.30: ECD Iserlohn – Mannheimer ERC

Sonntag, 29. November
15.30: BSC Preussen – Eintr. Frankfurt
15.30: Kölner EC – ECD Iserlohn
18.00: Schwenninger ERC – ESV Kaufbeuren
19.00: Düsseldorfer EG – SB Rosenheim
19.00: Mannheimer ERC – EV Landshut

Freitag, 4. Dezember
19.30: ESV Kaufbeuren – Kölner EC
19.30: Mannheimer ERC – BSC Preussen
19.30: ECD Iserlohn – SB Rosenheim
19.30: Düsseldorfer EG – Schwenninger ERC
19.30: EV Landshut – Eintr. Frankfurt

Sonntag, 6. Dezember
15.30: BSC Preussen – Düsseldorfer EG
17.00: Kölner EC – Mannheimer ERC
18.00: Schwenninger ERC – EV Landshut
19.00: SB Rosenheim – ESV Kaufbeuren
19.00: Eintr. Frankfurt – ECD Iserlohn

Dienstag, 8. Dezember
19.30: Kölner EC – BSC Preussen

Freitag, 11. Dezember
19.30: Düsseldorfer EG – ECD Iserlohn
19.30: BSC Preussen – ESV Kaufbeuren
19.30: Schwenninger ERC – SB Rosenheim

Bundesliga-Termine 1987/88

Play-Off-Runde

Die Plazierten 1 bis 8 der Doppelrunde spielen laut Terminplan den Deutschen Meister und die Plazierungen nach folgendem Schema aus:

a) Spiele A bis G
Paarungen siehe Terminplan.
Bei den Spielen A bis G sind drei Siege erforderlich, um eine Runde weiterzukommen bzw. um Deutscher Meister zu werden. Erzielt eine Mannschaft vorzeitig drei Siege, entfallen die restlichen Spiele. Die in der Doppelrunde besser plazierte Mannschaft hat jeweils im ersten Spiel Heimrecht.
Ein Unentschieden gibt es bei diesen Spielen nicht. Endet ein Spiel nach 60 Minuten eff. Spielzeit unentschieden, wird es um 2×10 Minuten verlängert; jedoch nur bis das erste Tor fällt.
Fällt in der Verlängerung kein Tor, erfolgt ein Penaltyschießen.

b) Spiele E und F
Bei den Spielen E und F können die Paarungen und das erste Heimrecht vom Terminplanschema abweichen. Der Bestplazierte der Doppelrunde wird dem Schlechtestplazierten und der Zweitbestplazierte dem Zweitschlechtestplazierten zugeordnet.

c) Spiele G
Bei den Spielen G kann das erste Heimrecht vom Terminplanschema abweichen, da dieses dem Besserplazierten der Doppelrunde zusteht.

d) Spiele H
Die Spiele um den Platz 3 und 4 werden im Hin- und Rückspiel ausgetragen.
Sind beide Mannschaften nach dem zweiten Spiel punkt- und torgleich, wird dieses Spiel um 2×10 Minuten verlängert. Fällt in der Verlängerung ein Tor, ist das Spiel beendet. Fällt in der Verlängerung kein Tor, erfolgt ein Penaltyschießen.
Das erste Heimrecht kann vom Terminplanschema abweichen, da dieses die in der Doppelrunde schlechter plazierte Mannschaft erhält.

.30: Kölner EC – EV Landshut
.30: Mannheimer ERC – Eintr. Frankfurt

onntag, 13. Dezember
.30: Eintr. Frankfurt – BSC Preussen
.30: EV Landshut – Mannheimer ERC
.00: ECD Iserlohn – Kölner EC
.00: ESV Kaufbeuren – Schwenninger ERC
.00: SB Rosenheim – Düsseldorfer EG

reitag, 8. Januar 1988
.30: Eintr. Frankfurt – SB Rosenheim
.30: Schwenninger ERC – Kölner EC
.30: BSC Preussen – ECD Iserlohn
.30: Düsseldorfer EG – Mannheimer ERC
.30: ESV Kaufbeuren – EV Landshut

onntag, 10. Januar
.30: SB Rosenheim – BSC Preussen
.30: Kölner EC – Eintr. Frankfurt
.30: EV Landshut – Düsseldorfer EG
.00: Mannheimer ERC – ESV Kaufbeuren
.00: ECD Iserlohn – Schwenninger ERC

reitag, 15. Januar
.30: Eintr. Frankfurt – ESV Kaufbeuren
.30: Kölner EC – Düsseldorfer EG
.30: Schwenninger ERC – BSC Preussen
.30: SB Rosenheim – Mannheimer ERC
.30: ECD Iserlohn – EV Landshut

onntag, 17. Januar
.30: BSC Preussen – Kölner EC
.30: EV Landshut – SB Rosenheim
.00: Düsseldorfer EG – Eintr. Frankfurt
.00: ESV Kaufbeuren – ECD Iserlohn
.00: Mannheimer ERC – Schwenninger ERC

reitag, 22. Januar
.30: BSC Preussen – Mannheimer ERC
.30: Kölner EC – ESV Kaufbeuren
.30: Schwenninger ERC – Düsseldorfer EG
.30: SB Rosenheim – ECD Iserlohn
.30: Eintr. Frankfurt – EV Landshut

onntag, 24. Januar
.30: Düsseldorfer EG – BSC Preussen
.30: EV Landshut – Schwenninger ERC
.00: Mannheimer ERC – Kölner EC
.00: ECD Iserlohn – Eintr. Frankfurt
.00: ESV Kaufbeuren – SB Rosenheim

reitag, 29. Januar
.30: Schwenninger ERC – Eintr. Frankfurt
.30: Düsseldorfer EG – ESV Kaufbeuren
.30: Kölner EC – SB Rosenheim
.30: Mannheimer ERC – ECD Iserlohn
.30: BSC Preussen – EV Landshut

onntag, 31. Januar
.30: ESV Kaufbeuren – BSC Preussen
.30: EV Landshut – Kölner EC
.00: SB Rosenheim – Schwenninger ERC
.00: Eintr. Frankfurt – Mannheimer ERC
.00: ECD Iserlohn – Düsseldorfer EG

Viertelfinale	Spiele A	Spiele B	Spiele C	Spiele D
Freitag, 4. März 1988	1–8	2–7	3–6	4–5
Sonntag, 6. März 1988	8–1	7–2	6–3	5–4
Dienstag, 8. März 1988	1–8	2–7	3–6	4–5
Freitag, 11. März 1988	8–1	7–2	6–3	5–4
Sonntag, 13. März 1988	1–8	2–7	3–6	4–5

Halbfinale	Spiele E	Spiele F
Dienstag, 15. März 1988	Sieger A – Sieger D	Sieger B – Sieger C
Freitag, 18. März 1988	Sieger D – Sieger A	Sieger C – Sieger B
Sonntag, 20. März 1988	Sieger A – Sieger D	Sieger B – Sieger C
Dienstag, 22. März 1988	Sieger D – Sieger A	Sieger C – Sieger B
Freitag, 25. März 1988	Sieger A – Sieger D	Sieger B – Sieger C

Endspiele	Spiele G	Spiele H
Sonntag, 27. März 1988	Sieger E – Sieger F	Verlierer E – Verlierer F
Dienstag, 29. März 1988	Sieger F – Sieger E	Verlierer F – Verlierer E
Samstag, 2. April 1988	Sieger E – Sieger F	
Montag, 4. April 1988	Sieger F – Sieger E	
Mittwoch, 6. April 1988	Sieger E – Sieger F	

Int. Eishockey-Verband

International Ice Hockey Federation (IIHF)
Bellevuestraße 8, A-1190 Wien,
Telefon 222-32 52 52, Telex 232-32 22 399
Council: Dr. G. Sabetzki (Präsident), M. Subrt (Vizepräsident), G. Renwick (Vizepräsident), C. Berglund (Schatzmeister), W. Bush, M. Luxa, G. Pasztor, Dr. H. Dobida, F. Schweers, R. Fasel, S. Tomita (Mitglieder). – *Generalsekretär:* Jan-Ake Edvinsson. – *Sportdirektor:* Roman Neumayer.

Deutscher Eishockey-Bund e. V. (DEB)

Sitz und Geschäftsstelle:
Betzenweg 34, Haus des Eissports, 8000 München 60, Telefon (089) 81 82-0, Teletex/Telex 17898625 debmuc

Ehrenpräsident: Dr. Günther Sabetzki, Herderstraße 18, 4000 Düsseldorf, Telefon (0211) 66 53 53 und 66 00 84, Telex 08 58-6319

Ehrenmitglieder: Herbert Kunze, Steinsdorfstraße 18, 8000 München 22, Telefon (089) 29 29 00 □ Heinz Henschel, Charlottenstraße 22, 1000 Berlin 46, Telefon (030) 7 74 20 53 □ Franz Widmann, Anton-Pichler-Straße 12, 8000 München 60, Telefon (089) 88 52 44 □ Hans Unger, Aliceplatz 5, 6350 Bad Nauheim, Telefon (06032) 24 95 □ Georg Zeller, Hochkalterweg 10, 8300 Landshut, Telefon (0871) 6 12 21

Hauptgeschäftsführer: Walter Hussmann, Betzenweg 34, 8000 München 60, Tel. (089) 81 82-0, Telex: 17898626 debmuc; Privat: Karwinskistraße 43, 8000 München 60, Telefon (089) 81 82 76

Stellvertr. Geschäftsführerin: Elisabeth Westermeier, Portenschlagerweg 4, 8068 Pfaffenhofen a. d. Ilm, Telefon (08441) 96 17

Sportdirektor: Helmut Bauer, Adlerstraße 9, 8100 Garmisch-Partenkirchen, Telefon (08821) 7 26 83

Bundestrainer: Xaver Unsinn, Leisenmahd 39, 8900 Augsburg, Telefon (0821) 8 32 08

Bundesnachwuchstrainer: Hans Rampf, Bergbahnstraße 10, 8172 Lenggries, Telefon (08042) 84 20

Bundesleistungszentrum für Eishockey: Am Kobelhang, 8958 Füssen, Telefon (08362) 33 10

Gästehaus des Eissports: Birkstraße 3, 8958 Füssen, Telefon (08362) 3 72 51

Vorstand:
Präsident: Otto Wanner, Rathaus, 8958 Füssen, Telefon (08362) 5 05 30

Vizepräsident: Dr. Ernst Eichler, Wilhelm-Furtwängler-Straße 30, 6800 Mannheim 51, Telefon (0621) 79 22 12, G: 5 89 22 22

Schatzmeister: Walter Matthes, Goethestraße 35, 6082 Mörfelden-Walldorf, Telefon (06105) 57 44

Sportausschuß/Verbandsausschuß:
Ligenvorsitzender: Fritz Brechenmacher, Bachfeldstr. 18, 8922 Peiting, Telefon (08861) 63 83

Bundesliga-Obmann: Josef Pfügl, Stegmühle, 8951 Biessenhofen b. Kaufbeuren, Telefon (08341) 23 96

Bundesliga-II-Obmann: Günther Knauss, Galgenbichlweg 24, 8958 Füssen, Telefon (08362) 17 75, G: 4036

Oberliga-Obmann: Richard Ott, Otto-Hahn-Str. 6, 8123 Peißenberg, Telefon (08803) 30 21

Regionalliga-Obmann: Wolfgang Sorge, Wiesenwinkel 9, 5060 Bergisch Gladbach 1, Telefon (02204) 5 27 15, G: (0211) 62 21 93

Schiedsrichter-Obmann: Willi Penz, Nelkenstraße 5, 8950 Kaufbeuren, Telefon (08341) 8 11 73

Jugend-Obmann: Helmut Perkuhn, Heinrichstraße 143, 4000 Düsseldorf, Telefon (0211) 6 20 840, G: 49 72 019

Kontrollausschuß:
Vorsitzender: Wilfred Wegmann, Ankerstraße 8, 4100 Duisburg 1, Telefon (0203) 37 35 86, G: 7 29 51

Mitglieder: Wilfried Wurtinger, Umgehungsstraße 30, 6420 Lauterbach, Telefon (06641) 88 62 □ Walter Ambros, Sonnenhang 5, 8958 Hopfen am See, Telefon (08362) 22 83, G: 62 85

Spielgericht:
Vorsitzender: RA Reinhold Gosejacob, Stadtring 17, 4460 Nordhorn, Telefon (05921) 3 51 10, G: 50 19

Stellvertreter: Hans-Werner Münstermann, Westparkstraße 126, 4150 Krefeld, Telefon G: (02151) 75 00 33, Telex: 08 53 734 □ RA Dr. J. Boulanger, Elisabethstraße 4, 6800 Mannheim 1, Telefon (06201) 5 14 75, G: (0621) 44 20 45

Mitglieder: Hilmar Röser, Bahnhofstraße 37, 8100 Garmisch-Partenkirchen, Telefon (08821) 29 26, Telex: 592401 □ Dieter Grätz, Weigandufer 33/34 B, 1000 Berlin 44, Telefon (030) 6 81 20 40 □ Günther Herold, Starkenburger Straße 69, 6000 Frankfurt 61, Telefon (069) 41 16 15 oder 41 19 50 □ Fritz Medicus, Wielandstraße 16, 8950 Kaufbeuren, Telefon (08341) 32 44, G: 84 71-418 □ Bruno Schicks, Bengerplad 7, 4150 Krefeld 29, Telefon (02154) 4 27 373, G: 1588 □ RA Hans-Peter Reimer, Bogengasse 1, 7730 VS-Villingen, Telefon (07721) 2 50 02

Verbandsgericht:
Vorsitzender: Dr. Roland Götz, Postfach 1727, Kemptener Straße 2, 8958 Füssen, Telefon (08362) 68 98.

Stellvertretender Vorsitzender: Gerhard Marks, Dachsberg 16, 1000 Berlin 33, Telefon (030) 8 25 80 34

Mitglieder: A. P. Krekel, Ganghoferstraße 2, 8950 Kaufbeuren, Telefon (08341) 85 55 □ Dr. Hans-G. Leonhardt, Vethackeweg 4, 4600 Dortmund 77, Telefon (0231) 46 06 21 □ Lutz Schwiegelsohn, Südstraße 22, 4130 Moers 1, Telefon (02841) 3 00 94, G: (0203) 33 10 32

Schiedsgericht:
Vorsitzender: Dr. Bernhard Reichert, Richter am Bayer. Obersten Landesgericht, Schleißheimer Str. 139, 8000 München 35, Tel. (089) 3 867-337

Vertreter: Rudolf Schmitt, Richter am Bayer. Obersten Landesgericht, Höhenweg 70, 8800 Ansbach

Beisitzer: RA Klaus Schillings, Fasanenweg 1, 8300 Landshut, Tel. (0871) 2 83 54, G: 2 30 27 □ RA Peter Rademacher, Bahnhofstraße 3, 8100 Garmisch-Partenkirchen, Telefon (08821) 72068/69 □ RA Rainer Blechschmidt, Oberdorfstraße 3, 4300 Essen 1, Telefon (0201) 6 20 030

Rechnungsprüfer: Dr. Wilhelm Ammerling, Lochnerstraße 21, 4030 Ratingen-Süd, Telefon (02102) 2 59 01 □ Josef Niederberger, Hindenburgstraße 7, 8170 Bad Tölz, Telefon (08041) 22 16

Landesverbände

Eissport-Verband Baden-Württemberg
LZE Eissport, Käthe-Kollwitz-Straße 34, 6800 Mannheim 1, Telefon (0621) 30 29 22
1. Vorsitzender: Hans Helmut Klaes

Bayerischer Eissport-Verband
Georg-Brauchle-Ring 93/IV, Postfach 50 01 20, 8000 München 50, Telefon (089) 15 40 27, 15702-439 (BLSV)
Präsident: Ernst Gabriel

Berliner Eissport-Verband
Postfach 33 01 10, 1000 Berlin 33, Telefon (030) 8 23 40 20
1. Vorsitzender: Herbert Strehl

Bremer Eis- und Rollsport-Verband
Louise-Schroeder-Straße 8, 2850 Bremerhaven, Telefon (0471) 6 02 02 und 5 20 21 (Stadthalle)
1. Vorsitzender: Claus Steinberg

Hamburger Eis- und Rollsport-Verband
Hohe Bleichen 21, 2000 Hamburg 36, Telefon (040) 34 35 89
1. Vorsitzender: Günther Lindemann

Hessischer Eissport-Verband
in Fa. Hartmut Heilmann, Eduard-Rüppell-Straße 6–8, 6000 Frankfurt 18, Telefon (069) 56 40 17-19
1. Vorsitzender: Hartmut Heilmann

Niedersächsischer Eissport-Verband
Kolliestraße 2, 3389 Braunlage 1, Telefon (05520) 12 30
1. Vorsitzender: Bernhard Wendel

Eissport-Verband Nordrhein-Westfalen
Herderstraße 18, 4000 Düsseldorf, Telefon (0211) 66 00 84, Telex 08 586319
1. Vorsitzender: Dr. Günther Sabetzki

Rheinland-Pfälzischer Eis- und Rollsport-Verband
Pariser Straße 93, 6750 Kaiserslautern, Telefon (0631) 1 53 36
1. Vorsitzender: Gottfried Steiner

Saarländischer Eis- und Rollsport-Verband
Saaruferstraße 16, Haus des Sports, 6600 Saarbrücken, Telefon (0681) 5 70 55 App. 22 und 23
1. Vorsitzender: Heinz Müllenbach

Landeseissport-Verband Schleswig-Holstein
Alter Schulweg 11, 2302 Techelsdorf, Telefon (04347) 20 11
1. Vorsitzender: Peter Frantz

Bundesliga

BSC Preussen Berlin, Kamenzer Damm 34, 1000 Berlin 46, Telefon (030) 7 75 10 51

Düsseldorfer EG, Brehmstraße 27a, 4000 Düsseldorf, Telefon (0211) 62 21 93

Eintracht Frankfurt, Starkenburger Straße 69, 6000 Frankfurt/Main 61, Telefon (069) 41 16 15 oder 41 19 90

ECD Iserlohn, Heinz Weißenbach, Auf dem Brauck 35, 5870 Hemer, Telefon (02373) 42 59 p Sadowsky, (02371) 6 20 56 g Sadowsky

ESV Kaufbeuren, Postfach 12 21, 8950 Kaufbeuren, Telefon (08341) 33 00

Kölner EC, Lentstraße 30, 5000 Köln 1, Telefon (0221) 72 06 66

EV Landshut, Gutenbergweg 32, 8300 Landshut, Telefon (0871) 6 21 11

Mannheimer ERC, Bismarckstraße 6, 6800 Mannheim 1, Telefon (0621) 10 64 66

SB Rosenheim, Postfach 10 42, Jahnstraße 28, 8200 Rosenheim, Telefon (08031) 1 63 22

ERC Schwenningen, Dickenhardtstraße 31, 7730 VS-Schwenningen, Telefon (07720) 3 15 49

Verband Deutscher Eishockey-Fan-Clubs e. V.

Präsident: Reinhard Hintermayr, Bergstr. 2, 8901 Langweid-Achsheim, Telefon (08230) 71 82, G: (0821) 4 10 22 26

Vizepräsident: Gerald Jüttner, Goerdelerstraße 32, 8025 Unterhaching, Telefon (089) 61 69 16

Schatzmeister: Klaus Hartmann, Ferdinand-Miller-Platz 15, 8000 München 2, Telefon (089) 1 29 74 30, G: 38 84 35 55

Schriftführer: Christa Maly, Wolkerweg 9/III, 8000 München 70, Telefon (089) 7 00 39 20

Organisation und Planung: Bruno Wauro, Dahlestr. 61, 5800 Hagen 8, Telefon (2337) 21 63

Öffentlichkeitsarbeit: Michael Maly, Wolkerweg 9/III, 8000 München 70, Telefon (089) 7 00 39 20, G: (089) 5 54 781-82

Eishockey-Nationalmannschaft der Saison

Hintere Reihe von links:
Joachim Reil
Daniel Held
Manfred Wolf
Harold Kreis
Peter Obresa
Peter Draisaitl
Miro Sikora
Andreas Niederberger
Marcus Kuhl
Kapitän Udo Kießling

Mitte: Materialwart
Alfred Bauer
Mannschaftsarzt
Dr. Rodamer
Georg Holzmann
Axel Kammerer
Manfred Schuster
Markus Berwanger
Roy Roedger
Dieter Medicus
Jörg Hanft
Horst-Peter Kretschmer
Dieter Hegen
Georg Franz
davor Masseur
Wilhelm Günthner
Betreuer Bernd Haake

Vorn sitzend:
Helmut de Raaf
Manfred Ahne
Karl Friesen
Ernst Höfner
Bundestrainer
Xaver Unsinn
Assistenztrainer
Peter Hejma
Helmut Steiger
Josef Schlickenrieder
Gerd Truntschka
Matthias Hoppe